Histoire Culturelle
de la France

De la Renaissance
à l'aube des Lumières

法国文化史

从文艺复兴到启蒙前夜

II

让-皮埃尔·里乌
让-弗朗索瓦·西里内利——主编
Jean-Pierre Rioux
Jean–François Sirinelli

阿兰·克鲁瓦
让·凯尼亚——著
Alain Croix
Jean Quéniart

傅绍梅 钱林森——译

华东师范大学出版社

华东师范大学出版社六点分社　策划

目　录

引言 / 1

第一部分　旧世界

第一章　一生的年龄段 / 11
　　1　初到人间 / 12
　　2　婚姻 / 16
　　3　老年与死亡 / 19

第二章　人与环境 / 23
　　1　与环境的亲密关系 / 23
　　2　食物 / 26
　　3　动物 / 28
　　4　风景 / 30
　　5　历书 / 33

第三章　人与人之间 / 37
　　1　家庭 / 37
　　2　邻里之间 / 39
　　3　堂区 / 40
　　4　空间与域外 / 43
　　5　表达形式 / 48

第四章　魔法的世界 / 57
　　1　魔法 / 57

2　基督教的地位 / 59

3　模糊的界限 / 65

第二部分　缓慢的革命(约 1520 年 — 约 1580 年)

第五章　深入探索 / 75

　1　书面文字及其世界 / 75

　2　文化与信仰 / 84

　3　受限制的好奇心 / 92

第六章　文化模式与自主 / 101

　1　意大利模式 / 102

　2　驾驭模式 / 109

第七章　由不同而排他 / 121

　1　异彩纷呈的法国文化 / 121

　2　城市和城市模式 / 128

　3　不宽容的文化 / 136

第三部分　还人之为人(约 1580 年—1660 年)

第八章　从人的战斗到为上帝而战 / 151

　1　虔信阶层的培养 / 151

　2　文化景观的改变 / 156

　3　灵修派别和虔信文学 / 162

　4　宗教、政治和社会 / 169

第九章　传授知识 / 173

　1　改头换面的控制:教育和人文主义 / 174

　2　人文主义和宗教知识 / 179

　3　知识的传播:方式和内容 / 184

　4　文化控制的几个阶段 / 187

　5　文化控制的方法 / 191

　6　成果:文化重塑 / 194

第十章　文明化 / 201

    1　排斥,消除,清理:宗教习俗和宗教行为 / 202

    2　社会行为的新规则 / 207

    3　巫术 / 211

    4　建设 / 214

第十一章　自由空间 / 223

    1　巴洛克的法国:一种品味,一种敏感性 / 223

    2　"自由思想家" / 230

    3　对模式的抵制:贵族阶级及其价值观 / 233

    4　沙龙与雅女 / 237

第四部分　古典主义时期?(约 1660 年－1720 年)

第十二章　文化,从一种和谐到另一种和谐 / 247

    1　从无度到有度 / 248

    2　天主教大获全胜的一代 / 251

    3　政治文化,文化的政治 / 259

    4　从巴洛克到古典主义 / 269

第十三章　路易十四时期法国的文化习俗 / 275

    1　巴黎精英的内心世界 / 275

    2　公共文化活动 / 284

    3　缩减外省自治权 / 290

    4　外省习俗 / 295

    5　从书面文字到口语 / 298

    6　文化适应工作的继续 / 301

    7　落后、对抗和适应 / 306

第十四章　世纪之交:分化和质疑 / 311

    1　学院主义和虔信 / 311

    2　对外开放 / 314

    3　批判的一代 / 317

    4　品位的解放 / 324

结束语 / 333

人名、地名和著作名索引 / 337

参考书目 / 363

引　言

> 啊！就是这匕首满身沾着主人的血，斑斑点点
> 无耻把自己玷污；它羞得满脸通红，这叛徒！

　　这两行诗句出自戴奥菲尔·德·维奥①的《比拉莫与蒂斯贝》(*Pyrame et Thisbé*)，该剧于1621年首次公演。这耳熟能详的诗句可以带我们轻松进入本卷主题的一个重要层面。今天，提起《熙德》(*Le Cid*)无人不晓，而16世纪轰动一时的剧作《耶路撒冷的毁灭》(*La destruction de Jérusalem*)却鲜为人知；只有专家还关注着除上面这两行诗句之外的17世纪初的悲剧和悲喜剧。

　　一部法国文化史显然不应该拘泥于《熙德》这一个层面，它应当突破我们这代人以质量或时尚的标准筛选出的所谓正统文化的窠臼，超越当今历史学家们广为采纳的这种一成不变的模式。如果说《比拉莫与蒂斯贝》和《耶路撒冷的毁灭》在文化史中轻而易举地赢得了一席之地的话，那么对某些"艺术"品是否应该受到应有的重视则是众说不一了，比如，那些遗落在布列塔尼省或萨瓦省的无名小教堂内的不知名且技艺平庸的圣人雕像，是否可与枫丹白露宫罗索②的装饰壁画相提并论等。而当问题涉及文化史是否应涵盖诸如神话传说、冥界的景象、喜庆节日、时间和空间的度量以及对疾病的理解等内容的时候，人们更是各执一词、莫衷一是……一言以蔽之：今天，如果一部文化史不能把全部这些内容以及其他诸多方面纳入其中的话，那是不可思议的，更何况，一部文化史，唯其"完整"，才是可以理解的。譬如，倘若不考察视觉和听觉在人们感觉器官中的作用是如何演变的，就无从理解18世纪的《百科全书》(*Encyclopédie*)和前一个世纪的笛卡尔。

---

① 戴奥菲尔·德·维奥(Théophile de Viau, 1590—1626)，法国诗人，剧作家，自由思想派代表人物之一。出身胡格诺家庭，1622年改信天主教。诗歌多歌颂爱情，也不乏哲学和宗教思考。其悲剧《比拉莫与蒂斯贝》表现青年人受阻的爱情，轰动一时。

② 罗索(Rosso Fiorentino, 1495—1540)，意大利画家和装饰家，1530年应邀到法国，现存主要作品是枫丹白露宫弗朗索瓦一世画廊的装饰。

这看上去好像纸上谈兵,假如我们面对的不是 16 或 17 世纪的话,那可能确实有些不切实际。倘若对中世纪的文化史进行全方位的探讨,则或需要历史学家的不断突破,或只能满足于孤立的、缺乏关联性的事例。而就本卷的两个世纪而言,这种全方位的探讨已经是可行的了。同时,界定不同文化层面或文化类型也成为可能。还不仅如此,16、17 世纪的文化多元性已经可以被接受和理解,因为它恰恰构成了该时期文化发展进程中的关键要素,它既是一种状态——呈现出多样性,又是一个演变过程——趋于多元化。人文主义也好,文艺复兴也好,宗教改革也好,这些字眼都只不过是对这个时期文化史的一个核心问题的教科书式的表达方式,这个核心问题既是,表面上的静止甚至永恒与实际上的运动之间的冲突,人和环境之间看似稳定不变的关系与对意大利、古代及美洲的开放意识之间的较量,而后者的冲击促使人们对一个已经穷尽其能力极限的文化系统进行批判性的思考。

那种提要式的认识向来都难免有失偏颇,尤其对中世纪那样充满革新的时代而言,但它倒和 16、17 这两个世纪史料传达给我们的信息颇为相符,同"文艺复兴"一词本身也一拍即合。而新近出版的历史文献最重要的意义在于它使我们打破了固有的一种认识,即文艺复兴一下子就终止了一个停滞的时代,它也在很大程度上突破了把所谓"人民文化"和"精英文化"对立起来的老框框。

如上所述,本卷论及的这两个世纪,的确向我们提出了关于法国史的一个颇具挑战性的问题。考察这段历史,无论从编年学的角度——它是漫漫的两个世纪,还是从社会学的角度——它涉及绝大多数法国人,或者从地理学的角度——它覆盖几乎整个法兰西大地,法国在文化方面都好像是一片静止的浩瀚海洋,尤其就日常的文化而言。然而就在此时,革新——有些是很了不起的革新——却正在进行着,而且我们的先人都无一例外地参与其中。这些革新有的似乎势头迅猛,比如体现了人们长期不懈探索的宗教改革;有的则步履缓慢,但即便如此,它们仍不失为真正的文化革命,比如从理论上而不仅仅从实践上对传统提出质疑,从而对世界做出全新的观照,并试图通过纯理性的思考去理解、甚至可能是去全面地影响整个社会的行为。哪怕是穷乡僻壤里最贫贱的短工也多多少少受到这些文化演变的影响。但同时,我们还必须注意到另一个常被忽略的事实:即便是知识分子中最积极的革新派,也脱离不了传统文化的影响。

结果是,在同一个时期,人们可以一边表演着从中世纪直接流传下来的神秘剧,一边又阅读笛卡尔。其区别并不在于、或者说并不完全在于品质的高低,而在于世界观的原则本身,更在于这样一个事实,即通往"高深"文化的大门,不再只为教会和高等学府的专业者敞开。改革得到相对广泛的推广,使文化疆域的性质发生了改变。的确,问题的关键恐怕更在于传播的广泛性,而不在于从 15 世纪就开始从知识界酝酿的改革本身:文化的界线由原来的职业划分转化为社会的划分,即由区分不同的职业技能逐渐转变为区分有知识和无知识,区分有文化——广义上的文化——和没文化的概念。这一重大变动至今仍然深刻地影响着我们的社会,而当时却是在循序渐进中实现的。但是,"静止"和创新之间,旧的文化世界和新的文化世界之间的冲突,冲突的缓与急、轻与重,以及冲突的形态都是理解这两个世纪的关键之所在,给这两个世纪贴上过于简单化的标签显然是不可取的。

文化演变的各个阶段也不是靠简简单单的几个概念就可以划分清楚的。我们通常习惯于把文艺复兴划至 1580 年——至少蒙田是这样认为的,我们也在很小的时候就被灌输了这样的观念:"古典主义"的法国大体上与路易十四统治时期相一致。那么在两者之间,即 1580—1660 年期间,是……什么呢? 简单地称之为"过渡时期"实在透着无可奈何,与实际情况亦不相符。尤其,这个时期的三代人对近代法国的建设、对启蒙时代的准备都起了决定性的作用。他们中间有面临强大的改革思想冲击的市民和农民,也有意欲改良民风使之更加文明化的王公显贵和特权阶层,也不乏一些曾经被扭曲误读、因而如今更加令人瞩目的人物。西拉诺·德·贝热拉克①、雅女,还有虔信者——虽然《达尔杜夫》(Tartuffe)②的人物形象是以他们为原型塑造的——险些就构建了一个"巴洛克的法国",或者可以称之为"路易十三时代"。其实,从某种意义上说,在拉伯雷和伏尔泰中间还有大仲马。

---

① 西拉诺·德·贝热拉克(Savinien de Cyrano de Bergerac,1619—1655),法国讽刺作家和戏剧家,自由派思想家。埃德蒙·罗斯丹(Edmond Rostand)的剧作《西拉诺·德·贝热拉克》即以其生平为素材写成,该剧后改编成电影,译为《大鼻子情圣》。
② 莫里哀喜剧,又译《伪君子》。

1. 第一部分 ·

旧世界

"旧世界"的说法是与"新世界"的发现相对照而言的,它一语道出 16 世纪的主要特征:影响深远的文化演进产生的强烈冲击,人文主义、文艺复兴、新教改革,当然还有 16 世纪初逐渐"被发现"的美洲这个严格意义上的新世界——新世界的真正意义在于外界信息的进入。一个世纪,这对于一个节奏缓慢、尤其文化演进速度缓慢的世界来说是比较短暂的。我们的祖先当时面临着他们最惧怕的、最难于适从的东西——"外来的新事物"。而经济的突飞猛进所带来的滚滚财源,国家文化或至少是王侯文化的样板,以及与诸多演进的发源地意大利日益密切的接触,这一切更使新事物如虎添翼、广为散播。

　　宗教战争的残酷无情以及由此造成的文化创新方面的波折起落,可能会使我们对发展的深度和持久性产生怀疑,而事实上,这些波澜起伏恰恰证明了发展是真实存在的。从 16 世纪 80 年代开始,法国文化多姿多彩、百花齐放的局面开始确立下来,且呈广及各地、不断深入之势。这一演变使研究和了解"我们遗失的'文化'世界"更显得意义深远,那是法兰西人民最后一次广泛拥有共同的参照、共同的价值观和共同的行为举止的世界。

　　这部《法国文化史》(*Histoire culturelle de la France*)的一个基本选择以及本卷论述的一个重要方面,正是基于对承袭先人的文化的一种开放态度,那是直到 20 世纪的今天仍然影响着法国人的行为举止的文化,让娜·法弗雷—萨阿达在对法国西部的博卡吉①巫术的研究中对此曾有提及。

　　因而,从 16 世纪入手并非易事,加之我们的部分工作只得依靠逆推法,也就是说要把后人的见解、见证及相关的史料或肖像资料收集在一起,精心比较,细致梳理。19 世纪珍贵的见证都是无可替代的一手资料,因为当时的"民俗学家"——其实他们首先是人种学家——对一些省份进行了几乎是地毯式的考察,其足迹遍及布列塔尼、香槟、洛林、阿尔萨斯等省的各个角落,甚至包括法国南方的部分地区。他们收集介绍了当地的民风民俗、传统习惯及所有在他们看来古

13

────────────────

① 博卡吉(Bocage),指树围地,法国西部特有的用树篱和林带围隔的田地或草地。

风淳厚和濒临失传的东西。他们也忠实地记录了诸如歌曲、故事、谚语等口头文学。遗憾的是,今天,只有这方面的专家才认识到它们的价值。人们似乎已经淡忘这类歌曲集中最富盛名的一部《布列塔尼诗歌集》(*Barzaz Breiz*)①于 1839年发表时曾经在欧洲引起轰动,也似乎已经忘记,宪章派的泰奥多尔·埃萨尔·德·拉维尔马凯子爵②收集发表的这些作品一经问世便引起了关于文本真伪的争论,直到几年前发现了他本人的搜集笔录才以对作者有利的结论而告终。也是在 19 世纪,人们开始搜集根据口述记录下来的戏剧作品手稿,当时的学术权威机构深知这一举动的重要性,因而出面支持甚至资助,1864 年弗朗索瓦—马里·吕泽尔③即是其中一例。另外当代的历史学家也发现一些显然从很久远年代沿袭下来的习俗,使零散的信息更加充实,比如,本世纪初东部的农民还会把生病的孩子抱到被主人屈杀的猎兔狗圣吉纳福尔的墓前,祈求平安。

整理如此浩繁资料的难度是可想而知的:虽然最苛刻的评论也肯定了我们工作的卓有成效,但我们至多从 19 世纪的资料中整理出了某个习俗,某个文本。必须指出,历史学家向来对这类信息资料不屑一顾,他们对远离正统文化的习俗毫无兴趣,也不屑垂顾那些与创造伟大历史的君主、政治家、将军、传教士、工业巨头和巨商富贾遥距百里之外的群众角色。这其中固然有人们对历史的固有思想观念作祟:至高无上的——从某种意义上说也是出色的——方法学派④曾在 1870—1920 年的半个世纪中处于无可置疑的地位,它告诉人们,编写历史只能以文字材料或考古成果为依据。不过这还不是主要障碍,因为文字材料是存在的,问题在于没有人对这些资料提出有见地的想法,也没有人想到去发掘这些不大可能滋养"伟大"历史的资料宝库。有两、三代历史学家都抱着不屑或尴尬的心态:"民俗学"一词逐渐夹带负面色彩正说明了这种轻视,这个词在 1840年前后刚刚使用时,完全源自一种科学的态度。尴尬是指,他们不愿意承认祖先的行为举止、生活方式在某些方面竟会和域外或殖民地的蛮夷无异,在他们眼里,后者的生活根本谈不上什么文化。

编写一部论述全面、资料丰富翔实的完整历史的愿望促使我们摆脱了这种种羁绊,于是我们发现,通过在档案资料中搜索、查找有关信仰、礼仪、行为、习俗、活动、感性、社交形式等方面的哪怕是暗示性的记载,可以让我们把时间追溯到更久远。这是一项既艰苦又细致的工作,因为没有哪一份资料是包罗万象的,

---

① 全名为《布列塔尼诗歌集—布列塔尼的民间歌曲》,内有作者的注释、歌曲旋律、歌曲法文翻译等。

② 泰奥多尔·埃萨尔·德·拉维尔马凯(Théodore Hersart de La Villemarqué, 1815-1895),法国哲学家和文学家。一生致力于古代布列塔尼文学的介绍与研究。著有《布列塔尼语言史论》(1837 年),《古代布列塔尼的民间传说》(1842 年)等。

③ 弗朗索瓦—马里·吕泽尔(François Marie Luzel, 1826-1895),布列塔尼民俗学家和布列塔尼语诗人。

④ 加布里埃尔·莫诺德(Gabriel Monod,1844-1912)创立的史学研究学派,主张以实证主义的态度借助考古学、题铭学和古钱学等辅助学科进行史学研究。其治史原则与兰克史学派有一脉相承之处。

同时,每一份资料又都多少包含一点有关我们祖先文化的信息,哪怕是最细微的信息。还应该承认,工作只是刚刚起步,驾驭这个课题恐怕还需要几十年的研究。尽管如此,从50年代几乎白手起步,到今天好像发现了一个原以为永远消失的世界,我们不禁为这样的收获兴奋不已。

这种追溯法是有局限的:推移的时代越久远,资料可以提供的线索就越模糊不清。尽管有像中世纪宗教裁判所的法官等留给我们的零星线索,但就我们所掌握的材料来看,再追溯到更久远的年代是比较困难的。不过,我们最终选定16世纪作为对这个文化的"旧世界"进行综述的年代,其主要原因还不是上面提到的这个技术性困难。我们认为,从诸多方面来看,这个世纪都称得上是整个"旧世界"的末期,也就是一个以自身的速度发展着、并呈现出几乎是完全的一致性的、活生生的文化的最末一个时代。所以,选择这个年代同样源于一种逆退式的思考:这个年代正处在之前,即文艺复兴——这全新文化世界的巨大冲击波的前夜。

A abatre le chappeau, & autres ieux.

Ces autres cy, s'exercent bien & beau,   Au ieu aussi de cache bien tu l'as,   xj.
A qui pourra abatre le chappeau   Où maint garçon, & mainte ieune fille,
Auec la main, & à pince merille :   En tout honneur prennent vn grand soulas.

Ouurez les portes gloria, & autres ieux.

En ce tableau cy-dessus, il y a   Ou les baisers font aux ioüeurs permis,   xij.
Le ieu, ouurez les portes gloria,   Et d'autre part les enfans font leur Reine,
Le ieu de Sure aussi y demeure,   Qu'ils vont quester à leurs meilleurs amis.

图 1 《包括儿童永远无法发明亦无法想象的……所有游戏的三十六幅图解》，这是纪尧姆·勒贝的作品（巴黎，1587）。它表明"儿童"和成年人之间的界限是十分模糊的，服装是成年人的，还常常是爱情游戏，而使用的词汇里分明提到"孩子"。这些游戏同时也揭示了"旧"世界和"新"世界之间显而易见的延续性：弗鲁瓦萨和拉伯雷都曾经提到过一种叫"夹蘑菇"的游戏，游戏者借助假名盲目地在一群人里选择叫这个名字的人，找到后此人就被大家推搡一番。这个游戏正也可以表达不同的文化：即便是"国王和王后的小孩／也可荣耀参加"，16 世纪的弗鲁瓦萨这样写道。

第一章　一生的年龄段

　　团结、排外、环境……：显然，社会的演进使我们对这类主题产生特别的兴趣，并引导人们把旧时代描绘成一幅理想的图景。那时人们群居的结构如此牢固，以至几乎无法设想孤身独处会是什么样子，我们还可以想象那"毫发未损"的环境，尽管龙沙痛斥加蒂纳森林伐木工的那首动情的哀歌多少给我们泼了点冷水：

　　听着，伐木工，快放下你的手臂吧！……
　　你该遭受多少次火烧、镣铐、死刑和煎熬
　　罪恶的人啊，才能清算你残杀森林女神的罪孽？

　　那时人和周围环境的关系与现在不同，主要是因为我们的祖先对环境的依赖性比我们更强。这种相对的无能可能表现为一种理想化的和谐状态，但它也带有很大的脆弱性：这个时期的历史便是人们通过文化行为而构建的、对其自身的无能的一种回应。

　　而最明显的回应就是把社会划分成不同的"年龄组"并作调整，每个人都通过一个"过渡仪式"进入一生不同的"年龄组"。这些仪式虽然已经逐渐失去了原有风貌，但今天在出生、结婚、丧葬等场合仍然保留下来。以上概念到 20 世纪30 年代在根纳普①做出全面归纳以后才被广为接受，而历史学家开始关注这个问题则滞后了几十年。

---

① 根纳普（Arnold Van Gennep，1873—1957），法国人种志学者和民俗学家。其主要著作《过渡礼仪》（1909 年）系统比较了个人从一种身份过渡到另一种身份时举行的仪式。

1

初到人间

那时，人们对生儿育女还处于比较无知的状态。受孕的原理尚不为人所知：卵巢的作用到 17 世纪上半叶才被认识，而精子这个名字则要等到 1677 年才载入史册，不过，这一切实际上在相当一段时期对绝大多数法国人的文化、习俗和信仰都没有什么影响。在相当长的时间里，人们并不了解月经周期是怎么回事，因此甚至无法确定受孕的时间：停经是个迹象，但并非最重要的迹象，我们不妨了解一下一位医术无可挑剔的见证人路易丝·布儒瓦（Louise Bourgeois）的诊断方法。其丈夫是曾师从安布鲁瓦兹·帕雷①的一位外科医生，她本人也颇有名气，被玛丽·德·美第奇②任命为助产士，并于 1609 年发表其接生经验笔录，这是第一本由助产士撰写的产科方面的书，历时半个世纪长销不衰，多次重印之后，1658 年又译成荷兰语。然而，就是这样一位助产士，她也会把真实和假想的迹象混为一谈。

> 要留意她们是否对平时爱吃的肉类突然没有了胃口，如果在两个月至两个半月的时候她们开始喜欢吃其他的肉类了，如果这时她们的腹部变得又扁又平，穿衣服显出髋部，这都是正常的；不过她们会觉得身体变得娇气，特别是吃东西的时候会受不了，哪怕只吃了一点点。要留意她们是不是恶心，可能是早晨起来呕吐，也可能是想吐却吐不出来，留意她们是不是比平日更易发怒和生气，乳房是不是鼓胀、发硬，乳头有没有变色，比如皮肤白皙的妇女的乳头会变红，其她人的会变成深褐色，腹部是不是一侧比另一侧稍鼓一些。

孕育则更充满神秘色彩。帕雷本人就曾煞有介事地解释孕妇如何因为"食用了不洁和变质的肉类……或可能胸部被一只樱桃、李子、青蛙或耗子之类的东西击中"而生出畸形儿的，他还引用一些趣闻逸事，作为佐证，其实都不过是最经不起推敲的小道传说而已。由于大家都知道妊娠常会以悲剧而终，因而神秘感更增加了人们的恐慌。"女人怀胎，地府门开"：这则谚语在诙谐戏谑之中准确地表达了临产带给人们的恐惧：即便在最好的情况下，分娩也总会伴随着痛苦，产

---

① 安布鲁瓦兹·帕雷（Ambroise Paré，1510—1590），文艺复兴时期著名法国外科医生。

② 玛丽·德·美第奇（Marie de Médicis，1573—1642），法国国王亨利四世的王后，其子路易十三的摄政。在"愚人节危机"（1630.11.10）之后被流放。

妇会咬牙挺过,因为她们都知道这痛苦是对原罪的处罚。《创世记》中上帝已经决定了分娩的痛苦:"我将在你怀子时增加你的痛苦,你将在痛苦中分娩。"

妇女及她们的亲属都想尽办法克服这些恐惧,这在心理上还是奏效的。比如,大家都愿意尽量满足孕妇的愿望。另外,也开始盛行向专任圣人求助,其中列居首位的自然是圣母,有分娩圣母,七痛圣母,求助常伴随朝圣或佩戴祝圣过的腰带等实物仪式。我们所关注的这个领域需要从自然的、一般也是平常的事件入手进行文化探讨,而今天这种方法已经发生了根本改变。

有关 16 世纪的数据我们掌握的不多,但根据统计,1600 年前后在巴黎大区南部,每 8 个妇女中就有一个在初次分娩时丧生,这个数据大体上是准确的,因为根据伊冯娜·贝扎尔(Yvonne Bézard)对 17 世纪人口的研究,由于女方死亡而造成婚后 5 年内终止婚姻的夫妻比由男方死亡而造成的夫妻要多 1 至 2 倍。这个数字还有一个意蕴,那就是无知。接生的工作是由助产士承担的,她们是一些较有经验的、一般来说品行良好的妇女。而 16 世纪的外科医生——其实他们的医术也未见得比助产士高明多少——是很少参与接生的,因为除了城市和大的乡镇以外,其他地区几乎没有外科大夫,也因为生命是有价的,大夫出诊要收费,还因为在相当长的一段时期,人们都认为在这种场合求助于男士有失体统。然而,最为基本的文化特征则是人们对于神的意旨——而不是对自然——的强烈的顺从态度以及无人质疑的关注等级,即优先考虑孩子的精神生活及来世,比如宁愿先给孩子行洗礼,而不急于拯救母亲的生命。女人的不洁同罪孽之间有着无法说清又难脱干系的关联,大家一致认定这种罪孽只有在神甫主持的安产感谢礼①之后才得以洗清。

分娩显然不会因为出生数量的居高不下而变得平常:生儿育女不会因为上帝增加妇女的怀胎次数而失去其重要性。的确,人们对生育采取的不加控制的态度是普遍的,已属于文化层面的问题。生育频率几乎是顺其自然的:两次生育之间的平均间隔在 18 个月至 2 年之间,恰好是大部分产后妇女因哺乳而停经的时间。对生命的这一态度正是检验人们有没有摆脱想象中的上帝意旨的重要标志。非主流行为看起来只是些例外,其中经考证最为确凿的一件便是一位独身女子弃婴后以"杀婴罪"于 1556 年被处以极刑,这是根据亨利二世的敕令首次以"杀婴罪"行死刑,为警示他人,同时还规定了孕妇须作妊娠声明。在这种情况下,犯错的年轻女子所承受的社会压力是可想而知的,但以目前的研究水平来看,我们不能排除将来会揭示出存在其他类型的违背神旨行为的可能性。长期以来,历史学家们都在对这样一些现象提出质疑,比如,在父母床上熟睡的婴儿窒息而死的"事故",又比如被父母寄养在外的婴孩还来不及返家便已客死它乡,该如何理解这类寄养? 其实,还不止这些,一些档案资料似乎隐约向我们披露了

① 产妇产后进教堂接受祝福的仪式。

堕胎的内情:如果 17 世纪中叶布列塔尼的传教士莫努瓦听忏悔时的确提出了下面这些问题的话,如果他证明妇女们有堕胎行为的理由属实的话,那么当时就应该已经有了堕胎的偏方,或者可能会借助于一些更加剧烈的、重复性的方法。

> 你打掉了多少孩子?(神甫在询问下布列塔尼省的妇女。)那个家伙说,你们生的孩子太多了,大家会嘲笑你们,你们也养不活那么多。所以,你们就想弄掉肚子里的小孩,对吗?那家伙说他能帮你们把孩子打掉,对吗?他用力挤压你们的肚子把孩子压死,然后你们就流产了!有过多少次?

也许有一天我们终会了解《小拇指》(Le Petit Poucet)的故事究竟在多大程度上反映了现实生活,不过那时的孩子的确一出生就面临着一个严酷的、不可靠的世界:10—20%的婴儿活不到一个月,1/4 的孩子活不到一年。恐怕正因为这样,人们才如此重视出生的仪式,它至少是一种企望能活下来的神奇手段。洗礼是进入教徒世界的标志:它洗刷孩子的原罪和分娩带来的不洁,还可以使他免受炼狱之苦:未及接受洗礼便死去的婴儿都被埋葬在圣地以外的墓地,而在教徒看来,这就意味着孩子的灵魂被送到地狱边缘的炼狱去了。出于这种考虑,洗礼往往在出生后的短时间内进行,比如出生几个小时以后或第二天,有的婴儿会为此而丧命。当然,也不排除另一种并不一定少见的情形:因为农活忙不过来,有的家庭会等到星期日再行洗礼,这种疏忽有时会在主教走访教区时被人告发。

洗礼对众多教徒来说还展现着巨大的魔力。比如神甫的驱魔咒语,还有被赋予重要使命的洗礼帽:这种涂有圣油的洗礼帽被人们小心翼翼地珍藏起来,以护佑新生儿的生命。人们还相信体垢有祛病消灾的功效,连尿布上的尿液都只晾干不清洗,且不分等级阶层,人人深信不疑:路易十三是在两个月的时候才开始洗脸的,也就是"体垢好像终于出来了……"的时候,用的是……新鲜的黄油和油;第一次给他洗腿则是在 5 岁。另外,各地也有自己的习俗,比如在奥弗涅省,孩子的教父和教母要在钟下亲吻,以防孩子变成哑巴;在祭台上滚动孩子的身体,以防佝偻病。

洗礼也是孩子进入社会,进入儿童"年龄组"的一个仪式,孩子们在离开教堂时可以得到一些小礼品(榛子,小额硬币,有时还有贵族们慷慨的施舍)。给孩子取名也是大事,大多取教父或教母的名字,或取一个守护圣人的名字,这样孩子便获得他们的保护了。教父和教母的选择对建立和维系亲属、邻里、同行之间的关系是必不可少的,甚至对确定某种效忠关系或寻求特别的保护也起着至关重要的作用,特别是当教父权大势大的时候。离开教堂后,队伍行至客栈停留,好让大家热闹一下,但这样走街串巷的最重要目的是把信息告知所有左邻右舍、亲朋好友。家人会把洗礼服展示给大家看,向众人确认孩子的社会地位。整个社区的人会从钟声的不同鸣响中获得洗礼的消息:敲钟方法有非常具体的规定,受洗者的性别不同,钟响的次数、频率或钟的种类也随之不同。

孩子成为人们相互交流的工具,但他同时也是"过渡仪式"的对象和受益者,这体现了家庭给予孩子的重视。因此,菲利浦·阿里耶斯①有理有据地提出的所谓从 17 世纪中叶的名流显贵家庭开始出现的"对儿童的发现"的论断是站不住脚的。今天我们都知道,所谓变化,它更多地发生于情感的表达方式上,而非情感本身:比较 16 世纪和 17 世纪的孩子,前者不比后者更受忽视,后者也未见得更受宠爱。

那时的孩子只不过生活在一个比较严酷的世界里,从七岁到十岁,稍稍懂事,也就是进入领圣体年龄的时候,他们就已经从儿童变成了小大人,承担起一些责任并做些力所能及的活计了。直至结婚,他们的地位才真正改变。从词汇的含义来看,二十多岁之前,他们都还是"孩子",然而他们却从十四、五岁开始就进入了职业生涯:虽然精英家庭的孩子在教会学校接受教育,但这并没有推迟他们从事职业活动的时间。这种混乱可能在游戏方面表现得最为明显:在纪尧姆·勒贝②1587 年发表的一部关于游戏的专著中,不论插图或正文,都没有把儿童游戏和成人游戏区别开。同样,克洛德·阿东向我们描述了 1572 年普罗万12 岁甚至更小的孩子玩的游戏:打弹弓、模仿法庭审判、给火刑柴堆添柴助旺等,而当我们知道这类游戏的对象竟是胡格诺派③人的尸体,且这种玩法得到大多数人的鼓励的时候,游戏的含义就非同一般了。

人们不大表露情感:一些家庭日记账提及孩子或妻子的死亡时,只是轻描淡写的一句话,语气就好像是买了一双拖鞋,但如果由此推断那时的人们无情无义则是大错特错了,他们的情感只不过没有像我们或 18 世纪的人那么外露罢了。感情的的确确是存在的,为让孩子起死回生,父母不辞辛苦,求助于据说可以创造奇迹的缓期圣地或比自省更灵验的显灵。洛朗·茹贝尔(Laurent Joubert,1529—1582)医生在 1587 年用整整一页描述孩子的出生如何给家人带来莫大欢喜。本来这孤立的例证似乎缺乏说服力,但不久后,他的同行雅克·迪瓦尔(Jacques Duval)又于 1612 年在他的妇产科学论著中描述了产妇们热烈亲吻自己婴儿的场面。看来,一切并非杜撰。

然而,16 世纪中叶,至少在特权阶层和知识分子阶层开始发生了一些变化:原来与子女之间比较自然的关系开始加进了更多算计和考量的成分,这与当时社会观念的变化密切相关:教育的观念开始出现,人们逐渐意识到职业理论能力

① 菲利浦·阿里耶斯(Philippe Ariès,1914—),法国历史学家,著有《旧制度时期的孩子和家庭生活》(1960)。
② 纪尧姆·勒贝(Guillaume Le Bé,1525—1598),法国雕刻师,铸造师。曾奉弗朗索瓦一世之命为罗贝尔·埃蒂安纳(Robert Estienne)铸字。
③ 对基督教新教教徒的蔑称。

的重要性,即学习文化知识的重要性,认识到通过教育可以提高职业技能。一切都还只是初露端倪,但却至关重要,因为这意味着城市模式和富裕阶层的出现,他们逐渐成为乡村化的传统模式的竞争对手。

让我们再回到普罗万看看那些虐待胡格诺人尸体的孩童们:他们的年龄在十一、二岁上下,一百来人,"有些是从外村来的"。他们是在玩耍,但却是在模仿着大孩子们玩。大孩子们组织了各种青年社团,如贵族预备骑士青年会和其他名目的组织。未婚单身青年会是各年龄组中结构最为完善的组织,也是在各种文字材料中唯一常被提及的组织:它有自己的头目,称为"王"或"神甫",拥有公认的收入,包括在新年或该社团纪念日期间依照惯例募集的捐款、结婚时例行收缴的费用,甚至还有从领主在一年中固定的某一天优惠出让的市场所得的好处。

这个组织得到普遍认可是因为年轻人在社会中起着重要的作用。作为面向所有未婚年龄段的单身青年组织,他们以各种方式给大家带来欢笑,他们组织娱乐、音乐、歌舞等活动及体育比赛,在有些场合还不忘穿上标新立异的服装。必要时,他们还会代表整个堂区出面解决与邻区的纠纷,比如牧场的边界冲突等。青年人尤其以其特有的威力在宣传和维护公认的社会行为规则方面起着举足轻重的作用。从某种意义上说,他们还承担着婚前教育工作,向人们灌输这方面的行为准则,对公然违规者施行处罚,以儆戒他人:比如,"倒骑驴游街"就是用来惩戒那些在公开场合任由妻子发号施令或者对妻子的不贞行为忍气吞声的懦弱丈夫的;有些人公开违犯大家心照不宣的婚姻规则,就会遭到嘲骂、奚落,比如老迈的鳏夫迎娶年纪轻轻的女子等。年轻人还充当了未婚女性品行的裁判官,他们或把旗杆插在女子家门前——旗杆的样式或上面的装饰物都有明确的含意,或在她们家门槛上洒满粪便。了解这些年轻人所起的作用是重要的,因为这可以消除一种误解,即认为人们原先是享有文化自由的,只是后来到 17 世纪,在世俗当局与教会势力的联手干预下被遏制了:事实上,文化规范和准则显然早在 17 世纪之前就已经存在了,不同的是,它们都是由各地方社区自行规定的。

2

婚 姻

婚姻问题为我们提供了在必要时分辨细微差别的很好的范例,因为我们从中发现了所谓的传统规范——其实使用这个词本身就表明我们对其来龙去脉还不够了解——与一些 16 世纪才出现的新事物之间的差别。的确,16 世纪仍保留着对婚姻采取的非常自由的做法,比如巴斯克和蒙贝利亚尔地区在当事人同意的情况下实行的试婚,还有未婚夫妇之间"亲密来往"的做法。婚姻成为一个

20

严格的界限——比如至少女性在婚前要保持贞操——只是一个持续了几个世纪的历史插曲,它在 16 世纪时尚未完全确立,虽然像试婚这样的习俗的确已经边缘化了,以至布列塔尼人诺埃尔·迪·法伊①认为这是德国的习俗。除去像普瓦图和布列塔尼地区这类虽然有名却缺乏足够档案佐证的例子,我们对婚前的自由行为其实知之不多。不过一些数据还是给我们提供了说明问题的信息:在布列塔尼省的一些堂区,未婚先孕的比例是 4—6%,有时超过 10%。这个比例是相当可观的,因为我们通过受洗登记薄所掌握的还不过只是因性行为导致怀孕的记载,至于其他一些情况我们还无从得知,比如在关于非法生育的记载中偶有提及的寡妇或"名声不好"的有夫之妇的婚外性行为,而关于乡下妓女的卖淫活动的记载就更加少得可怜。除此之外,像听忏悔神甫的手册中记录的关于手淫等情况便只是理论性的泛泛而谈了,还有以极刑惩处的人兽交或同性恋,听来耸人听闻,却无从获得精确数据。

不过,对婚前性行为的疏于关注不必大惊小怪,理由有二:首先,在 16 世纪,结婚的年龄相对较早,女性平均在 20 至 22 岁之间,比 17 世纪末女子结婚的年龄早 5 年,根据洛林和布列塔尼省的有关数据,甚至有 1/4 的女子是在 20 岁之前出嫁的。因此,这个年代距后来被皮埃尔·肖尼称之为"古典欧洲伟大的避孕武器"的结婚年龄大推迟还差的很远:由于结婚年龄较早,人们对婚前性行为的关注也就相应较少了。

其次,更重要的一点是,男婚女嫁连同与结婚相关的各种规定已经成为人们习以为常的行为准则。选择配偶是头等大事,要遵循门当户对和年龄相当的原则,爱情和小计谋也会轻易发挥作用,因为可选对象众多,从大众阶层到有影响的教区,从乡镇到城区,范围很宽。只是,由于门第观念强,且施展策略已成惯例,加之人们对婚姻市场的了解,因而同一社会阶层的联姻还是非常普遍的:男女双方有的同属一个社会阶层或从事相同的职业,有的就生活在同一个堂区或相邻的堂区。另外,除神职人员和大部分家仆之外,结婚是人们可以设想的唯一出路:选择独身如同婚后无嗣一样不可思议。

当未来的夫妻因为积蓄不足或未曾继承遗产而暂时无法完婚时,婚事的筹办就可能要花上好几年的时间,而反映相关社会惯例的文化内容尤为丰富多彩。其中,经过长期的酝酿过程而必经的重要环节之一便是求婚了。所谓求婚其实在大多数情况下是请求交往,而不是严格意义上的请求结婚。除了极少数情况下有人故意刁难以外,一般不应粗暴回绝,相应地,求婚一方也需注意请求的方式委婉礼貌,以免冒犯对方。促成婚事顺利进展的习俗不胜枚举,虽然 19 世纪的民俗学家关于 16 世纪的记载大多无法得到确切的证实。我们不妨从最常见的一些习俗中选取几例。男青年会在姑娘家周围转来转去,姑娘或不予理睬,或

---

① 诺埃尔·迪·法伊(Noël du Fail,约 1520—1591),故事作者,著有《厄特拉佩尔的故事》。

找个借口出门与男子相会，父母有的顺水推舟，有的则从中作梗：谁都不会直说，但大家都心照不宣。男子也会去拜访未来的岳父，老人有的以酒、水待客——或根本不招待饮品，有的会上些腌肉、水煮蛋，有的会把壁炉火拨旺，或任火自然熄灭……发展到一定阶段，会有媒人造访。在此期间，男女双方的交往有一定的自由度，但这种自由是受到监督的，不能越轨。当然违规的事也是有的，比如一起参加晚间活动，互赠定情物等。另一个重要的阶段是商议结婚的具体事宜和确定双方各带财产的数目。在这个阶段，双方家庭参与表态越来越起到决定性的作用，因为到16世纪，人们已经渐渐感觉到在婚姻方面加强父母权威的压力，如1579年颁布的《布卢瓦敕令》规定，父母必须正式对儿女的婚事表示同意，并在主日弥撒这天三次招贴结婚告示，将婚事公之于众。

因此，操办婚事的过程与人们那时普遍适应的经济和社会现实及文化行为是密不可分的，而教会在整个过程中却极少介入，它只禁止在封斋期①和将临期②结婚。这一规定一般得到人们的遵守，但有人为避免独身似乎更加看重一些不正规的做法，特别是占卜，比如把别针或黄油面包块投入所谓已经被基督教化的泉水中观察其形态。

婚礼集中体现了三种价值观念：可能有羞耻心和寻求保护的心态，但最重要的还是生儿育女、多子多孙的观念。新娘的羞涩通过仪式表现出来，比如，当新郎一行前来迎娶时，新娘会东躲西藏；在新婚之夜她会和新郎开开玩笑以便拖延时间，晚些同房。同时，年轻人们也会象征性地进行干预，他们阻挡走向教堂的队伍，象征性收取费用，克洛德·列维－斯特劳斯认为，从某种意义上说，这是对失去本集体成员这一损失的补偿。

婚礼在教堂举行则体现了寻求保护的愿望。但那时人们的想法与17世纪纯洁、虔诚的信仰还相去甚远：比如在雷特兹地区的教堂和墓地竟常会有"出言不逊"、"蛮横无理"的行为。对其中的详情我们不甚了了，不过如果想一想订婚仪式上的那些"扎几下"（是用针扎？）的动作，就不难想象以上的情形了。

最重要的价值观莫过于渴望拥有旺盛的生殖力了。为此，新郎新娘在婚礼上往往采取一些防范措施，以提防有人打绳结：绳结这个象征性的意象源于男式短裤的裤带，而打绳结预示男子阳痿。我们会觉得这种事看来有些荒唐，而好奇心十足的巴塞尔大学生托马·普拉特1597年途经于泽斯时对此颇为诧异：

> 正当我对婚礼不在教堂举行感到困惑不解的时候，有人告诉我，未婚夫妇为了躲避有人给他们打绳结就去邻村的教堂悄悄举行婚礼。……

---

① 封斋期(Le carême)，四旬斋，即从行圣灰礼仪的礼拜三至复活节，持续46天。
② 将临期(L'avent)，指圣诞节前的四个星期。

妖术的内容是这样的:当神甫说道"由上帝结合的,不可由人拆散"的时候,巫师或巫婆也念念有词:"但是魔鬼可以",一边说着一边把一枚小硬币抛向身后,同时打一个绳结。如果硬币再也无法找到,一切就都完了:新郎从此便失去了对妻子履行丈夫义务的能力,直到绳结解开为止。不过,他的性功能会在其他女人那里失而复得;于是,通奸和各种淫乱随之而来。人们坚信,硬币由魔鬼亲手拿走,一直保存到最后审判那天,以便惩处罪人。

这种行为极为恶劣,是以火刑处罚的。它在朗格多克地区特别普遍,可能是出于妒忌、仇恨和报复心理,因为通常一个女孩子会同时有好几个求婚者。因此,公开在教堂举行婚礼的年轻人寥寥无几,十对中也难有一对。

不过,除了打绳结以外,妇女总会被看作是不育的根源,因而她们只要一开始感到不对头就去求助于专主生育的圣人,向他们朝拜、发誓愿;还有其他一些换汤不换药的习俗,比如妇女把腹部贴在巨石柱上摩擦:在法国各地,巨石柱是公认的男性生殖器的象征。

结婚还是盛大的节日,可以大吃大喝——但要避开星期五,尽情歌舞欢闹,一醉方休。新娘在整个堂区走街串巷,邀请宾客赴宴,每到一家都少不了敬酒。

那时,宗教文化还很少在婚姻中有所体现。当历法禁忌涉及和封斋期禁止同房时,人们是否遵守就不得而知了;而当男子因为职业的缘故不得不在其他日子与妻子分开的时候,他们就根本无所顾忌了:季节工常在夏季结婚,而在夏秋之季出外航海的水手则常在冬季同房。一些记载还隐约透露了某些严重违犯禁令的行为,尤其是父母子女同床的习俗导致的乱伦:1496 年,圣-布里厄的主教揭露了"不计其数的骇人听闻的罪孽";无独有偶,1649 年,托马斯·鲁伊斯在赴极刑前留下一份忏悔遗嘱,对其家乡上布列塔尼省上泽地区"父母和子女不分性别睡在一张床上"的"过度的自由和不当习俗"痛悔莫及……

3

老年与死亡

尽管五十来岁的人就被提早纳入老人的行列,但是老年人只构成一个潜在的年龄组。相关数据正揭示了这个残酷的事实:人的平均寿命大约在 20 岁上下,从出生到以后的 20 年里,几乎有一半的人死去,而那些幸存下来的成年人在 50 岁之前又会有至少一半的人丧生。以上数据还是出自 17 世纪一些生活殷实的堂区。实际上,真正的门槛几乎和确切的年龄不相干,这个门槛隔开的是以下两类人:一边是仍能自食其力的年长者,另一边是身患残疾、丧失劳动能力——不论因何缘故——而从此依赖他人生活的人。因此,一个人的社会境遇起着决定性的作用,它把不劳而食者——无论他是何身份——与自食其力者截然分开。

向老年的过渡是不易察觉的,从一开始做些辅助性的活计、看护和教育第三代,到后来只向晚辈传授一些生活之道。关于这一点,要提防文学作品灌输给人们的那些概念化的认识:文学作品中的人物不总是现实的翻版,16世纪对老人而言并非"严酷的"(让-皮埃尔·布瓦)世纪,至少他们的境况和15、17世纪的老人没有什么区别。我们一般把老人的地位得到认可的年代确定在18世纪,然而这种认可是理智上的和制度上的,这可能恰恰是老人的实际境遇每况愈下的最初迹象。而在16世纪,真正无依无靠、生活艰难的只有那些鳏寡孤独的老人:这样的老人无论什么情况下都是难于摆脱困境的,就像抚养着一群儿女的寡妇。

所以,老人文化还没有真正形成。因为物质现实基本没有把老年人区别对待,在这样的物质现实之外,成年人唯一可以展望的重要前景就是死亡了。这个前景远比虚设的老年来得具体。

菲利浦·阿里耶斯和米谢尔·沃韦尔先后对死亡问题进行过研究、综述,前后用了二十多年,不过,关于死亡在文化中的地位的问题仍然是有待探讨的。至少有一点是可以肯定的,那就是死亡在某种程度上平常化。比如有天灾和比现在更易致人死命的意外事故;暴力犯罪也频繁发生,而社会对此采取的是以牙还牙的态度:审判从不拖延,对罪犯严惩不贷,甚至选择公开场所行刑,以收杀一儆百之效;对于疾病,人们常常回天无术,流行病更是来势凶猛,常令人猝不及防。这一切使大家普遍产生这样的想法并把它写进遗嘱:"没有什么比死亡更确定无疑的了,也没有什么比死亡的时间更难以预料了"。

这个问题引发了延续至今的历史编纂学方面的争论。有关的论述不少,各执一辞,大致可以划为两派:一派认为整个社会笼罩在对死亡的恐惧之中,另一派则认为死亡是顺其自然地融入到我们祖先的生活中的。这一争论其实远远超出了死亡文化本身的范畴:它是对16世纪进行文化分析的基本要素之一,可以说是文艺复兴时期悲观抑或是乐观的基调。

可以肯定的是,死亡是实实在在地伴随人们左右的,这个认识用在上面哪一派的观点中都能说得通。墓地一般在城乡的中心地带围教堂而建,另外,还有相当一部分死者——一般为名流显贵——葬在教堂内,比例为10%左右。也有将全部死者都安葬在教堂的,比如在下布列塔尼。于是,就可以看到教堂本来平坦的地面变得凹凸不平,更糟糕的是,石板常常铺砌得不够严密,以至可以闻到异味。为了腾出更多地方,墓穴里的骸骨被挖出来堆放在公墓藏骸所,曝露于众目睽睽之下。更有甚者,猪犬之类有时也会在墓地刨出几块人骨,然后胡乱丢弃,无人过问。但不应该仅凭这样的文化背景便想象那时人们的情感会受到如何如何的影响。我们认为,死亡正因其平常化而排除了人们的恐惧甚至焦虑心理,这和现在的情形是大不一样的。许多文化习俗也印证了这个判断。

死亡和其他跨越各个年龄组的重要阶段一样具有凝聚力,它把祈望拯救灵魂的人们聚到一起。死亡是公开的,一个人在弥留之际,他的亲友、邻居都会来到他身边,除了做祷告以外,还会整夜守护在亲人身边。神甫或因不能及时得到消息,或因无法立即动身,有时根本不能亲临现场,而在俗教徒反而从不会错过这个时刻,他们或为临终者祈祷以减少其痛苦,或为亡故者守灵、送殡等。丧钟按照固定的节奏敲响,宣告守灵开始,丧家还会把一捆捆稻草以特定的形状码放在门前,并在人多的地方及屋内各处悬挂黑纱。在有些地区——尤其在布列塔尼——送殡队伍抬着棺木沿设有路标的线路行走,并"敲击"交叉路口的十字形路标。这个仪式的目的是让亡灵在需要时找到回家的路,因为亡故者作为一生最终的、也是重要的年龄组成员,以后还会被亲人请来参加一些仪式,比如圣·约翰篝火纪念日[①]、婚礼或遇到困难的时候。

除这些程序以外,神职人员的演讲显然也是不可缺少的,重点是讲如何应对死亡,当然还只限于临时抱佛脚式的应对:死亡最好不要来得太突然,这样可以充分利用临终时刻。最好有时间采取具体行动,比如,做忏悔,以及根据本人的财力为来世签保单,诸如请求作弥撒、向穷人和教会捐赠财物等,大户人家则可以建立永久性基金。16世纪初,《死亡的艺术》(*Ars moriendi*)以多种版本畅销,一些带插图的日课经书也因其有关死亡的段落而颇为流行。这正符合当时令教会颇感欣慰的一种相当普遍的感受:人们无从知道天使与魔鬼斗争的胜负,因而为此焦虑不安,他们在对天堂的热切期盼和对地狱的无限恐惧中苦苦挣扎。隆重的葬礼到17世纪才开始流行,且只限于名人望族,也就在同一时期,葬礼登记手续开始在各地普及。但是,与洗礼和婚礼相比,丧葬在宗教和司法方面几乎无足轻重。因此,在16世纪,死亡的重要性仅仅初露端倪,人们还无心通过隆重的仪式来提高它的身价。1579年,国王下令丧葬必须在堂区记录簿上登记入册,虽然并没有立即在全国范围得到响应,但这标志着一个象征性的转折。

---

① Feu de la Saint-Jean,一译夏至夜的篝火晚会。

图 2 自然计时和机械计时之间完美的过渡，应该发生在 1538 年，这一年，一个日晷仪悬挂在了夏尔特尔大教堂天使雕像的前面。仅靠观察太阳计时已经远远不够了，特别是在城里。不过，此时人的介入还仅仅是自然计时的辅助手段。因此，这仍是一个与自然十分密切的时代，同时，也是城市演进的最初迹象。

第二章 人与环境

　　相对于较为单一的对生活的组织安排而言,人和环境的关系就复杂得多了,它也比通常大家了解的内容要复杂得多。这种关系是围绕四个概念建立起来的,它们的界限变幻不定,其中有些还是相互矛盾的:亲密甚至亲密无间、依赖、恐惧和支配。

1

与环境的亲密关系

　　人与尚处于自然状态的环境之间保持的亲密关系是显而易见的。这指的是人对环境的了解,诸如对植物和动物的了解、天气征兆方面的知识以及从谚语中总结的经验。最说明问题的征象莫过于语汇的丰富多彩了。那些赫赫出现在文本中的词汇在今日法语中已经不复存在,使我们不得不倾向于把它们划归地方或大区方言。不过其中一些词汇今天还保留在仍带有乡村文化色彩的方言中,比如,布列塔尼语中的茅屋还有更详细的分类:以茅草作顶的称为 *ti soul*,以麦秆作顶的称 *ti plouz*,而以染料木作顶的则称 *ti balan*。城里人与自然也相处得十分融洽,在经济上更有和农村无法割舍的联系:除了大城市的市中心以外,人们都喜欢在房前屋后养花种菜,城里还饲养着成百上千的马、牛、猪等各类牲畜,一派人畜相和、其乐融融的景象。

　　在计量方面,由于智力因素的加入,人们与自然的联系更具深刻性。人们还在用拇指(法寸)、指长、肘长、脚长(法尺)和步幅来丈量长度,或以日耕——即一人一天耕作的面积——或犁地①来丈量面积,因为这无需多做解释。其实,一些不这么一目了然的计量单位当时已经出现了。还不止这些:对于绝大多数法国人来说,机械计时的时代也还没有到来。计时的手段还是日月的升落、公鸡的鸣

---

①　为法国旧时的耕地面积单位,相当于用一把犁在一天中所耕土地的面积。

叫、鸟类的活动（如"大约在晚上山鹬飞过那会儿"）、阴影的变化、一日三餐（如"晌午饭前后"）、光线的明暗（如"天擦黑的时候"）等。不过，诺曼底的贵族老爷古贝尔维尔——这个身份使他名正言顺成为文化的中介——已经开始以"三小时"甚至"一个半小时"计时了，说明他很有可能使用了日晷仪。相反，挂钟及机械计时还只是豪华家居的标志，只有在巴黎最高法院最有钱的官员家里才能见到；它用于城市的公共场所则标志着另一种文化的开端。

与自然的亲密关系也表现在居住形式上。不过，这方面的论证应该慎重。以精美的肖像资料为依据会带有双重的欺骗性：首先，我们会因为这些资料的品质而夸大其影响范围，实际上，它们基本上只不过是佛兰德地区的资料——啊，勃鲁盖尔①！特别是，画中描绘的生活场景不免带有离奇想象的成分，一些我们无法完全破译的代码和符号。事实上，我们对16世纪的普通民居的了解是十分有限的：关于花岗岩搭建的房屋是否为"典型的"布列塔尼式房屋，这仍然是个谜，同样，散见于各处的砖砌或石砌的房屋，甚至蒙田在其德国之行期间郑重其事地提到的洛林或阿尔萨斯地区那种室内有釉陶火炉的房子，都未见得是当地典型的房舍。原因很简单，蒙田不会下榻穷苦人家，能够从16世纪保存下来的房舍也只是那些最坚固、最豪华的建筑。我们不能忽略这样一个明显的事实，即当时的人们尽量就地取材，以避免昂贵的运费，正像诺埃尔·迪·法伊故事中的农民，宁愿用"麦秆和灯心草混和起来"作屋顶而不用"运费太高"的石板。总之，试图归纳出那个时期一个地区典型的普通民居，为时尚早。

从文化的角度说，房屋使用什么材料、采用什么风格，人们都不太在意。普通民居使用的材料一般都不太坚固：地基有时用石板，其余部分用泥土、木料和稻草混和柴泥搭建，因为这些材料造价低，省时省力。普通房屋光线昏暗，因为那时人们对光线的需求与我们不同，另外门洞过于宽大会破坏房屋的坚固性，尤其会影响保暖。16世纪的人生活在若明若暗、朦胧灰暗的光线下：窗户更多地使用纸而不是玻璃，近视者没有眼镜可戴。人和家畜的关系是亲密无间的，有时人畜同居一室，仅用围栏隔开。不论城里还是乡下，一房一间屋是最普遍的房型，因而把这唯一的一间屋子合理布局是人们最关心的。当然，不少家庭会充分利用室外的空间，在城市利用街道，在乡村利用房子的四周，几根木柱加上稻草搭建起简易棚，用来储存工具和易于保存的食品，有时还会在里面饲养牲畜。

那些迷路的游客为我们描绘的才是真正平凡的现实，他们不得不向随便碰见的人求援，比如，1683年福尔班伯爵在普瓦图地区就不得不请求在一位农民家留宿，农民回答说家中唯一的一间房里只有"一张破床，我、老婆和孩子们都睡在上面"；还有一位不知名的意大利人1618年在上布列塔尼迷了路后借宿人家，

---

① 勃鲁盖尔（Pierre Bruegel，约1525—1569），佛兰德画家。其画作多反映农村生活、社会风俗或农民生活与大自然的结合。他的两个儿子在绘画方面也颇有声望。

却一夜未得安眠,原因是"这户人家的几只奶牛也住在这屋,因为只有一个房顶,四面墙壁";即便是住在距瓦恩不远的阿拉东的小贵族拉谢斯内老爷,他家石砌房屋的大厅也不过是用灯心草铺的房顶,要上楼也只得通过室外楼梯。这还是在贵族庄园里,但这里的日常生活和老百姓的并无根本差异:人们都保存着旧厨具、旧衣服;不论是在巴黎最高法院的法官家,还是在奥弗涅省的农民家里,主要家具都十分简单:堆放衣物的箱子——后来时兴的衣橱则可以把衣物分类摆放、餐桌餐凳、壁炉和相关用品,还有床。

人们之间的差别——或者说与最自然之物的某种距离——只体现在这样几方面:是否拥有首饰、金银器或锡器;室内如何陈设,如有没有漂亮的桌布或餐具柜;家具的品质如何;是否比别人拥有更多的高档内衣和外衣——这可是奢侈生活的重要标志,因为在那个时代,洗衣服是非常繁重的劳动。穿戴方面,看衣料是否细软,比如亚麻好于大麻,是否贵重,比如天鹅绒或缎子都是高级面料。差别也体现在衬衫或呢外衣的件数有多少,因为无论什么人,服装的基本元素是一致的,男人穿衬衫和紧身裤,妇女穿女式衬衣、背心式胸衣或类似的带袖上衣、衬裙或短裙,有时也穿连衣裙,所有妇女都戴帽子或扎头巾。面料大多色深而无光泽,穿戴成别的样子就比较惹眼:1597 年,托马·普拉特一本正经地称马赛女人的穿着"透着阔气却缺乏品位",她们的确是在过节的时候穿着红色上衣,黄、灰或蓝色的裙子招摇过市,"活像一群鹦鹉"!当然,不能一概而论,17 世纪上半叶,巴黎最高法院的官吏们就远没有马赛女人那么夸张:他们的长袍倒是价钱不菲,但对他们来说,最重要的是身着长袍本身,以区别于为活动方便而穿短裤的农民;他们的衣物箱上偶有些雕饰,但为其家具估价的公证官却根本看不上眼……

当下关于所谓自然的理念可能会导致一种田园诗般的理想化的认识,诸如那个时代的房舍与自然景观融为一体,相映成趣,人们都身穿大麻、亚麻或羊毛制成的服饰等。这种想法甚至可能来自于人们干净利落的干活儿习惯,比如有人会在稻草中加入牛至①铺盖房顶,完工时还在房顶上摆放一束牛至;或筑起肥料堆、草垛或麦垛等。而现实却完全两样:房子保暖性很差,取暖困难——城堡也如此,室内寒冷而潮湿。富裕人家也只能靠多套几层衣服或沿墙挂满壁毯来御寒防潮;房子不够坚固,常需修补,且很容易失火,火灾防不胜防:1524 年,在与查理五世②征战的非常时期,特鲁瓦城发生了一场大火,消息传开,巴黎人惶恐不安,草木皆兵,几十个巴黎人被控预谋纵火并为之命丧黄泉。所以,人们对自然的恐惧和对它的亲密感仅几步之隔,与此相伴的当然是支配自然的手段了:

31

————————————

① 一种可提炼香精的唇形科植物。

② 查理五世(Charles Quint,1500—1558),神圣罗马帝国皇帝(1519—1556),西班牙国王(1516—1556),奥地利大公(1519—1521)。在位期间竭力争夺西欧霸权,多年与法王弗朗索瓦一世交战。1556 年隐退修道院。

柴堆的火焰可以洗刷罪孽，火威力无穷也危险无比：希腊火硝或称"火棍"，就是火器最早的名称。但是火也可以驱散黑暗，可以通过宗教仪式行列的大蜡烛赶走妖魔。巴黎自由市民尼古拉·韦尔索雷列举的在1524年同一年发生的一件件事例很好地说明了人与自然因素之间这种羼杂不清的关系。

2

食　物

　　人与食物之间呈现的矛盾性更加突出。一方面，在正常情况下，大多数人可以裹腹，另一方面，与此并行的是众多人口的"饥饿文化"。

　　众所周知，法国属于以谷物为主要食物的区域，谷物显然是单位土地面积产生热量最高的食物。人们之间的差别主要体现在三个方面：粮食的品质及其食用方法，其他食物的作用，以及人们对收成好坏的依赖程度。

　　谷类在各地都是最基本的食物，在巴黎盆地的广大农村中则占有绝对重要的地位，这说明人们的食物是缺乏营养的，且因为谷物的收成过于依赖气候因素而缺乏稳定性。谷物被制作成面包，食用时常常不够新鲜：在一些山区，甚至一年只烘制一两次面包，至今，在瓦让省的维拉达莱恩市还保留着这种习惯的某些痕迹。也就是说，面包是在浸泡状态下食用的，或者切成大片儿托着菜吃，或者泡在汤里吃。粥是这种饮食习惯的主要变体，往往以较低廉的谷物烹制，如大麦、燕麦、黑小麦——其优点是无需严格的种植条件，甚至也用黍米。而面包在富人家主要用精小麦制成，也可用黑麦，最常见的是以黑麦为主辅以其他谷类的混合麦。在一些地区，如布列塔尼或佛兰德，面团儿也被制作成薄煎饼，也有做成大饼的。歉收或家境不济时，人们只得食用栗子甚至橡栗这类替代品，在山区这是很常见的食物：1552年10月——正是收栗子的季节，住宿在一家"寒酸旅店"的费利克斯·普拉特给我们描绘了这样一幅场景："一张长桌四周围坐着一群萨瓦农民和乞丐，他们正就着烤栗子吃黑面包，喝的是坏盖特酒①"。算起来，每人每天至少要吃掉两三斤面包或同样分量的粮食。

　　"面包"文化——实际上是谷物文化——并不像今天一样注重面包的外形：食欲渴望的是最精细的东西，也就是精小麦，当然，最重要的是面包代表着食物这个强烈的意象。家用揉面箱是稀有的日用家具。人们非常担心粮食短缺，所以反对出口或抗议面包店店主的暴动时有发生。这种担心已经根深蒂固，以至于在饥荒过后很久，即大革命前夕、期间甚至之后，还在继续引发着一系列的社会运动。面

---

① 用葡萄等果渣加水酿造的劣质酒。

包在人们头脑中的强大力量还来自于其象征意义,它在祝圣仪式之后便象征了耶稣的身体:没有任何其他食物像面包这样在切开之前会被象征性地划十字。

不过,善于破除神话的历史学家们知道,其他食物的重要地位也不可小看,唯有这些东西可以帮助缓解营养缺乏,甚至还可以减轻或避免气候无常所带来的不良后果。不过,相比之下,肉食文化确实没有那么突出。与费尔南·布罗代尔[①]的观点不同,肉食消费量倒并没有减少,至少在 16 世纪没有那么普遍地减少,取而代之的是腌肉和肉膘的食用量的增加。不过,对于 19 世纪时人们常描绘的、一年一度的宰猪活动和随后的盛大聚餐,我们还无法确定其真实性。人们用咸肉或白煮肉做汤,汤里加些根茎类蔬菜——经常是萝卜,及大葱、白菜、时令香辛料等。至于具体的烹制方法,从富裕的布列塔尼到生活水平参差不齐的巴黎盆地地区,会有细微的、我们尚不了解的差别。肉食文化尤其看重出锅之前的点睛之笔,或加上一小块黄油,或点上一匙油。富裕人家在过节或想要改善伙食的时候则会美美地吃上一顿烤肉。

天主教文化也要求守斋者食用晒干的或腌制的鲱鱼或鳕鱼,但实际上不像我们想象的那么简单:除了运输问题以外,还有一个重要因素,即对沿海以外的其他地区来说,鱼是花钱买来的食物,而肉却可以自给自足。因而生活水平的差别在于是否吃得起副食,如鸡蛋,内陆地区的家庭是否吃得起"鲜"鱼等。相反,如果伊拉斯谟[②]的说法属实的话,穷人在封斋期只好吃"麸皮黑面包就生萝卜加大葱"了。这里涉及一个我们几乎一直没有弄清的重要问题,现在终于有了突破口:资料中提到过蚕豆和豌豆,但几乎没有提到蔬菜,水果就更不用说了,其实,当食物匮乏或营养不足时,蔬菜和水果起到了不可或缺的补充作用。

我们掌握的有限的资料反映了这样一个现实:那时的饮食文化,除面包以外,还是一个崇尚奢华大餐的文化,即渴望餐桌上酒肉丰盛却又往往得不到满足的文化,而最终只得满足于每天填饱肚子而已。葡萄酒是一个很好的例子,人们很少在家中饮用葡萄酒,只有过节或偶尔到星期日的时候,才聚到小酒馆里喝一杯。但那时葡萄酒的制作工艺尚不够精良,还谈不上丰厚的文化,并且有时饮用方法也比较奇特:就拿曾经在巴黎生活过的——不过老实说,他在那儿过得很拮据——爱喝葡萄酒的伊拉斯谟来说吧,他竟也会在勃艮第葡萄酒里掺上加蜜的甜水和甘草汁!葡萄酒和啤酒是比较高档的饮品,葡萄酒的价格显然是最贵的。但是人们日常更多饮用坏盖特酒,在诺曼底地区也喝梨酒或苹果酒一类的果酒,后又传至布列塔尼,其他饮品还有牛奶、乳清,当然喝得最多的、也是最低劣的饮品就是水了,它常常引起疟疾流行以及其他消化道传染病。之所以说葡萄酒文

---

① 费尔南·布罗代尔(Fernand Braudel,1902—1985),法国历史学家和教育家,20 世纪最重要的史料编纂者之一。

② 伊拉斯谟(Didier Erasme,1469—1536),文艺复兴时期尼德兰人文主义者,16 世纪欧洲伟大的学者。反对经院哲学和宗教偏见。

化还不十分突出的另一个重要原因是,生产地还没有最终确立其地位:勃艮第和加斯科涅地区因产葡萄酒而闻名,而香槟、巴黎地区、奥尔良、都兰、昂儒和布列塔尼等地的葡萄酒都还很一般:用伊拉斯谟的话说,"大部分葡萄酒都该让异教徒们喝,因为这些酒的味道足以惩罚任何一种罪孽!"啤酒的消费在大西洋各港口迅速扩大,并非因其质量上乘,而是由于价格低廉。除了生活优裕的家庭和神职人员以外,酒精饮品的消费仍然仅是一种社交行为,因而,酗酒问题实际上到17世纪,也就是烧酒消费开始兴起时才暴露出来。

16世纪的男人和女人们,一方面可以基本保证日常的温饱,另一方面又对未来担惊受怕。与一般的误解恰恰相反,关键主要不在于气候的偶然性本身,因为变幻莫测的气候并非16世纪所独有,而在于社会结构问题:人们在技术上对气候的突发变化无能为力,同时,社会又存在极端的不平等。收成不好时,一些人不仅毫发无损,反而靠地租和囤粮搞投机而渔翁得利;另一些人,特别是城里的普通平民们,虽囊中羞涩,倒也能勉强度过难关;而最底层的贫民却两手空空,只得忍饥挨饿了。

麦子是有的,只是太贵了。虽然也可以从其他省如佛兰德甚至波兰运来,但早在粮食运到之前,投机商们已经乘机抬高了粮价。法国大约每隔30年闹一次大饥荒,各省饥荒就更加频繁了。每逢大饥荒来临,都会有几十万有时甚至是上百万的饥民流落街头,指望能在城市得到救助。他们的惨状应该和今天某些新闻报道中的画面有相似之处。善举也显得杯水车薪。让·比雷尔(Jean Burel)描述了1575年发生在昂弗莱山市的一幕:"穷人饿死在街头,在他们的喉咙里,人们发现了没有咽下的草,这是他们唯一的食物"。下面是克洛德·阿东1573年在普罗万亲历的情景:"那些可怜的男人和女人在街头日渐衰弱,送给他们的食物,因为肠道已经萎缩而无法下咽,结果活活饿死,实在让人心痛。"下面的情景发生在南特:"在街头、路上或家中,穷人们饥饿难耐,于是拆毁或挖开围墙、房屋、建筑,希望在那里找到面包",而当有人送给他们面包时,"他们却已经奄奄一息,因为过度的饥饿使他们的肠道萎缩了。"记住南特的这一幅幅画面可以使我们更好地理解《巨人传》(Pantagruel),原因很简单,南特饥荒和《巨人传》的故事发生在同一年:1532年。

3

动 物

这样,我们可能逐渐对人与自然关系的复杂性有了进一步的了解。其中,动物的作用又给我们提供了一个新的佐证。粗略一看,已经可以获得一些简单的材料。一方面是恐惧,具体体现在对狼的恐惧。从 1477 年在南锡市墙脚下被群狼咬死的夏尔·勒泰梅雷尔的尸体,到《小红帽》(Le Petit Chaperon rouge)的故事,这种恐惧甚至丝毫不差地传给了我们,神鬼故事更加深了我们的这种恐惧感,如对 18 世纪的怪兽热沃当和狼精①的恐惧。而这种恐惧的确反映了当时的现实,至少在偏远地区或战时兵荒马乱的农村是这样的,它在人们的头脑中更是长久地挥之不去。我们来看一看世纪末被神圣联盟②的战乱所蹂躏的布列塔尼,下面是 1598 年一位可靠的见证人——坎佩尔的议事司铎莫罗的讲述:

> 那些可怜的人们死在战场上、壕沟里,闻风而来的狼尝到了人肉的滋味,于是,在以后的七、八年里,它们攻击人类,就连佩带武器的人都不放过。没有人敢单独外出。妇女和儿童只得闭门不出,因为,开门时都常会被狼咬个正着;有好几个妇人到门口打水,结果还没来得及喊叫几步以外的丈夫,就被狼咬断了喉咙,这样的事大白天都会发生。

资料显示,仅一个梅兰村在短短一年多时间里就有几十人命丧狼口,其中有16 名儿童。这足以让我们想象出情况的严重性了。莫罗就郑重其事地谈到狼精,他解释说,“老百姓们”称它们为“tut bleis,意即布列塔尼语的狼人”。七十多年以后,来自夏朗德省的旅行者儒万·德·罗什福尔途经此地时这样写道:“这里的人们都在抱怨狼如何之多,说它们在乡下横行肆虐。当地朴实的人们讲述着无数的故事,听上去离奇得令人难以置信。”

不难看出,野生的和在人们掌控之中的动物之间界限分明,人们还很自然地把恐惧具体化为一个名称或某种熟知的形式,比如西方文化中家喻户晓的狼精。然而,人们的日常生活却未必都与这样的人类学图表相吻合。比如,家畜似乎已经与人类融为一体。狗在教堂里奔跑,猪在屋子里转悠——婴儿被咬伤甚至吞吃的事并非传说,牲畜屠宰后,人们把剩余的杂碎扔在大街上或河沟里;马蹄铁匠就在众目睽睽之下给马钉掌甚至做手术:1570 年在南特大街上,就有这么一位“给马做阉割并包扎其伤口和化脓感染的溃疡,路面上血迹斑斑,马粪味臭气熏天。”我们不必感到恶心,类似这样的事情人们都已经习以为常了。更有甚者,老鼠、臭虫、虱子和跳蚤无以计数,它们也已经融入了日常文化,正如乔治·维加雷洛分析的那样,即便谈不上虱子文化,至少它们已经成为社交的纽带。“情妇们认真地给她们的情人抓虱子;仆人为主子抓虱子;女儿为母亲抓虱子,丈母娘为未来的女婿抓虱子。”这场面可能有点言过其实,但互相抓虱子的确是常

---

① 传说中夜间化身为狼的人或妖精。

② 16 世纪末期法国宗教战争中的天主教团体。最初在吉斯公爵领导下于 1576 年组成,反对亨利三世对基督教新教徒(胡格诺派)的让步。亨利三世遭暗杀后,新教领袖亨利·德·纳瓦尔(后来的亨利四世)于 1593 年改信天主教,得以继位。

有的事。就像蝗虫云，乍一听似乎不着边际，但读过勒皮市的市民让·比雷尔的这番话，这个比方就显得不那么悬乎了：

> 上帝允许较多瘟神来人间造访，于是在即将收获的时候，那么多的毛虫和其他害虫都来到田间，啃食、糟踏蚕豆和其他农作物；它们数量太多了，可怜的农夫们没有别的办法，只有通过教会宣判、教会弹劾和逐出教会的方法来驱赶它们。

靠教会解决问题，是动物融入人类日常生活的佐证，它展现了这样的图景，即无论好事坏事，也无论是最亲近的家畜还是被看作上帝的瘟神的寄生虫，动物世界与人类世界都自然而紧密地结合在一起。然而，在某些时候，这种关系会表现为暴行，且大家习以为常：罗贝尔·米桑布莱德在康布雷时看到，狂欢日①那一天，人们把猫投入火堆中活活烧死；当瘟疫降临时，猫和狗被大量屠杀，有时，连猪、鸽子和禽类也不能幸免。猫很好地印证了这种极为模棱两可的关系，它既是温柔可人的宠物，又是罪孽的象征、魔鬼般的动物，按照大名鼎鼎的安布鲁瓦兹·帕雷的说法，它的"体毛、呼吸甚至眼神"都会传播疾病，毒害于人。总之，恐惧和亲密互为补充，没有明显的界限，正像人类社会与动物世界、甚至植物环境之间一样。

4

风 景

风景是对这种亲疏关系的又一个印证。16世纪的人们仍然在继续建设着周围的景观，虽然技术手段有限：比如，在孔塔—弗内森省修筑排水和灌溉系统，或在西部地区继续扩大博卡吉型的网状田野和草地。由于冶金工厂大量消耗木材，也由于木柴几乎是人们取暖的唯一手段，森林面积在继续缩小。从技术的角度来看最为壮观的是疏通航道的工程，比如从弗朗索瓦一世在位初期就开始动工的马延河工程，特别是夏托贡蒂埃和拉瓦勒之间的这一段。另外，始于1540年的维莱恩河工程尤为浩大，建设中使用了全新的双闸门。这个到16世纪末还未完工的工地为我们提供了一整套极有价值的平面图，它非常忠实地展示了农村的风景，而且不只是雷恩和雷东等相关城市的面貌。

这是我们迄今掌握的少有的真实反映16世纪农村风景的图画资料了。其他一些技术资料都是当时比较抢手的城市平面图，周边农村只是捎带绘出一部

---

① 指四旬斋（封斋期）的第三个星期的星期四。

图3 16世纪少见的，最忠实地表现法国风景的图画不是出自艺术家之手，而是工程师所绘。这幅画便是1543年为维莱恩疏通航道工程绘制的，其视角具有很强的技术性：有还未完工的博卡吉型景致，风车（这是在盛产谷物的地区），贝斯莱小码头——这是主要的水运手段，也说明了这一庞大的治理计划的必要性——"冬季涨满水的"沼泽，甚至还细致地绘出"几处用树木的边材垒砌的渔场"，且这些边材"已经在水里生了根"。（巴黎，法国国家图书馆）

分。知识精英、画家、诗人和那些舞文弄墨的人心高气傲,对他们的自然之根脉不屑一顾,却热衷于描画城市和宏伟建筑——这几乎是云游作家们唯一关注的事情,就像普拉特和蒙田——或重新"构筑"他们理想的风景。正是在这方面,出现了最早的文化分离的迹象,即绝大多数法国人面临的现实生活同社会精英们的文化理想的分离。

> 五月看玫瑰在枝头绽开
> 那是初放的一朵,散发青春异彩
> 让蓝天妒忌她光艳的容颜
> 当黎明用朝露轻润她的花瓣。

"天啊,那背后的东西跑到哪里去了?"贝尔纳·吉耶①打趣地提到龙沙的著名诗句,那背后的东西指的自然是风景了。甚至拉伯雷在描写泰雷姆修道院②时一点都没有提到周围的自然环境。这种倾向在绘画中表现得更为突出,因为当时的绘画受达·芬奇理论的影响。他指出,

> 画风景时,应注意使树木一半在明处,一半在暗处;不过最好在阳光被云雾遮挡时画,因为,这时的树木即受到天空漫射光的照射,又被大地的昏暗所笼罩。越是靠近地面或树木中心部位,亮度就越低。

接着,达·芬奇又继续讲解风景画的其他要素。于是,风景画一路朝17世纪重组型的、意大利式的画风发展。后来,到路易十四时期才发展为娴熟的、规整的风景画。事实上,只有少数边缘创作者对自然感兴趣,而他们的不合时宜几乎没有被读者察觉,甚至同时代人也未曾注意到。奥诺雷·德·于尔费③于17世纪初创作了小说《阿斯特蕾》(L'Astrée),开篇就为我们描绘了田园画般的景色,而福雷的真实面貌并未得到准确的再现:

> 在里昂古城附近,靠近太阳落山的那边,有一个地方叫福雷。面积虽小,却是高卢的一块宝地。这里有平原,也有山峦,气候宜人,土地是那样肥沃,任你播种什么都可以收获。这片土地的中心地带是最美丽的平原,四周群山环抱,形成天然的屏障。卢瓦尔河就在不远处发源,

---

① 贝尔纳·吉耶(Bernard Quillet,?),巴黎八大名誉教授,著有《路易十二》(1986年)、《找回的风景》(1991年)等。

② 指《巨人传》中卡冈都亚修建的修道院。

③ 奥诺雷·德·于尔费(Honoré d'Urfé,1567—1625),法国作家。其田园小说《阿斯特蕾》(1607—1627年)以利尼翁河为背景,描写了专注于爱情的牧童和牧女的生活和奇遇。

一路淌来,没有一点趾高气扬,缓缓地、静静地从平原中心穿过。一条条小溪从不同地方赶来,将它们清澈的水波注入大河。小溪中最美的那一条要数利尼翁河了,开始,它有点左右为难,漫无目的地从塞尔维埃山和夏玛泽尔山上蜿蜒而下,终于,它来到了弗尔,投入卢瓦尔河的怀抱,也丢弃了自己的名字,大河便把它当作贡品带到大西洋去了。

几十年后,勒南兄弟①表现农民的绘画被指责为反映了虚幻的真实,他们的说法不无道理,但人们却忽视了画家对风景的某种地理学的视角……这类作品寥寥可数,尽管不同凡响,却也无力扭转当时的一个大趋势,即排斥自然的艺术倾向——一个文化正在孕育中蓄势待发。

5

历　书

由于人们试图在各个方面对自然进行文化控制,所以人与自然的疏离就更加明显,几乎所有法国人都使用的历书对自然所作的精彩总结使这种尝试达到了极致。

《牧羊人万宝通历》②(*Le Grant Kalendrier et Compost des bergiers*)在整个16世纪的畅销不衰便是一个重要例证。这册书是印刷出版的,且书中个别段落引用了拉丁文,因此只适合某些特定阶层的读者。其内容所及,包罗万象:圣徒历、观相术——即通过相貌推测人的性格等——、通过观察动物行为预测天气的方法、道德准则、地狱的刑罚、宗教基础知识指南、个人卫生基本常识、菜谱、歌曲、星相术等,诸如此类,概括了人们对世界的最基本的、然而也是比较全面的看法以及在这个世界上生活的必要手段。

然而,对人们身心影响最深的莫过于历法习俗了。它一方面对世界进行缜密的解释,同时通过魔法与宗教的结合,满足人们在神的意旨容许的范围内控制世界的愿望。1987年,弗朗索瓦·勒布伦(François Lebrun)③对历法习俗做了综合性的分析,他精辟地提出了礼拜历与农耕历之间存在的互补性:礼拜历的重要活动和

---

① 勒南兄弟(Le Nain,名字分别为 Antoine,Louis 和 Mathieu,生卒年份分别为 1588—1648,1600—1648,1607—1677),法国画家。兄弟三人都以描绘农民生活为主,常共作一画,其现实主义和朴素画风在 17 世纪法国绘画中独具一格。

② 《牧羊人万宝通历》由居伊·马尔尚出版社于 1491 年首次发行,此后虽名称、出版社和出版地都曾有变动,但销量有增无减,在各阶层广受欢迎,直到 18 世纪中期。

③ 弗朗索瓦·勒布伦(François Lebrun),法国天文学家。

主要节日集中在诸圣瞻礼节①到来年的四月底期间;而农耕历则把繁重的农活都集中在五月到十月。他的观点至今还无人超越。这样一个相互协和的时间结构体现了堪称源远流长的文化的精密性,也是我们祖先生活中最牢固的结构了。

冬季周期的开端是诸圣日,今人常混淆 11 月 1 日的诸圣日和 11 月 2 日的亡灵节,但这种混淆丝毫也没有违背传统历法的主旨。11 月 1 日至 2 日的那一夜,恰是亡灵与人们同聚的节日:钟声彻夜鸣响,大家聚到教堂,饮酒、聚餐、点篝火,可能还载歌载舞…… 将临期自然是赎罪的日子,但也不绝对:12 月 6 日的圣—尼古拉日就被作为年轻人的节日热热闹闹地庆祝一番,尤其在北部和东部地区。另外,将临期一到,人们习惯上视为假期的那段日子也就不远了:从圣诞节到主显节②这 12 天当中,节日不断,从某种意义上讲,它为随后到来的狂欢节③拉开了序幕。12 月 28 日是圣婴节,孩子们收到各种小面包形状的新年礼物,但这更是人们头一轮尽情发泄的日子,大家一反常态地进行滑稽模仿,纵情欢闹,无所顾忌。庆祝活动五花八门:列队游行、反穿僧侣服装、滑稽队列、唱淫秽歌曲、为 1 月 6 日选举"狂欢王"做准备等,到那天,大家还要大吃大喝一顿,并组织又一次假面游行。

到二月狂欢节期间庆祝活动才真正达到高潮,对城市欢庆场面的描写也多不胜数。勃鲁盖尔(老)的名画《狂欢节和封斋期之战》(*Combat de carnaval et de carême*,1559)就表现了从狂欢节进入另一个重要时期封斋期的这种突然的变化。封斋期从行圣灰礼仪的星期三至复活节的星期六,持续 46 天(即 40 天加上 6 个星期天,四旬斋因此得名)。封斋前的星期二④,即封斋期来临前的最后一天,和行圣灰礼仪的星期三这两天的反差不仅仅体现在饮食上:前一天人们还欢声笑语欢度狂欢节的最后一日,第二天就要在脸上涂满圣灰——常常是前一天狂欢篝火的残灰——以表补赎之意。狂欢节是夙愿终得一吐为快的日子:联欢、聚餐、相约共饮,酣畅淋漓;也是疯狂挥霍的日子:城里人穿上奇异的服装招摇过市,在一些港口,成百上千从西班牙运来的橙子被抛向空中;同时也是许愿的日子,是自然界去旧迎新、人们播撒种子的日子,是尽情放纵的日子——这种放纵随后会通过封斋期的祷告象征性得到补偿。它还是宣泄情绪的日子:1580年,罗芒市的艺术家用欢舞富人之死的方式来表达他们对社会不公的不满;尼德兰发生叛乱时,康布雷人使用所有可能的滑稽道具,挥舞宫廷弄臣的笨伯杖以示

---

① 又译诸圣日。

② 基督教三大节日之一,天主教称三王来朝日。典礼日期为 1 月 6 日(今为 1 月 2—8 间的星期日),节日纪念耶稣基督第一次在东方三博士(亦称东方三王)前显现。庆祝形式为通过在大家品尝的蛋糕中发现小瓷人而选出狂欢王。

③ 封斋前的狂欢活动。

④ Le Mardi gras,直译为荤厚的星期二,狂欢节的最后一天,第二天(行圣灰礼仪的星期三)开始封斋期。

对红衣主教格朗韦尔①的嘲弄,借此向西班牙发出宗教请愿和收回主权的要求;1516 年,巴黎人上演的一出戏描写了一位执政的愚蠢母亲因横征暴敛使她的孩子们全部破产的故事,以更加理智的方式进行政治请愿。狂欢节还是不分高低尊卑举国同庆的日子,教士、俗人、国王、名流显贵,城里人、乡下人,都无一例外地参加庆祝活动,这就使寻衅捣乱的事相对减少,即便出现,一般也会得到有效的疏导。欢庆活动的起始结束时间根据月亮的周期有所变化,复活节一般在 3 月 22 日至 4 月 25 日之间。

　　复活节后的两个月期间仍有一些重大节日,比如耶稣升天节、圣灵降临节和圣体瞻礼节,但规模相对小一些。除了按基督教历履行义务以外,这些节日还包含另外两层含义。一个与农耕有关,即做祈求丰收的祷告,甚至还隆重地庆祝圣·约翰日,这实际上是以基督教的形式来庆祝夏至的到来和大自然的胜利。另外,这期间还有休息日,使农民在令人难耐的农忙季节有点歇息的时间。克洛德·阿东就描绘了在小圣体瞻礼节那一天——一般为圣体瞻礼节后的第 11 天——小城普罗万的居民聚会的情景:

> 大街小巷、各个角落的邻居们三五成群地聚在一起游戏……他们重新组合起来,男人凑在一堆,女人凑在另一堆,各找各的伙伴。男人有的玩滚球,有的打网球,有的下跳棋,各取所需;女人们玩九柱戏②或适合她们性别和体质的其他游戏。

　　晚上,如果天气好,大街上会摆起宴席招待宾客,做东的常是当年的新婚夫妇或新来的住户。这段时间还有布列塔尼人的朝圣节,阿图瓦人的主保瞻礼节,各地的节日市集、聚会,当然并没有克洛德·阿东描绘的那样美伦美奂:人们常饮酒助兴,存在着暴力隐患。这段时间也是跳舞和谈情说爱的日子,还是劳动的汗水与节日的汗水交融在一起的日子,打谷场就是靠舞蹈的人们尽情踩踏直到跳不动为止而建成的。吕西安·费夫尔说,日历讲的是"基督的"语言,但是,借助我们祖先文化的画面,它讲的语言实际上丰富得多。

　　生活的时间和自然的时间就是这样通过智力的结构被安排得井井有条,这使得人们在一个物质上难于控制的世界里得以保证最低限度的宁静和安心。这个文化是对疾病和死亡、对气候和收成的变化莫测的一种回应,但是下面将会谈到,这只是回应之一。

---

① 格朗韦尔(Antoine Perrenot de Granvelle,1517—1586),西班牙国王菲利普二世的大臣。1560 年国王派他充任尼德兰(时属西班牙)摄政玛格丽特王后的首席枢密官,在尼德兰叛乱初期发挥重要作用。

② 用球将小木柱击倒的游戏。

图 **4** 勃鲁盖尔的这幅《狂欢节和封斋期之战》(1559) 运用了佛兰德及周边更广阔地区都能理解的丰富的符号体系, 即荤厚和素淡两词含义的对比, 完美地衬托出了行圣灰礼仪的星期三突然到来时的反差。(维埃纳, 昆斯特历史博物馆)

第三章　人与人之间

16世纪的男人和女人们也靠着组织严密的社会关系控制着世界。大体上，可以把这种关系视为按照亲疏程度链接在一起的一串圆圈，当然也不能忘了，在城市，由于农村移民的迁入、人口的更新和贫困的重压，传统结构已经松散了许多，这样的链条关系也在逐渐走向瓦解。

1

家　庭

个体首先是通过家庭融入社会的，因此，选择独身从文化的层面上讲是不可能的，除非职业约束使然，这在前面已经提到过。家庭并不仅仅是生物学意义上的一个基本单位：一个家庭恰好也是一个劳动单位，一家之长同时也是经营之主，家庭的概念经常因此而扩大为同居一所的人的概念，富裕家庭雇用的仆人也常包括在内。因此，一处居所恰好和居于其中的那个社会结构相吻合。当然，这样一个人、劳动单位、居所三体合一的轮廓会发生很大变化。

根据传统习惯，同时考虑经济和司法状况，如财产的结构、土地行情、继承规则等，可以划分两大类并存的家庭组织形式。一类是古老的、行将消失的家庭结构：这是由"族长"和年轻夫妇们构成的几代人同堂的大家庭，有复杂的继承规则，有旨在平衡劳动供求关系的微妙的婚姻策略，对青年人选择配偶则规定了更为苛刻的限制。家产的地位高于个人：房子建得很高大，比如在蒙塔尤发现的大型住宅，不过即便在大型住宅较多的法国南方，这种类型的家庭组织形式也不占主流。这是一些普罗旺斯式的高大的砖砌房屋，外观高而窄，户型安排十分明确，最好的房间在二层，朝向街道，全天生火，供年长夫妇使用，其他房间供未婚子女、年轻夫妇和儿童使用。在朗格多克和阿基坦地区，遗产继承事宜由一家之长来安排，由他来指定其主要的遗产继承人，并在适当的时候把土地交给他——当然家长会谨慎地保留其用益权，继承人卖力地耕种那些土地,因为有朝一日,土地将完全归他所有。

阿兰·科隆(Alain Collomp)对圣昂德雷一代一阿尔卑斯地区同样类型的生活方式进行了精彩的剖析。但我们通过查阅 16 世纪的文献,发现还存在着同类更为繁复、更为古老的生活方式,例如,法国中部和普瓦图地区的主干家庭①制度,还有奥弗涅省和尼韦内省的兄弟共有或平分财产的继承制度。在这个特例中,一个族群默默地传宗接代,最后竟整整占据了几个小村庄。弗朗索瓦·德·贝尔福莱斯特②于 1575 年在他的《世界通用宇宙志》(*Cosmographie universelle de tout le monde*)中描述了利穆赞省一个名副其实的阿尔卡迪③式的村子,那儿的"一位老人一直活到他的第四代出世,……始终没有分给他们任何财产;我还看到过这样的家庭,全家大大小小一百多口,全都住在一起"。这些地方的楼房是根据需要建造起来的,但是,显然不应该把这种在 16 世纪就有些稀奇的生活模式和组织方式理想化。这些家族也在逐渐向更简单的家庭结构发展。比如,奥图努瓦省埃塞尔特恩的拉谢兹家族即在 16 世纪初破败了,他们卖掉了两个小村庄,即下拉谢兹庄和上拉谢兹庄,这两个村子不久都更换为新主人的名字。

当家庭只有一对夫妇加上孩子们的时候,约束就少得多了。实际上,在法国北方的广大地区,这样的家庭模式极为普遍,少有例外,尤其在城市,贫民阶层拥挤不堪的住房状况令他们别无选择。正是在这样的家庭中,我们可以更好地观察到夫妻明确的分工。妇女只负责操持家务,照看孩子,做些所谓次要的劳动,比如打扫家禽饲养棚、挤奶、采摘、捡拾果实、纺线、给婴儿喂奶等,除此之外,还要在农忙季节搭把手。父亲兼丈夫在家中的统治地位从他在餐桌上的位置也看得出来。但也不可盲信那些置男人于至高无上地位的权利和谚语。夫妻间的等级关系和丈夫的权威是公开场合的行为规范,在外被不加掩饰地加以炫耀,而这些规范却没有考虑妇女真实的力量。她们也有自己的地位——比如在公共洗衣处,有自己的武器——嚼舌头的威力,总之起着不可替代的作用,以至于鳏夫们往往只惦记一件事,就是尽快再婚。

的确,生活的现实使这类家庭的运转模式并不像看上去那么和谐和受约束。一方丧偶后,一般会在较短时间内再婚,尤其男性再婚速度更快,其原因是年轻女性在分娩时死亡,故鳏夫常比较年轻且子女少,这一切都打破了那种过于美好的想象:一般来说,一个男人会在丧妻后一年之内再婚,其中大部分还等不到六个月。不难想象在这样的家庭结构中,儿媳或女婿同岳父母家产生的矛盾、竞

---

① 一译"世袭家庭":介于夫妻家庭和共有家庭之间的家庭形式。两代或两代以上的家庭成员生活在一起,每一代以一个已婚男人为中心,其他成员均为未婚兄弟姊妹。

② 弗朗索瓦·德·贝尔福莱斯特(François de Belleforest,1530—1583),法国作家。一生尝试各种体裁的写作。其《悲剧故事》中哈姆雷特的故事启发了莎士比亚的悲剧创作。

③ 希腊伯罗奔尼撒半岛上的偏远山区,因其与世隔绝的地理位置而成为旧时希腊人躲避战乱的理想去处。古代诗人如维吉尔将其描绘成田园诗般的世外桃源。

争、妒忌等，因为再婚后人们还继续与原配家庭保持联系，且女人保留原夫姓氏。而且这些冲突发生在一个无隐私可言的社会里，在乡下会传遍全村，在城里则引来大街上的飞短流长和同行的议论。

我们了解的几个案例的详情足以让我们估量各种冲突、流言蜚语和复杂关系的影响力。贝特朗黛·德·罗尔的新恋情重重受阻，其原因固然是触犯了婚姻法，而马丁·盖尔①最终没能"回家"则一方面是因为盖尔家族竭力维护其自身利益，另一方面也因为街坊四邻极尽监视之能事。这个结果可能不仅说明了整个村子对假冒者的拒绝态度，也反映了他们对一个外乡人——来到这比利牛斯山中部的阿里埃日和加龙河之间定居下来的巴斯克人阿纪尔的排斥。娜塔莉·戴维斯对相关案卷的研究经电影的渲染尽人皆知，但这个案例并非特例；1522年，玛莉·卡特利夫尔事件被《巴黎报》炒得沸沸扬扬，因此，除档案上的零星记载外，我们还掌握了尼古拉·韦尔索雷和另外一个巴黎市民在日记上的有关记述，甚至还有赫赫有名的人文主义者纪尧姆·比代②给那位丈夫写的一封慰问信。原来，这位丈夫是巴黎最高法院颇有身份的法官，还是当时宫廷的财政总管桑布朗塞男爵的亲戚。一个是农妇贝特朗黛·德·罗尔，一个是贵夫人玛莉·卡特利夫尔，她们却都有相似的爱情故事，由于后者随青年男子私奔，更在巴黎引起轩然大波。这一社会新闻的有趣之处在于其发展过程：各方都得到本族群的全力援助，像老卡特利夫尔就利用"宫内宠臣"的关系，最终使不忠的女人获得王室的宽恕。

应该指出，家庭单位经历了各种各样的现实，有暴力也有温情——这一点从不少遗嘱中都能感受得到，虽然同死亡带给人们的痛苦一样，温情也没有表露的那么直白。另外，社会联系之紧密在剥夺个人隐私的同时也给人们带来宝贵的援助，即便在因家庭成员的死亡而几无亲缘关系的夫妻家庭中也是如此。

2

邻里之间

的确，在夫妻家庭居多的地区，拥有特别密集的群体关系网，其中最重要的

---

① 马丁·盖尔（Martin Guerre），原籍巴斯克地区，随其父迁至比利牛斯山的朗格多克，并在当地娶妻生子。1548年因故离家出走，一去不回。八年后，一冒充者在马丁·盖尔的妻子贝特朗黛·德·罗尔的默许下与其生活在一起，马丁的弟弟发现疑点，将其告上法庭。1560年，真马丁的突然出现揭开了真相，假冒者被处绞刑，罗尔因其性别而被免罪，但必须与懦弱而无情的前夫重新生活在一起。文中"马丁·盖尔"指冒名顶替者。

② 纪尧姆·比代（Guillaume Budé，1467—1540），法国学者、外交家和王家图书馆馆长。研究希腊文化，著有《希腊语言评注》（1529年），使古典研究在法国复兴。在巴黎创建法兰西公学（Collège de France，1530）。

就是邻里关系。大家在闲暇时交往的和在劳动中接触的大致是同一些人：这一基本的认识可以解释人们何以如此重视保持和加强友谊,友谊这个词在当时基本与"关系融洽、和睦相处"同义。克洛德·阿东在描写 1570 年普罗万的邻居们的集体聚餐时,正意在向我们说明这一点："通过这个方式,人们相互之间保持着和睦、融洽和友谊";1549 年,瓦雷尔镇的新住户让·迪·蓬索也是出于这个愿望把一桶啤酒送给邻居们,"为的是和当地人建立关系,并获得他们的友谊"。人们为孩子选择教父和教母也是加强亲戚、邻里和同事之间关系的一种手段,由此而产生得到教会认可的宗教亲属关系和某种宝贵而牢固的默契。人们在劳动中的团结协作关系也加强了这种友谊,这是指在必要时邻里之间的互相帮助,比如帮忙把收获物带回家、收葡萄、筑篱笆、让孩子们看牲口群等。他们之间的交换无需任何合同或书面的约定,除非遇有刑事案件,这类日常事务才恰巧被纪录在案。比如,一方帮忙干几天活,另一方就把套车的牲口借给他用;一方借出一件农具,对方为他跑一趟运输等;人们还会以村子或堂区为单位对"公共财产"进行合理开发,以保证放牧、圈栏褥草和男人们的木料储备以及最贫困者基本的生存需要。邻里之间的关系像婚姻关系一样具体而实在,这还体现在人们对家中或邻家的临终者和死者所尽的义务,体现在冬季夜晚的聚会活动、夏季在一派祥和的星期日玩的滚球戏和九柱戏。

这里使用"祥和"这个略带主观色彩的词,意在平衡一下人们不得不在街坊邻舍寻求友谊的行为所带有的某种强制性：人们别无选择。16 世纪发生的重大变化之一,就是在我们谈到的这段时期,人们慢慢开始要求选择友谊,即拥有个人的友情。此种友谊使大家难于接受,因为它和当时的习俗格格不入,也对枢机主教佩龙称为"维系整个人类社会的纽带"的那种睦邻友好式的友谊构成了威胁。正因为这样,亨利三世与埃佩尔农和茹瓦约斯两位公爵①的特殊友情令世人瞠目,而蒙田和波埃西②令人耳目一新的、牢不可破的关系也轰动一时。

3

堂 区

除了这种亲戚邻里的关系之外,堂区也以非常牢固的形式构筑着我们祖先

---

① 埃佩尔农(Duc d'Epernon, 1554—1642)和茹瓦约斯(duc de Joyeuse, 1561—1587)公爵均为亨利三世的宠臣。前者为亨利三世王室的忠实保卫者,后者为天主教极端主义派领袖,屡次镇压新教派。

② 波埃西(Etienne de La Boétie, 1530—1563),法国作家,深受斯多葛派哲学思想影响,其《论自愿受奴役》对专制政治进行了抨击。

图 5 这是请一位专业艺术家绘制的《雷恩市缝纫用品商及食品杂货商社团和行业协会》账簿的封面（此账簿年份为1614年），它表明一些所谓"行业堂区"已经相当强大，尤以缝纫用品商最具实力。大天使圣米歇尔和圣伊夫的画像是行政官们的个人选择，他们指定把各自的守护圣人画入封面。圣米歇尔是以降龙者的形象而不是称量灵魂者的形象出现；圣伊夫是神甫装扮，画家没能按照传统表现手法将富贵与贫穷加进去。（雷恩市档案馆）

的天地。那时,王国的行政管理还比较松散,堂区便是最基层的行政机构,当然也是最基本的宗教机构,在绝大多数情况下,它还是一个无需王国官吏的参与而自行运转的生活单位。人们像今天市镇的居民一样管理着自己的事物,却又不受那么多的约束和监督;他们也管理教堂的财产和几乎所有与日常生活有关的事情:关系大家共同利益的农业问题、开放型农地①的收获时间及共同牧场、森林的合理使用、路面的维护、学校教师的工资,也有税务问题——从直接税的分摊到征收,还有在必要的时候为保护全堂区的利益与税收员、士兵、庄园主甚至神甫展开的斗争。堂区的号召能力之强使它在很多情况下,比如在组织反抗时成为名副其实的联合会,如 1545 年,科曼日②的 108 个村庄联合起来维护他们的税务利益。这表明了,如果政治即是指对居住区的管理,那么 16 世纪的人们已经有了一个坚实的政治文化,同时,地区不同,传统也迥然不同。

史料中一般把代表全体居民的机构称为居民"总代表",它们在各地的名称不同,阿图瓦称为行政长官、吉雅恩称行会管事、朗格多克称行政官等,这是世俗机构,同管理教堂物质利益的教堂财产管理委员会并行。法国南方的教堂财产管委会的影响力并不像我们一直以为的那样微不足道,尤其在西南部地区,不过仍不及布列塔尼:在该省,世俗机构已并入教堂财产管委会。各地的区别或许可以为我们了解它们的世俗和教会传统打开新的思路。另外,在不少省区,这一教会机构在堂区内部又按不同区、片等设立分机构,其中有些还拥有行政自主权,比如在利穆赞省。至少在农村,人们还拥有相当广泛的民主,因为居民间的文化差异尚不明朗,特别是市场经济和它所带来的利益分歧还不起决定性作用。的确,很久以后,才出现了类似如何更合理地开发共有财产的问题,也就是这些财产的分割问题。

使农村堂区保持凝聚力的另一个因素是对本堂区根深蒂固的归属感:任何书面文书都会注明参与方所属的堂区,出游者即使远在他乡,也不忘向旁人说起他的堂区。所谓乡土观念③,其本意是指人们为赢得最美的土地而展开的竞争,在不愁吃穿的富裕地区,如布列塔尼,这种竞争达到极致。各堂区制作自己的旗帜,指定选手参加格斗,或举行野蛮的速勒球赛④,有时甚至无需以竞赛作借口就公开斗殴,就像诺埃尔·迪·法伊描述的万代尔区"呆头呆脑的人"和弗拉莫区"自命不凡的人"的争斗。堂区有自己的负责人:有选举产生的、负责教堂财产管理委员会工作的管理委员,有代表堂区的行会理事、行政长官、行政官或镇长,还有堂区守卫队长——关于这个职务,我们知之不多,只知道在该世纪末的内战期间存在过。

---

① 指不同种植区片连在一起,相互间无栅栏等隔开的土地。
② 位于比利牛斯山脉中部的法国旧省区。
③ 原文直译为钟楼观念,源自每个堂区教堂的钟楼(clocher)及其引申义"故土"。指人们对所属社会阶层的归属感或对本乡地方主义的依恋。
④ 手、脚与曲棍并用的球赛。

社交场所的重要地位也加强了这种凝聚力。人们最常出入的是洗衣处、可以边等边聊天的磨坊,还有小酒馆。小酒馆既是游戏、饮用酒水、欣赏音乐甚至歌舞的场所,也是谈生意和通信息的地方。星期日弥撒结束之后这里尤其热闹,而建在酒馆四周的教堂和墓地则是天天如此:女人们有的做针线活、有的纺线,还有的在门廊下的阴凉处闲聊,过路的商贩把货摊摆靠在墓地的围墙上——如果墓地有围墙的话,或者就近摊在地上。那时的墓地还建在村子的中心,是公共活动场所。和现在相比,那时的日常生活更多地在户外进行,在城市,这个特点更加突出。

堂区的凝聚力在城市明显减小,人口的不稳定性是一方面,但更主要的原因在于其他一些生活方式的影响,如街道或小区的日常生活场所与堂区的地界不完全吻合,还有堂区以外其他权力机构的介入,如统管若干个堂区的市镇权力机构。人口社会成分的复杂性更是推波助澜。不过,一些行之有效的群众性机构开始在城市发展起来,特别是以行业为基础建立的、冠以宗教性名称的行业协会①,罗贝尔·芒德鲁给它起了一个漂亮而准确的名字:"行业堂区"。这类协会还不太普及,组织工作比较滞后,但同行业的人们集中于同一区域的现象却十分普遍——一些古老的街道便由此而得名,这就大大方便了同行业的团结协作。在阿图瓦或佛兰德这类已经城市化的地区以及一些大城市,行会除履行其行业和宗教职责以外,还在组织大多数居民的业余生活方面起着主要的作用。

由于城市的居住空间狭小,公共场所和街道的作用就显得尤为重要,在这些地方,人们无所不能晓,无所不可为:做工,摆摊,和流动商贩或手艺人做交易,谈情说爱甚至调戏妇女和奸污,大多数暴力事件也正是在这些场所发生的。我们看到,城市空间的管理多少有些失调,陌生而缺乏安全感的空间压缩了领土的集体管理可以提供的令人安心的场所的空间。

4

空间与域外

这一节我们将谈谈最后一个圈子,这是一个无限的、始于堂区有限的生活圈之外的空间,这也是一个引起历史编纂学激烈论争的领域。自皮埃尔·古贝尔②说出了那句名言:"扎根于本土是古代法国的辉煌之举"之后的 40 年来,争论的理由似乎一直都无可置疑。的确,族内婚相当普遍,分析一些公证文书以及

---

① La confrérie:亦指宗教义意上的兄弟会,善会。

② 皮埃尔·古贝尔(Pierre Goubert,1915—),法国历史学家。1969 年起任巴黎一大历史教授,其学术著作《1600—1730 年的博韦和博韦奇省》(1960 年)(1968 年再版时更名为《17 世纪的十万外省人》)成为法国人口史的重要参照。

大多在本地人内部签订的婚约,印证了像雅克·博诺姆这样几乎足不出乡、从不出远门的形象。人们对周遭的土地亲密如同手足,以至在南方的土地册和下布列塔尼归属王国时清点的王家领地收租册中,每片草地和每块田地都叫得出名字。近期的研究还发现了这种地域观念象征性的、强烈的表达形式:人们列队沿本市镇或乡村的边缘行进,从已被今人民俗化了的洛克罗南的特罗梅尼朝圣①到雷恩市附近的拉夏贝尔—肖塞的活动,队伍行进的路线和领土的边界都几无差别。

需要补充一点,人们明显排斥擅入者,城市的乞丐或被驱赶,或被抓去做苦役;更深入地看,还有那些土地开发经营的竞争对手。克里斯蒂昂·德普拉(Christian Desplat)对比利牛斯省的这种名副其实的"农民战争"作了精辟的分析:为了控制共用牧场,牲畜饲养人和烧炭工或石灰煅烧工产生矛盾,贝亚恩省人同蓬拉贝人、巴斯克人同贝亚恩人、奥索人同波市人等等更是冲突不断。

王国如此广阔,怎么可能是别样的光景呢? 王国之大,令任何手段都无法全面驾御,交通、通讯的速度慢得出奇:从巴黎至埃克斯昂普罗旺斯的皇家专递信件也需花上一周多,旅行则需两三个星期,就连1581年11月从里昂赴波尔多办急事的蒙田也不得不在路上花同样长的时间。王国四分五裂的状态又如何不令人震惊? 七零八落的国土时而被收复,时而又失落,就像萨瓦省,也有像贝亚恩那样的亲王控制的独立领地——那些亲王们的命运与王国的政治生活已经密不可分,或还有布列塔尼这样刚刚归属法国王室的地区。当想到法国有40,000个堂区和双倍于这个数字的领地在共享这块领土的时候,还有什么可犹豫的呢? 人口密度在当时算很高了,平均约每平方公里40人,另外,在布列塔尼等地,农村的人口密度和尼德兰相似,应该很利于人们相互接触……1994年若埃尔·科尔内特的一句话总结得精辟,他说:"人们的视野被钟楼挡住了",我们祖先的文化是一种本土文化,带有狭隘的特性。

农民外出仅限于去市场或到邻区赶集。圣米歇尔日前夕,集市上充斥着家仆劳动力,在博斯省和布里省,收获季节临近时,季节工们会蜂拥而至。还有大批从邻乡或周围城市赶来的商人,有时也有些想入非非的人:江湖骗子、兜售灵丹妙药的,还有杂耍艺人等。除此之外,外乡总是和令人不快的事情联系在一起:虽然城里人把婴儿送到周边地区看管,也同时送来了额外的收入,但城市对农民来说更是那些地产业主的世界,发生大事的时候,它还是执政官吏们的世界。16世纪,军人们常来常往,居民除了安排住宿,还要被他们敲诈钱财。相比之下,主教倒不常露面,因为他们还很少住在主管教区。在最好的情况下,少数

---

① 布列塔尼地区特有的、由崇拜共同圣人的几个堂区举行的朝圣活动。信徒高举圣人画像,列队绕圣地一周。大特罗梅尼祝圣每六年举行一次(下一次为2007年),行程12公里;小特罗梅尼朝圣每年七月举行,行程6公里。

特权阶层可能起到文化媒介的作用,正像吉勒·德·古贝尔维尔。表面上,他似乎被埋没在科唐坦半岛的博卡吉田野中,实际上,他每年必去一趟宫廷,偶尔去几次鲁昂,经常去冈市,常和瑟堡的守城队长、瓦洛涅和库汤斯的官吏及瑟堡的一位喜欢和他大谈拉伯雷的神甫见面。众多的家丁会对其中情节有所耳闻,并把听到的只言片语散播出去。这的确微不足道,但这还不是现实的全部。

的确,16 世纪的男人们同样还拥有大空间的文化,当然妇女也不例外,只是程度不及男人而已。这一点长期以来由于历史学家使用的原始资料和方法不当而始终被忽略了。堂区记录簿和公证文书上的记载只反映了有固定住所的稳定人口的状况,同样,始于 50 年代的以人口统计学历史为目的的所谓家庭复原,显然也只针对那些最稳定的家庭,只有这类家庭的发展历史在我们掌握之中。通过研究一些财政方面的原始资料,美国人詹姆斯 B·科林发现,内战后在卡埃克斯和奥迪耶尔纳,人口的流动率每年在 5—7％之间,而在 17 世纪的布列塔尼和勃艮地,这个数字还要高得多。这些数字的价值在于它们迫使我们注意到,大空间文化的实例就在我们眼皮底下,在资料里写着。

有从山区外出打工的移民,比如利穆赞的泥瓦匠和多菲内阿尔卑斯省的流动商贩,他们不仅为建立自己的社群立下了汗马功劳——可以想见他们从家乡带来的什物、家珍,而且在途中所到之处及做过工、摆过摊的堂区都留下了印迹。说到流动商贩,洛朗斯·方丹(Laurence Fontaine)指出,离乡背井,并非只是迫于贫困,而是职业特点的驱使,这个职业被纳入了以婚姻精心编织的亲属关系网和信誉关系网中。有那些应征打仗而总有一天得复员回家的军人,像马丁·盖尔,还有先效命于查理五世,后随菲利浦二世南征北战远至突尼斯和希腊的安托万·朗戈内斯,他最终又回到家乡阿拉斯。还有一些商人,他们的生意关系天南地北,常得远途跋涉,比如千里迢迢赶往里昂的集市,但是这些人不一定来自大城市:在安特卫普曾经进行过一次细致的人口普查,统计经过大广场的法国人,其中的一些商人,有的来自小镇坦泰尼亚克,有的甚至从雷恩的博塞恩村远道而来。1611 年,在特雷吉埃市的圣蒂迪阿尔集市上,商贩云集:缝纫用品商不如说是名副其实的杂货货郎,食品杂货商兜售着各色的外国货,还有金银器商、卖肥皂和地中海油的、卖糖的、卖画的,书商里面竟还有一位来自康斯坦茨①的瑞士人。乔治·米努阿如此一一道来,向我们展示了生活的繁闹景象和人们交往形式的多样化。在更卑微的阶层,拾荒者会在整个堂区搜个遍,讨饭的有自己固定的行乞路线,一路下来,能走上几十公里,乞讨的路没有尽头,除非哪天有什么意外的变故使他们踏上真正意义上的漂泊之旅。要知道,根据可靠的估算,这些乞丐占布列塔尼总人口的 9—10％! 年轻人也离开家乡,外出找工作,但在 16 世纪人口增长的环境下,这变得越发困难。还有一部分人开始向城市进发。

---

① Constance,德国城市。

　　城市和港口显然是与形形色色的外国人接触的主要地方,他们的出现一般
都颇受欢迎:在里昂,人们会讲意大利语,在南特,会讲西班牙语,当然影响不局
限于语言,至少在这两座城市是这样。另外,如果以为这种情况只出现在大城
市,那就大错特错了:由于船只体积小,波南海岸的几百座小港都是国际港口,水
上交通也比陆上交通更加繁忙。新的人、新的思想、新的产品纷纷涌入,又被广
泛传播、写进故事:有关于鲁昂和圣-马洛的印地安人的,有讲述地中海的水手、
乃至北到诺曼底的广大西海岸的水手,如何从柏柏尔人①手中逃脱的。还有更
妙的:1571 年,南特妇女让娜·科尔努阿伊自称是"香蕉转卖商",显然这并不说
明这种水果贬了值,而恰恰证明了我们前面想要说的内容,即人们主动向世界开
放的态度。

　　这种态度不仅限于城市。虽然一些纪实性的出版物,即以新闻手法探讨重
大事件的小册子只在城市发行,但其传播范围仍很广泛。除巴黎、鲁昂和里昂以
外,让皮埃尔·塞甘(Jean-Pierre Séguin)在图卢兹、图尔、布尔日、普瓦捷、兰斯
和特鲁瓦也发现了这类册子的印刷本。重大新闻传播范围之广,从乡镇堂区纪
录簿上的有关记载可窥见一斑,可以推断,见于记录簿的新闻一定传遍了全堂
区。朝圣体现了这种开放态度面向更广泛的世界,一些人会长途跋涉去远方朝
圣:洛林省的迪波尔圣尼古拉教堂的影响就远达全国各地;拉昂市附近的列斯圣
母院吸引巴黎盆地的众多妇女,上到高贵的王后下到卑微的农妇,都纷纷来此祈
求生儿育女;圣-克劳德教堂也是名声在外,吉斯公爵就曾于 1587 年来此许愿。 53
具有国际影响的例子也不在少数,如加泰罗尼亚②的蒙特塞拉圣母院、罗马教
堂,还有孔波斯泰尔的圣雅克教堂。无论是普罗万的行会组织教徒们去圣雅
克教堂朝圣,或是埃夫勒的行会组织去蒙圣米歇尔,都属于虔诚的宗教活动,
但从我们感兴趣的角度去看,行会正扮演了旅行社的重要角色,起到对外开放
的桥梁作用。

　　最后,还有不出家门的远游,可以观看流浪杂耍艺人的沿街表演——最早的
几个巡回剧团正是在 1580 年前后出现的;还可以在幻想和故事中云游。比如人
们对科卡涅福地③和那里的富足岛和丰饶岛心驰神往,马蒂娜·布瓦特称那是
"饥寒交迫者的希望之乡",这种向往之情,可以从当时科卡涅彩杆游戏④的长兴
不衰中略见一斑。又比如,有些故事讲述远行归来的骑士无端指责妻子不贞,或
干脆互相指责对方偷情。看起来,不需要发现美洲大陆,16 世纪的男人女人们 54
就已经有足够的想象力来开发现实素材了。

---

①　指 16—19 世纪出没于非洲西北部地中海、大西洋海岸的北非海盗。

②　今西班牙。

③　指理想中的乐土。

④　争夺彩竿顶端悬挂的奖品的游戏。

图 6 五十名赤身裸体、头戴羽毛的印第安人是 1550 年 10 月 1 日为亨利二世（华盖之下穿白衣者）举行的鲁昂入城活动的最抢眼的一景。该城市对君主的古代品味了如指掌，这更体现了对世界的充分开放态度：为此而借用了不少古代人物（前面拱门壁洞里的狄安娜和俄尔甫斯，还有尼普顿）并使用了装饰（后面拱门上）。（细密画，鲁昂市图书馆）

5

表达形式

　　一方面,人类在物质上对大自然缺乏控制,另一方面,对人类感官的刺激要素比比皆是,其作用不可低估,吕西安·费夫尔①曾经试图在这两者之间建立某种联系:半个世纪以来,这个想法促使我们考察一种关于表达形式的历史,更确切地说,是一种关于感官和感觉的历史。但直到 70 年代以前,虽经罗贝尔·芒德鲁②多方努力,仍没有突破性进展。

　　我们首先意识到了在 16 世纪文化中听觉和口语的重要性,而历史学家们——他们不愧为谷登堡的子孙——向来都只用拉伯雷或龙沙、人文主义者或蒙田的标准衡量这个时代的文化。事实上,声音、响动都构成了意义深远的背景音,尤其在拥挤不堪的城市,那里街道窄小、房屋也不隔音,人们基本上没有独处的空间。钟有自己十分精确的语言,其中一些含义我们已经无法说清了:有整点钟声、三钟钟声③——钟敲三响是 16 世纪确定下来的、大、中、小丧钟、警钟,还不算各种洗礼钟和丧钟的细微差别,以及我们不了解的一些演变;1650 年当南特大教堂唱诗班的一名队员想听听"古老的钟声"的时候,他指的是什么样的钟声,我们无从得知……街上是嘈杂的马车声、车辆受阻的声音、动物的鸣叫声:马嘶、牛哞、犬吠,被屠宰的牲畜尖声嚎叫、家禽咕咕呷呷;也有走街串巷者的吆喝声:送水工、通烟囱工、讨饭的,加上商贩们的叫卖声此起彼伏,铁锤叮叮当当,间或听到织机喀哒喀哒的转动声。到乡下,当然就没有这么喧闹了,但文化没有改变:人们的听觉比我们灵敏得多,可以用耳分辨更多不同的声音,比如夜间令人不安的异常响动等。遇到有危险或火灾,人们会以钟声示警。

　　不过,我们的祖先可能不像我们这么爱讲话。但可以肯定,话语比现在更有分量:它可以毁掉一个人的名声,还可以借漫骂明目张胆地侵犯别人。但骂街并非家常便饭;辱骂会令双方对簿公堂;话语也可以具有约定性,一言既出——尤其加上双方击掌的动作——便和书面合同具有了同等的约束力;至于遗嘱,大多数法国人都认可口头的叙述:我们曾经以为贫民不留遗嘱,那是因为我们只看重书面的文书;话语是参事向国王的口头进谏,或是他们在最高法院的进言;话语

---

① 吕西安·费夫尔(Lucien Febvre,1878－1956),法国历史学家。1929 年与马克·布洛克(1886－1944)创建《经济与社会史年鉴》杂志,从而推动历史研究更加注重经济、社会和文化的综合因素。

② 罗贝尔·芒德鲁(Robert Mandrou,1921－1984),法国历史学家。与乔治·迪比(Georges Duby)共创心灵史研究。著有《法国文明史》(1958 年)、《17 世纪法国的着魔和巫术》(1979 年)等。

③ 早、中、晚三次祷告即三钟经时的钟鸣。

也指圣经,是上帝的真言。那时,圣经基本上还靠口头传播,传教士至多可以参照一些图画,比如,16世纪最富裕的乡镇堂区的彩画玻璃窗,或参照壁画,或布列塔尼个别地方存有的耶稣受难像。

罗贝尔·芒德鲁认为在"博学者"的感官中,听觉是第一位的,这有一定的道理:诗人歌唱而不书写。龙沙对海的记忆只有它的声音,他在宫廷愉悦国王的"神圣之耳",又"去玛格丽特①的宫殿用歌声诱惑她的听觉"。"诗人,奏起你的诗琴②吧"可不是陈词滥调。拉伯雷作品中的坎特·埃桑斯不就是用歌声治病疗伤的吗?

> 非弹既唱:龙沙的作品中竖琴、里拉③和诗琴,甚至笛子和小号反复出现。比各种声响、雷电获得更高殊荣的是音乐:它处处受人欣赏,因为它激荡着所有高贵的灵魂。龙沙在一部歌曲集的引言中这样写道:"如果一个人,当他听到悦耳的和弦或自然柔美的声音而不为所动——哪怕是有一点点欢悦——,或不曾陶醉其中的话,那么他的灵魂定是扭曲、邪恶和堕落的。"……一首乐曲,从编写到以后的修改、调整,诉说着人们感情的波澜,是(我们祖先)从不厌倦的慰藉。

虽然普通的教堂还算不上音乐教育的场所——管风琴到17世纪才大量出现,而会弹奏的人即使在城市里也寥寥无几,但它的确是音乐的演奏场所:玛格丽特·德·纳瓦尔就偶然提到过奥弗涅省的一个习俗,即在举扬圣体仪式时"吹奏双簧管"。

今天,我们可以在罗贝尔·芒德鲁精辟分析的基础上更深入一步地说,运用听觉的习俗具有很强的群体性,比如集体朗读——这并非虚构、集体创作作品再口头传播等。让-马里·古尔穆④大胆地提出"社群文化"的观点,他说的有道理:口语的阵地是群体的阵地。

戏剧便是绝好的证明,不过,首先要消除一个误区。当亨利·韦伯说"16世纪不是法国戏剧的伟大时代"时,他想到的只是文学创作,当然他没有错。但是,从文化习俗的角度说,16世纪是戏剧的伟大时代,因为已经有两类截然不同的作品并存。一类直接承袭了上个世纪冗长、压抑的神秘剧,圣徒生活和神圣故事是其主要情节。另一类是喜剧,只可惜基本上没有保存下来,大部分保存下来的是前一类作品的文本,这也在某种程度上影响了我们对那个时期戏剧的看法。

---

① 玛格丽特·德·纳瓦尔(Marguerite de Navarre,1492—1549),弗朗索瓦一世的姐姐,保护新教改革者,著有《七日谈》。
② 16—18世纪盛行欧洲的弦乐琴。
③ 古希腊的一种竖琴。
④ 让-马里·古尔穆(Jean-Marie Goulemot,?),图尔大学名誉教授,法国思想史和18世纪文学史专家。

1598 年,《耶路撒冷的毁灭》在阿维尼翁上演,在举行圣体瞻礼仪式那天也没有停演;同年九月的一个星期日,在南特的康邦堂区上演了《浪子回头的故事》(*Histoire de l'Enfant prodige*),第二天,居民们又继续观看了"一场关于凯撒之死的悲剧,加上一出滑稽剧"。演员的服装、动作和布景——如果条件允许的话——对演出一台完整的戏都是非常关键的要素:1541 年在巴黎市郊上演《耶路撒冷的毁灭》的时候,演员们弄到了"油漆、颜料、头饰、假发、假须、道具云彩"、"五件魔鬼的服装"以及"斩首服",估计场面比较血腥。舞台与观众的交流是惯例,包括事先早有准备的序幕道白和剧末寓意性的致词。演出的这几天,演员分享着观众的生活。其实,不少演员是本地的业余爱好者:纪尧姆·迪舍曼,一个巴黎的面包师,就在 1592 年买下了"一个讲述圣约翰……生平的神秘剧,在众多人物中,他被排在前面"。在图尔昆市附近的穆沃,普通的堂区居民表演"旧约里的一些故事,如拜金犊①的故事",接着又表演"另一个剧,剧中有四个人物:真理、一身神甫装扮的基督的使者、贪婪和买卖圣物者"。那是在 1563 年,堂区神甫终于明白了,戏剧竟也成了胡格诺派做宣传的工具,足见戏剧的形式深入人心。那位神甫还看到,观众竟达 1500 人之多,他本人也在其中,而且还能逐一细述每一出戏。

这类戏借鉴了王室入城时表演的、说教性极强的宫廷滑稽短剧的形式,比如下面这样的情节:崇高夫人身后跟随着"忠诚"和"畏惧"两个女伴,牵着手戴镣铐的疯女"畏惧"和疯女"鲁莽",或"仁慈天命"女士牵着"幸福"和"灾祸",同时有古琴和风笛伴奏,以烘托台词。这是 1518 年在南特给弗朗索瓦一世表演的一台戏。后来,效古之风盛行,但仍多少保留了一些原有的这种特色:于 1597 年出版的尼古拉·德·蒙特勒②的剧作《阿里梅纳》(*Arimène*),虽多以古代神话故事穿插其中,但仍有魔法师出场、有阴间地府的场面,还保留了歌手和乐手,也保留了神奇怪诞的成分。真正不同的是技术手段:使用意大利式的机器可以变换四种不同布景;而变化最大的是与观众的关系:一个作者,加上封闭的表演场地——我们通过在南特城堡院内的演出已对其详情略有了解,再加上亲王资助的耗资巨大的演出:总而言之,已经是迥然不同的戏剧了。

歌曲是这个口语园地中的另一个亮点。人们现在趋于轻视它的重要性,因为它已不再被看作是高雅的体裁。不过,歌曲作为一种表达方式和政治斗争的手段——比如在神圣联盟及后来的投石党运动③期间——曾经相当流行,它也

---

① 喻对金钱的崇拜。
② 尼古拉·德·蒙特勒(Nicolas de Montreux,1561—1608),法国诗人、小说家和剧作家。著有小说《朱丽叶的牧歌》和多部悲剧和喜剧。
③ La Fronde,路易十四未成年期间(1648—1653)在法国发生的一系列内战,是巴黎高等法院和王亲贵族发起的反专治制度的政治运动,对君主制权威构成极大挑战,最终以失败告终。

曾被用来进行宗教宣传。新教的诗篇便流露出充分考量的意图，加尔文①曾为此写道："歌曲具有感动和鼓舞人心的大力量、大气势，可以用更大的激情和热忱颂扬上帝。加之旋律的配合，可以更加有力地激荡人的心扉。"一些精于学术性乐曲创作的伟大作曲家如克莱芒·雅内坎和若斯坎·德·普雷②都对此抱有极大兴趣。歌曲更是沟通和记录铭刻于心中的情感或事件的手段，这类作品的内容之丰富多彩，我们可以从 19 世纪在布列塔尼等地专门组织收集的作品中略见一斑：《克卢拉的女继承人》（*L'Héritière de Keroulas*）以 30 节四行诗讲述了一个贵族女子因未能如愿嫁给深爱之人而死去的不幸故事：这是发生在 1565 年的真实故事，并非杜撰；《甘冈围城》（*Le Siège de Guingamp*）则是以甘冈公爵领地独立后期的 1489 年的围城及 1591 年王室军队从神圣联盟手中夺回该城的真实历史为素材编写的，足见歌曲内容上的变化多样。甚至乡村里的打架斗嘴也被"编成七段的歌曲，被围坐在炉火边的人们唱得如此悦耳动听。"

诺埃尔·迪·法伊提到的晚间时光，除用来操办婚礼之外，还是聊天叙谈的主要时段，甚至在勃艮地和香槟等省，寒冬来临之际，人们为了节省取暖材料，还特别为此搭建专门场所，地下房屋③。在生活悠闲的古贝尔维尔家，每逢六月，到下午四点时分，就有人登门"讲述拉伯雷《巨人传》第四部中的四、五个故事"：这多少打破了人们给晚间时光蒙上的神秘色彩：以为这个时段只留给"传统"，是不足为据的，因为上面的事情发生在 1552 年，而《巨人传》第四部同年一月才刚刚问世！在百姓阶层，到了冬季，除周末以外，人们"晚上都叫上村子里其她的姑娘一起去纺麻布"：晚间也是劳动的时段，西部一些地区对这些劳动场所还有专门的命名，比如纺麻间、梳麻间、还有绕线间。不过，对姑娘们来说，那更是聊天、唱歌、讲故事的场所，正像诺埃尔·迪·法伊在他多少有些理想化的叙述中描绘的那样：

> 吃完晚饭，肚子撑得鼓鼓的，微微有点醉意，（罗班）背朝火炉坐着，满心欢喜地给亚麻梳着麻，或修补靴子……，一边动听地哼唱着一首新歌，老实讲，他唱得满像回事呢。坐在另一边纺线的妻子若阿娜，也同他一起唱起来。家里的其他人各自做着自己的活计，有的在修理连枷，有的给篓耙加齿。……于是，罗班老汉忙着手中的活计，让大家安静下来以后，就讲起了很久以前的故事：像列那狐偷走鱼贩子的鱼啦，它把狼骗到薰衣草地学钓鱼，结果让狼挨了揍啦，还有猫和狗远行的故事，

---

① 加尔文（Jean Calvin，1509—1564），法国基督教改革运动主要领袖。他的《基督教原理》以及他对基督教的解释对欧洲和北美的新教产生深刻影响。

② 若斯坎·德·普雷（Josquin des Prés，1440—1521），佛兰德著名作曲家，被誉为"音乐之王"。主要作品有《海格里斯·迪·弗拉拉》等。其作品收入《若斯坎全集》。

③ 掘地而建的屋子，上面覆盖厩肥。

乌鸦唱歌丢掉了到嘴的奶酪的故事,梅吕斯纳①、狼精、驴皮公主、仙女的故事。老汉说,有好几次他还和仙女随便地搭讪,在傍晚时分,从低洼地经过,他还看到过仙女们在花楸树泉水边随着包红皮子的美丽风笛的乐声跳着晃脚舞。

这晃脚舞也是人们晚间常跳的舞蹈。

我们也看到,如果把听觉世界和身体语言的世界割裂开的话,未免过于生硬,舞蹈显然把两者完美地结合在了一起。艺术作品中"农民舞蹈"丰富的表现力正是很好的佐证。我们的祖先经常跳舞:洗礼、婚礼、堂区过节、晚间活动、新打谷场落成等等,都要以舞蹈庆祝一番,以至于城市竟组成了像模像样的乐师协会,共同承担工作,分享所得:以圣朱利安为守护神的巴黎行会成立于1321年,16世纪为其鼎盛时期,随后,最优秀的演奏家们都纷纷到国王内廷供职去了。虽然高雅的宫廷舞蹈成为时尚,但舞蹈文化仍然是相当普及的大众性文化。布列塔尼军政长官埃当普公爵为安抚集结在朗德诺等待英军登陆的贵族们而组织了一次联欢,我们只需听一听年轻的外科医生安布鲁瓦兹·帕雷对这次联欢略带微词的评价,便可对歌舞的群众性略知一二了:女歌手们唯一的"和声就是像青蛙一样呱呱叫着表达爱情",而男生的舞蹈"更难看"。朗格勒的议事司铎让·塔布雷也正是受到普瓦图地区民间舞蹈的启发,才写了《舞蹈记谱》(*Orchésographie*)一书,于1588年发表。事实上,这体现了尚未受到压抑的身体文化的大众性。

也有外貌的文化,即《牧羊人万宝通历》和学术论文中论及的相面术的文化;还有符号的文化,只不过我们已无法了解其全部含义,比如拉伯雷及诸多作品中已经不易参透的"笑";还有味觉的文化——很可能偏于清淡,因为除了产盐地区以外,盐可谓洛阳纸贵。辛香作料只有在宴会上、富人家或菜谱上才能见到,日常的饭菜中很少使用。

还有现实生活中我们最为熟悉的嗅觉的文化,我们猜想它不同于今天的嗅觉文化。龙沙的卡桑德拉②呼出的"玫瑰之气息"想必是一种美妙的幻觉,而当"靠近她的人嗅到她散发的阿拉比草的香气"时,那恐怕就不是什么幻觉了,很可能是浓烈的香水味。让我们离开富贵讲究的圈子——那里,真实的气味常被掩盖,来想象一下普通人的气味:农妇玛莉·迪·布瓦讲述说,她曾经逃过了朱利安·普里乌的非礼,竟是因为"他呼出的气味太大,弄醒了她"!此事发生在1685年富热尔市附近的圣伊莱尔代朗德。年代稍晚了一些,但也说明了人们对气味的敏感性:那时常闻到的是月桂、刺柏、鼠尾草、绿迷迭香的味道,还有用来

---

① 梅吕斯纳(Melusine),中世纪传说中的仙女。

② 卡桑德拉(Cassandre Salviati),诗人龙萨1545年在布卢瓦遇到的一位年轻姑娘。

驱散流行病疫气的硫磺和硝石的气味。香水多以麝香制成,很少用清雅的玫瑰香精。

不过,历史问题着实有些恼人。我们祖先的鼻子显然能令他们灵敏地嗅出各种自然的气息,但是,他们又似乎对人类活动带来的强烈气味习以为常:河沟成了敞开式的下水道,垃圾粪便满地,人们散发着强烈的体味儿,好在有时被另一种更强烈的味道掩盖,就像有人套上袖套和白色衣领来遮掩衬衣上的污垢一样……说财力有限,只能说明贫民的境况,却不能解释所有的问题;说人们怕水,也不尽然,虽然阿兰·科尔班证明人们怕水确有其事,但每逢夏季,照例有人到河里、池塘里、或逐渐减少的城市浴室去洗澡。的确,只有达官显贵们才知道恶臭可以传播流行病。因此,没有任何确凿的、合乎逻辑的证据可以证明费尔南·布罗代尔自认发现的所谓卫生倒退的说法。从事实来看,对当时的人们来说,这种强烈的气味完全属于自然的一部分,属于"正常",只有教育才能强制人们对所谓"好的"和"坏的"进行筛选,无论是卫生方面还是其他。

触觉的界限相对明朗一些,长久以来都很受重视,16世纪一些神力无比的点触动作更突显出它的重要性:比如被赋予回天之力的国王对瘰疬患者的触摸,圣骨遗物的亲吻礼,或者授予骑士称号的仪式上,巴亚尔①用剑点触弗朗索瓦一世留下的剑痕。日常生活也不例外,人们通过触摸——握住孩子的双手——表示对已成年的孩子解除监护,也通过触摸表示对财产的拥有权:加布里埃尔·奥迪西奥这样描述1550年迪涅城某房产充公后举行的一个仪式:办事专员陪同着新的房主,"领着他的手进入和走出"房屋。龙沙喜欢触探他所爱之人的芳心,这并非他个人的异想天开:的确,违背人愿的触摸等于侵犯,酒馆里的打架闹事皆由此而发。

我们还远没有弄清触摸所包含的象征性和游戏性之间的微妙差别。每年,新郎们都要参加打木靶赛,他们骑着马或划着船,用长矛击倒木桩上的假人或盾牌,这项活动只是简单的比赛?还是应景的仪式——有时新娘们还要在一旁唱歌?还是象征性地履行已经渐渐失去其军事含意的对领主的义务?或者三者兼而有之?总之,各类习俗五花八门,且不断演变:在马莱斯特鲁瓦,某所房子的占据者应提供"火和稻草,谁摔倒就烧谁的屁股";在昂塞尼,打木靶赛在水上举行,新娘须拥吻领主并献上一束鲜花,而新郎必须跳入水中……

个人或集体力量的展现在速勒球赛中发挥得淋漓尽致。它可以说是橄榄球的鼻祖,用脚踢的时候,又像今天的足球,用曲棍打时,还会让我们想到曲棍球。它和打木靶赛形式不同,但并无本质的区别:比赛都由领主发起组织。这类有领

---

① 巴亚尔(Pierre Terrail Bayard,1473—1524),法国军人,贵族。先后为法王查理八世、路易十二和弗朗索瓦一世效力,战功赫赫,以"无畏与无可非议骑士"的美名著称。弗朗索瓦一世钦点由他为自己授骑士称号。

主出面的正式比赛还包括一年一度的鸟形靶竞赛,获胜者可减免赋税。此竞赛的目的是鼓励弓弩手和后来出现的火枪手们加入护卫城市的行列。其次,还可列举出一些技巧型的比赛,如滚球戏、掷圆饼游戏等,但最重要的还是那些集体对抗赛。古贝尔维尔老爷每年都参加速勒球赛,猛烈的冲撞有时会伤及他的肋部,说明社会等级的鸿沟在这种场合已经不那么分明了。大家欢聚在一起,支持者为各自的赛队加油助威,赛场乱哄哄一片嘈杂:一位见证人目睹了一次激烈的集体争吵,劝解无济于事,只好脱口说:"简直太吵了,就好像速勒球赛已经开球了",大家都明白他说的是什么意思。这种集体文化也体现在摔跤运动中,有关这方面的见证很多,且描述十分详尽、精确,足见此项运动之深入人心:弗朗索瓦一世为金线锦缎队战胜亨利八世的佳话自然是尽人皆知了。不仅如此,拉伯雷、帕雷及布朗托姆①都能熟练地使用格斗的技术词汇或准确地描绘各种抓法。可见人们对这类体育项目还不抱任何的鄙视,尽管文化差异其实已经悄悄地显现出来了:老式网球运动基本上限于城市的富裕人家,它也是王室的运动项目,并已经开始使用专用场地,即"老式网球场"了。不过,古贝尔维尔老爷依旧在自家的院子里同仆人们打网球。

　　身体语言在暴力中发挥到极致。我们对随处可见的暴力的了解可能多限于表面现象,还无从把握其真实面貌,因为在犯罪档案和堂区记录簿的出殡记载中,事实总是被一些迂回的说法所掩盖。有一点是确实的,我们的祖先很易怒:那时人们常随身带着铁棍、匕首,甚至佩剑,而实际上,一旦一方提出挑战,哪怕是把帽檐压低到眼睛,或把无边软帽抛在地上这类看似不起眼的动作,那么任何东西都可以拿来当武器迎战。

　　暴力所包含的真正的文化含义,与其说在于对确凿的统计结果的分析,不如说在于它本身所揭示的东西。暴力的司空见惯与当时人们对疼痛极强的耐受力是相互吻合的:那是个不施麻醉就给病人拔牙或作外科手术的时代。暴力所展现的价值体系中仅有一部分包含了对外域的排斥。1528 年,贝顿市附近相邻两个农庄的羊倌为地界的划分大打出手;第二年,在圣一奥梅尔,一个年轻人只因说了几句西班牙语就遭人袭击。这类事件自然都体现了人们对领土的保护意识和最本能的排外情绪。罗贝尔·米桑布莱德从更广的范围描述了阿图瓦人和佛兰德人如何在利斯河②两岸动辄拳脚相加。这类冲突在法国各省交界处都很多见。不过,更深入地看,暴力也包含了某些积极的价值,比如个人、家庭、社群的名誉以及一些错综复杂的连带关系。奥弗涅省的小贵族博福尔一家和他们过去的代理人雷东一家,就卷进了牵连两代人的恩怨。起因是头一家不接受后

---

① 布朗托姆(Pierre de Brantôme,1540—1614),法国编年史家,军人。其著作主要讲述战斗故事和骑士传说。
② 利斯河(La Lys),法国和比利时的河流。

者——以损害其利益的手段？——跻身上流社会。先是皮埃尔·德·博福尔向吉尔贝·雷东刺了一剑；随后在教堂里，雷东家的人把板凳摆在了博福尔家座位的前面，并在随后的打斗中杀死了安托万·德·博福尔；皮埃尔·德·博福尔带着朋友袭击并抢劫了雷东家，还杀死了雷东父母；于是他们的儿子让人抓走了博福尔母亲，她后死于狱中……这起名副其实的族间仇杀案的内幕是由 1567 年的一封赦书——即国王赦免罪犯的文书——揭开的。这些由罗贝尔·米桑布莱德、纳塔莉·戴维斯和克洛德·戈瓦尔研究过的资料使我们做出以下的推断：首先，施暴者常有朋友事后为他们开脱罪名……而这些朋友此前可能还参与了犯罪；其次，为名誉而实施的暴力被认为是可以宽恕的，不论是为某种连带关系，还是由于对方的直接挑衅。当然，关于所谓挑衅的真伪，我们一般只掌握幸存者的一面之辞。

　　从某种意义上说，那个时代默许一种正义的暴力，即，人们通过暴力手段表达出来的对世界的某种文化上的解读。这类暴力在 15 世纪还相当普遍，无论是普通居民还是当局。这解释了为什么报复和补偿损失的行为屡有发生：博福尔—雷东事件就是这样引发的。对正义的这种传统看法具有强大的影响力，连秉公执法的法官都奈何它不得。1547 年，阿图瓦省比夸的领主法院对此有切肤之感：某外乡人途经此地时遭人袭击，领主法院代理官欲逮捕袭击者时，自己却被人推搡、围攻。更精彩的一幕是发生在 1589 年的富隆案。基斯泰德的单身汉皮埃尔·富隆失手杀死了好友弗朗索瓦·德·弗鲁瓦德瓦尔。后者死前宽恕了他，此后，富隆一直帮死者家人耕地种田，相安无事。然而，1590 年东窗事发，圣奥梅尔的司法官员决定逮捕皮埃尔。消息传出，亲属随即安排年轻人出逃。三年后，他获得国王赦免。地方上绕过司法程序私了或串通一气，最终在国王那里得到了恩准。

　　因此，暴力并不仅是简单、低级的施暴，用罗贝尔·米桑布莱德的话说，它还帮助建立社会的协调。它有教导作用。虽然有时过于激烈，但它仍属于普通的社交技能，一种几乎人人皆有的社交能力。从这个意义上说，它和欢庆活动有共通之处，而且，暴力也时常成为欢庆活动不可避免的组成部分。不过，暴力也好，联欢也罢，它们都证明了，文化不仅存在于精神之中，——借用罗贝尔·米桑布莱德①的妙语，也同样存在于"耳朵里、肚子里和腿上"。

① 罗贝尔·米桑布莱德(Robert Muchembled,1944—　)，法国历史学家。著有《近代法国的大众文化与精英文化(15—18 世纪)》(1977 年)、《近代法国的社会、文化与心理》(2000 年)等。

La terrible et

Merueilleux signe qui a este Veu sur la
Ville de Paris / auecque Vent grand
clarte & lumiere / tempeste & fouldre / et
aultre signe/lesquez ont este Veu p plu
sieurs lieux. Etprincipallement en la
Ville de Paris / & a este Veu p plusieurs
gens : & estoit sur leure de dip heure de
uant minuict/& fust le .p. iour de Ja
uier. Mil cinq cens & trente.

图 7 这是一本 8 开小册子的封面，它向读者描绘 1531 年 1 月魔鬼如何出现于巴黎上空，绘声绘色的文字加上一幅图画为"证"，好像确有其事。我们看到的是开篇的一段，全篇文字看似考据翔实：日期、时间、地点、好几个证人；似真的背景：刮风，天空异常明朗，出现亮光，狂风大作，暴雨倾盆，雷鸣电闪，"还有其他征象"。（巴黎，国家图书馆）

第四章　魔法的世界

　　所有这些以控制环境为目的的表达形式、行为举止，无论是否已经成为惯例，实际上都脱离不开人们对世界的一种看法和诠释，即魔法的观点。这里说的是魔法，而非神圣，后者只是其诸多层面中的一个：它包含了对属于神圣范畴的上帝的敬畏，一种对至高无上之神的景仰。然而，我们的祖先对自然和超自然并没有明确地加以区分，甚至有时会把两者完全混为一谈，他们生活在一个无所不能为的世界里，因为魔法可以帮他们实现一切。这种对超自然力的虔信和旨在诱其施法显灵的各种魔法仪式，在各个年代和不同文化中都存在，我们研究的侧重点是它的规模、形式和与众不同之处。

1

魔　法

　　人们受着某些超出宗教范畴的力量的驱使，占星术的重要地位证明了这一认识。占星术在 16 世纪可谓登峰造极，不仅在社会上广泛应用，而且成为一种公认的学识。人们都知道卡特琳·德·美第奇①对此的热情，也知道诺斯特拉达穆斯②在这方面名声赫赫。但普通百姓是无缘与这些"博学者"谋面的，于是他们权且采用类似《牧羊人万宝通历》里介绍的那些占星术，或把占卜和祈求神灵保佑合而为一的"魔法占星术"：根据韦尔瑞神父的见证，17 世纪初期，布列塔尼人会"跪拜于新月前并念诵主日祷文，以示对它的敬意"。有这种习俗的不只布列塔尼人。

---

① 卡特琳·德·美第奇(Catherine de Médicis, 1519—1589)，法王亨利二世的王后，后任法国摄政王(1560—1574)，为捍卫王权、维持和平和保护新教，与天主教极端分子展开斗争，在天主教与胡格诺派的战争中是最有影响的人物。
② 诺斯特拉达穆斯(Nostradamus，又称 Michel de Notre-Dame, 1503—1566)，法国占星学家、医学家、预言家。曾有预言应验，卡特琳·德·美第奇也请他为子女占卜。

向月亮作主日祷告,这充分表明,信徒们将宇宙万物之力纳入单纯的善恶分明的世界中,其中一边是善的力量包括上帝、圣徒和神甫,另一边是恶的力量包括撒旦、恶魔和巫师。当然还存在一个游离于其外的区域:夜间的鬼火、神话故事中的仙女等。但这位耶稣会会士韦尔瑞关于下布列塔尼人的见证才道出了事情的根本:

> 这些可怜的人们,他们和摩尼教人一样,认为世界有好与坏两个不同的准则,既然上帝创造了精小麦和大麦,那么就必有魔鬼撒旦造出荞麦;于是,这后一种谷物收获之后——其食用者大多是几个贫困省区的最贫困的农民,他们会抓几把谷粒沿麦地四周播撒,权当对想象中的施恩者的感激。

如果荞麦的故事离我们太远,那么让我们来看看巴黎。1582 年,伯努瓦·肖谢出版了《惊世骇俗奇谈录》(*Discours miraculeux , inouy et espouventable*)。这本小册子披露了女性追求时尚的极端做法:一个年轻而过于追求打扮的女子“对上帝出言不逊,还说与其穿着粗布裙衫作新娘,不如让魔鬼把她带走。话音刚落,这个发了疯般的可怜女子就被魔鬼……”世界由上帝和撒旦一分为二,所有事件都可以用魔法解释。

神的无所不在对我们来说是最容易理解的了,因为进入 20 世纪以后很久,人们还对此深信不疑,至少在农村如此:各色各样的十字架多不胜数,祈祷室、小教堂、钟楼等随处可见,钟鸣声此起彼伏,礼拜活动还相当普遍,甚至说粗话都离不开神。而在人们头脑中,灾祸源自神的惩罚这个观念更是根深蒂固。特鲁瓦的市民不是在 1573 年厚颜无耻地驱逐了市里的贫民吗?鼠疫随之而来,“据说此劫难乃上帝所使,意在惩罚驱赶贫民的劣行”。1570 年,普罗万洪水泛滥,来势凶猛,这还是“上帝的惩戒”,这次罚的是“居民目中无神,竟倾城在街头狂歌滥舞”。以上见证出自神甫克洛德·阿东之口,从中可以看到教会向人们传授着什么观念。

撒旦或其恶魔的存在也不难理解。它们的形象在彩绘玻璃上或在戏剧中都出现过,某些雕塑还表现撒旦被圣玛格丽特或圣米歇尔制服的场面:它体黑,有尾,头有双角,与龙相似,或像狼,或形似丑怪,有獠牙和兽耳。撒旦的别名也常是普通的人名,如在布夸朗人们称它米罗莱治或罗班,在卡彭特拉附近人们叫它巴洛,在布列塔尼省,人们叫它短耳纪尧姆或短角波尔。撒旦也存在于人们的日常生活中:洗礼和临终前都要驱魔就说明了这一点。1543 年瓦恩市亡灵会的新会员们把撒旦描绘为“敌人和地狱恶龙”,因为人们恐惧的对象具体化为恶龙的形象。到 17 世纪末,让巴蒂斯特·蒂耶尔神甫还认定“魔鬼游荡于空气之中,阻止教徒祈祷”,而他还是个积极反对迷信的人呢。1599 年,特雷格尔省普莱斯坦的本堂神甫被“雷电和邪恶的鬼神”吓得惊恐万分,的确,还能怎样呢?据说他亲眼看见了出现在天空的魔鬼,但他也可能阅读了相关的消息:从出版于 1531 年的图文并茂的小册子所描绘的巴黎"可怕而神奇的征象",到"众人目睹的绿色的、拖着长尾巴的恐怖魔鬼"——此事发生在坎佩尔市,后雷恩市某出版物于 1620 年作了报道,此类话题常见诸报端。到 20 至 70 年代,这类报道才逐渐减少,但借用马克·韦纳尔的话说,这恐怕不是因为"魔鬼在睡大觉",而只是知识界和司法界不那么热衷于此了,他们开始去应对更加紧迫的危险,即来势迅猛的新教改革。

既然上帝与魔鬼这双重的存在是不争的事实,那么文化就赋予人们在此时此地行之有效的应对手段:人们必须强化神、鬼的威力,以此来补偿物质上的无能为力,因而,可以想见在这样的文化环境下人们对神、鬼敬畏的程度。虽然 16 世纪人们也曾试图把普通的金属炼成黄金,虽然连最优秀的学者也相信炼金术,但是,如此的雄心勃勃和浮于外表的科学上的跃跃欲试,与人们应对无限神力的种种手段相比,就显得相形见拙、势单力薄了。这应对手段正是要和支配万物的力量达成某种和解,而正是基督教和它不可或缺的孪生兄弟——巫术赋予了人们这样的手段。

2

基督教的地位

关于基督教在 16 世纪文化中的地位,我们的视角在过去的很长一段时间都有严重的偏离,现在仍未完全摆正,即只注意到 17 世纪经清洗整顿后的天主教,所以一直把教徒和神职人员的某些行为视为违反教规的"恶习、流弊"。让·德吕莫①的研究成果,即发表于 1971 年的《从路德②到伏尔泰的基督教》(*Le Catholicisme de Luther à Voltaire*)使我们基本上剥去了表面的假象,得以考察特伦托会议③(结束于 1563 年)之前天主教的面貌,所谓"恶习流弊"之说也得到修正。不过,对宗教史的研究愈加深入,我们可能就愈发容易把理论的与实践的、规定的与实施的、尤其是文字记载的和现实的东西混为一谈:遗嘱中表达的虔诚也许并不能完全反映死者生前的虔诚,我们更无法预断那些未曾留下书面遗嘱的死者是否虔诚;依信仰而获赦罪这样的进步,对神学界和知识界来说都是无可置疑的事实,但在实际生活中究竟是何模样,还有待进一步证实。当然,应该承认,书面的东西时常可以为阐

---

① 让·德吕莫(Jean Delumeau,1923—),历史学家,近代西方宗教史学专家。

② 马丁·路德(Martin Luther,1483—1546),16 世纪宗教改革发起者,基督教新教路德宗的创始人。1517 年起草《95 条论纲》揭开改革序幕。强调"因信称义",提倡宗教仪式中使用民族语言代替拉丁语。

③ 天主教在意大利召开的第 19 次会议(1545—1563),因受法国和西班牙战争的影响曾两度中断。会议的主要目的是在天主教内部进行整顿改革,清理教令,确定教义,以遏制新教的宗教改革运动,振兴天主教。

图 **8** 卢维涅-德贝（伊尔-维兰省，1567）的赏心悦目的大玻璃窗主要得益于三方面的合力：很早便对新式艺术颇为关注的大家族埃斯皮内的资助（其绿色雄狮和鱼嘴图案的家族纹章在两处出现），因生产大麻帆布而颇为富足的堂区的支持，还有在维特雷居住的玻璃彩画工匠的近水楼台。大玻璃窗展示了恶魔（地狱看守和刽子手）大肆占据人们心灵的情景。耶稣下到地狱边境，信徒将此处视为还有望得救的地狱候见室。打破的门后面和窗口处是最传统的恶魔形象：蛇妖和带犄角的狗头（或猴头）人兽。

明某些习俗及其演进起到决定性的作用。而从另一个角度说,所谓"大众宗教"的习俗又一度掩盖了另一种现实,即某些信徒深刻的、内心化的笃信。

那时的宗教总是和人们日常的、普通的、本能的、自然的行为举止和他们所关心之事密切相关,这便是最显而易见的现实。我们可以用 1564 年,即特伦托会议结束后的第二年发生的事例来说明这一点:这年,在雷恩市的一个主要墓地举行了一年一度的网球赛。和往年一样,主教和几位议事司铎都参加了比赛。而另一些教区的另一些主教则一直对此类活动不予支持,但网球手们社会地位的参差不齐却清楚地告诉我们:一切都是可行的。

这根本不是什么对神不敬的问题,而是长久以来领主和达官显贵、在俗教徒和僧侣早已默认的节日习俗;在城里打网球,又没有网球厅,绿茵繁茂的墓地自然就成了最合适的去处。这样,我们也就无需解释,为什么教徒们会在阴天下雨的日子把打下的粮食存放在教堂,或者把没处摆放的家具也搬到教堂,而这一切都无人介意——这里先不谈宗教改革者们的态度,一言以蔽之,人们首先关心的是生活,诸如聊天、拌嘴、谈恋爱、干活或散步一类的活动:1590 年某一天天色已晚,一群阿图瓦年轻人就在埃南-利埃塔尔的墓地里散步,我们了解到这样的细节是因为他们之间的斗殴被记录了下来。另外,在阿图瓦省的桑利市,墓地里还堆放着厩肥,而在鲁埃格省的里奥库尔,墓地则成了玩耍的场地。我们还偶然从1531 年卡佩勒维奥的某亡故者让·阿洛的财产清单中发现,这位小店主在教堂还寄放着四只保险箱和两个装满餐具的大木箱。而在圣佩尔昂雷兹和圣安德烈特雷兹乌阿,教堂竟成了兜售糕点和蜡烛的场所。

做日课对信徒来说也是极为平常的仪式,和干活或与朋友饮酒小聚没什么两样。星期天更有小酒馆或跳舞活动吸引着大家,但还不仅这些:根据某神甫的讲述,1554 年,韦尔杜的二百多居民把每周的主日弥撒简化为年度弥撒,且此类变通并非个例。去做弥撒的人,也处于被动听讲的地位,而且这种情况相当普遍。在很多教堂,祭廊把祭坛、神甫与众人隔开,在 1610 年的一次弥撒中,弗朗索瓦·德·萨勒本人还请一位苦修修士在弥撒中数念珠祷告,这说明教徒参加与否并不重要。来做弥撒的人们,大多边听边聊,或边谈谈生意,有时还会吵起架来。除领主座席外,教堂内一般不设座位,于是,人们总会想方设法呆得舒服一些,比如倚靠在洗礼缸或祭坛上,还把帽子放在上面;有讲道台的地方,周围必定挤满了人,而这些在当时都没有什么不妥。

行会是宗教习俗扎根于文化生活的另一个例证。其发展异常迅速,仅 1500—1560 年间,经鲁昂的大主教批准成立的就有五百多家。实际上,在此之前的 15 世纪,这类组织也一度非常盛行。虽然一部分行会是为复兴宗教虔诚而建立,但大多数却主要致力于庆祝本行业的守护圣人,为此,行会举行各类活动,比如庄严的弥撒、仪式行列和宴会等。由此可见,对实事的关注,诸如保护本行业的利益,维修某个小教堂,或为死者祈祷等,与行会喜庆的功能并行不悖,互不干扰。实际上,庆祝活动为联络会员之间的感情起着重要作用。马克·韦纳尔准确地称宴会为"行会的主要组成部分"。在卡瓦永附近的夏托纳夫一德一加达涅,宴会在为死者做完祈祷之后的墓地举行。而在昂古穆瓦省,宴会有时在教堂举行,自然少不了饮酒、歌舞:这是宴会的基本规格。1527 年一份留给阿维尼翁市圣灵会的遗赠中,就包括了在圣灵降临节的宴会上分发约 600 升葡萄酒给会员。同时,正是这些普罗旺斯省虔诚本分的基督徒或他们的教友们,同时也参与了苦修会的发展,这类兄弟会的宗旨是体味耶稣受难的奥义,分担圣母的痛苦。苦修的宗旨自然不假,但是依照区、行业或社会地位而组织这样互为竞争的行会,也表明了它们另外的意图,即联络感情、加强联合。苦修会最初产生于 15 世纪末期,参照意大利模式而建。一个世纪之后,像马赛这样的城市已经拥有 14 个苦修会了。下面是托马·普拉特在其成为经典的作品中描写当时苦修会仪式行列的段落:

> "受鞭挞者兄弟会"的会员到了固定的日子都会鞭打自己。他们身穿粗布长衫,从头到脚蒙得严严实实,只露出眼睛、嘴和后背,以便于看、呼吸和鞭打自己。他们的衣服有白色的、黑色的、绿色的,还有蓝色的。队伍绵延不断,我估计有四千多人⋯⋯

这个数字是可信的,因为当时最大的苦修会"白衣会"有上千会员。说到虔信,认为此举出于比其他教徒更加虔诚的目的,也许只是我们的猜测:的确,说一个 16 世纪的教徒为庆祝圣米歇尔日而大摆筵席,不如他去苦修会同教友相聚来得那么虔诚,这似乎还缺乏根据。

根据并不那么好找,尤其大多数神职人员都和普通教徒拥有相同的文化,比如他们都有酗酒行为——甚至可能比普通信徒更加普遍,因为他们的经济条件优越一些,也有共同的业余爱好和娱乐活动,更有同样的"无知",这种无知如果发生在教士身上,则会被认为不够称职。那时对教士的基本要求是懂一点儿拉丁文,会朗读和主持弥撒。由于缺少培训,一般教士的水平就不过如此了。文学作品中典型的教士形象大多以此为依据塑造。戴佩里埃[①]和玛格丽特·德·纳瓦尔笔下的教士是比较真实传神的两个,虽然两位作者的宗教信仰令人质疑。戴佩里埃笔下的教士上任才三年,尚不谙神职业务,读福音书时,"每遇生僻词句,便以耶稣二字代之"。弗朗索瓦一世的姐姐则绘声绘色地给我们讲述教士是如何避开令人左右为难的两个拉丁文用语的:

> 你们大可不必为这个伤脑筋,这方面我有经验,我现在就告诉你

---

① 戴佩里埃(Bonaventure des Périers,1500—1544),法国小说家,人文主义者。以思想自由而闻名。1536 年被玛格丽特·德·纳瓦尔封为御侍,誊写她的《七日谈》。

们:这样的顾虑我也有过,每当冥思苦想不知怎么读才对的时候,我就干脆哪个都不读,唱我的"圣母经"代替一下就是了,这样既避开了难题,又心安理得。

这里描写的教士形象还算老实本分,揶揄中带着善意。倒是教徒们的要求比较苛刻一些,他们很在意神职人员的服务质量:1573 年在布列塔尼省的圣一多莱,有人抱怨教士"只会在那儿咕咕哝哝喋喋不休",却不会唱颂;1561 年在今旺代省,有人指责教士在做弥撒时"匆匆了事,丝毫没有虔诚之心";早一年,在布洛奈省,还有人批评临时替补本堂神甫的教士"既不会读,又不会写,只忙着做祷告"。教士的不称职或不敬业常被揭发出来,于是布道活动会请托钵修士代为主持,尤其在封斋期和降临节。这些事例也让我们明白了,为什么教徒宗教文化的发展如此缓慢。

显然不是因为信徒缺少宗教的渴望,也不是因为他们对宗教漠不关心,其实,每当组织一些具体活动的时候,他们都会积极响应。对布道、仪式行列、朝圣一类的活动,他们的热情甚至比神职人员还高。16 世纪中叶,莱昂的教徒就要求教士沿墓地组织仪式行列;库龙-苏尔-荣纳的教徒在 1579 年的仪式行列中强迫本堂神甫按照他们的目标行进:这件事暴露了某些教士的惰性或对迷信的过度小心。克洛德·阿东是这样讲述的:

> 神甫只同意按照他指定的路线行进,终点比教徒们要求去的地方近。祷告完毕,他便同助理司铎带领堂区教徒一道出发了。但出了村子,教徒们却改道要去他们原定的地点。神甫看他们竟如此不把他放在眼里,便停下来大声呵斥,说他们无权想把他带到哪儿就把他带到哪儿,他才有权带他们去该去的地方。于是,大家争吵起来,越吵越凶;神甫势单力薄,几乎没有人站在他一边。随后,几个壮汉抱住神甫,把他扔到了荣纳河里。

这件事让我们切实感受到了信徒强烈的期待,感受到这种力图聚各方护佑于一身的魔力文化的根深蒂固:它表现在形式上的花样翻新,圣人名字的多不胜数和朝圣的名目繁多。其中不少都带有浓郁的地方色彩。

人们无论有什么痛苦和不安都会呼唤某位圣人的名字,求助于他,无论他是否专主此事。那时文人留下的文本也多贴近百姓生活,反映这类普遍的需求。而伊拉斯谟 1503 年写下的这段颇为严厉的嘲讽的文字却与当时的风气很不合拍,着实少见:

> 有人以特殊的仪式向他们的圣人表示敬意。张三敬奉克里斯托

夫，每天都要凝视圣像，然后阿谀奉承一番。目的是什么呢？自然是想让自己相信近日可以逢凶化吉。李四跪拜于罗克的圣像下。为什么呢？因为他以为罗克可以帮他驱走瘟疫。王五对着巴布或乔治念念有词，那是为了躲过敌人的追杀。另一位则为阿波莉娜守斋，希望治好牙疼病。还有人去参拜若布的雕像，祈求不长疥疮。……这类祈祷虽然与基督有些关联，但并未摆脱物欲的纠缠，与基督教的精神相去甚远，倒和旧时的迷信活动十分相似：过去，人们为了发财便向赫丘利斯①许下十分之一的财产，或为治病而向医神埃斯库拉普许一只公鸡，为顺利渡海便向尼普顿②祭献公牛一头。祭拜的对象变了，目的是一样的。

从宗教精神的角度看，伊拉斯谟言之有理。但祖先的这种信仰已经深深扎根于他们的文化生活中。除非超乎寻常的祸患，这是人们常做的选择：1556年发生旱灾，巴黎地区农民列队行进祈求圣热娜维埃芙保佑，科贝尔市祈求圣斯皮尔，埃当普市祈求圣康西安，特鲁瓦市祈求圣马蒂和圣埃莱娜，而诺让市祈求圣母和圣洛朗。名士显贵也一样求神拜圣，这可以从他们的遗嘱中看出来：1509年，罗昂元帅在卢瓦尔河沿岸的塞什撒军时曾祈求基督、圣母和他的守护圣人圣彼得、圣雅克的保佑，"所有降福的天使和大天使、各位使徒、福音史家③、殉道者、基督徒先烈④、圣女、天堂的各位圣人及天庭的各路神灵"也在其祈祷之列。他还特别提到降魔圣人圣米歇尔的大名。杜埃市人在遗嘱中也把圣米歇尔的名字排在头一位。

还不止于此，有更深层的东西：有人曾以为古人经历了"对圣人的崇拜危机"或所谓"对祈祷的信任危机"，事实远非如此，我们的祖先从没有停止过采用各种消灾免祸的良方和举行敬神仪式。大天使圣米歇尔广受爱戴就是很好的例证：早在1469年便已置于路易十一的庇护之下的修会，到16世纪风光依旧，原因是早先只局限于少数精英阶层的对守护天使的崇拜，后来迅速发展成了规模空前的运动。守护天使被认为是那些无所不在的魔鬼的对头。甚至教徒们自己创造崇拜对象、生编硬造圣人的名字也成了家常便饭：比如迪博安可以缩短临终者弥留的时间，帮他们迅速了断。有意思的是，这位圣人的名字在布列塔尼语中准确表明了他的职能作用；莫姆兰是口吃者和聋哑人敬拜的圣人，此词源自佛拉芒语

① Hercule，又作Héraclès（赫拉克勒斯），希腊罗马传说中著名的英雄。传说可给人带来好运或救人免除危难。
② 尼普顿（Neptune），古罗马宗教中信奉的淡水之神，到公元399年，人们已经把他同希腊宗教中的波塞冬等同起来，成为海神。执三叉戟，借海豚。
③ 指福音书的四位作者马太、马可、路加和约翰。
④ 指基督教早期受迫害时，公开表明信仰的基督教徒。

的 mummelen,意为"含混不清地说";在布里地区,人们为语迟的孩子祈求阿瓦①;而布列塔尼地区的下奶圣母和阿朗和弗南②圣人的作用则显而易见;玛妈自然和乳房有关;阿卡利则专门对付爱发脾气的人…… 在一些个案中,我们甚至可以推断出发明创造的时间,例如 1621 年和 1644 年在普朗格埃附近及 1625 年在欧莱附近偶然发掘的几尊雕像,几日之间就掀起了轰轰烈烈的信奉圣母或圣安娜之风。前一例尤其有趣,它掀起了两次高潮:头一次只是短暂的热情,雕像也随之没了踪影。果然是被召的人多,被选上的人少③。到 1644 年,情形却大不一样了:还没等教会应允,成百上千的教徒们便纷纷敬献蜡制的"男人、女人或儿童的手臂、大腿、身体"或高跷,或求圣人保佑,或许下誓愿,或为某些奇迹谢恩。这让我们联想到在奥弗涅省的甘纳附近,教徒也在相同的情形下以同样的方式敬拜巴内勒圣母。

随着时间的推移,一些宗教习俗逐渐惯例化或世俗化。恶龙游街是其中一例。此习俗源自流传甚广的圣人降服或杀死恶兽的故事。人们偕木偶游街,气氛欢快热闹,游行时间也常选在祈祷丰收那一天④,这表明此活动多少带有些驱魔的色彩:普瓦蒂埃市民抬出"大吸血兽"雕像,以示灭除害虫;此外还有梅斯市的格拉乌力怪兽,鲁昂市的"吞婴蛇",地上罗什福尔市的"龙兽",塔拉斯孔市的"塔拉斯格龙",诸如此类,不一而足,但都同崇拜圣人的习俗一脉相承。

3

模糊的界限

即使小心避开所有关于下个世纪整肃后的天主教的资料,仍需指出,一些求助于繁复魔法的宗教行为,其性质是模糊的。常有些异教拜神的场所经基督教化后,改头换面成了祭拜圣人的场地,其中某些做法不伦不类,故 17 世纪被明令禁止。比如在圣约翰日,教徒常在教堂过通宵,他们化妆、舞蹈,借篝火熏草,好用熏过的草保护家人和牲畜。在圣一伯努瓦一德一布莱克朗热地区和圣一迪耶地区附近的安康热,为治愈髋部脱臼的病人,人们把从九个马厩讨来的厩肥填满伤者的紧身长裤,再将长裤悬挂于教堂;而治疗小腿骨折的病人,则取伤者长裤一只,填以马粪三把、鸡蛋五只。将病痛与臭味联系在一起很容易理解,但数字被赋予如此之重要性则属魔法咒术之列了。在马鲁阿耶也不例外,救治狂犬病人,通常要连

---

① 原文 Avoye,含"声音"之意。
② 分别表示"去"和"来"的意思。
③ 出自《圣经》马太福音 22:14。
④ 即耶稣升天的前三天。

续九天唱颂五遍天主经和五遍圣母经,午饭吃三片面包——面包片必须已接触过圣恩贝尔的圣遗物并在其泉水中浸泡过,而且这九天中不可换洗床单、被单……说到这类信仰,罗贝尔·米桑布莱德联想到塞克兰的某位讲道者的一番话,当这位讲道者谈及有些信徒以为触摸圣埃卢瓦的锤骨便可以医好病痛时,他宣布这些信徒为"偶像崇拜者":照这样说法,16 世纪的"偶像崇拜者"着实不少呢!

那么,如何界定?首先,这些遗骨遗物与被天主教认可的圣人遗骨遗物之间的界限在哪里?要知道,在这个时期,人们对圣遗物神奇力量的信仰空前狂热,保存圣遗物的场所数以千计,圣—奥梅尔市的圣贝尔坦修道院甚至依遗物类别汇编成册,向教徒推荐,其中包括耶稣诞生的马槽、他的摇篮、餐桌和棺木之类的残片等。其次,对许愿又作何理解呢?这种信徒与圣人互立誓约的形式其实古已有之,且上至帝王,下至群众团体,遍及社会各阶层,只不过早先许愿的对象是异教的神灵罢了。再次,对奇迹及其寻常化又如何理解?1513 年在图尔举行的弗朗索瓦·德·保罗的封圣仪式上,竟有 60 件奇迹被正式纪录在案;而 1634 年至 1646 年间,在圣—安娜—德欧雷更有高达 557 例奇迹的记载。奇迹成了家常便饭:1561 年 8 月,特鲁瓦市某铜制十字架颜色的变化吸引了无数群众,而且,如阿东所述:

> 好多病人和肢体残疾者,在这里进行虔诚祷告后,都得以痊愈,健康地回家去了。有些人架着拐来,行路艰难,而后扔掉了拐杖,轻松离去;另一些人来时热症缠身,走时完全康复。更有不少人如实向我证明,哑巴在这里开口说话,盲人在这里重见光明。

天主教信仰的界限在哪里?在离卡彭特拉市不远的福孔,本堂神甫在教徒的请求下为一把保存已久的旧钥匙祝圣,又由铁匠烧成红色,此后,只要把它贴在狂犬病人身体上,病人便可以痊愈。这是"圣彼得的钥匙",难怪。1582 年在夏托—纳夫—迪—帕普,助理司铎做弥撒的时候将一些写有咒文的纸条放在祭坛的桌布下面,然后分发给大伙做护身符用。以上帝的名义祈祷钉子可治愈牙疼,将一颗祝圣过的麦粒放在病人身体上可以使他恢复健康,此外,"任何提及上帝的语言都是善德之举",1582 年,阿维尼翁的一个女巫对此深信不疑。诺埃尔·迪·法伊以略带保留的态度记录了他家乡雷恩的农民们的信仰:

> 夜里不提猫字;星期天不能啃指甲,否则魔鬼的指甲会更长;星期六不要纺纱;过节不能学习,应该轻轻松松玩一玩九柱戏或"傻瓜走前面"游戏;得了疣症,摸一摸戴绿帽子男人的袍子就能治好……;发烧时,取九粒石子包在手帕里,最先拿到这包石子的人便成了发烧者的替罪羊;结婚典礼过后,八天八夜不能与妻子同床,并要发誓;打算在当年

成婚者,需抓住他(她)看到的第一只蝴蝶。

很天真。但为求得某人一死而出外朝圣或请人作弥撒又属什么行为呢? 无论从精神或从形式来说,基督教和巫术之间的界限在 16 世纪都还十分模糊,因为它们之间夹着一个较为宽泛的中间地带,即那些尚未被称为迷信的信仰。这种情形给地方当局掌握惩治或从宽的尺度留出了相当的余地,他们可以较为灵活地划定界限。同时,界限的模糊性也表明了对神的信仰和对撒旦的信仰两者的密不可分。

从文化的角度,巫术提出了两个截然不同的问题:一个是对其形式的明确表述,另一个是,引起了约 1580 年以后开始的对女巫的大清洗的原因,它至少使几千人丧命。

然而,1520—1580 年这段时间并非对巫术"无动于衷的年代"。清理异端的思想法宝其实早已有之,那就是由德国两位异端审判所的审讯官雅克·施普伦格和亨利·英斯第托里斯撰写的开山之作《女巫们的榔头》(*Le Marteau des sorcières*),此论著自发表后的 1486—1520 年间,再版 14 次,因以拉丁文撰写,故"博学者"都可读懂。然而付诸实践却是另一码事:诺埃尔·迪·法伊提及巫师绕农田作法事时,一如谈及平常之事;鲁埃尔格人于克·卡拉因"妖术罪"于 1518 年在圣莱昂被绞死,而他的同行奥利维耶·穆瓦桑——一个"被证实曾有施妖术行为"的教士,虽然拒绝做补赎,不会做弥撒,经常酗酒,还劝阻堂区居民缴纳什一税,这样一个人,1572 年却仍在他的堂区过着安稳的日子! 似乎有关的理论平日都被深深地埋藏在人们头脑中,只是在合适的时候才浮现出来,完成一下证明被告有罪的任务。

这使我们认识到,恐惧在该世纪文化中的地位是相对的:把它想象成无所不在,也许就等于在古人害怕的客观理由之上牵强附会地硬加上我们的恐惧、我们的目光。未知世界的地位是微不足道的——上帝和撒旦都有名字,故属于可知世界,而且人们还有各种办法应付这个世界,这就在很大程度上减弱了恐惧,恐惧同另一些情感并存:害怕和希望并存,愈发深化了教徒的信仰,害怕更与祈祷、动作、词语这些信手可得的魔法一道给教徒带来希望。看来,并不存在所谓"大众宗教",而只存在着所有人的宗教,即所有人信仰并参与其活动的宗教,满足所有人的渴望和需求的宗教。正如阿芳斯·迪普龙(Alphonse Dupront)所说,至少在最困难的时候,"无论神职人员或在俗教徒,男人或女人,有钱人或贫民百姓,都没有任何分别"。我们则认为是基本上没有任何分别:1555—1560 年间如火如荼的加尔文教改革、人文主义者及其传播的新文化、新思潮的深刻影响,这一切都表明,我们这个"旧世界"不再是孤立的,也不会一尘不染。

74

75

2. • 第二部分 •

缓慢的革命（约 1520 年—约 1580 年）

缓慢的革命! 把两个如此互为矛盾的词搭配在一起,是想使大家注意到我们这个 16 世纪的有悖常理之处:文化变革如此之巨大,而演变速度即使以当时的尺度衡量也称得上缓慢了,以至于有些至今都尚未达到预期结果。

　　长久以来,人们总是试图把这种缓慢归咎于民众阶级的思想迟钝或因循守旧,这是不符合实际的,至少过于简单化。仅举一例驳斥此观点:对讲道者哪怕是及不成熟的说教,群众都会十分迅速地做出响应——有人会说他们缺乏主见,或积极加入新教教派,或走在大街上便投入 1883—1884 年的狂热的"白衣会行列仪式"中。他们的期待越强烈,反应速度就越快。至于这样的反应属传统范畴,还是对传统的决裂,自然就是历史学家研究的课题了。

　　实际上,这场"革命"的缓慢是合乎逻辑的:首先,文化革命这一概念本身就带有不切实际的色彩,其次,以变革的广度和深度,必然需要时间,很长时间。恰恰由于这些变化在年代上的延展及其速度的缓慢,才使我们在本卷开篇可以辟出"旧世界"这一部分——实际上到 16 世纪旧世界还在继续。当然,16 世纪的每个法国人,又或多或少与本世纪的文化演变有着某种联系:因此,欲解读法国文化历史之全貌,必从快与慢两个方面入手,因为历史演变的过程会因环境的不同而有急有缓。

　　然而,最重要的还是两种认知的有机结合。欲解读杜贝莱和蒙田,玛格丽特·德·纳瓦尔和莱斯科,比代和加尔文,必先了解意大利、人文主义、文艺复兴和宗教改革:长久以来,这已成为人们的共识。但是,还有另一个条件,即不能忘记他们也来自文化的"旧世界",他们总会从那里汲取部分、甚至是相当重要的文化营养。充其量,拉伯雷和诺埃尔·迪·法伊的特殊例子使这一重要的认识打了些折扣,因为这两个人的文字在形式上的新颖独到使他们几乎被视为另类的特例。其实,即使最伟大的学者,最具有创新精神的人物,也会对冥界彼世、身体、数字或占卜等有所见解,从而被纳入最"传统"文化的范畴。

　　然而,16 世纪的文化变革,以其深度、广度和成果之丰硕,称之为革命亦当之无愧。宗教在其中起到的作用远胜于轰轰烈烈的新教改革这一个层面,因为宗教影响着人们行为的方方面面:纵观历史,宗教(religion)还从未如此明确地同时表达了其辞源学上的双重含义,即连接(religare)和重新阅读(religere)……人文主义、文艺复兴固然在这场运动中地位突出,然而却掩盖不了整个运动的广泛性:从饮食到衣着,从节日到舞蹈,从政治文化到批判的精神,或者……从洋蓟到城堡宫殿,凡此种种,真是无所不及。不论哪一项革新,都可以在15世纪找到其渊源,或至少一点点迹象,而此运动真正的新鲜之处却在于其普及之广泛,在于它引发的连锁反应。如今,我们不再去寻思文艺复兴始自何时,甚至也不去想文艺复兴一词是否有些言过其实:它的确言过其实了。重要的是要看到,文化变革虽然步履缓慢,却也在渐渐地加快步伐,更应该看到,这些变化在不断扩大膨胀:涉及领域越来越多,涉及人群越来越广。

为什么呢?这是一个大而无法回避的问题,因其大,我们只能做一个粗略的回答。经历了综合一切的、机械论理论的阶段,我们不会再将文化变革归因于经济、社会或宗教方面的某一个决定性的奇迹。我们也知道那种孤立式的解释是多么虚浮无用,它无异于在告诉人们,新教改革的胜利、文艺复兴在审美趣味方面的成功,人文主义的风行等,都各有各的缘由,互不相干。但我们也知道,如今取得某些进展的结论均来自于小规模的研究:缩小范围使研究更加细密,从而可以获得某些细微的修正。

为了回避进行全面的研究思考,类似这样投机取巧的方法和各种冠冕堂皇的理由不断增多,但无论如何,这样放弃合乎常理的观察都是无法自圆其说的。合乎常理的观察关注的是一系列的深刻演进所引发的积聚过程、协力作用及其连锁效应。

16世纪,至少在1560—1570年间,法国再次经历了经济增长,从而产生财政盈余,并主要被国王、贵族、教会、初露锋芒的资产阶级和少量极富有的农民巧取豪夺和使用。这些钱被用来修建小教堂、宫殿,资助文学、艺术、学术事业,追求新时尚,出外旅游等等。

16世纪前半叶——主要是弗朗索瓦一世和亨利二世在位期间,即1515年至1559年间——,法国的王权稍稍有所加强,主要依靠的是其令欧洲所有君主垂涎的金融实力,同时王权思想在君主国效力者们的努力下越来越广泛地传播开来。它也成为一个文化变革的强有力的传播中心。

即使满足于泛泛而谈,也须强调一点,即各种思想的传播渠道因印刷术的进步而获得了突飞猛进的扩展。加之与艺术和审美之乡意大利的联系日渐增多而产生的影响,我们的确可以衡量出16世纪在多么大的程度上继续向前迈进着——"发展着"、"进步着"、"加快着步伐",连锁反应又在多么大的程度上发挥着作用:奢华之风的发展变化就是对此很好的说明。奢华,这应该说是一个超越时间的永恒的概念,但是,一旦当这一概念有了空前雄厚的经济手段做后盾,当它接触到空前广大的公众,当它或被应用于一些意想不到的领域的时候,它便呈現出了崭新的面貌,人们仿照意大利人对庭院的过分考究便是一例。

也许会有人责备我们的分析过于简单,没有把问题说透彻。的确,撇开规模上的区别不谈,以上分析的每一条同样也适用于通常概念上的中世纪,如经济增长,国家实力在某种程度上的增强,与另一个辉煌文明,如东方文明的接触等。但中世纪却缺乏重要的手段——印刷术,恐怕更缺乏一种意识:那时的人们还没有意识到世界在变化。

对这种觉悟过程进行分析无疑是一项有意义的调查工作,是研究 16 世纪不可不做的工作。虽然刚刚起步,但我们已经掌握的情况足以勾勒出一些显而易见的事实。16 世纪新的现实是:物价明显升高,人口不断增长,越来越多的无产者聚集到数千人规模的、甚至像里昂这样数万人规模的城市里,并构成了潜在的威胁。这一变化,人们很快就清醒地意识到了,尽管多是由于物质方面的原因,诸如多花了几块钱或年金少收入了一些,教堂需要扩大,担心暴乱或害怕鼠疫流行等。最精明的人甚至很早就意识到,变化远比这更广泛,萨瓦人克洛德·德·塞塞尔便是其中一位。此人因路易十二而飞黄腾达,为此对他崇拜有加,感恩不尽。对其生活的时代,他的观察可称得上是慧眼独具。

整个王国都在建造高大的房屋,有公用的,有私人的。到处金碧辉煌,不仅地板、围墙内层涂金,而且外露部分如房顶、钟楼、外层的图案都要涂金;室内家具陈设、用品也极尽奢华。银餐具的使用几近失控,大大超出人们的想象,以至于后来不得不就此颁布敕令,纠正类似铺张行为,的确,人人都希望至少拥有银质的茶杯、无脚杯、水壶和汤匙。而在那些高级教士、贵族老爷和阔佬们的眼里,拥有各种银质或镀金炊具、餐具还不够,有人还使用大量纯金餐具。穿着和生活方式也比过去任何时期都追求豪华,讲究排场。……

商品贸易,无论水上或陆上,都明显增多了。的确,太平盛世给人们带来了机遇,加之法国人在意大利、德国、西班牙、英国及其他国家和地区的威信和声誉颇高,……所以,除贵族以外的所有人——当然也不能排除有个别贵族——都在做生意。巴黎、鲁昂、里昂、王国的其他发达城市和差不多整个法国的富商数量,是路易十一时期的 50 倍。小城市里,商人的数量也比人们想象得要多。街面上盖的房屋几乎都是出售商品或手工艺品的店铺;现在去罗马、那布勒斯、伦敦或海上其他地方,比从前去里昂或日内瓦都更加容易,甚至于有人出外远航,寻找、并找到了新的陆地。……

人口因较长时期的和平而大量增长。但情况并不乐观,因为穷人也随之增多了。的确,财富和金钱愈被更多的人瓜分,每个人得到的份额就愈少。但是,常理却应该相反,既然所有人都在种地、工作,那

81

么人越多,财产、收入和财富也应该越多。

应该指出,经济、社会和人口的结构实际上并没有什么改变,这位热衷者对意大利远征的美言也有些言过其实。不过,这番见证之所以有趣,更在于它的几近天真之处:塞塞尔精彩地表达了他对于普遍性变化的感受,但在 1510 年,他还没有、也不可能意识到问题的本质,即一个永恒不变的世界的观念已经不再是唯一的观念了。现实总是走在思想观念的前面,但是革命性的萌芽的的确确、客观地存在着,并将逐渐成熟起来。

第五章　深入探索

　　"缓慢革命"最初期的、最蔚为壮观的特征表现为进一步探究先人文化的愿望,各种新的手段的产生方便了这一愿望的实现。书面文字和作为文化核心的信仰,先后成为最先研究的对象,当然,这并非出于偶然。这个世纪产生的新的求知探索的欲望虽然从短时期看并非根本问题,但它却是更加值得我们关注的领域,因为,可以就此提出一个颇有分量的微妙的问题:在 16 世纪人们的文化中,美洲究竟意味着什么?

1

书面文字及其世界

　　1536 年,纪尧姆·比代已是 68 岁的老人。他是德高望重的国王御前秘书、公证人团的成员之一,曾担任两年的巴黎市长。所以,他与教会、学界并无关联。但是这一年,他却刚刚发表了两部杰作。发表于 1529 年的《希腊语言评注》(*Commentarii linguae grecae*)使他成为欧洲首屈一指的研究古希腊文化的专家;1534 年,他又发表《从古希腊文明到基督教》(*De transitu hellenismi ad christianismum*),试图使古代智慧和基督教之间达成某种和解。

　　他的贡献虽不止于此,但这已经相当重要。他从很恰当的角度阐明了人文主义运动的广度,运动确实大大超出了文人和宗教界的范围。为国王效力者,尤其如比代这样声名显赫者,自然是皇家呵护的对象,但他们自己也致力于资助文学艺术事业,或至少在本省推动文化事业,活跃文人的圈子,如在阿朗松、布尔日、图尔或波尔多等城市。因而,作为知识分子,他们也积极从事着社会活动。西尔维·勒克莱什－沙尔东(Sylvie Le Clec'h-Charton)不无道理地称他们为"无与伦比的文化活力",这是知识界"文艺复兴"最初阶段的一个典型的例子。但是比代的例子包含更多的价值:它向我们展示了除拉丁语以外的古代文化的

图 9 罗代大教堂或革新的困难。罗代的主教既是贵族和教会之长，也是个意大利通。他曾于1536至
1539年在威尼斯担任驻意大使；乔治·德·阿马尼亚克曾请提香为自己画像，建议国王弗朗索瓦一世将
大师塞里奥请到法国，资助过纪尧姆·菲朗德里埃，还曾为另一位建筑师兼建筑理论家维特鲁福而着迷。
然而文化和愿望与遗产的力量发生了冲撞：菲朗德里埃只完成了这个古式的小礼拜堂，它端正地摆在大
教堂的高顶上，成为对原则的一种确认，而1560年这个时间对这一确认赋予了既壮美又几乎是绝望的意
义。在宗教战争的前夜，这正是一场革命的象征，是这场革命的缓慢性及其复杂多样性的象征。

广阔空间;也表明了人们对宗教问题的极大兴趣,这可能正是法国人文主义者的独特之处。

1536 年:这一年,艾蒂安·多雷①发表了《拉丁语诠解》(*Commentarii linguae latinae*)的第一卷。他在书中展示了他拉丁文的造诣,更表达了对古代无神论的推崇。作为塞巴斯蒂安·格里弗在里昂开办的印刷厂的校阅人——这又是人文学者的一个"典型特征",他也显露了人文学者天地的局限性。他生性粗鲁好斗——这一年,他曾卷入一场命案,多亏国王的姐姐玛格丽特·德·纳瓦尔疏通才得以脱身,在知识领域,他站到了少有人涉足的边缘地带,比如他提出基督教或天主教的人文主义问题:在帕多瓦大学就读期间,他应该接受了理性高于信仰的思想。

这是一个印刷业蓬勃发展的世界,是为国王效忠的世界;知识界异常活跃,掀起研究热潮;人们对古代和宗教问题产生强烈兴趣,既有大胆的多雷出版加尔文教的书籍,也有谨慎的比代对 1534 年加尔文派招贴②的抨击:这可以说是 16 世纪第一代人文主义者的画像了。

选择 1536 年前后作为时间坐标并非出于偶然。让我们看一看多雷在《拉丁语诠解》中是如何赞美人文科学的振兴者的:

> 这是怎样一群人,又怀着怎样一颗心在为自由而战啊!这里我只提几位大将的名字,但那无数无名英雄的英名,总有一天也会发出耀眼的光辉!在法国带队的将军名叫纪尧姆·比代,他是希腊文和拉丁文的无人匹敌的大师。站在他身旁的是雅克·勒菲弗尔③,手持着哲学的盾牌。……这支文人的军队从欧洲的四面八方出击,给敌人以如此沉重的打击,使野蛮不再有藏身之所。……
>
> 人文科学获得从未有过的荣耀。各门艺术的研究异彩纷呈。人文科学引领人们探索久违了的善与真。如今,人类开始学习认识自己;如今,他阔步迈向光明,再不像过去那样悲惨地在黑暗中摸索而行;如今,人类真正高居于动物之上,以他不断陶冶的灵魂,以他不断完善的语言。

如果文艺复兴的乐观精神有什么意义的话,那就是这种高昂的激情,多雷将比代与同代最杰出的和最值得敬重的学者之一雅克·勒菲弗尔相提并论,更显示这勃勃生机的价值。

---

① 艾蒂安·多雷(Etienne Dolet,1509—1546),法国人文学家、学者、印刷业者。醉心于文艺复兴学术,出版许多宗教书籍,包括宣传加尔文教义的著作。反对教权主义,多次被控为无神论者,后被火刑处死。

② 指 1534 年宗教改革派的檄文事件(又译海报事件)。

③ 雅克·勒菲弗尔(Jacques Lefevre d'Etaples,1455—1536),法国人文学家、神学家、翻译家。力图把宗教研究从经院哲学中解放出来。其《诗篇》拉丁文译本及《保罗书信注释》对路德有影响,被誉为宗教改革前夕的宗教改革家。

　　如果不能把人文主义研究的深度及其包含的思想与毕生为之奋斗的人们联系在一起的话,那么我们便会丢失人文主义的多姿多彩及其人性的丰满厚重。雅克·勒菲弗尔可称得上是法国人文主义之父:他逝世那年正是1536年,享年86岁。他早先是位教育学家,在赫赫有名的勒穆瓦纳红衣主教学校任教;他还是一位神学家,曾研究神秘主义,并一度对僧侣生活产生浓厚兴趣。以如此背景,他尚能从经院哲学、神学的传统中解脱出来,令人敬佩。他发表的亚里士多德著作的译本和译述本,以其文笔的精确细密而成为权威性的著作。他自1491-1492年起,赴意大利游历,在法国大学者中可谓捷足先登。雅克·勒菲弗尔之所以在同时代的学者之中出类拔萃,得益于他的重要的文化选择:他翻译出版了《新约全书》(1523年),随后又将整部《圣经》译成法文出版(1530年)。以80岁高龄完成这样一部使他蒙受迫害的译作,需要多么坚定的信念,多么严谨的学风。的确,他为此受到巴黎大学即索邦神学院和最高法院的迫害,一度逃往内拉克,在玛格丽特·德·纳瓦尔处避难。正是坚定的信念使他尝试这革命之举:《圣经》这部只有学者们才能读懂的书是传统的根基所在——路德已经开始撼动这根基,而勒菲弗尔更将此书介绍给了所有普通读者。我们还将看到,他又是以多么巧妙的方法,通过成功地说服莫市的纪尧姆·布里索内主教,把他的宗教改革思想付诸实施的。以他所成就的事业,在此被列为第三个人文学者的典范,但他显然鹤立于其余人之中,唯比代可与之媲美。

　　以上粗略的描述虽然不够完善,但我们可以从中发现,人文主义并不仅仅是对精神的探索,还是这样一群率真的、充满激情的人们从事的事业,这群人投入知识领域或更广泛领域的大胆的论争,不畏艰险,甚至不惜生命:1546年多雷被处死就说明了这一点。他们的热忱,不仅表现在求知的欲望,还体现为深入探寻其文化之根本,即信仰的渴望。提到人文主义,人们总想划分一下"人文主义"和"宗教改革"的区别,或它同"文艺复兴"的区别,这不免有割裂整体之嫌。对那个时代的知识分子来说,把文学研究、哲学研究和宗教研究分裂开来是难以想象的,无论在以上哪一个领域,他们都投入了同样的真诚、同样的批判精神和变革思想,在1517年路德发起倡议①之前和之后均如此。

　　正因为有了这样的背景,当15世纪末君士坦丁堡被土耳其人占领,大批文人迁居欧洲并带来了大量希腊和拉丁语的手稿时,人们才会着魔般地为之倾倒。于是,终于可以绕过多雷所抨击的"野蛮"的中世纪,通过直接接触古代而深入研究精深的文化了;研究也可以更加具体了,因为古代的文本终于摆脱了旁人种种恶意的评头论足、曲解和断章取义。

　　因此,对古代的仰慕,其实是一种对新的清纯世界的敬仰,也体现了追根溯源以求得正宗的热望。这正宗的根源,需要通过名符其实的知性的考古学

---

① 指1517年10月31日路德起草的《95条论纲》。

方法,由点而面,积少成多,逐渐解读。这项工作着实令痴迷于此的人陶醉其中。古代成为了绝对的参照物,对这样被理想化了的古代的仰慕却把人们引入了一条死胡同:试图在异端和基督教之间达成妥协,甚至某种融合的愿望成为泡影。16 世纪初的人文学者没有意识到,当时一些习以为常的宗教习俗仍带着异教的色彩,例如教堂内摆设的供品①以及圣泉或圣约翰火,他们更没有意识到,一味追求正宗和纯洁,反而只会让教会试图摆脱这些糟粕。希望"通过上层"达到融合,却对"下层"久已有之的融合一无所知:文化断裂已经开始显现它最初的迹象,这也成为对文化进行深入探究的一大局限,虽然这愿望本身令人钦佩。

多雷对新发现的兴奋之情溢于言表,人文主义者们坚信已经进入一个全新世界,但如上所述,这一切与实际情况并不完全相符,况且,其实中世纪从未完全中断和古代文明的联系。关于这一点,拉伯雷的例子可以说明问题。1536 年时——仍然以这一年为时间坐标,拉伯雷已经发表了《巨人传》。我们可以视之为文艺复兴的第一代作品了:他的确是近代无可争辩的一位饱学之士,他在拉丁语和希腊语方面的学识使他可与比代书信往来,在神学、法律、医学和音乐方面都有颇深的造诣。多次意大利之行更加深了他对同时代最先进文化的了解,他在作品中表达着对知识的渴望,对古代的敬仰,也体现了自由的批判精神。他还指责"哥特时代深不见底的黑暗",但即便如此,他在知识、教育等诸多方面的观点,"换汤不换药的完整性的追求,实际上都继承了中世纪的衣钵"。让-马里·古尔穆这番话虽然言辞激烈,但对那种以为可以摒弃陈旧观念而自立新说的言行是一种矫正。

因而,人文主义既包含对某些思想模式的继承和延续,又有 16 世纪最初几十年明显的思想解放,两者并驾齐驱。但所谓"人文主义的奇迹"则体现为一种巧合:在知识大步迈进的当口,印刷业也长足发展,使知识的传播如虎添翼。当然,巧合并非偶然,两方面的发展互相支持,互为依托。

印刷术之所以在文化史中占据重要地位,主要是由于这一技术的推广。自 1470 年巴黎人纪尧姆·菲谢安装使用第一台印刷机至 16 世纪初,社会发生了惊人的变化:1500 年,有四十几座城市已至少拥有一家印刷作坊。它们的数量比地理分布更有意义,因为,至少在该世纪最初的二十几年里,小印刷工场可以根据市场需求,比如修道院、主教或文人等的订单随时迁往各地。那个时期,大大小小的印刷厂继续发展着,同时,另一个趋势日益明朗化:以几家初具工业化规模、依托于商业资本的大企业为龙头的印刷业中心已经基本形成。然而,强有力的经济筹码不应该使我们忘记,最好的印刷商同时应该是最优秀的出版发行人,他们应该积极关注产品的质量,包括其"科学的"品质。

---

① 教堂内为感恩、还愿而供奉的物品、敬献牌、还愿画等。

　　以名不见经传的托马·安塞尔姆为例。他于1516年渡过莱茵河,落户于哈格诺,这充分体现了那些精明的印刷人的深思熟虑。安塞尔姆选择的地点,距当时欧洲印刷业的大都市之一斯特拉斯堡不远,又与德国出版机构仅一水之隔。他还选择菲利普·梅兰希顿①作他的校订人;我们知道,梅兰希顿是研究古希腊文化的专家,并与路德过从甚密:看来,多雷的经历并非个例。安塞尔姆出版拉丁文和希腊文的图书——而全文以希腊文出版的书1510年才刚刚问世,他也出版希伯来文的书籍。他甚至在书信中批评过一位译者对希腊文的误译,他陈述的理由很能反映其精神状态:照原样发表"无论于他于我,都将是一种耻辱"。但他同时也是企业家,四处奔波寻找足够的优质纸张或为某个版本寻找木字。工厂规模足够大,知识品位也足够高,唯有经营方式仍停留在手工业者的水平。

　　里昂得益于雄厚的资本,巴黎则与王室近水楼台,这两座城市的企业规模自然大得多。像出版上千种图书的塞巴斯蒂安·格里弗的企业,还有在很多方面都值得一提的埃蒂安纳家族的企业。这家企业告诉人们如何使经济实力、职业传统和文化雄心协调一致。罗贝尔·埃蒂安纳②是这个家族企业的缔造者。其父亨利也是印刷商,其岳父若斯·巴德1499年来巴黎之前曾在里昂为他自己的岳父特莱塞尔工作:那是家族继承的小作坊,还属小本经营。然而,埃蒂安纳也还是比代的朋友,他还倡议编写法语—拉丁语基础辞典,这些辞典后来得到不断修订完善,为法语的拼写最终固定下来起了不小的作用。从这个角度上说,从事技艺的人和人文主义者已经合为一体:埃蒂安纳的妻子佩雷特·巴德就谙熟拉丁文,以至全家人、孩子、仆人甚至客人在她家都讲拉丁文! 同样值得一提的是,他家里的两个兄弟也从事印刷,还有他们的后代……不过,这些人文主义印刷商的特殊之处恐怕还在于他们起到的实际的作用。他们把思想及其传播联系起来,利用企业的经济和技术实力为之服务:有名的"国王希腊花体字",即由加拉蒙③首创刻制的希腊活字,就是罗贝尔·埃蒂安纳最先使用的,后无人可与之媲美。

　　安德烈·沙泰尔④曾将印刷术的革命与20世纪的照相技术和磁盘存储革命相提并论,足见印刷术的重要性,此处无需赘述。但是,沙泰尔的思考本身却促使我们对这一革命在16世纪初的特殊意义进行认真的考量。它带来的最根

①　菲利普·梅兰希顿(Philipp Melanchtnon,1497—1560),基督教信义宗的《奥格斯堡信纲》(1530年)的德国作者、人文学家、宗教改革家、神学家和教育家。与路德为挚友。

②　罗贝尔·埃蒂安纳(Robert Estienne,1503—1559),学者兼印刷商。1527—1528年用拉丁文出版第一部完整的《圣经》,1531年完成划时代的辞书《拉丁语词典》。弗朗索瓦一世任命他为希伯来文、拉丁文和希腊文著作的王室印刷师。

③　加拉蒙(Claude Garamond,1499—1561),法国活字设计家及出版商。他刻制的第一套罗马体活字和"国王希腊花体字"由埃蒂安纳印刷厂首次使用出版。

④　安德烈·沙泰尔(André Chastel,1912—1990),法国历史学家、文艺评论家。

本的变化应该在于思想传播速度的快捷:这与手抄本的成书和发行已不可同日而语,而且,这已经不是一个简单的数量问题了。有些作品,其市场迅速饱和,以至于出版商不再问津。"谷登堡时代"的到来,使传统的传播媒介贬值了:尤其是依靠口语和手势的传播方式。在拉伯雷《巨人传》的第四部中,约翰兄弟向庞大固埃讲述说他"过去听人说过,蛇吃到胃里面,人不会感到不舒服",庞大固埃反驳道:"您是听说的,可是,这种吃法从来没见到过,也从没读到过",我们注意到,拉伯雷笔下的正面人物都是识字读书的人。《巨人传》第四部虽然于 1522 年才全部出版,但这位人文主义者之子对书面文字的权威性却始终如一地坚信,且已经根深蒂固,他甚至会在某些场合不无揶揄地提及这些,比如在讲述卡冈都亚奇异的出生那一段,他提到大普林尼①,并毫不掩饰地加上一句挖苦的结论:"您尽管相信他吧,我不在乎,不过,一个正直的人……总是会相信别人的话的,也会相信他用头脑找到的东西"。

从总体上看,印刷品的出现确保书面文字最终获得了成功:1539 年国王颁布维莱科特雷敕令,规定在法庭审判中,为证明身份,必须以文字材料即堂区记录簿为证据。另一个确凿无疑的表征是,印刷品早在宗教战争前很久就已经成为一种武器,而且这个武器不只用于宗教领域——尽管古老的文字传统的确为宗教的发展提供了方便:为赢得中间势力的支持,弗朗索瓦一世和查理五世都在外交战中使用过宣传性的小卡片。对此,亨利·奥塞尔略带夸张地称之为"名副其实的印刷战"。

文字大获成功也引发了社会的深刻变化。的确,它在小小的读者世界中掀起了不小的波澜,因为就在已被扫盲的人群中,又形成了新的、明确的社会和文化界限,把经常读书的人和其余的人划分开来。

有人提出研究有关扫盲的问题,似乎解决了这个问题,就可以顺理成章地对被排斥在文字或人文主义之外的人群做出衡量,但这实际上是个无法解决的问题……而且这个提法本身就十分虚妄。这个问题被直截了当地提出来,几乎得不出什么答案,只是在 17 世纪研究结果的基础上进行倒推而得出以下显而易见的答案:被扫盲人群属极少数,在某些省份和农村,在妇女当中,则更是寥寥无几。而最新的研究成果恰恰表明,对 16 世纪的地理学匆忙下结论是不妥当的。少得可怜的样本提供了几个孤零零的数字,要从中得出什么结论,可谓是天方夜谭。

从阅读方式入手进行研究却颇有些进展。罗歇·沙尔捷发现人们在晚饭后不读书,这不无根据,但集体阅读——包括晚间——却不是什么新鲜事:前面已经提到,古贝尔维尔老爷家的来访者是如何以拉伯雷刚刚问世的《巨人传》第四

---

① 大普林尼(Pline l'Ancien 或 Caius Plinius Secundus,23—79),罗马学者和史学家。其 37 卷《自然史》是一部古代自然百科全书。

部为蓝本讲故事的。这说明人们会直接从出版物获取灵感编、讲故事。当然最常见的是高声朗读，而《巨人传》第四部恰恰适合这种形式，其序言的结束语是这样写的："用力清清嗓子，喝足了水，高高兴兴摇摇您的耳朵，然后您就来听一听高尚的、正直的庞大固埃的精彩故事吧"。在整个 16 世纪，无论普通百姓还是特权阶层，为众人朗读故事是习以为常的事情，那么，在很多情况下，听故事的人就成了图书的不言而喻的读者了。

因此，人们与书接触的方式取决于书籍的传播条件。而在 16 世纪，兜售图书这样的方式还不多见，尤其在农村。此外，这种发行方式也使此类书的身价大打折扣：拉伯雷就认为，"流动商贩和小货郎"兜售的花里胡哨的样子货——犹如书里面不着边际的夸夸其谈，和那些内容渊博的"精美的优秀书籍"是不能相提并论的。可能日课经①的使用情况也可以归入此类，它表明人们虽已经接触到图书，但还没有接触到新思想：日课经虽十分普及，但是，拉伯雷描写的弗朗·托盼首领约昂以为撞上了魔鬼便"从裤兜里掏出日课经来"的段落，挪揄奚落之中分明切中要害。

由此看来，书走进了百姓的家，但数量微不足道，且多限于传统内容，比如像诺埃尔·迪·法伊书中讲述的内容。在对勒吕贝隆地区进行的一个内容极为丰富的调查中，加布里埃尔·奥迪西奥找到的唯一一个乡村"书柜"是一位神职人员的，里面只有三本宗教书籍！继续寻找，困难重重，需要到深受宗教论战影响的地区展开调查：于是终于发现，1565 年，勒佩维尔的一位富裕农民拥有好几本"禁"书……即便是在城市，虽然书店、书商甚至还有出版商之间迅速建起了销售网络，但人们与书的关系仍然比较疏远：阿尔贝·拉巴尔对亚眠在 16 世纪前六、七十年所做的调查结果显示，竟有 80％的住户家中没有一本书！虽说大多数神职人员、医生、外科大夫和贵族们都拥有几本藏书，但书商中却有一半人只拥有一本私人藏书。藏书者凤毛麟角，且这些书多与职业和基本的宗教习俗密切相关。即便是公证人和御前秘书家中——这是在弗朗索瓦一世时期，也就是该世纪较早时期，书柜，真正的书柜（藏书量在 50—80 册）里主要摆放的也是法律书籍。总的看来，被扫盲人的数量虽极为有限，但接触出版物的人的数量却要比想象的多得多；图书的占有量也不足以说明人文主义思想的传播范围，事实上，人文主义思想的传播并没有那么广泛。

于是，从 16 世纪开始，形成了较为灵活的等级层次，说它灵活，是因为其界限颇为模糊，但涉及人们与出版物或文字的关系时，界限又很清晰。与文字的关系又可划分出不同类型，使等级更加层次分明。居伊·卡布尔丹从人们同鹅毛笔的关系入手，对洛林省进行等级的分析研究，从只会画简单、初级的符号，到书写自如，分析得十分精彩；还可以研究人与文字的关系的内在化问题，即已不再

---

① 供每日祷告使用的经书。

局限于职业需要的文字应用。比如,家庭日记账,其中最有名的是吉勒·德·古贝尔维尔或让·比雷尔的家庭日记帐。如果只因为其内容不够私密或这种形式缺乏普遍性而对这类资料不屑一顾的话,那就错了:最重要的不是日记账的内容,而是它所揭示的已深深渗透于文字之中的一种文化类型。我们还想到那位不知姓名的"巴黎市民"收藏报章、杂文的癖好,我们获得了他在弗朗索瓦一世时期的日记。虽然这类非职业领域的实例、资料数量太少,统计结果不足以说明问题,但我们发现,职业的文字使用者,其工作方法与非职业者的如出一辙,他们的账簿或堂区记录簿常常就是名副其实的每日流水账:例如,在布列塔尼的教士中,就统计出有几百个这样的小知识分子。

由朗读而过渡到默读更有力地说明了 16 世纪人与文字之关系的演进。默读已经成为学者们的阅读形式了,它要求闭门独处,要求隐秘。蒙田对此种阅读方式极为推崇,这对构思其《随笔集》(Essais)也的确大有裨益。阅读方式更强化了图书种类带来的差别,因为阅读方式和图书种类本身是相互吻合的:默读的常是内容高深的书籍,朗读的常是简单易懂的读物。

"简单易懂"这个概念虽然带有一定主观性,但用来形容那个时代出版物的取向,还是精当的:在考察印刷业的影响的同时,我们发现了一个简单而关键的事实,即出版物多为中世纪流传下来的传统文学,如圣人的秘迹及生活、闹剧以及像《朗斯洛·迪·拉克》(Lancelot du Lac)①、《艾蒙四兄弟》(Les Quatre Fils Aymon)一类的骑士文学小说等。新书大多是介绍奇闻轶事的小册子,装帧粗陋,内容多涉及社会杂闻或神秘怪异之事,故事末尾必加入一段传统说教,有时为迎合时尚,会引用拉丁文,中间穿插一些平庸的木刻插图。这类内容很受欢迎,皮埃尔·博埃斯蒂奥还把其中几本编辑成一册,以《神奇故事集》(Histoires prodigieuses)为书名于 1560 年出版。同时,一些小篇幅的应景之作也颇受青睐,这些书往往紧随一些重大事件后出版。

那些印制小册子的印刷商们在 1539 年强制署名前常是匿名的。与他们相比,埃蒂安纳和格里弗显然有天壤之别,但这一差别可以反映图书市场的现实,反映图书是否真受欢迎。人文主义书籍并不总会带来收益,所以连斯特拉斯堡的大牌印厂都要犹豫再三才做定夺:这一点值得一提,因为斯特拉斯堡因此而丢掉了技术优势,落在了法兰西王国所属城市的后面,还因为 1508 年马蒂亚斯·许雷尔决定大量出版古籍,从而开辟了全新的市场。然而,经过较长一段时间后,古籍市场萎缩了。1528 年,若斯·巴德因某一本书的销量不佳而吃官司。此书作者是修昔底德②,译者还是塞塞尔,并由御前秘书雅克·科兰出版,装帧

---

① 朗斯洛·迪·拉克(Lancelot du Lac),中世纪传奇人物,圆桌骑士之一。

② 修昔底德(Thucydide,约前 460—约前 400),古希腊历史学家。主要作品为《伯罗奔尼撒战争史》。

精美的对开本、发行 1225 册,结果却只卖出 96 册,最后只能以区区 20 苏的价格销价处理……而从此书的出版阵容及过程看,似乎具备了所有成功的条件! 通过这一案例,我们应该认识到人文主义书籍和人文主义思想影响的相对性,这里还不谈其显而易见的社会局限性。

书籍自身并不构成新的文化:但它可以大大拓宽潜在的、实际的读者群,并首先向他们传播传统文学的内容或精神。从这个意义上看,也只能从这个意义上看,才谈得上一个诞生于 15 世纪末 16 世纪初,并延续到 19 世纪而基本维持原状的新的文化空间。此外,在读者群中存在着并行不悖的多种文化,一些是"传统的",是对过去的继承与发展,另一些则是全新的文化。

欧洲文化的出现是最为显著的了。这虽然不完全是新鲜事物——因为中世纪的大学已经具有了欧洲化的特点,但是它此时却影响到了一大批新的人群,即已经发展壮大的知识分子队伍。这支队伍的壮大本身使这一文化具有了焕然一新的、世俗的面貌,并迎合了人们全新的求知欲:法律、医学、星相学、自然探索、科学技术、五花八门的习俗等等;这支队伍还不断吸收其他各阶层的人们,尤其是市民阶层:在这个世纪整整一百年间,仅在斯特拉斯堡一个城市,《孕妇的玫瑰花园》(*Jardin de roses des femmes enceintes*)就再版百余次! 这体现了对先人文化进行深入探寻的一个侧面,而随着时间的推移,这种探索更加深入和广泛。根据达尼埃尔·罗什的分析,对文字的充分驾驭是全面驾驭宇宙世界和驾驭自我的决定性手段,是现代性的基石,是自然在文化面前的退让。

同时,在新教界,另一种新的文化围绕圣经发展起来,尽管由于人们接触书籍的方式不同而在一定程度上限制了该文化对每个人的影响力。从 16 世纪开始,新教被视为对圣经的宗教信仰,这其实涉及一个更为宽泛的问题,即 16 世纪对信仰产生影响的看似轰轰烈烈的文化变革的本质是什么。

2

文化与信仰

约在 1560 年前后,加入新教热潮最为高涨之时,大约有 10% 的法国人承认自己是加尔文教派,如果从现今法国疆土的范围考量的话,其中有部分人应属路德派。"承认",表明入教形式的多样性,表明人们可以加入全国六、七百个分会中的任何一个,这些设有教务会议和牧师的教会越来越公开化,人们只需聆听牧师布道即可入教,这些布道活动那几年吸引着越来越多的群众。第一次全国教务会议于 1559 年 5 月在巴黎举行,这是经历了四十几年发展后取得的重大成果。由于历史学界在宗教改革问题上仍然争论不休,各执一端,因而物质因素的考察及信仰在文化中的主要地位,尤需得到批判性的关注。关于宗教改革,各学派都固守自家的一套词汇表,诸如宗教改革、预宗教改革、宗教革新等等,我们不想也不必一一列举,因为我们的目的不是介绍那些互为对立的教派、组织如何建立起来,而是从中得出其文化含义。

的确,从文化层面上看,对信仰的深化,远远超出加尔文教的范畴,甚至超出了新教的范畴。早在 1560 年前,一些神学家如让·热尔松①,以及被"现代的宗教信仰"所感召的佛兰德的商业和手工业精英们,开始推崇祷告的内在化及在对耶稣生活和耶稣受难的静思的滋养下进行的个人默祷。思考的深刻性当然得益于 16 世纪初印刷业的发展,但另一方面,各种思想越来越频繁地接触较量,随后,既立教会的卫道士们和对教会的蔑视者之间的斗争愈演愈烈,这一切也再度激发了人们进行深刻思考的热情。因而,不独有新教对天主教的批判性的反思,事实上,知识分子都广泛地行动起来,并以这样或那样的形式影响着广大的教徒。总之,行动不是单方面的,而是并驾齐驱,它来自天主教,也来自新教,甚至还存在着不少介于两者之间的派别。至少到 1560 年前,人们还可以不加入任何阵营,甚至此后仍有抱此幻想者:此幻想的象征性人物洛斯皮塔尔②大法官就直到 1568 年才宦途落马。总之,不应该透过 17 世纪的望远镜去解读宗教改革所体现的文化现象,事实上,新教教会纷纷建立,天主教也逐步奉行特伦托会议的精神,尽管,因教派之间的较量得失攸关,的确使双方阵营的冲突逐渐升级,尽管随着时间的发展,情势越发紧张,态度越发强硬。对新教教徒的惩罚从 20 年代起就已开始,正如基督教初期一样,殉道者们的血为未来播下了种子。物质方面的约束如雪上加霜,尤其在檄文事件③之后新教教徒们不得不避走他乡的时候。1534 年 10 月,一些抨击弥撒的招贴海报在巴黎和卢瓦尔河流域的几个城市的街头出现,甚至贴到了国王内廷的大门上。当然,这次事件引起的风波很快便平息下来。但是,1545 年以后,尤其两年后亨利二世即位,镇压再度变本加厉。我们的分析不能脱离如此错综复杂的背景,研究应该超越宗教组织的视野,拓宽范围:人们对宗教的敏感性,或从更宽的角度上说,文化,起了决定性的作用。

对此,最好的证明莫过于雅克·勒菲弗尔与人文主义之间建立起的直接联系。勒菲弗尔曾任纪尧姆·布里索内的代理主教,布里索内自 1516 年至 1534 年他去世,一直是莫市的主教。莫市的那个"小组",或称"小团体"——历史文献中是这样称谓的,以其独创性和它扮演的实验室的角色在 16 世纪宗教文化进程

---

① 让·热尔松(Jean Gerson,1363—1429),神学家,神秘主义者。1395 年当选为巴黎大学校长。他认为,人在祷告中,灵魂与上帝合为一体。

② 洛斯皮塔尔(Michel de L'Hospital,1507—1573),政治家,律师和人文主义者,1560—1568 年任法国大法官。主张宗教宽容,被认为是天主教温和派"政治派"的创始人。1567 年内战再起,他于次年告退。

③ 一译"海报事件"。

中起了至关重要的作用。的确,早在15世纪的外省主教会议上就确定了的某些思想,在这里得到了实验。比如,要求神甫常住堂区,这样既便于教徒的管理,也有利于对他们的培训和传教范围的扩大;另外,通过一年一度的教务会议把神甫们聚集起来,则可以有效地培训这些神甫。在勒菲弗尔的倡议下,主教和他的追随者没有就此止步:他们用法语传播圣经,使之成为人们追求内在的宗教生活的动力,在礼拜仪式时使用法语,销毁"圣像"等。其中一些措施确实有一定的新意和影响力,在时间上正与路德思想的传播完全吻合,但是,它最终的失败所带来的影响和后果也不容忽视。索邦神学院不仅指责雅克·勒菲弗尔的译作,也指责主教的"错误"和一些破坏圣像的信徒的狂热。看来,这样的"内部"改革还为时过早;而布里索内的一些朋友还因不满于改革步伐过慢而转向路德宗。一个年代上的呼应颇为有趣:就在1533年11月,巴黎大学校长尼古拉·科普——这又是一位"人文主义者之子",其父纪尧姆为宫廷御医,翻译过古希腊的医学著作——宣读了一篇与其友加尔文共同起草的正式演说,通篇充满了路德的主张,轰动一时。随后,1536年,即加尔文在瑞士巴塞尔避难期间,加尔文用拉丁文发表了《基督教原理》(*Institution de la religion chrétienne*)一书,当时并未引起注意,但我们知道它意义重大。

不过,将莫市小团体的失败和加尔文教的兴起相提并论未免把问题简单化了,因为这样就忽略了法国其他地区的另一些人同时进行的努力,也忽略了最真实地反映了改革愿望的那些重要措施,无论这些措施是否受到路德或加尔文思想的影响。的确,我们今天已经知道,还有另一些主教在此之前就曾试图对教徒或至少教士们的宗教习俗和文化进行整顿。其中有些是出于建立或发展真正的基督教教育的意图,正如20年代在昂古莱姆那样;有些则是神职人员进行的颇有力度的改革举措,如1504—1530年期间,人文主义者弗朗索瓦·德·埃斯坦主教在罗德兹的教区便做过这样的尝试;还有些就是彻头彻尾的改宗了,比如1527—1536年卡尔庞特拉的主教雅克·萨多莱就试图依照伊拉斯谟的主张对其堂区圣职者进行改革,类似情况在法国南方也很多见。

其实,布里索内也对伊拉斯谟有所借鉴,虽然这两位借鉴者没有直接的关联。这也提示我们,在某些情况下,改革者并不想与天主教彻底决裂。这两个事例还有另一个相似之处:萨多莱的大部分追随者后来都纷纷离开了卡尔庞特拉,投奔了新教的阵营。莫市和卡尔庞特拉的改革力度表明,问题的关键已经大大超乎宗教制度的范畴,当然也非反对圣像的举动所能涵盖。加尔文教义的主张迫使这些知识分子跨出新的一步,接受与上帝关系的全新观念,而这一观念实际上是建立在人的自由的基础之上的。上帝的万能之力是绝对的、无限的,得救的选民早已由他预先选定,且唯有他知道谁已获选,唯他能决定赐予或不赐予使灵魂永得拯救的圣恩,这一切使人获得了真正的自由:原罪也好,得救也罢,都不再取决于“善行”或日常的宗教行为，无论这行为有多么虔诚或仁慈。虔信天主的神圣慈悲，信仰基督，这才是每个人与上帝交流的唯一途径，它为苦苦企盼得救的人找到了答案，有了信仰便表明上帝捡选了他。

至少从理论上说，这个观念带来的震撼是巨大的：这是对普世救恩的蔑视，取而代之的是个体的或家庭范围的信仰；这是对天主教主要礼仪和礼拜仪式的蔑视；也是对如此强烈的崇拜圣人和祭拜死者习俗的蔑视。人与上帝之间不再需要媒介，这就意味着所有神职者、一切凡间的宗教机构都将被摒弃，只留下上帝严谨缜密的话语，它们只写在圣经里。不过在实际操作时，变化倒显得没有那么突兀：加尔文教派虽然维护教徒个体的信仰，但仍保留着集体的宗教活动，也保留了牧师，以便组织教徒活动和布道。而天主教派的“精英们”则推崇一种更加深层的、更加内在的信仰，于是，某些书籍开始畅销起来，如日课经、有关为死亡做个人准备或如何安度美好生活的书籍，像《死亡的艺术》《死亡与幸福生活之艺术》（*Ars moriendi beneque vivendi*）等。主题完全不同，其哲理却没有根本的差异。

然而，以上分析的明显不足之处是它忽略了时间性，而对于历史学家来说，最主要的问题在于如何审度加尔文教义在 16 世纪对文人和广大教徒产生的影响。这里，比较危险的是高估甚至曲解为信仰而殉道的行为，事实上，殉道虽确有其事，却实属个案。我们无法确切知道隐修修士让·瓦利埃何至于 1523 年在巴黎被处以火刑；也不知道年轻的阿兰·盖泽内克何以在 1534 年于莫尔莱被处以同样的极刑。阿纳·迪·布尔格①对此有他的见解，值得注意的是，此人身份是教士，法律教授，还是巴黎最高法院的推事。1559 年，他这样写道：

> 教皇或其他什么人制定的基督教律法，并不能强迫基督徒遵从圣经包含的律法、教义以外的东西。更何况，既然上帝是完美的，他的教义也是完美无缺的，无需任何批注或增补……于是，他以圣经为唯一的依据，摒弃了教皇和那些自认比耶稣基督和他的使徒更加博学、实际上却违背耶稣意愿的人们制定的一切律法。上帝在《出埃及记》第 20 章中指示“六日要劳碌作你一切的工，但第七日是向耶和华你神当守的安息日”，而自认智慧无比的教皇却允许自己在某些天不工作。耶稣允许所有得福音的人们在任何场合食用任何肉类，只要行餐后感恩祈祷（提摩太前书第 4 章），但教皇却予以禁止。耶稣说，那些未得禁欲恩赐的人是可以嫁娶的（提摩太前书第 4 章），而教皇禁止教士娶妻，以至在基督教会早期，结婚者越来越少，直到加里斯都一世②教皇上任。上帝禁

---

① 阿纳·迪布尔格（Anne du Bourg，1521—1559），法国大法官，巴黎最高法院推事。由于主张对新教教徒采取宽容态度而被处以火刑。
② 加里斯都一世（Calixte I 或 Calixtus I，？—222），教皇。在位期间放宽对私通、奸淫等罪者的悔罪自赎要求。

止在教堂放置偶像,教皇却准许。由此,有充分的理由说他们的行为是
违背耶稣意志的,正如圣保罗在贴撒罗尼迦后书第 2 章中所述。

虽然篇幅有限,但这番表白说明他已将加尔文教义领会得极为透彻,且其坚
定的态度也令人钦佩。然而,应当特别指出一点,他的信仰是通过许多具体而务实
的细节表达出来的,这就从整体上削弱了加入加尔文教本身的文化含义,因为一个
加入加尔文教者,完全可能仅凭引文中提及的这些具体的实惠入教。有些举动虽
经广泛证实,但仍需小心审读,因为激烈行为往往谋求的是一种象征性的决裂,而
非真正意义上的深刻的文化革新。1525 年,阿尔萨斯的农民撕毁了乌纳维尔堂区
的捐赠品记录簿,而就在五年前,也是在这里,成百上千的人蜂拥而至观看某位无
名圣人的圣物展。弗朗西斯·拉普还注意到,那些几年前还热衷于朝圣、捐款兴建
教堂、参加兄弟会、相信奇迹的人们,这时却将教堂洗劫一空,并用火枪射击十字
架。破坏圣像运动只不过是以激烈粗暴又过于简单的方式表示某种对抗而已。
只不过,这种对抗借用了宗教的形式罢了。它并不一定说明人们拥护路德的主张,
而过激行为发展为农民战争①恰恰证实了他们根本就曲解了路德的教义。

有必要以不同的态度解读另一个具有很强的文化意味的断然举动,那便是
拒绝天主教弥撒,尤其是天主教的圣餐式。新教对圣事,对"面团上帝"②的强劲
攻势与其说是针对耶稣是否真实存在于圣餐,不如说是在反对天主教背弃真实
信仰的那些寓意性的宗教仪式。这也正是 1534 年檄文事件的主旨,那些招贴揭
露了"教皇式弥撒的极端恶劣的、不可容忍的弊端",据让·克雷斯潘发表于
1554 年的《殉教者名录》(Livre des martyrs)记载,第一位新教殉道者也正是因
为反对圣餐式而罹难的,因为他违背了 1551 年颁布的夏托布里昂敕令,敕令明
文规定:"凡虔信者与基督徒均应以虔诚之心向圣体行跪拜礼,并在圣体的举扬
和显供仪式中注目圣体"。圣餐成为与天主教决裂的象征,没有任何妥协的余
地。当然,一开始并非所有人都持此观点,他们最初只限于改宗者、文人和高层,
而大多数人是在 1560 年后,随着教会强征暴敛越发肆无忌惮,才逐渐认识到此
问题是关键所在;不过,广大基督徒依然经历了一个缓慢的、艰难的认识过程。

50 年代,一位加尔文教牧师在法莱兹附近的吉布莱集市传教,说服人们改
宗,其中"好几个人都说:那以后我们做什么呢? 不能去作弥撒了,我们如何生活
呢?",教徒的话语,表露了他们的困惑。特鲁瓦的加尔文教派信徒尼古拉·皮图
讲述的另一件事说明了同样的困难。那里的群众聚集在圣约翰教堂聆听布道,
布道者康斯坦是多明我会修士,后放弃天主教,此时的布道内容已具有明显的加

---

① 指 1524 年德国爆发的农民起义。其纲领动机不一,其中有些引用了路德的神学思想。路德本人对农
民战争持反对态度。

② 天主教圣餐式中的面饼被认为是耶稣的身体,称为圣体。

尔文教倾向。然而,当一位教士手捧为患者准备的圣餐面饼穿过教堂时,在场群众的反应如何呢?"他们全体起立,屈膝跪下,并将目光移向那圣体饼,用他们习以为常的方式凝神注目。康斯坦对此十分恼火,严辞斥责,并告诫他们,聆听福音须心无旁骛,决不可如此三心二意,因为耶稣的生命即在福音中体现。

　　基督活在圣餐面饼中,抑或活在福音中?由于加尔文教的宣传形式依然比较传统,所以原本两难的处境就显得更加尴尬。可以肯定,书籍是新教的宣传手段之一,纳沙特尔市于 1535 年后,日内瓦于 1550 年后都开始向法国市场大量输送新教书籍。但是,对于农村的广大教徒而言——也许还应该包括城市的部分教徒,传教的主要方式依然是口头宣传。1552 年在勒普伊市对两名加尔文教徒处以火刑时的行刑过程就说明了这点,让·比雷尔这样写道:"他们的舌头已经被割掉,以阻止他们继续妖言惑众"。在这个世纪初期,罗伯特·索泽追踪研究的托钵僧中,有 1/4 的人转而投身改革派,从而壮大了口头传教的队伍。如前所述,在佛兰德,改革者借助戏剧舞台扩大宣传,在 60 年代初期尤为普遍。甚至对新教的成功原因百般诋毁的普罗万的教士克洛德·阿东也不得不承认,在新教的集会上,圣诗听来"十分谐和悦耳"。此种传播形式显然突出了演说的重要性,而轻视动作与象征,从而置神学理论的信息于次要地位。

　　其实,新教的这种选择顺应了当时的国情:16 世纪初法国人普遍的文化水平决定了这一点。雅克·萨多莱①发现广大教徒很难接受信仰的深化,于是在这个问题上与伊拉斯谟产生了分歧。1530 年他写信给伊拉斯谟说:"并不是所有人都可以领会崇高的认识"。事实也证明他是对的。1599 年,在弗朗索瓦·德·埃斯坦和阿马尼亚克主教都先后进行过改革尝试的勒鲁埃格,托马·普拉特遇到了几个赶骡子的人,他们的无知令普拉特瞠目结舌:

> 　　他们对圣经中最简单的内容竟一无所知,而这是得救所必须了解的知识。他们告诉我,在教堂里,祈祷文和赞美歌都是用拉丁文唱诵的,根本听不懂;而且,几乎没有人去那样的偏远山区布道;由于住户十分分散,且距离教堂很远,他们极少去教堂做弥撒。这样看来,这些人如此没文化,没信仰,完全暴露于魔鬼的诱惑之下,令撒旦轻易占据他们的灵魂,也就不足为怪了。因此,这个地区巫师就多了起来。

　　新教和天主教面临着同样的问题。在蒙贝利亚尔的伯爵领地,唯一的一座使用法语的路德宗教堂里,人们唱诵的却是由克莱芒·马罗②和泰奥多尔·

---

① 雅克·萨多莱(Jacques Sadolet,1477—1547),意大利人文主义者,红衣主教。其《哲学的颂词》表达了同时代少有的宗教同情。

② 克莱芒·马罗(Clément Marot,1496—1544),法国诗人。因同情新教教义,写诗讽刺天主教会而遭放逐。

德·贝兹①编译的加尔文教版本的圣诗。由此可见,无知并不是问题的全部:关键是很难从根本上改变人们的文化。首先是心理上的困难,举个例子:安托瓦妮特·博尔希耶是米约市一位积极的加尔文教信徒,而 1561 年,她的葬礼却完全按照天主教的习俗举行。其次是智力上的困难,尤其在宗教改革促使人们的思考趋于个体化的背景下:1528 年,一名特鲁瓦的缩绒工在出庭受审的时候,将路德、茨温利②、再浸礼派③和伏多瓦派的主张全都混为一谈! 显然,新的文化思想难于被透彻领会。这可能属于个例,但主要问题是信仰还没有深刻地内在化,即便是一些优秀的文人。蒂埃里·瓦纳格费朗就是这样分析神学博士皮埃尔·卡罗利的。此人先后于 1523 年、1524 年和 1525 年遭到索邦神学院的贬责,而他次次都非常巧妙地——还是过于巧妙地? ——收回前言,在此期间,他也逐渐向因信而称义的主张靠拢,最终否定了基督存在于圣餐式中的说法:因此,他于 1536 年名正言顺地成为瑞士洛桑的牧师。两个月后,他在为死者做祷告一事上与共事不久的同人发生争执。六个月后,被解职的卡罗利又回到里昂,他公开宣布放弃先前的信仰,并被主教赦罪。让我们长话短说:他后来又回到过瑞士,还去过斯特拉斯堡,也就是说再次转向改革,可随后他又与神学院握手言和,还在梅斯市全心投入说服新教徒改宗天主教的工作。我们不能再说这依然是个孤立的事件,是个人的特殊个性使然,因为卡罗利不仅是索邦神学院出类拔萃的学者,而且还是莫市小组的成员之一,还因为事实上,类似经历并非个案。

也许,由于 1545 年后的文字材料和镇压行动给人留下太深刻的印象,因此我们忽略了卡罗利曾有幸充分享有的自由空间。的确,在 1554 年,人们还可以当众讥笑——这便意味着也可以公开赞同路德派的观点,哪怕他是维尔弗朗什—德—鲁埃尔格的一校之长。这位朱尼斯校长虽然吃了官司,但最终获赦罪,后来还当选该市的首席行政官。1582 年,一名新教派的小学教师为竞选比伊—莱—巴罗尼耶的校长职位,不是还展现着自己兼而传授两种宗教思想的才能吗?

要理解这种种行为和种种自由,尚需引入宗教文化发展进程中的关键因素之一:公众。它至少与权力机构有同等的重要性。我们看到,在这个世纪中叶,宗教宽容依然存在,换言之,宗教的选择并不总成为共存的障碍。比如,1561 年,布列塔尼贵族就向蓬图瓦兹的三级会议④派去两名颇有声望的胡格诺派代表,而且要求允许"那些自认不能在罗马教会的仪式上真心诚意地领圣体的人

---

① 贝兹(Théodore de Bèze, 1519—1605),又译贝札、作家、教育家和神学家。积极宣传新教思想,与加尔文合作创办日内瓦学院。加尔文去世后接任其职位,任日内瓦教会首席牧师。
② 茨温利(Ulrich[Uldrych]Zwingli,1484—1531),瑞士宗教改革运动领袖。
③ 16 世纪的一个教派,主张幼时所受的洗礼无效。
④ 法国大革命前君主制下的三个等级的代议制议会。这三个等级是:教士、贵族和代表人民大多数的第三等级。

们"自由选择其信仰。这只是贵族的一种姿态吗？不尽然。实际上，人们借此表达的主要是对宗教言论本身的关注，不论它属于哪一派；那是一种想了解更多的渴望，这种渴望久已有之，并非因社会危机或末世论产生的焦虑而变得强烈了。让我们看一看1554年在普罗万封斋期布道的情形。布道者是本地的多明我会修士，名叫让·尼诺，经验不多。我们通过克洛德·阿东的见证了解到，听众一开始抱怀疑态度，后来逐渐被他的演讲征服，其中既有"普通群众"，也有"大人物，也就是学者"。在公众当中，至少在城市的公众中，真正存在的是一种看热闹的文化，而非看门道的文化：尼诺有关崇拜圣人方面的言论虽"引起了公愤"，但只有"那些文人"向有关方面提了意见，这就是很好的证明。但第二年，多明我会依然如故，干脆选送了一名公开主张加尔文教义的讲道者。关于这一点，克洛德·阿东强调说，方济各会布道者——他们是本分的天主教徒——和多明我会修士之间在名争暗斗。

可见，各派尽可以各抒己见，而教徒们也乐意倾听，来者不拒。但是他们不会随便接受什么，因为个中利害，他们心中有数。比如，加尔文教派就感到很难说服朗格多克地区的教徒接受教理课，也无法说服他们放弃堂区名目繁多的节日：教徒们干脆跑到临近的天主教堂区庆祝节日去了……而布里索内虽然成功地使教徒接受对圣体举行庄严的行列仪式——自然是以传统的形式，但无法禁止大家在周日游戏、歌舞。1561年，在南特，一个胡格诺派鞋匠受到攻击，因为他曾谩骂围圣约翰篝火跳舞的妇女，称她们为"娼妇，与其在这里狂舞，唱下流歌曲，还不如去妓院"。同样，在1554年，路德宗虽已经在斯特拉斯堡站稳了脚跟，但马丁·比塞在斯特拉斯堡所辖乡村组织的巡察工作中却发现，星期天，村子里没有布道，没有教理课，倒是有一车一车的城里人来乡下散心；乡下人则利用这天做洗礼或办婚事，少不了纵酒狂欢，也免不了"争吵、斗殴、说粗话、亵渎神灵或其他的放纵行为"。这一切说明，宗教，即使是宗教，也处于一个更加广阔的文化背景之中，路德宗也好，加尔文派也好，天主教徒也好，16世纪的这些人们首先是他们那个时代的男人和女人。

把宗教改革置于这样一个文化背景下，可以帮助我们更好地理解对改革起因进行分析的出发点，即教会和天主教神职者的种种恶习流弊。这个用词本身就带有相当大的主观性，除此之外，问题的关键也并不在于考量它发展到何等严重的程度，而要看教徒究竟对此认识到何等程度。教士只要尽职尽责，他住或不住在堂区，教徒都不会在意。教士酗酒或与人姘居，一般也没有人理会，除非他利用职权，变本加厉，比如，把他的姘妇安排在教堂首席就座，或在堂区住所内养"妓女"。教徒还要求得到优质的服务：对那些"毫无虔诚之心地匆匆做完弥撒了事"的教士，或"无法胜任拯救灵魂之重任"、"既不会读也不会写的可怜虫和无能之辈们"，教徒会表示出强烈的不满。这是1560—1561年在布列塔尼和布洛内发生的情况，但无论哪种情形，都不足以促使这些教徒改信加尔文教。

显然，问题的关键在于，各地区情况不同，宣讲内容也因地而易，一切要取决于各地教徒的敏感性和领会力。当然，也不排除一些关乎根本的大规模运动，如60年代贵族知识界就虔信网的作用展开的神学辩论。但是从根本上看，16世纪中叶加尔文教派在全国的分布情况之所以看似无法理解，或至少"不合逻辑"，是和各地的形势、人们的选择标准和反应的多样性分不开的。读者占有较高的比例，其中包括神职人员、达官显贵，还有……印刷商，这确实提供了一定的线索，但还不能完全揭开人们的信仰之谜。除此之外，历史学家们无法解释为什么农村人口所占比例很小，又那么不平均，地理分布为什么如此不平衡。于是，必须把注意力转向微观历史，尤其关注16世纪法国真正的信仰自由，因为，信仰是根本，它有时可以重于生命。

因此，吕西安·费夫尔关于信仰边界形成较晚的观点是有道理的。的确，即使到1560年之后，这些所谓的边界仍未形成清晰的轮廓，只是一些模糊不清的接触区域。因为，选择哪种宗教更多取决于人的感受和文化背景，而不在于神学理论。加尔文教义相对的成功，并不证明其思想符合16世纪的宗教需求，而仅仅说明它为人们深化信仰的强烈渴望指明了一条出路，为灵魂得救提供了更好的选择：天主教也指出了它自己的路，提出了它自己的改革，后来证明其积极性和征服力亦不可低估。在整个16世纪期间确立下来的可能是另一个宗教——对于那些深入到了加尔文教神学核心的人来说这是毫无疑问的，但准确地说，真正逐步建立起来的是另一个文化，是不同文化间的一种新型关系。纪尧姆·布里索内和让·加尔文，1554年马丁·比塞的路德派巡察人员和1561年南特主教的天主教巡察人员，他们在加强神职者培训、训诫教徒和杜绝妖术的问题上的态度是一致的，或者说很快就会一致起来。天主教和加尔文教之间的这种文化二重性处于更加深刻的运动之中，它逐渐确立了知识特权阶层和其他人之间的文化二重性。不同文化以信仰为纽带交织在一起，互为联系，相互作用，构成了1560年后法国文化演进中的一个主要问题。

3

受限制的好奇心

宗教发展进程中文化的举足轻重的作用可能会使人们忽视该世纪求知欲的重要性。后者为随后两个世纪的智力革命做了决定性的准备。

我们最为熟悉的莫过于文艺复兴时期知识分子们对知识的满腔热情了：在拉伯雷身上可以看到这种热情传统的一面，即中世纪那种追求大而全的精神，但另一方面，热情之强烈却是前所未有的，比如探索全新领域或被遗忘领域的愿望。除此之外，某些人坚韧不拔的毅力最终使他们赢得了应有的声誉，比如博斯某农场的雇工纪尧姆·波斯特尔。他在巴黎圣——巴布学院做工期间学习了拉丁语、希腊语、希伯来语、意大利语、西班牙语和葡萄牙语。1535 年,25 岁的波斯特尔陪同使团前往东方国家商讨侨居基督徒的权利问题,最终,弗朗索瓦一世与苏莱曼一世①签订了重要条约②。同时,他利用希腊、土耳其和叙利亚之行学习阿拉伯语。从出身贫寒者而为学者,这样的事虽凤毛麟角,但他可不是一个不问世事的书呆子,至少在知识层面如此:此后不久,波斯特尔曾经在其领域步比代后尘,幻想在伊斯兰教和基督教之间达成妥协。但最引人注目的一件事是他于1538 年进入一个正式的教育机构,即王家读者学院。

建立该学院表明了王室提高教育质量的决心,也标志着一种转折:教师的聘任有了更大的自由度;同时,为弥补大学教育的缺陷,授课的学科领域也扩大了。第一批教师直接享受国王的俸禄,教授希腊语和希伯来语。1530—1542 年的 12 年间,学院又开设了数学、医学、希腊和拉丁哲学及东方语言课,东方语言课正是由波斯特尔任教。一边是索邦神学院反对声不断,另一边是国王坚定支持——甚至当有人指责学院有支持宗教改革之嫌时,国王仍一如既往,这一切表明得失关键已不言自明:王家读者学院——法兰西公学③的前身——是一块自由之地。

精神领域的求知欲经历了深刻的变化,逐渐获得良好的发展环境。王室的扶掖正顺应了这个趋势。Curiosité ④一词本身的演进过程说明了这种趋势:它在世纪初还属罕用词汇,词义或取中性——接近拉丁语的 cura⑤,或为贬义,被视为恶习。后来,先是拉伯雷在《巨人传》中,随后是加尔文,都开始赋予该词以高雅的含义,此后,在 16 世纪的最后几十年,它更在蒙田的文字中大获全胜。无疑,人文主义的积极引导功不可没。

不过,是否应该审度一下这个良好的发展势头究竟有多大的影响力?因为它实际上被人文主义者限制在了小小的学者圈子里:拉伯雷本人就构想了一种由家庭教师授课的贵族式的教育,这种自命清高的情感在人文主义者身上是相当普遍的。建立"文学共和国"的理想固然令人赞叹,但它同时把不同文化划分了等级,对不具备学者文化的人群带有蔑视。以上认识虽较为直观,对人文主义者在 16 世纪特殊背景下的那种顺理成章的态度构不成什么有价值的判断,但对全面认识人文主义是一个有益的补充。说到对人文主义的认识,不能不提到其发展的不均衡性。

的确,想在 16 世纪的法国寻找科技进步的例证总会无功而返。例外是有

---

① 苏莱曼一世(Soliman le Magnifique,1494—1566),奥斯曼帝国苏丹。

② 该条约确立了两国之间的军事联盟关系,并赋予侨居的法国人以特权。

③ 王家读者学院后更名为"法兰西公学"(Collège de France),该教学机构直属法国教育部,不举行考试,不发证书。现成为讲演会堂,特约讲演者作不定期的学术报告。

④ 好奇心,求知欲,探索欲。

⑤ 小心;勤奋;照顾。

的:弗朗索瓦·维耶特①提出了符号化的概念,如 x 的使用,其研究成果为 17 世纪代数的惊人进步打下了基础。但误会也是显而易见的:王家读者学院毕竟还是荣誉聘请了奥龙斯·菲纳为该校数学教授。菲纳的确颇有建树,但并不在数学方面,而是在地图学方面;而数学、甚至物理或地理才能在他身上的结合是不平衡的,不过这种结合倒使他在实际应用领域中游刃有余,以至他于 1553 年制作出了令人叹为观止的天体钟。作为称职的人文主义者,菲纳依然尊崇亚里士多德和托勒玫②,教授法国地理课必先从斯特拉波③和高卢战争说起……

学者很难区别于工程师,这并非法国独有的现象,达·芬奇就是很好的例子。但是,除了寥寥几个特例以外,法国人中很少有工程师。国王是工程师的主要雇用者,他基本上只从意大利招纳这类人才。这还不只是地理上的明确示意,用埃莱娜·韦兰的话说,通过大型工程,如水力工程,特别是防御工事,国王可以"尽显对其疆土的控制并将其具体化"。韦兰言之有理,她在强调政权得失的关键所在的同时也道出了法国在这方面的不足。贝尔纳·帕利西④的一件轶事暴露了法国在这方面的薄弱点:他为掌握意大利的彩釉陶器技术,不辞劳苦,倾其所有,甚至用自家的家具和地板做燃料烧制陶器。在埃皮纳勒⑤展示着相关图片,其意义远远超出陶器制作的成功本身。这位自学成才者对人文主义知识始终抱着强烈的好奇心,一生从未停止探索。他于 1580 年出版了《关于粘土及其功用、釉和火之技艺的令人惊羡的论述》(Discours admirable de l'art de terre, de son utilité, des esmaux et du feu),此书堪称对劳动和研究的赞美之篇。

帕利西的故事固然精彩,但我们注意到,科学活动仅局限于若干实用的、技术性的研究成果以及对此类活动的描述。这一领域之所以颇多成果,并不仅仅由于人们对知识的热爱。人们对世界的解释源于创世说,并十分具体地建立在亚里士多德的四大元素即土、水、气、火的理论之上。每个存在体均以与其相关的若干品质的组合来定义自己,或热,或冷,或干,或湿。因而,这个生机勃勃的世界的各部分、各领域之间互为应和的关系是确凿存在的:宇宙的各元素都被赋予了活力,生物和事物之间的关系或相容或对立,而这些都取决于它们各自的品质,于是,一些事物之间很自然地建立起了某种联系,比如阴潮的月亮和女性生理结构,或和大脑之间,又比如火热的太阳和心脏之间,其他内脏器官也可依此

① 弗朗索瓦·维耶特(François Viète,1540—1603),法国数学家,符号代数的创始人之一。发现"韦达定理"。

② 托勒玫(Ptolémée,约 90—168),一译托勒密。古希腊天文学家,数学家,地理学家和地图学家。其《天文学大成》中论述的地球中心说在天文学中占统治地位达 1300 年之久。

③ 斯特拉波(Strabon,约前 63—约后 20),古希腊地理学家和历史学家。著有《地理学》和《历史学》。

④ 贝尔纳·帕利西(Bernard Palissy,1509—1590),法国作家、学者、制陶师。

⑤ Epinal,法国东部城镇,以彩图印刷闻名,博物馆内藏有收藏品。

类推。这些联系显然还不能帮助人们把天文学和风靡一时的星相学区别开来，但却启发人们去发展具有哲学意义的自然史。当卡冈都亚建议庞大固埃①学习"大自然的知识"并要求他"务须知晓江河湖海中各种鱼类之名称"的时候，他所推崇的学习方法在人文主义圈子中已经司空见惯并成为了一种文化。拉伯雷还引用了他在蒙彼利埃的老师龙德莱医生的话，这位医生关于海中鱼类的著作使他名噪一时；另一位蒙彼利埃的医生洛朗·茹贝尔则倾其一生之心血收集自然界中的奇珍异品，其收藏室成为名副其实的珍宝馆，托马·普拉特在世纪末得以观赏其中残留的一些珍品。卡冈都亚还采集植物标本，他"观察各种树木、植物，并参考古籍，逐一对照"，侍从里左托姆（直译为"采根刀"）则负责携带采集的标本。热情已不再遥远，拉伯雷在他的《巨人传》第四部中表达了人文主义的精神："大自然之妙手神功似乎陶醉于它的神奇创造中，它形成海边的贝壳，这般千姿百态，这般光怪陆离，这般色彩斑斓，呈现出人工无法再造的线条轮廓。"

乐趣——那种陶醉——还只是对科学初萌的乐趣：对古代的崇拜和刻板的借鉴过多地禁锢了人们的思想，尤其缺少思想的合理化，即一种方法，而此方法之论②到 1637 年才出现。

方法论的缺乏在领先的领域尤其明显，因为我们从中更能够发现，即便那些最进步的人们，面对真正的文化革新，也会裹足不前。

蒙彼利埃，1552 年 11 月 14 日：

> 在旧梯形解剖室进行了一次解剖，被解剖者为一个因肺气肿死亡的男孩。在胸内只发现了一个青紫色斑块，没有浮肿，也没有脓肿。肺由韧带固定着，撕开韧带方可取出。吉夏尔医生主持解剖，操作者是一个剃须匠。

事情是费利克斯·普拉特记述下来的。而最有趣的情节发生在阶梯教室的听众席上："除大学生以外，听众中还有许多贵族和资产者，甚至还有女士，尽管被解剖者为男性。修道士也来了。"至少在蒙彼利埃，尸体解剖仍被视为一种表演，无论是否以验尸为由。不过此举恰好起到了普及知识的作用。这还是有意义的，尤其当我们发现，就在 20 年前，安德烈·维萨里③还因频繁进行人尸解剖而被视为前卫。再进一步：维萨里 1543 年发表于博洛涅的《人体的构造》（*De Humani corporis fabrica*）一书标志着重大进步，因为他证明了，人欲了解自己

---

① 《巨人传》中的主要人物，卡冈杜亚为庞大固埃的父亲。

② 指笛卡尔的《方法论》。

③ 安德烈·维萨里（André Vésale，1514—1564），比利时医生和解剖学家，近代解剖学的奠基人。著有《人体的构造》，纠正了盖仑解剖学中有关人体结构的错误记载。

必先从人自身开始。这显然标志着与亚里士多德的决裂,同时,虽然不得不援引盖仑①的某些医学理论,但维萨里与此公的绝裂也是显而易见的。如果再进一步,发现血液循环的机理就指日可待了:米歇尔·塞尔维特②对此已有所预感,但是,他既然发现血管保护着血液这"自然之灵",就应该有一个由气与血构成的"生命之灵"在动脉中流动。

总之,身体的机理最终没有被掌握,直到 1627 年,才被哈维③发现。而且,这一领域的进步虽然显著,其传播却是缓慢的:维萨里和塞尔维特虽都曾在法国留学,但比利时人维萨里后来去了卢万和帕多瓦④任教,而西班牙人塞尔维特则定居日内瓦。即使在蒙彼利埃,人尸解剖也仍非司空见惯:在世纪中叶,像费利克斯·普拉特这样好学的医科大学生们,只能冒险掘墓取尸;1568 年,已获得硕士学位的外科医生克洛德·维亚尔,竟还被其南特同行强行要求亲手"打造柳叶刀",权当其出师作品。这并非传言,此事后上诉至最高法院,维亚尔胜诉,法院遂要求此后的新任外科医师"公开解剖人尸"。值得一提的是,维亚尔与其堂兄安布鲁瓦兹·帕雷都认为这一职业须"在战争中"实践和学习,帕雷更在他 40 年代后的最初几部作品中阐述了这一观点。这是合理地将 16 世纪医学进步的意义限定在技术的层面上,也提示人们,医学的进步同科学领域的发展一样,既有赖于理论研究,也取决于实践经验。

总之,对人体的看法还停留在比较传统的水平,且在很大程度上受到古代观念的影响——它也影响了达·芬奇和米开朗琪罗。物质与精神之间存在的互为应和的关系使文人们赋予美以崇高的地位——这是文艺复兴之热情的一个重要层面,因为,身体表达灵魂:他们相信,通过面部分析的科学或相面术,可以窥察性格和情绪;一些颇有见地的论述更进一步完善了这一观点。另外,医学的进步缓慢而细微,不足以改变人们日常的个人卫生习惯:传统医学对水是心存戒备的,认为水会破坏情绪的平衡,伊拉斯谟则提出既前卫又谨慎的忠告,但无论前者还是后者,都未对人们的个人卫生习惯产生什么显著的影响。

帕雷的外科急诊手术除外,求医看病的方式仍是经年不变。对大多数法国人来说,医生,甚至外科医生仍然是陌生的,这还不仅仅是经济或地理上的缘故,尽管医生的确大多居住在城里。在人们眼中,医生的工作或是在梯形解剖室解剖尸体,或是借助于法术诊病。弗朗索瓦·勒布伦把人们求医的对象概括为三

103

---

① 盖仑(Galien,约 129—200),古罗马医师、自然科学家和哲学家。其学说在 2—16 世纪被奉为信条,但其解剖理论均来自动物解剖。
② 塞尔维特(Michael Servet,1511? —1553),西班牙医学家、神学家。在他论述圣灵和再生两者之间的关系时,无意中发表了他对人体血液循环的发现。
③ 哈维(William Havey,1578—1657),英国医师,根据实验证实了动物体内的血液循环现象。
④ 分别为比利时和意大利城市。

类人:医生、圣人和巫师。特权阶层也好,见多识广者也罢,谁都不会只请医生看病,他们认为三者互为补充,缺一不可。人们用植物治病。草药需以特别的方法、在特别的时间采集,用药时配合咒语。以下是 1606 年雷恩的市民克洛德·波尔多的见证:

> 为孩子或其他人疗伤的药方:首先,手握草药念诵:"你不是普通的植物,你是上帝创造的仙草,请将上帝以圣父、圣子和圣灵之名义赋予你的功效交于我手";然后,以我主耶稣基督五处伤口的名义,念五遍天主经和五遍圣母经;再以三位一体的名义念三遍圣母经,最后把草药或汤剂交给伤者使用。

这不是科学的失败,而是先人文化的力量。

美洲大陆的发现为我们提供了一个绝好的机会,可以审度世界对文化动荡的接受能力。应该注意这样一个事实:与伊比利亚①的航海年表——从 1492 年和 1522 年首次实现环球航行,到 1540 年开发银矿——并行的,还有法国的航海年表:1523—1524 年,韦拉扎诺②抵达今美国东海岸,1534 年,卡蒂埃③开始远航,并曾于 1526—1565 年多次试图在巴西建立基地。这个美洲大陆的年表应被置于更广阔的背景之下,因为在 16 世纪中叶的法国,有关土耳其的图书比介绍美洲的图书要多出一倍。亚洲热潮之后,随之而来的是关于赴远东传教这方面书籍的畅销。

法国的插曲基本上没有影响主旋律,来自美洲的新消息总是不胫而走,1493年,哥伦布的书信已经发表了!然而,对新事物实质性的了解却明显滞后:在人文主义的地理课堂上仍首选古代读本,贝海姆④的《地理学》(Géographie)是不包括美洲大陆的,却多次再版,直到 1558 年。法国的地图绘制技术也大大落后于西班牙、佛兰德,尤其落后于德国。革新者依然是那些实践者,比如在迪埃普市的富商、在船主让·安戈手下工作的帕尔芒捷兄弟:他们既是海员,也是地图绘制员,还是人文主义者;让·帕尔芒捷就利用在摩鹿加群岛停留期间翻译了萨卢斯特⑤的作品。文学界除龙沙和蒙田以外对新大陆也反应平平。这种普遍的反应不是出于无知,而是由于轻视:1542 年,当卡蒂埃误从美洲带回假钻石的时

---

① 指西班牙和葡萄牙。
② 韦拉扎诺(Verrazano,1485—1528),意大利航海家,探险家,曾为法国政府服务。
③ 卡蒂埃(Jacques Cartier,1491—1557),法国海员。曾赴北美海岸和圣劳伦斯河探险,为法国占有加拿大殖民地奠定基础。
④ 贝海姆(Martin Boemius,1459—1507),航海家,地理学家,他制作的地球仪是现存最早的地球仪。
⑤ 萨卢斯特(Salustre,约公元前 86—公元前 34 或前 35),罗马历史学家和拉丁语文学文体家。

候,此事一时被传得沸沸扬扬,还因此而得出一谚语"此乃加拿大钻石";只要有兴趣,人人都可以像科利尼①一样学习"发现美洲":他 15 岁时这样写道:"(他把)大部分时间都用于攻读西塞罗和钻研托勒玫的绘图法……,后者用经纬度标示出了世界各地的地理位置",少年科利尼的兴趣说明了为什么他日后成为法国元帅时对美洲探险鼓励有加。

看起来,在半个多世纪里,对美洲的"解读"似乎都是借助前人的文化来实现的。所谓"人间乐土"不过是对古希腊金羊毛神话的改编,且延续了深受中世纪文化影响的哥伦布式的思维方式:哥伦布认为奥里诺科河②即是从伊甸园中流淌出的四条河流之一,而法国的见证人也借古老的画面来表达思想。当卡蒂埃提到那些"只有一条腿的人类"的美洲国家时,那里实际上有曼德维尔爵士和中世纪众多作者笔下的怪兽的影子;而当他描绘萨格奈王国的妙不可言的岛屿时,人们自然会想到那神奇的七城邦国③。同样,当艾蒂安·若代尔④于 1557 年为安德烈·泰韦的《南极法国的独特性》(*Singularitéz de la France Antarctique*)写序的时候,他很自然地将作者比作伊阿宋⑤、奥德修斯和托勒玫。

若代尔对泰韦的成绩赞美有加,同时为此人未得到同时代人应有的赏识而表示遗憾;这反映了一种精神状态的变化,的确,生于 1532 年的若代应该算那些伟大的人文主义者的晚辈了。这时,美洲的新鲜事物正以咄咄逼人之势影响着知识界:贝海姆的《地理学》大约在此时最后一次再版;也正在此时,龙沙的诗中出现了"裸露身体也裸露朴拙"的自由快活的野人形象,这说明他还没有读过泰韦,也说明龙沙笔下形象如此动人,足可以乱真;同样是在此时,印地安人已经为大家所熟知,以至可以借来体现王权了:1550 年 10 月,亨利二世正式进入鲁昂,该市商人借此机会排演了一台戏,内容是在茂密的巴西丛林中,两个印地安部族互相争斗,幸被法国人平定。这显然是在请求国王支持巴西的殖民化。总之,自 1505 年第一批印地安人来到翁弗勒⑥定居,大约经历了半个世纪才使他们的生活真正融入法国文化,也唯有足够的融入才可创作出其形象。从这时起,泰韦终于可以展示有关巴西印地安人的较为现实的见证了,比如他们食人肉的习俗。两个截然不同的文化的相遇带来的问题引发了人们对根本问题的思考。蒙田道出了他对这一碰撞的理解:"从理性标准出发,我们可以称他们为野蛮人,但是以我们自己为标准,却不可以这样说,因为和他们相比,我们的野蛮有过之而无不

① 科利尼(Gaspard de Coligny, 1519-1572),法国海军将领,胡格诺派首领之一。死于圣巴托罗缪惨案。
② 委内瑞拉河流。
③ 中世纪传说中描绘的位于大西洋的一个神奇岛屿,因流亡此地的红衣主教及另外六名主教在岛上修建七个城邦而得名。
④ 艾蒂尼·若代尔(Etienne Jodelle, 1532-1573),法国戏剧家、诗人,七星诗社的成员之一。
⑤ 伊阿宋(Jason),希腊神话中的英雄,为收复王国而设法取到了金羊毛。
⑥ 翁弗勒(Honfleur),法国北部塞纳河口城市,曾为港口。

及"。这段文字写于 1579 年或 1580 年;1578 年,让·德·莱里在他的《巴西纪行》(Histoire d'un Voyage fait en la terre de Brésil)中也同样表达了对另一个民族的开放态度和人性思想。随后,纪尧姆·布歇于 1584 年发表的《夜谈》(Serées)在这个问题上也深受蒙田思想的影响。这些声音在暴力压倒宽容的时期似乎显得孤立无援,但是不同差异所引起的争论已经一发而不可阻挡。"我们的世界刚刚又找到了另一个世界":1588 年,蒙田一语道破关键,这正是人文主义求知探索的必然结果,虽然经历了缓慢的发展历程。

因此,我们可以依自己的喜好,从 16 世纪上半叶这些深入探索的行为中,或汲取乐观的经验,或获得悲观的教训。但这并不是我们探讨的主题。重要的是,各种思想观念正在缓缓发展着,不管它们发展的节奏快慢,引起的反应如何。1543 年,当拉丁文的《天体运行论》(De la révolution des corps célestes)在纽伦堡发表的时候,曾在意大利常年就读的作者哥白尼已经去世几个星期了。这部作品当时没有引起任何注意,连罗马都没有反应。倒是路德和梅兰希顿急忙出来指责。此书到 1566 年才得以再版,与关于美洲的图书和维萨里同年发表的论著的出版数量相比,可谓小巫见大巫了。而哥白尼只不过是同亚里士多德和托勒玫决裂,其太阳中心说迫使人们承认宇宙的无限性,这与当时知识界确信的封闭的、有限的、等级分明的关于世界的观念完全相悖。可能有人会就此认为,这位远在波兰的科学家的想法与这个时期的法国文化史毫不相干,我们却认为,他的思想恰恰无可辩驳地说明了这个世纪的研究成果之丰硕,说明了欧洲一体化的趋势。对于哥白尼所影响的那一小部分人,对于美洲所影响的更多的人,对于宗教所影响的更加广泛的人们来说,他们赖以维系与世界和上帝之关系的精神构架已经开始崩坍。

同时,我们也不能无限夸大这些大震荡的作用和范围。法国人眼中的天空毕竟还不是哥白尼的天空,而是黑夜里"被从天而降的万千火矛照得通明"的天空;为此,我们的见证人,普罗万的教士克洛德·阿东整夜不得入眠:

> 我反复思忖着这个现象的含义和来历。经过长时间理性的思辨,终于得出了结论:这些无比耀眼的光芒原是地上的蒸汽,蒸腾上升到高处,来到稀薄的空气中间地带,这个区域由于太阳投向地面阳光的反射而炎热无比;升腾到这里的蒸汽于是被点燃,烧了起来,就像麻线团上的小火苗,它一直烧个不停,直到尽头方才停止,于是,在普通百姓看来,它们就像天上的星星划过,掉落到地上。

然而,"普通百姓"们却有足够的见识,能够拒绝参与维尔加尼翁组织的对巴西的远征。阿东恰好谈及此人,因为他们是同乡:"人们已经猜到他的意图了,他是想把带去的人都留在那里"。美国梦显然没能赢得普罗万,不过,这个投机的冒险家倒是把两个印地安人送给了他的大法官兄弟,两人还勉强在这个城市活了七、八年:美洲和"野人"便都呈现在眼前了。

这些普通百姓虽然缺乏科学常识,却可以比较顺利地接受原本极为抽象的、与其日常生活息息相关的两项改革。1565 年,法国取消了各种旧历,如复活节历——即以复活节为一年之始的历法、圣诞节历、天神报喜历等等,各地均开始以元月一日为一年的开端。最为艰难的是,随后采用的格里历需要减去十天,即 1582 年 12 月 10—19 日。可以想象一个教徒要改在原来的 12 月 15 日庆祝圣诞节,并且变动所有的文化习俗的日期,他会作何反应?然而,通过对布列塔尼的一些堂区记录簿进行的研究发现,虽然广大乡村远离王权的统治,虽然社会动荡不安,但大约 3/4 的堂区都顺利实行了 1565 年的改革,多于 9/10 的堂区实行了 1582 年的改革。我们那位勒普伊的市民让·比雷尔虽然对其中的技术问题颇多疑惑,但却领会了大体:

> 这事不仅由勒普伊市向市民们大张旗鼓地公开宣布,而且由神甫和助理司铎通知到勒普伊市教区的各个堂区:12 月 10 日过后,第二天就算作了 20 日;圣诞节也随之提前了十天。后来一直这样延续下来。

这可能才是对 16 世纪的变革及其影响的准确考量:变革的一些精微莫测之处自然没有被所有人所领会,但是主要内容已经被接受了。

第六章　文化模式与自主

　　1494 年夏末,查理八世来到阿尔卑斯山,并将法兰西骑士之花带到一处炫目夺神的陡坡上,让花指向比萨、佛罗伦萨、罗马和那布勒斯。随后的故事曲折多变,因为查理八世的梦想一直延续着,直到马里尼亚诺战役[①]中的弗朗索瓦一世。

　　炫目夺神的陡坡:这个说法一定会激怒安德烈·沙泰尔的,他正是用自己渊博的学识和才华否定了所谓法国远征意大利时"对炫目夺神的南方的发现"。然而,沙泰尔本人也特别提到了"1500 年前后明显的快速发展",他指的是与意大利的文化交流。这里又涉及历史编纂学中一个争论不休的问题,一派认为法国的文艺复兴只不过是意大利文艺复兴的翻版,另一派则认为法国的文艺复兴与"法兰西精髓"合拍,别有一番洞天。在上一卷,我们已经充分领略了勃艮第和普罗旺斯文化的辉煌及其活力,了解了王室对卢瓦尔河流域实施文化扶掖的效果,欣赏了玻璃制作工匠、织毯匠、特别是细密画家们的作品,更领略了富凯[②]的才华。这一切足以说明,美和革新不可能简简单单来自意大利。我们对那个时期的文化现实也有足够的了解,不至于会相信,那些新的艺术风格竟可以突然间一下子被采纳。这些都同沙泰尔的看法不谋而合,也是实际情况。但是,这个认识并不会与一个明显的现实产生矛盾:16 世纪初期,仅在一代人的时间里,至少有数万法国人领略了意大利,发现了它的生活方式。规模是空前的,这一更加广泛和深入的接触丰富了已有的联系,使之更加开阔、更加丰满。意大利模式,尽管不是绝对的,尽管不是全新的,却是实实在在的现实。

---

① 1515 年法王弗朗索瓦一世首次出征意大利时,法国—威尼斯战胜瑞士雇佣军的战役。该战役使法国收复米兰,法瑞签订《日内瓦条约》。
② 富凯(Jean Fouquet,1420—1581),15 世纪法国杰出画家,其作品将意大利绘画风格同佛兰德艺术的细密刻画融为一体。

1

意大利模式

意大利对 16 世纪上半叶法国的影响不仅止于文化,而且,这种影响的范围之广,规模之大,也部分地说明了仅用几十年编织起来的文化纽带为什么能够如此紧密。意大利是文学的发祥地。作为人文主义之乡,也作为诗歌之乡——如果想到彼特拉克①的话,那里名校云集,人才荟萃,不断吸引和输送着优秀的知识分子:比如彭波那奇②大胆地将信仰和理性进行比照,从而吸引不少人来到帕多瓦;弗拉拉市接纳布列塔尼人几成惯例,在这里,他们受到公爵夫人,即安娜·德·布列塔尼和路易十二的女儿的保护;罗马以教廷的强大吸引力更荟萃了各方人士。从广义上说,意大利还是技术和工业——特别是丝织和玻璃制作方面——的发源地,也是金融和商业的发源地:有人说里昂这座最先在王国创建银行的城市也是"意大利"的城市,这并不过分,1571 年,该市 1/4 的税收来自意大利人。"法意"商人家族长期在此安家立业,比如吕夸·邦维西家族自 1504 年至1629 年一直在此地经商,那些意大利式豪宅以其别致的塔楼已经构成了里昂市的独特景致。还不止于此:安戈正是派意大利人韦拉扎诺前往美洲北部探险的,常驻大使和扶掖文学艺术等概念也来自意大利,美第奇家族③和蒙特费尔特家族便是很好的例子。在这样的背景下,法意的联系必然越来越紧密:这些联系或通过协商实现,比如与王室的联姻(美第奇家族仅在这一个世纪就向法国奉送了两个皇后!),或以激烈的形式解决,比如法国屡次远征意大利,大肆劫掠,此后虽有所收敛,但贪欲仍不减当初,继续大量购买意大利的艺术品,或直接购买工匠。无论从宗教、经济或文化角度考虑,意大利参照都不是唯一的(从宗教角度,日内瓦难道不是"另一个罗马"吗?),但它又同"意大利之行"一样是无法回避的,它吸引着知识分子、艺术家和特权阶层。

意大利最先影响的是人们的生活方式:1495 年,查理八世从意大利带回两个建筑师、一个雕刻家和一些服装师,还有鹦鹉和它们的饲养员! 王宫的变化最为明显,依照意大利王宫的样式改造为纵深式。意大利式样成为新的参照,并因

---

① 彼特拉克(Francesco Pétrarque,1304—1374),意大利学者、诗人,人文主义先驱之一,开近代抒情诗之先河。
② 彭波那奇(Pietro Pomponazzi,1462—1524),意大利哲学家,人文主义主要代表之一。著有《论灵魂不朽》。
③ 中世纪意大利佛罗伦萨著名家族。以经营毛织业起家,15 世纪成为欧洲大银行家族。广与欧洲王室联姻。18 世纪衰落。

为国王的偏爱而得到广泛的效仿，不过，人们粗俗放肆的谈吐依然如故。1514年，卡斯蒂利奥内①的《侍臣论》(*Livre du Courtisan*)的第一个版本已经为未来国王、年轻的昂古莱姆的弗朗索瓦撰写完毕，1537年，弗朗索瓦一世授命将此书的定本译成法语。从此，侍臣有了新的样板，它要求在尚武精神之外，还需兼有优美的体态，具备文人气质，诸如掌握拉丁语甚至希腊语，还要诗乐兼通，换言之，就是可以显示优雅的谈吐。卡斯蒂利奥内还提出他的道德理想：自制力、文明、对妇女彬彬有礼。这一思想同15世纪勃艮地宫廷的贵族理想如出一辙，但文化方面的内容却丰富了许多。与现实的差距倒显得并不那么重要："通晓礼仪之道"成了一句口头禅，弗朗索瓦尽力效仿意大利的模式，宽厚仁义，热爱文学和艺术。由此，我们看到了改变王室文化的意图中，或者说，向贵族甚至整个特权阶层推荐的样板中的重要知识蕴含。

意大利模式之所以有如此的影响力，更主要的原因在于它置身于整个文化发展进程之中，从对文学的热爱到对奢华的新追求，无所不包。而过度的效仿助长了矫揉造作之风，比如，宫廷内讲意大利语的时尚，以及从世纪中叶开始盛行的意大利外来语，诸如 bellicime（极美）、grandissime（极大）和 en bon conche（井然有序）等等。意大利式发音更在法语中留下了永久的印迹，比如，"françois"（法语）和"faisois"（做）被改作了"français"和"faisais"，分别仿照意大利语发作"françoué"和"faisoué"。这种盲目的崇拜却也传播开来：里昂的呢绒商让·盖罗在日记中记叙了这样一件大事：

> 1541年2月15日星期三，佛罗伦萨人在圣·约翰修道院的大厅内用托斯卡纳方言②演出喜剧。大厅被装点得富丽堂皇，完美无缺。全部设计，无论绘画、壁毯、刺绣、圆形浮雕，还是烛台，都是佛罗伦萨人贝内迪克特设计的。

意大利的影响也使上个世纪刚刚出现的服装时尚的观念产生了决定性的飞跃。最为突出的便是袖衩的出现：这是为了强调华丽的衬里和制造色彩效果，在男士紧身短上衣或紧身长裤上做的开口。卡冈都亚的紧身裤就已经"在裤腿处纵向裁剪，形成褶皱和齿状花边……，里层衬以蓝色锦缎"。意大利式女短大衣和佛罗伦萨式卷边直筒高帽不久后才开始风靡，但是，意大利式的品味已经使奢华之风渗透到了各个方面：从服装上的金银刺绣和珠宝镶嵌到烹饪技艺，从餐具到园艺，这一切曾让到过意大利的法国人如此着迷，现在则整个改变了富人的生活环境，从精神上，也从物质上。

---

① 卡斯蒂利奥内(Baldassare Castiglione，1478—1529)，意大利外交官、侍臣。其《侍臣论》(1528年)描写理想的侍臣、贵妇人以及侍臣和王公之间的关系、礼仪。

② 意大利中部方言。

卡斯蒂利奥内描绘了他心目中的"文艺复兴的雅典"乌尔比诺,意在引导人们的效仿取向。在那里,乌尔比诺公爵修建了一座宫殿:

> 那是意大利最美的宫殿,各种物品一应俱全,它简直不像宫殿,而更像一座宫殿式的城市;不仅日用品应有尽有,诸如银质花瓶,绣金或丝绸床单及卧室内其他用品,而且还摆设了大理石和青铜的古代雕塑,悬挂了风格独特的绘画并摆放各种乐器,各种陈设无不做工精美,稀世罕见。他还不惜重金收集了大量优秀的希腊语、拉丁语和希伯来语典籍,并以金银装裱,他认为,这无疑是宫殿最高雅的去处了。

也许香波城堡是可以与之媲美的。威尼斯驻法国的大使热罗姆·利波马诺1577 年对它的溢美之辞定然感慰了弗朗索瓦一世的心扉:"我一生中见过不少雄伟的建筑,但它们都没有这般壮美、这般奢华。"建筑,或广义地说,各门艺术,都在服务于人们的生活艺术,国王、军官、教会人士、甚至大资产者,每个人都依照自己的品位,通过建筑和艺术,表达着新的审美观和新的文化。

品味,文化,甚至对美的敏感:16 世纪的人们自然没有发明美,但人文主义传播着一种全新的理想,即对美的一种新柏拉图式的赞美之情,它孕育的热情的冲动已经在文学领域初露端倪。拉伯雷把巴汝奇描写成"生得一双匀称的腿,性情温和,容易心血来潮"的形象,却总把反面人物写成丑八怪。身体的美折射出心灵和精神的美,正像生活环境的美与不美能体现出主人是否完美的谦谦君子。而这新的理想只能通过意大利的模式来实现,至少从弗朗索瓦一世开始是这样,他是第一位真正认识到半岛艺术的优越之处的君主。

不过一开始,这就好比在法语语法里硬加进意大利语汇,显得很唐突。最初的引进是有限的:一些旅居法国的意大利技师和工匠带来了新东西,但没能推广。还有人直接在意大利订购艺术品。1507 年,枢机主教安托万·博耶就从热那亚人吉罗拉莫·维斯卡尔蒂处订购了圣体龛、祭台、圣骨盒和塑像:旅行中的偶然发现以及足够的经济实力是决定因素,但这些制作却只在费康的三位一体修道院里绽放异彩。洛朗·德·美第奇和乌尔比诺公爵向弗朗索瓦一世敬献了莱昂十世教皇的礼品——拉斐尔的油画,也是反应平平……诸如此类的例子还很多。

意大利对法国产生重大影响始于全新的整套"装饰理念"的引入,由于无需对哥特式建筑观念做任何变动,因此很受欢迎。借用沙泰尔巧妙的形容,就像把"甘蓝变成叶板,把扁拱形壁龛变成贝壳"那么简单。虽然实际改建起来更加复杂,但其大意如此。当阿尔比的主教路易·德·安布瓦兹请波伦亚①人在其哥

---

① 意大利城市。

特式教堂的拱顶上雕刻阿拉伯式图案和圆形人物雕饰的时候，他只是想让教堂更具现代气派。棕叶饰、圆形或椭圆形图案、裸体小天使、藻井拱穹、阿拉伯式曲线、叶旋涡饰、壁柱、三角楣等等，名目繁多，人们兴高采烈地模仿着意大利或古代式样，期望在传统装饰之上增添现代的光彩，却往往忽略了内在的逻辑。什么都不用拆，只需改建：在瓦恩和图勒的大教堂，只在旁边加盖了一个圆柱形祭堂，图尔的祭堂还多加了一个带檐穹顶。教会之长①、驻意大利大使、塞里奥②的庇护人乔治·德·阿马尼亚克，于1560年在罗德兹教堂西侧欧式墙体的上端建起了如庙宇般的古式顶部，这既表现了革新的愿望，又暴露了由于物质原因而造成的遗产革新过程中的无能为力，也许还包括驾驭新事物的某种困难。意大利风格随处可见，而当它完完全全进入一个已经被接受的时尚的时候，它更是无处不在：早在15世纪末期，人们就已经认可了装饰的优先地位，比如对象征图案或题铭的喜爱，原本已算得上考究，而意大利元素使其更加精雕细琢了。这是"电流般的风格"——沙泰尔的措辞表明了他定义这种风格时的左右为难，一种"揉入了古代小素材的灵活化的哥特式艺术风格"，一种保存了其整体效果及静态的"现代化的哥特式艺术"，法国人最终也谙于此道，西班牙和英国也均独创一派。

对意大利风格的吸收学习是有选择的，因而终归是有限的，但在某些方面的借鉴却令人叹为观止，比如王族陵墓的建造。1515年在圣－德尼开工的路易十二和安娜·德·布列塔尼的陵墓采用了新式的结构，逝者的雕像呈跪祷或平卧两种姿态，其他制作亦综合了最新的理念，如四枢德天使③端坐于人物浅浮雕的四角，十二使徒则代替了传统的哭泣者像。作品是出类拔萃的，它也的确汇聚了多方的力量：佛罗伦萨设计者让·朱斯特和一些不知名的雕塑家，但其中至少有一位是米歇尔·科隆布④的学生；此外，工程设计也从布鲁市菲利贝尔·德·萨瓦的陵墓中获得灵感，此陵墓的工程指挥为佛兰德人，主要顾问是查理八世和路易十二时期名副其实的官方艺术家让·佩雷阿尔⑤。这样高质量、高水准的工程，已经超越了引进的概念，也无所谓哪个国家的流派。意大利艺术固然功不可没，但仅用它还不足以说明艺术转折的观点。

真正的革新对更加广泛的领域产生了影响，即建筑，更确切地说是城堡（或可称为城市大宅邸）的建设。在这方面，遗产的重要地位没能像教堂建筑那样束缚人们的创新愿望，尤其在既有雄厚的经济实力又与意大利联系密切的地方。

---

① 指红衣主教、大主教和主教。

② 塞里奥(Sebastiano Serlio，1475—1554)，意大利风格主义建筑师、画家和理论家，1540年担任建造枫丹白露宫的顾问。

③ 指勇、义、节、智四大美德。

④ 米歇尔·科隆布(Michel Colombe，1430—1512)，法国最后一个重要的哥特式雕塑家。

⑤ 让·佩雷阿尔(Jean Perréal，约1460—1530)，画家、建筑师、雕塑家，16世纪初法国最重要的肖像画家。同时设计陵墓、勋章和公共纪念建筑。

先行者是国王、与其关系密切的在俗的或担任神职的大领主和少数靠操纵王室财政而大发横财的大资产者。

虽然还不能确定形式上的关联,但第一次碰撞可能发生在 1495 年的里昂:那年,枢机主教德拉·罗维雷向刚从那布勒斯回国的查理八世献上了由佛罗伦萨雕塑家和建筑师乔里亚诺·达·桑加罗设计完成的宫殿草图。这座意大利风格的雄伟宫殿令人赞叹,后来兴建的香波城堡和马德里城堡①都多少带有这久远的印记:这始于上个世纪末的计划的确来得早了些,但它标志着文艺复兴时期在卢瓦尔河流域和巴黎地区兴建文艺复兴式城堡之风的开端。

罗昂元帅在卢瓦尔畔塞什的韦尔热修建的城堡到 18 世纪已经不复存在了,好在加永宫尚有部分遗存,使我们可以考量这些 1517 年受到一位专家、意大利枢机主教路易·德·阿拉贡特别推崇的制作的价值。加永宫何以被视为王国最现代的城堡呢?鲁昂大主教、路易十二的首相、枢机主教乔治·德·安布瓦兹曾派阵容强大的意大利和法国工匠、艺术家来这里工作五年(1505—1510 年)之久,其目的是彻底改建一座旧城堡。我们可以看到圆柱和古式柱头、托斯卡纳拱、伦巴帝风格的壁柱、古式圆形雕饰,还有不同凡响的花园。但是,受原建筑的局限,设计图并不规整,这座奢华建筑的装饰混合了两种文化的风格。比如,小教堂祷告席背后的墙壁上,既有以传统手法表现基督生活的场景,也有用意大利细木镶嵌工艺表现的美德天使形象;由米歇尔·科隆布制作完成的大理石祭坛装饰屏也有异曲同工之处,它是第一个意大利式大型浮雕的范例,表现的是圣乔治降龙的场面,四周的装饰图案均由意大利人制作,但它却被放在哥特式建筑的氛围中! 因而,现代性仍不过是一种混合体。

从很多方面看,加永都优于弗朗索瓦的处女作、笨拙的布卢瓦宫。但是,随着几座设计规整协调的新城堡拔地而起,加永也只得甘拜下风了。舍农索城堡(1515—1522 年)占尽了环境的独特优势②,但是,财政税收总管托马·博耶——前面提到的枢机主教的兄弟:网络何等紧密,世界如此之小!——超越了这个特殊性,使装饰带有强烈的现代感:工作间的藻井平顶把意大利品味演绎得美妙绝伦。城堡因而素朴无华,在手法上显得比它的同时代作品香波城堡更加成熟。当然,香波这座宏伟王家宫殿的"分量"是任谁也无法与之相提并论的。古堡里任何一处细微的点缀都透露着全新的意大利的审美趣味,以至在宫顶上建起了平台。但是,各种手法的大量运用使得意大利语汇和依然存在的法兰西精神之间的反差越发强烈了:壁柱和柱顶盘都完全脱离主体结构,仅起装饰作用;鳞次栉比的烟囱、顶塔、窗户和顶檐都属于哥特式手法。香波堡的确不同寻常,其装饰的雄浑华丽基本上掩饰了传统的一面。当 1526 年香波城堡终于正式

114

116

① 又名布洛涅宫。
② 舍农索宫依卢瓦尔河支流歇尔河而建。

图 10 1527年动工的布洛涅城堡（亦称马德里宫）是巴黎近郊的一座奢华的皇家别墅：这是一座娱乐性宫殿，供少量人在此舞蹈、表演；房间通过墙角塔内楼梯可通达各处。我们可以跨越时空，发挥一下想象：这座宫殿最大特点是舒适，但18世纪末被毁，使我们无从考量其精湛的技艺，也无法评断亲自过问宫殿设计的国王的品位。（雅克·安德鲁埃·迪·塞尔索，《布洛涅城堡正面立视图及平面图》，1576年前，伦敦，大英博物馆）

开工的时候,它已经不再是法兰西艺术的忠实窗口,也不再是国王品味的反映,因为自1518年弗朗索瓦一世决定修建这座城堡至其开工之日,国王的鉴赏力已经大为改观了。

的确,1527年,弗朗索瓦一世又在布洛涅森林修建了一座名副其实的意大利式的豪华别墅,即马德里宫。建筑不带任何防御工事的痕迹,双层凹入式凉廊环绕整个结构复杂的建筑四周。建筑分为对称的两大部分,各部分的中间是四个大厅,用来举办舞会和看戏,环大厅设有16间套房。凉廊上方有吉罗拉莫·德拉·罗比亚设计的马约里卡陶①圆形雕饰,更强调了意大利基调。同时,从1528年开始,国王开始改建老枫丹白露宫,以使它比香波城堡更加完美地体现其统治的辉煌。

这一意愿同时也强调了艺术的重要性:枫丹白露恰恰同时反映了意大利影响的极致和这一影响的局限性。普利马蒂乔②于1533—1537年为国王和王后设计的寝室装饰,华美无比,令人赞叹。而罗索的手笔、建于1534—1539年的弗朗索瓦一世画廊,无论从艺术、文化或政治的角度,都称得上是巅峰之作,以至可与路易十四的凡尔赛宫媲美。这里,一切都浑然一体:王族观念通过大型壁画得到充分的体现——尤其是那幅《无知被逐》(*Ignorance chassée*)对崇尚礼仪的国王来说是何等的自豪;不同凡响的藻井平顶则展现了精湛的技艺;此外,从嵌板到与国王寝室几乎同样细密的仿大理石的运用,从低垂的水果、花叶边饰、小天使到与之呼应的绘画,简直构成了一座交相辉映,赏心悦目的"浮雕的墙壁",其非凡的创造力非前人所能及。这里,已无所谓意大利或法国风格的问题,更无需贴上矫饰主义或其他什么标签,我们或许可以把这16世纪法国艺术成就中最为杰出之作称为"枫丹白露参照"。

这无疑是意大利贡献的巅峰,但可能也是天鹅之绝唱了:1540年罗索去世。枫丹白露同时也让我们看到了意大利影响的局限,的确,这座城堡的建筑远不如其装饰来得那么游刃有余。吉勒·勒布雷东更是一个泥瓦工匠师,而不是真正的建筑师,至少他被老城堡的格局束住了手脚。从细节上看,确有一些精彩之笔,比如,南面气势恢弘的入口。但是从总体来看,城堡更像是一些比较成功的华丽作品的补充拼凑:椭圆形庭院便是很好的例子。随着时间的推移,院子越建越多,以至入口不得不三易其位!此外,楼梯、烟囱和画廊的刻意突出也是沿袭了法兰西手法,显露了驾驭上的不成熟。当然,这画廊倒给罗索提供了绝好的用武之地。沙泰尔认为意大利影响在1540年前后划上了休止符,这个比喻有点不怀好意地突出了弗朗索瓦一世后期统治的模棱两可性。实际上,枫丹白露模式

①　文艺复兴时期意大利出产的花饰陶器。

②　普利马蒂乔(Le Primatice,即Francesco Primaticcio,1504—1570),意大利风格主义画家,建筑师和最早的枫丹白露画派的领导者。时任枫丹白露改建工程的首席画师。

已经在很大程度上发生了变异,通过版画可以看出,还有壁毯——1539 年国王在城堡安置了纺织机,采用了如彩色釉这样典型的法兰西表达形式,它早在 1500 年便已出现,是枫丹白露样式使它获得真正的飞跃。然而,从 40 年代开始,创新的土壤已经更换了养料:1546 年 8 月,国王授命皮埃尔·莱斯科改建卢浮宫。

2

驾驭模式

即便在宫廷,即便在文人界,16 世纪的法国也绝不仅仅受到意大利的影响,认为法国文化总是被意大利牵着鼻子走的观点是错误的。我们已经谈及佛兰德的影响,是它启发了人们的"现代使命感"并使之个体化,内在化,这正像它为最初的学院改革引领方向一样,其中最优秀的学院都是从"共同生活兄弟会"的学校的思想中取得灵感的。佛兰德艺术家来到巴黎定居并得到国王的恩宠:布鲁塞尔人让·克卢埃成为他的御前画师,安特卫普人若斯·范·克莱维则被请到枫丹白露为国王和王族成员画像。看来,鹿特丹人伊拉斯谟并不孤独,且文化氛围实际上还要更加国际化:如果说关心宗教改革的人们易于接受路德的言论的话,法国艺术家们则多受到丢勒①(或路加斯·范·莱登②)版画的影响,将一些手法用于彩绘玻璃艺术,这个在 16 世纪达到鼎盛的艺术是法国画家才华的一种独特的表达方式。还应该提到教堂里随处可见的佛兰德式的烫金塑像和木刻的制作。总之,法国并没有也从来没有意大利化,虽然在艺术创作方面与意大利的关联的确占主导地位。

值得注意的是 1545—1570 年这一代人的不同凡响的文化贡献,说它非同一般,是因为这代人是在自由空气已大不如从前的背景下发挥作用的:对宗教的"离经叛道者"的镇压十分残酷,而 1562 年内战的爆发也降低了大部分庇护者的经济能力。

在艺术方面,这代人还是熟练驾驭建筑的一代,是把先人的装饰手法综合归纳、融会贯通的一代。最杰出的表现当属卢浮宫的"亨利二世翼"了,莱斯科以此设计方案击败了意大利竞争对手塞里奥、维尼奥勒和塞利尼,一举中标。由这位"巧夺天工的杰出设计师"(沙泰尔)设计的外壁将水平与垂直结构完美而和谐地融为一体,水平向主要通过挑檐加以强调,仍属意大利风格,而垂直结构尤为生

---

① 丢勒(Albrecht Dürer,1471—1528),文艺复兴时期德国最重要的油画家、版画家、装饰设计家和理论家。

② 路加斯·范·莱登(Lucas Van Leyden,1489—1533),北欧文艺复兴时期画家及铜板画家。一些版画手法受丢勒影响。

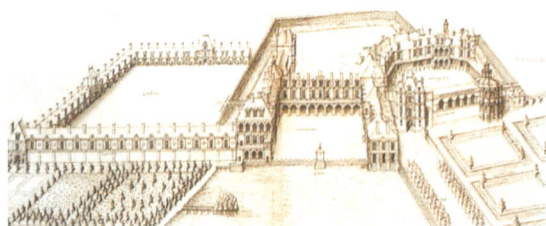

图 **11** 雅克·安德鲁埃·迪·塞尔索对枫丹白露宫的介绍（伦敦，大英博物馆）明显展示出了庭院和楼房的添加痕迹，一而再的补救中缺乏对作品真正的驾驭。比如"椭圆庭院"(1528) 便是迫于局限而为之，并非一种选择，无论院子四周楼房的质量如何。尽管如此，一些制作仍属上乘，镀金大门 (1528) 是一例，还有每个窗洞上方的可爱的小三角楣，法式高屋顶下面意大利风格十足的凉廊等。不过，我们能够理解塞里奥的气馁和最终的放弃，这是个在"泥瓦工匠"支配下的"画家与建筑匠"的枫丹白露时代。

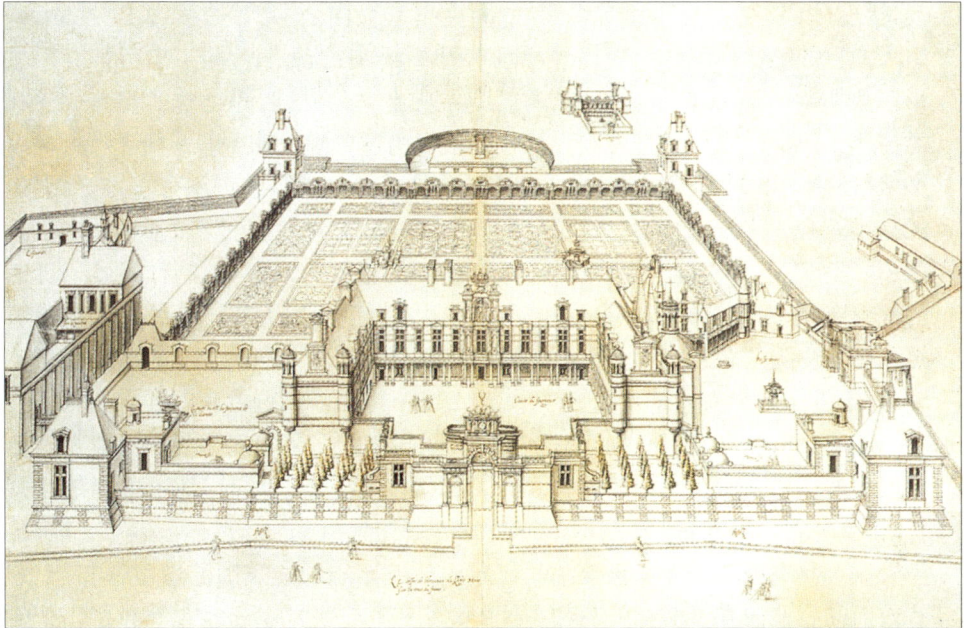

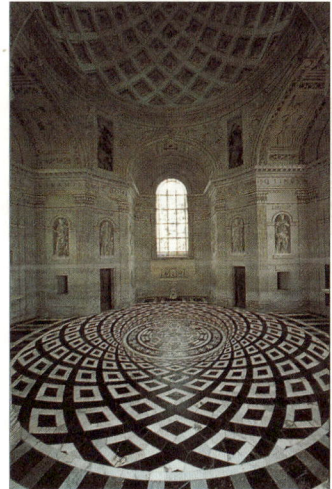

图 **12** 阿内城堡即谐和：以圆顶居
高临下的小教堂（右侧下方）的完美设
计反映了得益于菲利贝尔·德洛姆的娴
熟驾御的整体观念（这一点，安德鲁埃·
迪·塞尔索显然很好地领会了），宫殿设
计图（现存伦敦大英博物馆）是以对称
的轴线为中心的。但德洛姆也添加了不
少新手法和精巧之笔，使其整个作品都
围绕迪安娜·德·普瓦捷的个性而设计，
达到如全套珠宝般的完美极致。

让·古戎为巴黎圣婴泉雕塑的仙女像完
美无缺，雕塑师又从1544年起与莱斯科
密切合作，更显示其达到了艺术的巅
峰。作为新教徒，他被迫于瓦西屠杀
(1562)后逃离王国，这同时也揭示了这
十年的完美是脆弱的。

动,借壁柱(其柱头为利林斯式)和壁龛突出其纵向效果,壁龛内是让·古戎①引人注目的雕像作品。为表现法兰西基调,壁体有三部分是向前凸出的,并以弧形三角楣装饰其顶部。这是后来的法国古典主义的开端,是建筑即将大放异彩的征兆。而这一征兆通过菲利贝尔·德洛姆为迪亚妮·德·普瓦捷设计的阿内城堡(1547—1552年)更得到确认。这位建筑师的精湛技艺可圈可点,最为突出的是小教堂的建筑和装饰。这种对古代形式的深思熟虑的把握也使让·古戎的雕塑受益匪浅:为迎接亨利二世1549年庄严的巴黎入城式,他制作了妙不可言的仙女雕像,用来装饰圣婴泉的浅浮雕。再加上沙泰尔为其正名的天才雕塑师热尔曼·皮隆的名字,便构成了一张无可争辩的光荣榜,但这还不是问题的关键,理论方面的努力才是重点。

的确,在王国大放异彩的不是卢浮宫和阿内城堡,而是德洛姆和雅克·安德鲁埃·迪·塞尔索所维护的那些观念。德洛姆自1547年起担任王国建筑监察官,极受亨利二世器重,因1567年发表《建筑初集》(Livre d'architecture)而名声大振。此书重新树立了自教堂时代起就已被遗忘的建筑师的地位,同时十分有效而彻底地摒弃了对意大利和古代的刻板模仿。此举甚至使他超越了不久前还被人们接受的维特鲁福②的模式——此公的论著1547年才刚刚翻译问世。他也超越了绕过意大利艺术、直接传播古代样板的塞里奥。德洛姆还是多产的,因为他将理论与实践紧密结合:1559年,他的精神接班人塞尔索就写信给亨利二世,称"无需再求助于外国人了"。他也同样可以几乎满足于著书立说传播自家理论:法国对建筑技艺的驾驭终于被认可并已成定局。对此,塞尔索的著作是最好的证明:1549年和1582年,他发表《拱》(Livre des arcs)、《神庙》(Livre des temples)和三卷《建筑论》(Livre d'architecture),1575年和1579年又先后发表重要的两卷本著作《法兰西建筑佳作集萃》(Les plus excellents batiments de France),此书介绍该世纪的优秀建筑,传播建筑模式,堪称16世纪欧洲独一无二之作。

德洛姆、塞尔索以及若干典范建筑使我们可以用融会这样的表述对该世纪的艺术总体状况做出评价,这个融会是成功的,它之所以不一般,更因为它丝毫不着痕迹。即使枫丹白露和普利马蒂乔(于1570年逝世)因此已不及过去那般光彩夺目,但它们继续发挥着影响,继续启发了颇受亨利二世青睐的一大批雅致式样的作品问世——有那么多《梳妆的贵妇》(Dame à sa toilette),继续被当作装饰的参照。

实际上,意大利的影响从未像六、七十年代那样强劲,尤其对宫廷。它对宫廷生活的影响是前所未有的,特别是节日活动。此外,园艺的成功则完全归功于意大

---

① 让·古戎(Jean Goujon,1510—1565),文艺复兴时期法国雕塑家、建筑师。擅长浮雕,作品有巴黎的《圣泉》及卢浮宫的室内外装饰等。

② 维特鲁福(Marcus vitruvius Pollio),公元前1世纪古罗马建筑师。

利。因而,对意大利模式的"融会"在很大程度上超越了某一个或某几个创作者的天才:它表达的是几乎在文化的各个方面都显现出来的深刻的运动和强烈的意愿。

文学创作和艺术创作的发展是并驾齐驱的,在时间上是同步的。的确,直到 124 40 年代,各种文学体裁数不胜数,且良莠不齐。与拉伯雷的著作同时期问世的作品还有玛格丽特·德·纳瓦尔的不大正统的作品《罪孽灵魂的镜子》(*Miroir de l'âme pécheresse*,1532)和阿尔西亚特① 发表于 1534 年的《徽章》(*Emblèmes*),还有弗朗索瓦一世从马德里释放回国时带回并即刻请人翻译的骑士小说《高卢的阿马蒂斯》(*Amadis des Gaules*)②,诸如此类。出版物如此鱼龙混杂,自然不会发展成真正的文学流派。的确有几部作品尚可与拉伯雷的比肩,但从总体上看,文学创作不够活跃,缺乏生气。玛格丽特·德·纳瓦尔的《七日谈》(*Heptaméron*)尚有一定价值,因为它表达了女性解放的思想,同时也表达了一个不屑于索邦神学院宗教谴责的王姊坚守个人思想的决心,表达了她忠实于自己的宽容态度的信念,以及由此而表现出的国王之姊的完美风范。应当承认,一方面,作者特殊的地位使她有更多的言论自由,另一方面,此书于她身后的 1558—1559 年出版,也削弱了作品事实上的重要性。世纪中叶另一个含苞而未得绽放之花是克莱芒·马罗的讽刺诗《地狱》(*L'Enfer*),它言辞激烈地揭露了排斥异己的法官和使用酷刑的监狱;然而,1526 年的气势,到 1542 年发表时,即他已公开改宗加尔文教之后,便成了平常之作,失去了效力。马罗被视为翻译家和圣诗改编者,但他的宫廷诗却并无隽永之力,即便是他写给国王的那首诌媚的、把敌人称作"索邦佬们"的诗也是如此:

> 和他们一个样,无故无端
> 那无知的索邦给我找麻烦,
> 愚昧透顶它竟敢作对为敌,
> 对手是高贵的三语学院③,
> 那是陛下钦建。明明白白
> 那言行之间指向你通天宏愿,
> 挥大棒阻止人们引用
> 希伯来语希腊语和高雅的拉丁语,
> 说它们是异端语言邪门歪理。

①　阿尔西亚特(André Alciat,1492—1550),意大利人文主义者和法学家,论著《徽章论》(1531 年)从教育学的角度解释一些譬喻。

②　西班牙作家蒙达勒沃(Rodriguez de Montalvo)的骑士小说(1508 年)。主人公阿马蒂斯被称为"雄狮骑士",成为忠诚情人与行游骑士的典型形象。

③　指法兰西公学。

可怜虫啊,目光太短浅!
那句谚语说得多在理:
不学无术才和科学对立。

　　不过,马罗倒是第一个认识到模仿彼特拉克的局限性的人,也是他将十四行诗介绍到法国,由龙沙发扬光大,但值得注意的是,当艾蒂安·帕基耶于 1596年对 16 世纪的文学变革进行总结的时候,却把马罗忘得一干二净。唯一被帕基耶称道的先驱人物是莫里斯·塞夫。这一选择倒也不坏,因为它突出了规模不大却值得一提的"里昂诗派",其他成员还有路易斯·拉贝,佩尔内特·迪·吉耶和奥利维耶·德·马尼。从情诗的水平到其创作的集体性的特点——常是女诗人启发了男诗人的灵感,他们不愧为法国文学复兴的真正的开先河者。但其影响有限:主要作品仅在 1554—1555 年间出版。

　　因此,同代人和历史学家们将 1547—1548 年成立的以古希腊语学者让·多拉为中心的护卫舰诗社作为文学的真正转折点,就不足为奇了。这是一群 20 岁上下——最长者 35 岁——天不怕地不怕的年轻人:后来的七星诗社即他们将自己比作希腊七诗圣而得名……这些星聚在一起总共也不过 12 年左右的光景,因为杜贝莱于 1560 年 1 月辞世,而只有和他在一起,龙沙、里昂人蓬蒂斯·德·蒂亚尔、让—安托万·德·巴伊夫和艾蒂安·若代尔才可并称为诗社的常任成员。而这七个人之于文学正可谓德洛姆和安德鲁埃·迪·塞尔索之于建筑。

　　的确,他们的重要功绩是在语言和诗歌艺术方面提出并使人在很大程度上接受了他们的理论。1548 年,托马·塞比耶在其《诗歌艺术》(*Art poétique*)中的确也介绍了十四行诗,但主要推荐了其他诗体如"对话录、王室歌、抒情诗、回旋诗、讽刺短诗、哀歌、书简诗、颂诗、歌曲、墓志铭、悲歌、爱情颂诗、东拉西扯式讽刺诗"。帕基耶在半个世纪后还特意提及塞比耶,指出这些诗体大部分都为那些诗坛新秀们所不齿:

　　　　杜贝莱在其《保卫和发扬法兰西语言》的第二卷中,专门奉劝诗人,把那些回旋诗、伴舞曲、四节短诗、王室歌、叙事史诗和东拉西扯式讽刺诗以及其他诸如此类败坏我们语言格调的辛香作料(这是他的原话)都留给图卢兹的百花诗赛①,因为这些诗百无一用,只能证明我们的无知。

　　一切尽在其中:首先是龙沙功不可没的新诗体如颂歌的成功,其次是这些年轻人自认可以支配一切的勃勃雄心——可以想见 1549 年 3 月《保卫和发扬法兰西语言》(*Défense et Illustration de la Langue française*)发表时何以引起如此

---

①　14 世纪以来法国图卢兹每年举行的赛诗会,优胜者可获得金或银制的花。

反对之声,还有他们的重要功绩,即恢复了诗人的地位,甚至使之高于建筑师;虽然他们仍依附于王亲国戚或资助者。诗歌因他们而被公认为高于其他任何语言的表达形式,龙沙的生涯便是对此最好的写照。龙沙显然对文学市场的门道心中有数,知道如何取悦那些有文化的资助者,比如红衣主教洛林和夏蒂荣,还有被诗歌所带来的荣耀深深迷住的国王本人。龙沙的长寿——他活到 1585年——和多产对他的荣耀不无帮助,他在世时便已诗名远播,但他也十分圆满地履行着宫廷诗人的职责,甚至为它增光添色,还不断地堕入情网……"小可爱我们俩去看看那玫瑰……"固然称不上是文学的顶峰,但诗人确立了一种诗体,更确立了文人创造随意之美的职能作用。可能正是这样一个轻而易举就被接受了的职能使他同杜贝莱产生了不和,也可能使之更喜欢杜贝莱受到罗马之行的启发而创作的《追思集》(Les Regrets)中的某些诗作。重要的是,这群年轻人的热情在那个世纪留下了如此深的印记,不禁令人浮想联翩,想想在那 1549 年的夏日,杜贝莱刚刚发表了他的第一部十四行诗集《橄榄集》(L'Olive)及《保卫和发扬法兰西语言》,他们漫步街头,在乡间聚餐,畅游塞纳河,书信不断……

126

这幸福美好的时光也是对遗产驾轻就熟、超越彼特拉克和意大利十四行诗、超越品达罗斯[①]及其颂歌的时代:"请您读一读龙沙的卡桑德拉,您会在里面发现数百首腾云飞天的十四行诗。……彼特拉克只写一个主体,而龙沙书写的是无限。他用我们的语言代表了荷马、品达罗斯、忒奥克里托斯、维吉尔、卡图卢斯、贺拉斯、彼特拉克。"帕基耶此言还是精当的:这位法学家兼博学者的评价表明,即便 60 年代初的战争所造成的收敛不可避免地提高了前十年的身价,龙沙的优势也绝不仅在他的长寿。

不过,七星诗社诗人之间也有很残酷的比较。1550 年,英俊的龙沙发表《给卡桑德拉的情歌》:

> 蓝天,空气,和风,平川山峦尽收眼中,
> 小丘葡萄满园林木见葱茏,
> 海岸曲折蜿蜒泉水波光点点,
> 剃平的灌木林还有博卡吉的绿茵葱葱
>
> 苔藓密布那洞穴半遮着面孔,
> 牧场,花蕾,花与草微微泛红,
> 山峦起伏沙滩金光烁烁,
> 还有岩石,你们是我诗中的常客

---

① 品达罗斯(Pindare,约前 518—前 442 或 438),一译品达。古希腊诗人,以写合唱颂歌著称,词藻华丽,格律严谨。"品达罗斯体颂歌",即因此而得名。

行囊在肩,忧心忡忡情思难了断
望美眼竟不曾道声再见,
海角天涯仍令我魂牵梦绕,

我祈求,上天,空气,和风,山和平原,
灌木,森林,海滨和清泉,
洞穴,牧场,鲜花,替我把情意传。

杜贝莱同时发表了《橄榄集》的增补版:

夜色浓浓笼罩漆漆空寰,
繁星点点牧群般悠然漫步,
前面已近洞穴快加紧赶路,
逃离白昼,黑骏马将星群逼赶:

看天竺已是染红了天边,
偏拂晓还扎着金发辫熠熠闪烁,
让那万粒滚圆的珍珠颗颗洒落,
用她的灵物滋养牧草的容颜:

望西边,似一颗星般耀眼,
我看见从你碧水的岸边,
我的河①啊! 一个仙女笑盈盈出现。

白昼望见这又一道曙光,
那双重妆彩令她羞怯不安
这边是安茹②,那边是象征的东方。

两年前,一个 18 岁的青年也作过一首十四行诗,题为《多尔多涅》,那是为一个感情不专的美人儿而作,大概是诗人的丑貌吓跑了她。几年后,艾蒂安·德·拉·波埃西邂逅蒙田并征服了他:"如果有人问我为什么喜欢他,我想只能这样回答:因为是他。"蒙田的智力魅力很大程度上也得益于波埃西 1548 年"为追求

---

① 指卢瓦尔河。
② 这是作者的家乡。

自由和反对暴君"而写成的《反对一个或论自愿的奴隶》(*Le Contr'un ou Discours de la servitude volontaire*)。思考是深刻的:生来自由的人为什么竟能将自由拱手让给暴君?

> 可怜而可悲的人们,失去理智的众民,陷于恶而不自拔、面对善而独不见的民族,你们让人霸占了自己最美好、最清白的财富,他掠走你们的田地,盗窃你们的房舍,抢劫你们祖辈留下的古式家具! ⋯⋯而这掌控你们的人,也不过只有两只眼、两只手、一个身体,他所有的,我们城市里每一个最普通的人都拥有;如果说他比你们多些什么,那便是你们赠与他的特权,那毁灭你们的特权。若不是你们送他眼睛,他何来这双眼睛窥视你们? 若不是你们给他手臂,他哪里有那么多只拳头对付你们? 那践踏你们城池的铁蹄,如若不是取自你们的身体,又来自何处? ⋯⋯痛下决心吧,不要再受奴役,你们便能获得自由。我并不想让你们排挤他,赶走他,但不要再支持他,你们将看到,他会像一尊被抽去底座的巨像,塌陷,崩坍。

虽然与蒙田为莫逆之交,波埃西在法国人眼里仍算不上文化巨匠。但是,他的作品在文化的非常时期几次再版,先是由 1574 年的新教徒,后又由 1789 年的革命者,有拉梅内①,还有路易-拿破仑·波拿巴政变后的流亡者。对奴役问题的首次分析以及要求民主的逻辑结论,同卢梭的思想一道,为两百年后法兰西民族特性重要部分的建设确立了明确的信标。

只不过,龙沙的荣耀显然使这位萨尔拉出生的年轻人黯然失色,甚至让人们忘记了这样一个事实,即,七星诗社固然多产,但至少在一段时期内,其作品的数量远不及同时代的建筑师兼建筑理论家们。实际上,其最直接和持久的影响是在不为人注意的戏剧方面,若代尔曾成功地将表现古代的戏剧《女俘克莱奥帕特》(*Cléopâtre captive*,1553)搬上舞台,不过只是在某学院上演。显然,这与古典主义戏剧还相去较远,但这是走向 80 年代初精深的悲喜剧的必经之路。除此之外,七星诗社无法抵御时代的潮流:龙沙本人便创作了《论这个时代的悲惨》(*Discours des misères de ce temps*),还辛勤写作《法兰西亚德》(*Franciade*),这部最终未能完成的史诗机械地模仿《埃涅阿斯纪》(*Enéide*)②和《奥德赛》(*Odyssée*),通过埃克托尔之子弗朗居斯,歌唱法兰西民族的特洛伊之根⋯⋯对于龙沙这位视读者的期待为己任的诗人,此举是一个明显的迹象:此后,受欢迎

---

① 拉梅内(Félicité Lamennais,1782—1854),法国天主教司铎、哲学家和政治著作家,他力图在法国革命之后把政治上的自由主义和天主教教义结合在一起。

② 古罗马伟大诗人维吉尔(公元前 70—前 19)的著名民族史诗。

的"文学作品"将是 1559 年由雅克·阿米约翻译的普卢塔克①的充满道德说教的《希腊罗马名人比较列传》(Vies)、1576 年出版的让·博丹②的《共和国》(République)、法学家帕基耶 1560 年开始撰写并不断增补完善的《法兰西研究》(Recherche de la France)等。普卢塔克除外,这些著作的共同之处是对法国、法国的历史和自然等的关注:这从一个层面体现了世纪中叶文学敏感性的精华之所在,而这一民族性的、甚至是民族主义的特点是杜贝莱在《保卫和发扬法兰西语言》中唯一几乎没有抨击的内容。

"法兰西,艺术……的母亲":《追思集》中的这首写于 1556 年的十四行诗展示了一个颇有创意的杜贝莱,但更加深入的研究表明,他不过移植了维吉尔在《农事诗集》(Géorgiques)中首先提及、后被但丁和彼特拉克使用的对意大利的赞美诗。发表于 1549 年的《保卫和发扬法兰西语言》用前半篇赞誉法语,而其风格很像斯佩罗尼在 1542 年和 1546 年发表的一部著作中颂扬意大利语时的长篇宏论。加之此书开篇即引用多拉的希腊二行诗,我们不难看出,意大利和古代模式在 16 世纪中叶仍有强大的影响力,但技术上的特点无法掩盖转折所带来的巨大影响。

1541 年,加尔文将五年前用拉丁文发表的《基督教原理》译成法语发表,并非随意之举,它意味着法语在众多语言中的崛起。维埃耶维尔元帅通过他的秘书樊尚·卡卢瓦之笔,描述了米兰德公爵向亨利二世告知儿子投奔英国人时国王的笑——这一点很重要:

> 陛下,不得了啦,我毁掉啦。我那骗人的杂种卷走了我三万金埃居,还有我最值钱的四箱宝贝呀;他拿走了箱子,赶着我的驴车投靠英国人啦。我那些高档的首饰和大衣没留下一件,这下子糟糕啦:我该如何是好?

这段文字是事发后十几年写成的,因此更给人强烈的荒诞可笑的印象③。更为有趣的是,发生在布洛涅战场的这段对话的时间正是 1549 年,即《保卫和发扬法兰西语言》发表的同一年。

此时,米兰德伯爵造作的谈吐的确变得十分滑稽,因为形势已经发生了根本的变化。1539 年,王家掌玺大臣公署已规定一切正式文书均用法语书写:

① 普卢塔克(Plutarque,约 46—119 后),古希腊作家。代表作《比较列传》(通译《希腊罗马名人比较列传》)为欧洲传记文学的先驱。
② 让·博丹(Jean Bodin, 1529 或 1530—1596),法国法学家思想家和史学家,近代西方著名的宪政专家。曾任王室检察官和亨利三世宫廷法律顾问。其《共和国》(1576 年)首次系统论述国家主权学说。
③ 这段话可谓法语一意大利语大杂烩,不伦不类也不合时宜,令人啼笑皆非。

今后,任何裁决和其他所有诉讼案卷,无论其出自最高法院或是其他下属机构,无论是记录簿、调查纪录、合同、委托书、判决、遗嘱或其他各类法律文书及附属文件,都必须用母语法语宣读、纪录和颁布,不得使用其他语言。

维莱-科特莱敕令第 111 条虽然尽人皆知,但是,人们却常常忘记它产生的理由和背景。其具体目的是避免法律判决中"常产生于对拉丁文词义所作解释"的"疑问"和"歧义"。从根本上说,此举可达到保证司法、行政的正常运作的目的,并通过统一各种程序的强制手段,彰显王室权力。法语因此而成为有效的语言,如前所述,这也恰是书面文字以强劲之势占领口语阵地的时期。

这一决定之所以重要,还因为它正当其时:文人们已经逐渐可以用法语得体地表达思想。早在弗朗索瓦一世统治之初,一些先驱者就积极倡导使用法语,如让·布歇于 1516 年、让·康坦于 1531 年都纷纷表态,马罗则极力主张用法语做诗,这在诗人即将获得其应有地位的当口无疑是重要的举动。到 40 年代,论争至少在知识领域获胜。1545 年,被帕基耶列入"反无知"之战的先锋人物勒芒人雅克·佩尔捷①在他所译贺拉斯的《诗艺》(Art poétique)的序言中书写了一篇赞美法语的文字,两年后,他又在《抒情诗》(Vers lyriques)里表达了同样的观点:

> 我用母语写作,
> 竭力把它发扬光大,
> 让它千载永垂,
> 像古人所做的那样:
> 倘若贬低自己,
> 只是欣赏别人,
> 灾祸便会降临头上。
> 古希腊人这般声名显耀,
> 古罗马人也毫不逊色,
> 我们何不学习他们,
> 同他们一样万古流芳?

1546 年,安茹人让·芒然发表《橄榄林》(Palmerin d'Olive)的新译本,这是一部骑士小说,故事"原由一位不知名的译者从卡斯蒂利亚语译成法语,文字冗

---

① 雅克·佩尔捷(Jacques Peletier,1517—1582),法国诗人、作家和人文主义者,七星诗社成员。

赘，用词生僻，缺乏技巧。现用通俗法语全部重译"。1549 年，另一位安茹人——更确切地说是利雷人——发表了《保卫和发扬法兰西语言》，1555 年，勒芒人雅克·塔于罗这样总结道：

> 从没有任何语言像我们的语言这样准确地表达思想观念；从没有任何语言如法语这般柔美悦耳，这般流畅动听；从没有任何语言具有法语词汇的干净洗练。

伴随着法语最优秀的观念，人们开始试图规范法语的词汇、发音、甚至拼写，对此，语法学家梅格雷在 1550 年就提出了改革的建议。《保卫和发扬法兰西语言》之所以重要，主要因为它把促进法语、革新其用法及其表达形式的各种努力综合起来，全盘考虑，且这种思想所表达的情感从此成为主导。从 16 世纪中叶开始，法语图书已超过拉丁语图书的数量。值得注意的是，博丹的学术论著《共和国》是先以法语出版的，随后拉丁语版的问世揭示了距加尔文的反向运作[1]整整 40 载的风云历程。1579 年，亨利·埃蒂安纳[2]的《法兰西语言的优越性》(*Précellence du langage français*)的问世，标志着法语已经占领了一块阵地。

这场胜利并非仅以牺牲拉丁语或意大利语为代价。早在 1532 年，拉伯雷在《巨人传》中对那个利穆赞大学生不懂装懂、动辄借用拉丁文卖弄学问的行为进行讥讽，但见他讲利穆赞方言时又深感欣慰："这会儿你说话自然了"。大约 20 年后，当他创作《巨人传》第五部(1564 年才出版)时，他仍继续揭露"那些泥古不化、把靠不住的发霉变质的陈旧拉丁文词语拿来兜售的人们"，但他也反对杜贝莱的观点，他认为："我们的通俗语言没有那么低贱，那么愚蠢，那么贫乏，那么令人鄙夷"。杜贝莱代表了拉伯雷所倡导的法语的对立面：他主张净化语言，反对引入口语的表达方式，包括地方特色的表达法。法语的成功是法语和拉丁语结合的成功，而它本可以是法语、拉丁语和地方口语结合的成功，也可以认为是一个地方的法语对王国各地方言的胜利，是 1529 年若弗鲁瓦·托里所说的"宫廷和巴黎语言"的胜利，是巴黎大区和卢瓦尔河流域法语的胜利：看来，法语的颂扬者们多为勒芒人和安茹人，可能并非偶然。这是 16 世纪少数派语言在法国的胜利，它孕育着严重的社会和地域分化的后果。

---

[1] 加尔文的《基督教原理》先于 1536 年用拉丁文出版，后于 1541 年译成法语出版。

[2] 亨利·埃蒂安纳(Henri Estienne,1531－1598)，法国文字学家，罗贝尔·埃蒂安纳之子，以研究希腊古代文字和法兰西语言著称。

第七章　由不同而排他

枫丹白露的王家画廊和用布列塔尼语表演的神秘剧并不属于同一个文化。

但是,当我们发现某咒语被所有人用来治疗病痛,或看到拉伯雷的作品在古贝尔维尔老爷的仆人面前被讲述的时候,却不可满足于这些显而易见的表面现象。巴黎和外省,城市和乡村,家庭、作坊、各级学校、小酒馆、洗衣处、公共场所、王家城堡,它们在文化上的不同是显而易见的,但它们又构成一系列互为关联的网。由于书面文字使思想的传播方式呈现多样化,这些网的内部结构便更加错综复杂。由达尼埃尔·罗什提出的这个网的概念是十分恰当的,它解释了为什么文化差异总是不能与社会、职业或地理的界限完全吻合,也说明思想和价值观念的传播不是单向的:即便源自精深文化的模式来势迅猛,即便文化阶层已初步形成,但交流仍是可能的。交流可以通过相互渗透,像在古贝尔维尔家那样;也可以通过信念,如在宗教方面;还可以通过抵制,比如约束人们对待穷人的态度变化。

然而,文化发展进程中的这种辩证关系只能置于逐渐确立的新的行为准则的范围内,这些准则因书面语言的发展而制定得详尽明确:16世纪的人们从几乎人人都接受的不言而喻的规范,逐渐过渡到天主教或新教的正统教义,过渡到特伦托会议、七星诗社或建筑理论家的准则。至于每一个规范的力度及其影响范围,尚可进一步探讨,但大趋势是明晰的:这种趋势表明,精深文化一路扩大战果,并必将导致对异己的排斥。

133

1

异彩纷呈的法国文化

法兰西国王的臣民讲五种不同语言,包括奥依语、奥克语、普罗旺斯法语、布列塔尼语和巴斯克语。经17世纪领土兼并后,又增加了佛拉芒语、阿尔萨斯语和加泰罗尼亚语。而实际上,这些语言是以二十多种方言的形式存在的。这就意味着,虽然 16 世纪的城市富裕阶级已基本使用法语,不讲本地方言,但至少一半的法国人仍不懂法语。语言不通成为思想传播的真正羁绊:我们注意到,在下布列塔尼地区,找不到一册用布列塔尼语写成的加尔文教印刷品,至 1572 年前,也没有一个操布列塔尼语的牧师,这样,也就不难理解为什么胡格诺派很难在这个地区立足。语言不通还是王国统一的障碍:根据 1539 年敕令规定堂区记录簿由拉丁语向法语的过渡就很能说明问题。对此,我们可以通过对上布列塔尼的法语教区和下布列塔尼的布列塔尼语教区进行比较来看个究竟:在教徒和名流显贵为推广本地语语法而施加压力的地区,拉丁语的使用骤减,最晚到 50 年代也开始下降;而在那些拉丁语改法语不过就是从一门外语过渡到另一门外语的地区,拉丁语一直坚持到 17 世纪后很久。那些"外省习俗"——不只是习俗的简单集合,而是加上立法机构的约束——以及不计其数的地方、省或行业的特权更强化了不同性,使之更为突出。先人对王国的"统一"显然不如 19 和 20 世纪的历史文献那样敏感,他们会隐约感觉到界限模糊的差异,但从文化上讲,最主要的还是地理上的差异:在诺曼底的古贝尔维尔家,仆人可以听拉伯雷,但在布列塔尼或朗格多克的贵族家中,这是不可能的。

地方文化的力量之大,甚至有时连特权者也深受影响。克洛德·德·图尔农是福雷省蒙布里松的大资产者、法官,他于 1538 年立下的遗嘱完全符合同时代富人或贵族阶级的遗嘱模式,比如为其堂区和本市的修道院留下数额可观的遗赠等。而 19 年前,莫尔莱的大富商、船主尼古拉·科埃唐莱姆则按照下布列塔尼的习俗,立遗嘱捐赠大量低廉物品,这表明当地居民在宗教情感之外,还对各路圣人极为崇拜,即 55 个不同的神堂圣所的圣人们!

因此,多样性是无法回避的,尤其当它展现了文化的深刻差异的时候。我们注意到,法国北方的学校均属堂区管理,而南方学校一般归世俗的市镇管理,这并不是不同例证的简单罗列,它反映了深刻的差异。我们还观察到,在法国北方,基础教育在佛兰德较之在布列塔尼要普及得多。对此,我们的解释虽然不够有说服力,但是这一认识是重要的,因为我们发现,佛兰德各城市的商人和手工业者的扫盲率很高,即使在乡下,也有相当多的人识字,这也正解释了为什么税金份额的缴纳通知都以布告形式公布。虽然我们不能就此匆忙做出什么机械的断言,比如推断他们参加宗教改革的情况等等,但是,基于这一认识,我们可以用相对的观点来看待那些过于笼统的分析。

多样性的观点也纠正了对艺术领域的泛泛而谈。当沙泰尔断定外省"只是迟了一小步"的时候,他实际上暗示性地将研究范围限定在了高水平的制作上,可以证明其说法的实例也的确不少,例如,16 世纪中叶,尼古拉·巴谢利耶设计的图卢兹的公馆宅第;又如,荣纳市的安西-勒-弗兰克城堡:一位画家从普利马蒂乔的作品中得到灵感,在塞里奥设计的这座城堡里创作了一间"艺术室",室内奢华的装饰壁画四周环绕着足以乱真的浮雕。如果要选择的话,那么埃格塔城堡(1571 年)的古代普罗旺斯式的大门可能更加有趣,因为它至少部分地受到古代地方遗迹的启发。但是,在 16 世纪,法国的大多数地区仍然是哥特式的法国,它不同于宫廷的法国,也不同于受宫廷影响的法国。即便是巴黎,在 1520 年前也未完全走出哥特式风格。而夏尔特尔教堂①的箭楼尖顶是 1513 年才修建的! 像布列塔尼这样富庶而对外开放的省份,其大多数大小教堂的风格至少到 1580 年还是哥特式的,手工艺人的作品更带有很强的传统习惯特色:1563 年制作的萨瓦式衣箱巧妙地借鉴了上个世纪流行于富人阶层的"折痕图案";而布列塔尼式的衣箱直到 17 世纪中叶仍采用哥特式的叶饰花样。

文艺复兴的美学观扩大影响之艰难使差距显得更加突出。莱昂地区的大贵族巴尔比耶一家在世纪下半叶修建了一座全新品味的城堡,即凯尔让城堡,其建筑样式直接受到德洛姆的阿内城堡和安德鲁埃·迪·塞尔索的枫丹白露宫的影响。繁复的装饰的确属文艺复兴风格,但不够娴熟,以至某些细节上的精彩之笔与"往事的汇集"——这是安德烈·米萨的说法——的总体印象形成强烈反差。而在当时的外省,没有人做得比这更好。80 年代的宗教艺术领域的革新同样显得迟疑不决:历经三年(1585－1588 年)完成的西赞市的尸骨堂便结合了哥特式和文艺复兴风格。另一个例证更加意味深长:彭克朗(Pencran)教堂钟楼的一层为哥特式,建于 1639 年,二层却为文艺复兴式,1718 年才告竣。当然,这是比较极端的例子,因为早在 1610 年,文艺复兴风格的美丽的圣－泰戈内克钟楼已经大功告成,但这个例子的确反映了房屋建筑方面的迟缓,反映了让·屈瑟尼耶所称"大众艺术"的滞后:在法国,比较明显的"文艺复兴风格"的作品始于 1626 年,止于 1768 年。布列塔尼和萨瓦较为特殊,因为没有任何豪华的模式引入这两个省份,但是,即便的确存在着所谓"大众文艺复兴",它和那些大手笔的先锋之作相比也明显滞后。

海上世界似乎从另一个角度展示了这种明显的差异,表面看来,我们所了解的岛屿居民的生活的确为我们提供了这方面的例证。妇女在这里扮演着特殊的角色,她们承担了农活,神职人员则很少露面。像桑岛,十年八载也不曾有教士光顾。关于桑岛居民靠假信号造成过往船只失事而劫财敛物的说法,已是尽人皆知,但这与其说是事实,不如说是虚构的故事:实际上,陆地居民因为恐惧而将岛上居民打捞捡拾沉船遗物的行为改编成了蓄意犯罪。

的确,沿海居民的行为,就其主体而言与陆上社会的人们没什么两样,并无突出的个性差异:即便在港口,出海为生者的比例也极小,因而,所谓海上文化,更准确地说应该称为沿海文化,更何况海员"身兼数职",时而渔民,时而海员兼商人,且随时可能成为军人。至于行业术语、行业联合组织等,各个行业都有,谈不上什么特性:各种沿海行会汇集了海员、商人和各类港口职业人员,为来世和

---

① 建于 12－13 世纪的哥特式大教堂。

图 **13** 我们只有借助于雅克·里戈的水彩画（18世纪上叶）来了解埃格塔城堡当时的样子了。它于1782年毁于一场大火，后来的修复也嫌笨重。1548年，博利埃·德·桑塔尔男爵目睹了建设中的卢浮宫和埃库昂宫，显然受到它们的启发。城堡的大门还在，它是一座凯旋门，由皮埃蒙特人埃科尔·尼格拉设计并于1571年完工，它综合了安德鲁埃·迪·塞尔索的几种模式和普罗旺斯古建筑（如奥朗日拱门）的元素。

特殊的职业威胁提供保险，比如，在成立于 15、16 世纪的波尔多的好几个行业协会的章程中，都有搜救落水者的规定，成立于 1511 年的圣—安德罗尼的行业协会也有类似规定。虽然常年远行的职业特点会对海员的行为产生极大的压力——我们在谈到封斋期禁止性行为的规定时已对此有所了解，但这时的海员还不是阿兰·卡邦图笔下的跨大西洋远航时期的"居无定所的基督徒"。沿海堂区的小礼拜堂多不胜数，仅在千人小镇布雷阿就有八座小教堂。在里面供奉感恩牌、还愿画本是沿海堂区的传统，但观其数量，却未见得比其他地区和其他行业圈的更多。实际上，大海、水上职业和向海外开放的观念正在向陆地逐渐渗透，步步深入：不久后，当交通运输交汇于某些沿海城市并使其海上社会拥有实际地位时，一旦当工作条件——如远航和王家船队大量招募海员等——真正使海员的生活面貌一新的时候，海上的独特性便将确立下来。

138

　　由此可见，对多样性的研究固然必要，但须持审慎态度，否则，无论对当时或以后情况的分析都很容易流于老套。妇女的情况提供了这方面的另一个例证，关于这一点，某重要的史书编纂学派在 20 年前就曾对一个一直以来不为人重视的历史特殊性给予了高度评价。

　　妇女拥有权力是事实，这至少在富有阶级的特定文化中是得到证实的。让－皮埃尔·德赛夫特别强调了艾蒂安·帕基耶的妻子自尊自强的形象以及他对妻子的敬佩之情。这种情感使帕基耶在《单相思》(*Monophile*，1556)一书中对妇女的平等权利问题发表长篇宏论。此例并不孤立。名不见经传的布列塔尼贵族博纳旺蒂尔·肖万·德·拉米斯在写于 1588 年的道德遗嘱中，告诫子女何为"贤德之妻"，但字里行间，明确地表达了夫妻分担职责的观点：

> 　　家庭须由夫妻共同管理。丈夫主外，负责诸如打官司、保护家庭的各种权利、赚钱养家诸事宜。妻子主内，掌管家庭支出，操持家务，还需了解租地的分成，管理家畜，安排维修和房屋修缮，管理工人，甚至要熟知农场的情况。妻子行事须遵从丈夫的权威，丈夫也应尊重妻子的意见。

　　妇女真正的劣势在于妊娠死亡带来的不平等，尤其是对这种不平等采取的一贯逆来顺受的态度。更有甚者，一些非常消极的刻板观念在 16 世纪广泛散播开来，使帕基耶发自肺腑的慷慨陈词甘拜下风，也使肖万的胡格诺式的严苛的伦理观无以施展影响。最可怕的武器是版画，它四处传播危险妇女的形象，视其为一切罪恶与原罪的根源。1560 年在巴黎印刷的颇为精致的未署名作品《嚼舌女人》(*Caquet des femmes*)，从看似客观的角度展示了妇女在洗衣处、磨坊、面包作坊和泉水旁劳作的场景，甚至还描画了妊娠场面。但这不过是个借口，其意在揭开女性"谈话场所"的内幕，披露琐碎无聊的拌嘴(以至拳脚相加，扯散了头发)、她们的漫不经心(磨坊工人行窃她们竟浑然不知)以及蒸汽浴室内的裸露，当然还有最为司空见惯的喋喋不休:语言是女性的,而女人便是恶言毒语本身。这层意思通过披露教堂内的闲聊而明确表达出来:原来,教堂里所有的人都在聊天,有时还包括教士! 同一时期的另一幅手法简洁的版画在内容上同样充满恶意,散布着千篇一律的信息。这幅题为《疯狂女人的晃脚舞》(*Le Branle des folles*)的版画,把各种"疯狂女人",包括散漫女人(懒惰的、贪吃的、不知羞耻的和吝啬的)、多嘴女人(好打听的、爱斗嘴的、溜须拍马的、恶意诽谤的、嫉妒的、说长道短的)、傲慢无理和野心勃勃的女人的画像尽收其中。一些小册子也登载这类言论,暴露妇女在服装上的挥霍无度。

差别趋于扩大,对立逐渐激化,这是 16 世纪的一大特点。不同性别、社会阶层、职业和地区的"典型"并没有最后定型,它们还在继续塑造着自己,逐渐确立地位,尤其围绕着语言的差异。玛格丽特·德·纳瓦尔在《七日谈》中围绕 cord-elier①一词的歧义编写了一篇故事:几个修士客居普瓦蒂埃农民家中,竟因为农民谈及屠宰肥猪的话题而误以为身受威胁。普瓦蒂埃人颇有些唯我独尊的架势:世纪末年,普瓦蒂埃人纪尧姆·布歇称布列塔尼语为"刺耳和生硬的语言",称布列塔尼人是"巴拉古安,巴拉和古安是布列塔尼语面包和葡萄酒的意思;说他们是巴拉古安,这和说他们讲布列塔尼语是一个意思,意即他们的法语讲得太糟糕。"他的观点与胡格诺派的让·德·莱里不谋而合。此人于 1558 年千辛万苦从巴西回归故里,在布列塔尼登岸时已是饥肠辘辘,疲惫不堪。然而,他却盼望尽快离开"这些死抱着他们的语言和传统不放的布列塔尼人。比起旅途中那些美洲蛮人的语言,他们的语言更难懂"。

还没有任何完整的资料或理论建立起来,对粗俗而愚蠢的乡下人的鄙视也还不是普遍的认识,但一切已在进行之中。1547 年,诺埃尔·迪·法伊便把去雷恩上小学的傻里傻气的纪尧姆挖苦了一番:他是被有钱的农民父亲戈伯穆什送去学习的,却没学到任何用得上的学问。这个时期,在巴黎大区,农民商人已经懂得了教育投资的必要性:他们送儿子上小学,甚至上教会学院,以至到 1560年前后,这个社会群体已经大量实现扫盲,其中不少人能够记日记,妻子也学着自己签名了。而学有所成的孩子则脱离了农业,或从事神职工作,或谋得一官半职。普吕耶特一家是成功的例子,他们原是古森维尔的普通农民,后来做了丰特内、皮色和沙特奈一昂一法兰西的神甫,这表明,他们对一个无法再回避的观念已经透彻领悟:欲获得社会和文化升迁,必走城市文化模式之路。

---

① 意为"方济各会修士",在普瓦图方言中还有多种不同的含义。

图 14 《疯狂女人的晃脚舞》集合了各个阶层的女人，其矛头显然直指性别。对女人的负面看法尽收其中：面面俱到，神经兮兮，好奇，懒惰，叽叽喳喳，嫉妒，嚼舌，傲慢，野心勃勃，好恭维，淫荡，爱斗嘴，贪吃，吝啬，挥霍，所有这些妇女都在喇叭女人的带领之下："疯狂女人们，携起手来／跳起晃脚舞向前行／用我这美丽的喇叭／我让你们欢跳。"

2

城市和城市模式

　　城市是创新的摇篮,而16世纪也同时背负着传统的沉重压力:研究城市的文化模式,其重点并不在于说明这双重的明显事实,而是去探究,当确认了一个模式的建立已成定局时,创新与传统如何有机地结合在一起。

　　各行业界很好体现了职业联合的重要作用、早在15世纪的佛兰德各城市就已非常普遍的庆祝活动的面貌以及针对每个人的劳动组织情况。不过,一个世纪前,亨利·奥塞尔的注意力却被1572年由巴黎和里昂的几个印刷工友撰写的一篇精彩的手记吸引住了。这个例子自然有其特殊之处:具有高级技能的工人,加上几十年难于平复的积怨,于是引发罢工,如1539年4月至1542年底里昂印刷工人的大罢工。罢工的根据便是传统。他们从基督教和传统的理想,即友爱和公正的立场出发,排斥"新事物":他们要求雇主"收敛唯利是图之心",揭露他们的"贪得无厌"。一个亘古不变的人间法则始终存在着,不容侵犯。不过,在恶劣的工作条件与职业病的问题上,他们却也找到了新的说法,他们以休假必不可少为由要求带薪假期。他们更提出了与雇主享有平等权利的要求,强调他们在企业中扮演着最重要角色,因为他们才是"真正的印刷人",而雇主们不过"以工友们的汗水和高超技艺甚至鲜血为代价,每日将大笔财富体面地揣入自己的腰包"。即便在这样一个有章可循的文化背景下,革新照旧乘虚而入:"人与生俱来的自由不可无端遭人侵犯"。

　　我们换一个话题。两年后,巴黎一个叫让·德·拉斯特的小书商出版了一本无聊小册子,讲述一个男孩将父亲活活勒死,又将其悬掉起来……的骇人听闻的故事,并附有凶手画像若干。作者极有兴致地描写残害和惩罚过程,而人物仅以粗线条草草勾勒:生活宽裕、有一官半职的上了年纪的父亲——这与读者预期情况类似——和顽劣的儿子。但经营丑闻报道的祖先们的革新不仅仅满足于印刷品和版画等现代传媒手段,为了给读者留个好印象并"显示现代",在12页的叙述中,这位匿名作者还加入了西塞罗和帕拉塞尔斯医生的资料,其实不过是新瓶装旧酒的假现代而已。

　　城市革新和文化压迫感的例子几乎在任何领域都能找到不少,但关键问题不在于此,而在于教育体制的现代化。这个领域最重大的新生事物莫过于学院的改革和发展,它始于大学内部,随后扩展到大学以外。最初的创举充分发挥了学院大学体制的灵活性,巴黎的孟太古学院便采纳了佛兰德"共同生活兄弟会"的学校的革新办法,并加以完善。所谓现代化,表现为通过课程时间和地点的明确、合理的设置来定义学校水平,即级别段,其中包括课时、教室、课间休息等的安排。书从此成为最直接的教学依据,学生也将可以通过自由发挥的笔头作文畅所欲言。课程以拉丁文讲授,且只录取男生。这套世纪初迅速出台的"巴黎式的"教学系统不仅吸引了大批学子,更启发了人们的灵感:继伊拉斯谟之后,加尔文、拉伯雷和依纳爵①都曾在孟太古学院就读。经常得到资助的大城市随即效仿:1533 年,波尔多市成立了居耶纳学院,不久便远近闻名;随后,毕业于"共同生活兄弟会"的学校的胡格诺派教徒让·斯蒂尔姆于 1538 年在斯特拉斯堡成立了大学预科学校;尼姆这座朗格多克的城市于 1539 年创立了一所"艺术大学和学院",更表明了以学院制度替代传统的艺术院系是颇受欢迎的。

这种新型教育的成功无论从形式到根本都具有同等的重要性。它意味着在特权阶层,年轻人社会化的新模式已经形成,并成为大势所趋,它与以往借助的家庭、职业团体、小区或村子的社圈、年龄组及家庭教师等传统结构截然不同。而当宗教也试图争夺这块阵地的时候,新式教育的胜利就显得尤为突出了:并未把教育放在首要地位的耶稣会教团于 1556 年在克莱蒙附近的比永成立了第一所教会学校,到 1572 年,他们已经在法兰西境内建立了 12 所教会学校,按照今天的疆界来看,应该算 17 所。1561—1573 年,在尼姆、奥朗日、奥泰兹、拉罗歇尔等地成立了新教学院,日内瓦的新教学院则从 1559 年起就接纳法国胡格诺派青年。具体地讲,尤其从学生的数字来看,成绩还谈不上显著,但从知识的层面,尤其从对知识的态度看,已经发生了决定性的转折,它确立了城市的地位,并表达了一种新的价值体系。

16 世纪城市文化的另一个重大变动正通过价值领域表现出来。它使正在发生着的各种变化的社会意义凸显出来。我们同时还可以审度新的精神状态的传播,其中,人文主义、文艺复兴、宗教改革构成了最为令人瞩目的几个方面。批判的甚至理性的精神、深入探索和净化的愿望、进一步驾驭世界的憧憬等等,这一切也同样通过诸如经济效益和效率等价值观的出现和被认可而表现出来。然而,新价值观产生的时间是无法精确的:早在 16 世纪前很久已出现重要的征兆,而决定性的后果却产生于很久以后。但是,确定这种新价值观在 16 世纪获得的成功是重要的,因为,它与根本上只关注冥界的天主教精神是格格不入的,而新教把新价值纳入其伦理观是否在 16 世纪的法国产生什么影响,也全然无法确定。天主教会本身在某些时候也会采取这种新的精神状态,譬如它在特伦托会议后关注教会教育的效果时。这既是一种精神状态,也是一种武器,它可以保证生意兴隆,经济繁荣,国家稳定,更具体一些,它还可以保证市镇官们官运亨通。

新事物在公共卫生方面表现得最为突出:到世纪下半叶,各市镇陆续颁布有关垃圾、炉渣的清除处理及污染职业的管理条例。这些条例的实施一般很难持

---

① 依纳爵(Ignace de Loyola,1491—1556),西班牙神学家,16 世纪天主教改革中具有影响的人物,耶稣会创立人。

久,因为它常迫于瘟病的流行而出台,不过这还不是重点。重要的是,大家一致的反应是清除瘟疫的公认的罪魁,任何被认定的病源都是条例实施的对象,粪便也好,可怜的流浪汉们也好,无一例外。虽然一些具体情况和物质条件的不足使条例在一段时期内还没能发挥应有的效力,但人们对贫民的看法已经发生了根本的转变,特别是那些领导着城市的资产者和官宦。

的确,人们在16世纪面临着决定性的选择:一个是基督教观念,它视贫穷为最高尚的美德,视穷人为最受上帝恩宠的求情者;另一个观念通过产生于16世纪的刑事法,将贫民和游手好闲视为首要的危险和流弊。瘟疫肆虐无度,大批贫民成了人们眼里的祸根,1532年和1562—1563年间的两次饥荒,让人们面对成群结队的饥民的绝望呼号心生恐惧,同时在一些大城市,教会退出慈善机构,改由市镇当局管理,这一切对人们观念的转变起了很大的作用。然而,新的行为举止需要一个新的价值系统从道德上对其进行说明。于是,救助活动逐步合理化,例如,1530—1534年,在巴黎、里昂和鲁昂这三大工人聚居地设立了专门救济机构,征收特别税,以纳税为条件承认一些私营企业的垄断地位等。"贫困问题"越发普遍,迫在眉睫,已非私人或自发的施舍行为所能应付。于是,这变成了一个简单的技术性问题,一切都顺乎逻辑,合理而有效:为缩小贫困规模而驱赶贫民;为避免舞弊给受施者做标记,甚至在他们的指甲上点硝镪水;以救济为借口强迫贫民作苦力,让他们从事诸如修建防御工事、清除沟渠污泥之类的极其繁重的劳动,或强迫他们作祷告;到17世纪初,更顺理成章地发展到监督这些"救助金"的发放效果。贫民成为救济的对象,于是就可以禁止对"穷人群体"进行施舍,代之以官方正规的发放;就可以命令良民"让家丁抓捕夜间沿街叫讨的小乞丐"并鞭打他们(雷恩,1597年);就可以在分发面包时"像打狗一样用木棍击打在穷人身上"让他们从窗子离开,"这些讨饭者互相踩踏着,争抢着,拼命靠近面包"(普罗万,1573年)。

演变的性质和突发性引发了抵抗。克洛德·阿东谴责普罗万的执达吏"同海盗一样卑劣",还揭露特鲁瓦人巧施诡计驱逐了城内所有乞丐;不过他们随后遭到了瘟疫的报应。抵抗远不止于文字:传统的慈善活动顶着各方压力,一直坚持到1630—1640年前后,才最后咏唱它的天鹅绝响。而且这不只是少数"精英"的态度:让·比雷尔叙述道,当勒普伊市于1574年雇用了一批"驱赶乞丐队员"的时候,"百姓群情激愤,默默祈祷上帝派使徒相救"。克洛德·阿东还讲述了一段更说明问题的故事。1573年,应市镇当局的要求,普罗万的布道者在讲道台上激烈声讨梳棉工、葡萄种植者和劳工,说他们懒惰,亵渎神明,是"一群无赖、恶棍……,一群地痞流氓":"司法人员对这样的社会渣滓手下留情是错误的,应该绞死他们,或至少送他们去海上作苦役,为国王效力",他最后说"这些低贱无用之徒张口向我们要粮食,还威胁说,不满足要求便会起来反抗富人和商人。的确应当绞死他们。"虽然布道台乃庄重场合,但这番话远没有达到预期的效果:

反而激起了贫民的愤怒,于是,他们没有祈祷上帝赐予他们耐心,而是高声亵渎、诅咒上帝。他们群情激愤,讲道者如果让他们在教堂外捉到,定会被碎尸万段。

这里我们目睹的是 16 世纪重大文化演变的其中一幕,是在天灾人祸的推波助澜下传统价值观快速的颠覆,它部分地解释了一些人加入反映社会不满情绪的宗教改革的举动。它是 1525 年阿尔萨斯农民战争的一个侧面;里昂市民桑福里安·尚皮耶也是这样来解释 1529 年的里昂暴乱的,虽有些极端,但却说明问题:骚乱主要因饥饿和贫困而起,但作者极力将其归因于"沃州①宗派的不良"影响;这也是 1566 年佛兰德、康布雷奇和埃诺三地反圣像运动日益高涨的原因之一:教徒用宗教语言表达他们内心深处的不满情绪,这些不满既是宗教的,也是社会的和全民的。透过人们对贫民的关注,社会对整个人民群体的性质及其文化的观照体现了出来,且发生了变化。

演变所揭示的新的断裂也通过文化的另一个重要方面,即欢庆形式表现出来。表面的盛大是极具欺骗性的。我们先一起来读一读印刷出版的关于 1578 年 11 月 17 日"里昂马队游行"的记载:

> 在马尔—古维尔修道院各社团前面开道的是两名由该修道院的院长们选出的下级士官。他们认真地为各社团排序,这一天的队伍便按照这个顺序游行,马尔—古维尔修道院的社团被排在前面。他们神情庄严,整齐地行进着。
>
> 走在前面的是圣—樊尚区的马尔—古维尔修道院院长率领的社团,队列整齐,有号手伴奏,后随 120 名壮汉,手持长矛,身着绿色塔夫绸宽松上衣;走在院长前面的旗手高举旗帜,上写"圣—樊尚万岁"的口号;旗手后面单独行进的是该区的守卫队长,他带领着这个社团,其中包括指导牧师和院长顾问团,还有四轮车随行,车里面是本区一个挨了妻子揍的可怜虫,随后表演的谚语故事讲的就是这类事情,车子前面一人穿着奇异花哨的服装,为院长捧持权杖。

此文对马尔—古维尔青年各社团都一一进行了详尽的描写,给我们展示了游行队列的光彩华丽、欢快热闹的场面:音乐、旗帜、漂亮的服装、还有在彩车上表演的短剧,参加者逾千人。这个实例之所以突出,只是因为资料翔实,且是大城市,16 世纪城里的年轻人充满活力,这是毋庸怀疑的:经统计,整个世纪,仅在里尔一个城市,竟有不同社团 89 个。

---

① 瑞士的一个州。

　　然而,里昂的马尔－古维尔修道院的缝纫街会却于 1517 年被一对夫妇告上法庭,因为他们对一次由该会承办的马队游行牢骚满腹:这一举动的意义远大于官方采取的压制性措施,因为它意味着近邻也与传统的集体活动分道扬镳,还因为社团自身也感到有必要借助于法律程序对其节日集会的形式加以说明。共识出现分歧,经验过渡为法律规定,同时,与青年人本身的逻辑也产生了根本的分裂。我们看到已婚者也加入了进来,与此同时,原以地域为基础建立的各种社团已无法抵御社会分化的影响。虽然里昂的社团以街道或小区为中心组建起来,但这个城市的社会地理却十分明显,人们的选择经常更加透明。尼斯市共有四个教区司祭,由贵族、商人、手工艺者、园艺工作者和渔民分别推选。罗芒有各行业人员的管理协会,比如呢绒商,也有名流显贵的管理协会;社会归属显然压倒其他任何考量因素并导致冲突:1580 年的封斋期前狂欢便以斗殴而告终。

　　青年显贵社团作用的发展变化更加深了这一社会分化。如果说里昂缝纫街的修道院 1517 年还声称"维护着街道的和平和友谊"并且"公道地实施管理"的话,那么随后它便同其他社团一样,逐渐过渡为代表机构,尤其在国王入城式或城市欢度节日时。人们加入社团,也从便于婚事的操办及调和社会关系的考虑发展为加入属于自己的那个社会阶层的单纯举动了。因此,后来的社团演变为单纯而虔信上帝的兄弟会便顺理成章,轻而易举了:这个阶段来得迟了些,且从未真正完结,因为当局从 17 世纪开始查封一些修道院。但是这种变化和发展意义重大,因为它使城市有别于乡村,使名人显贵有别于其他百姓。

　　这样看来,狂欢节表面上的一致性是具有欺骗性的,关于这一点,当我们将实际年表和阿图瓦、佛兰德等省的地区传统活动加以比较,便一目了然了。禁令甚至在 17 世纪中叶就开始了,如图卢兹的禁令始于 1559 年。但难于奏效,屡禁不止。虽然亨利三世在封斋前的星期二竟还"跑遍全城"与群众狂欢,但在十几名宫内侍从官、宫廷侍女、举着火把的年轻侍从、尤其那 11 名演技高超、数量可观的乐师陪同下,这位君主恐怕很难不被认出。到 17 世纪下半叶仍能保持其集体特点的节日活动唯有仪式行列了,且仍有几十次之多。但即便是这类活动也不可避免地发生着变化。让·盖罗便向我们描绘了 1559 年 4 月 16 日里昂市颇为壮观的仪式行列,参加活动的贫民逾 4000 人,"声势浩大",此外还有市府官员。他还特别提到第二天一个叫吕库阿的富豪敞开宅门,欢迎百姓做客的事情,但这种事并不多见,不具代表性。这是为了庆祝卡托－康布雷奇和约签定①,实际上,13 日已经举行过庆祝活动,只不过那天只有官员代表参加……

　　集体庆祝活动正逐步演变为表演性的欢庆活动,平民们则在其中出色地扮演群众角色。各城市借此机会巩固各自的地位,如兴建市府大楼或行政官官邸,

146

① 该和约于 1559 年 4 月 3 日签订,它标志着法国和西班牙为控制意大利而进行的 65 年(1494－1559 年)的斗争宣告结束。

组织鸟形靶射箭比赛或行政长官见面活动,国王驾临时,它们更是竞相组织盛大欢迎仪式。国王亲临各市,意味着在君主与城市之间建立一种对话,国王通过继续恩准城市的特权表达其惠顾之意,城市则借机表明其臣服之心。这种对话主要具有政治文化上的重要性——路易十四当然就不再需要这种表白,但欢迎仪式的形式也在很大程度上反映了城市文化的演变及其地理差异。1530 年,就是在昂古莱姆这样的小城——当然昂古莱姆的女伯爵不是别人,正是王太后路易丝·德·萨瓦,组织者已经引入蝾螈和凤凰这样规范的、多重含义的精致徽帜了,也能够运用古代格调的某些要素,但总体效果依然淳朴:当地一位专栏记者用"巨大成功和无比欢悦"来形容欢迎活动的盛况,并说该市"已竭尽所能给予最高规格的礼遇"。他甚至还特别提到浩浩荡荡的利穆赞贵族的队伍带来的朴拙的乡村情调:他们担心马蹄太响,便把它们包裹起来,对国王也免去了长篇大论,千言万语只汇成一句"陛下好"。这种活动还是人人可以参与的。

但当国王驾临大城市时,情况就完全不同了,尤其在亨利三世时期:达到极致的艺术、为传达政治信息而极尽精细考究的仪式规范、对古代巧妙的借鉴,这一切都在壮观场面的烘托下变成了舞台式的表演,演员和观众赫然分开:国王及其随从、官员和显贵是演员,其他人是观众。百姓也果真进入了角色:1548 年 9 月 24 日,当亨利二世按预定的时间——傍晚六时左右——进入里昂市时,"百姓和市民都牢骚满腹,很不满意,因为天黑,根本看不清楚"。连狂欢节到世纪末期也变成了双重性节日:1596 年在阿维尼翁市,人们观看丰富多彩的假面队列的表演;1597 年在马赛,街道上围起护栏,"好让群众观看假面行列"。里昂市的庆祝活动则早在世纪中叶就采用这种做法了:一些富有的意大利资产者家庭每逢周日或封斋前的星期二都组织假面游行,他们戴着面具,身着华丽服装列队行进,他们或装扮成古代人物,或展示异国情调,中间常穿插由六名高层贵族参加的套马比赛。观众各就其位:"贵妇人"凭窗而立,任骑手朝她们身上泼水,普通百姓则在街上看热闹,不时从马蹄下捡拾有钱的骑士们丢弃的橙子……

借助意大利的模式,里昂已经开始具备了将成为节日顶级节目的宫廷芭蕾的所有要素,这种舞蹈集象征、身体训练及其他诸多要素于一身,在世纪中叶开始展露头角。的确,1548—1550 年间为亨利二世组织的那些驾临仪式已似天鹅绝唱。而 1564—1566 年间查理九世的大巡游却是排场盛大,为西班牙和法兰西在巴荣纳的会面而安排的仪式尤其"穷奢极侈"。一种"私人的"节日就这样发展起来,唯此方能表达 1570 年创建的诗歌音乐学院的高雅追求。安托万·德·巴伊夫认为,古代艺术家用他们的激情净化观众的灵魂,他希望通过诗歌和音乐两种艺术的融合而重新获得这种神奇的效果。

这里,巴伊夫表达的观点实际上是对所谓音乐人文主义的继承,即重音乐的社会作用而轻其外在形式。它最早的形式是逝世于 1558 年的克莱芒·雅内坎

图 **15** 这座为迎接亨利二世1549年正式进驻巴黎而建成的拱门明显属于古代风格，它炫耀着君主的个人象征图案 ——月牙。它尤其体现着知识阶层和宫廷在寓意和徽章方面的文化。这是盛行于16世纪上叶的优雅嗜好，因安德烈·阿尔西亚特发表于1531年的《徽章学》大获成功而兴起。拱门顶端直接借用了阿尔西亚特重新发现的一个徽章图案：赫拉克勒斯手执狼牙棒，用卢瓦·斯特朗的话说，这是"用说服的力量统治臣民的君王的理想徽章"，这一信息通过赫拉克勒斯口中伸出的金链缚住四个等级而传达出来，它们是：神职阶层、贵族、官员和农民。尽管这个图案将赫拉克勒斯和以雄辩著称的高卢神俄格米俄斯相提并论，但它明显揭示了对王权的强烈确认，更有意思的是，这个图案在亨利四世1595年进入里昂的时候再次被使用。（巴黎国家图书馆）

在其作品中展示的音乐、诗歌或舞蹈的结合；同样，在拉伯雷《巨人传》第五部中灯笼女士们随之翩翩起舞的那些歌曲里，也可见克洛德·德·塞尔米齐的作品。根据诺埃尔·迪·法伊的讲述，人们对歌曲所创设的音乐—诗歌这对组合是那样的敏感，以至于为弗朗索瓦一世表演雅内坎的《马里尼安之战》(La Bataille de Marignan)时，"没有人在意他的剑是否在剑鞘，也没有人掂起脚尖捣乱或充高个儿"。侍臣必须学会用笛子为歌曲伴奏，这种高贵的乐器自然也是卡冈杜阿的必修课。但巴伊夫不止于此，他又在其中加入了哲学的蕴涵——当然更确切地说应该是政治的蕴涵，以求创作出一种几乎全新型的作品。

　　宫廷芭蕾确实是"完完全全的"表演，它将舞蹈、音乐(声乐和器乐)、诗歌、布景和服装和谐地融为一体。它清晰表达着政治意图，通过不同的主题赞美君主的权威。它向宫廷，也向城市传达着这一信息，表演者或是国王本人，或是皇后，或是精心挑选的亲友。宫廷芭蕾常常是大型活动中的一部分，公开表演，它无疑在亨利三世的宠臣茹瓦约斯公爵与王后之姊玛格丽特·德·洛林于1581年秋举行的婚礼上达到了顶峰。这场由卡特琳·德·美第奇亲自担当部分舞美设计的芭蕾剧是在几周的狂欢活动接近尾声时方才拉开帷幕。欢庆活动精彩不断，根据皮埃尔·德·埃图瓦勒的叙述，除了套马比赛、表演性格斗以外，人们还大宴宾客，欢歌劲舞，更有水上音乐表演和塞纳河沿岸五万人观看的焰火。参加芭蕾剧创作的不乏当时最优秀的创作者，除巴伊夫之外，还有作曲克洛德·勒热纳，作词龙沙、多拉和德波特，舞美萨瓦人巴尔塔扎·达·贝尔乔约索，布景安托万·卡龙。该剧的中心主题是女巫喀耳刻①的力量转移到了法兰西的王室，在四枢德天使咏唱祷告时，朱庇特和墨丘利的参与使行星的神力转为有利。亨利三世作为新的黄金时代的头领，与太阳联手而出：他为摆脱种种激情的困扰而进行的斗争屡屡获胜，从而消除了邪恶和战争：这里传达的信息显然带有一些吹捧的味道……鲁瓦·斯特朗分析得在理，他视此为"伐卢瓦家族节庆艺术的天鹅绝唱"，但这个将持续一个世纪的体裁这时只是初露头角而已。

　　此外，从某种意义上说，这也是节庆新观念的一个范例，虽然宫廷在几十年间一直也是比较开放的。托玛·普拉特于1597年狂欢节期间来到马赛，他注意到，虽然一些人对众人敞开家门，但舞会大多不对外，而且跳法也与大众的有所不同，多为双人舞、孔雀舞或三步舞。他还发现，普罗旺斯行政长官吉斯公爵虽然故作姿态在面具的遮掩下混于众来宾之中，但他即刻就会被认出来，"因为为他伴奏的乐师艺高一筹"。无论在宫廷还是在城市，差别在各个方面都已成定势。

---

① Circé，希腊传说中的女巫，能用药物和咒语把人变成动物。曾把奥德修斯的同伴变成猪。

3

不宽容的文化

人们无法对 1562—1598 年间法国发生的异乎寻常的暴力事件视而不见,反思是必然的。的确,圣巴托罗缪屠杀惨案通常被作为重要的年代坐标,被记录下来的令人发指的暴行也不计其数。但重要的还是在这些暴行与表面上相去甚远的现实之间建立起联系。

1582—1584 年间,法国发生了可怕的战争,饥荒和瘟疫更是雪上加霜。多菲内、普罗旺斯、朗格多克、洛林、香槟、庇卡底等省出现了声势浩大的仪式行列。人们对此记忆深刻,以至 19 年后一名犯人在法庭上自报生辰的时候,竟说他生于"白衣仪式行列那年"。那是带有强烈的赎罪特点的群众性运动:人们身穿代表纯洁的白色衣衫——白衣仪式行列即由此得名,高喊着请求宽恕,姑娘们披头散发,在蒙特利马尔,人们还穿上为此而建立的苦修者兄弟会的风帽斗篷,手持挞鞭。最初可能只是乡村自发的活动,随后扩展到城市,名士显贵也加入进来,教会更是责无旁贷。有些地方,来自四面八方的至少几十万信徒排成百公里的长队行进,譬如在香槟省的圣母—德列斯,以及洛林省的圣尼古拉—迪波尔。最为偏激的宗教氛围莫过于神圣联盟了:在这个问题上,我们与德尼·克鲁泽的观点一致,他的分析表明,神圣联盟的暴力行为与平和而颇为壮观的虔信可以是同一种文化、同一种精神状态的表现。的确,没有必要把它看作恐慌行为或"末世焦虑的躁动":信徒对上帝的任何示意和召唤的期待和感受性都是非常强烈的,这一点可以在很大程度上对他们在非常艰难时期的行为举动做出合理的解释。

神职人员对此心知肚明,他们于 1572 年 8 月 24 日清晨在巴黎的圣婴墓地导演了一出山楂树奇迹。巴黎人见到枯树开花便以为是上帝发出的信号——树木的荆刺让人们想起耶稣的荆冠,以为上帝应允了当夜开始的对胡格诺派教徒的屠杀,甚至还传说此树连续数周治愈病患,消息一直传到克洛德·阿东的家乡普罗万。对巴黎人的这种轻信连教廷大使本人都不以为然。

群众的举动显然是发自内心的:宗教性行为,奇迹,这些都是信徒的需要,我们完全可以将天主教的白衣行列运动与 1566 年春新教在佛兰德和康布雷奇组织的、吸引了众多情绪高涨群众的"树篱讲道"相提并论。新教牧师避开城市的镇压,在偏远的乡下传播福音:勃鲁盖尔同年完成的画作《圣约翰—巴蒂斯特的布道》(*La Prédication de Saint Jean-Baptiste*)表现了这种显而易见的热情。但同时,这种冲动和热诚也反映了文化的二重性,它比奇迹这类粗俗的骗局更胜一等。

的确,这一举动首先是群众性的。因而"不少天主教的大人物"(如香槟省)、"无数虔诚的贵族绅士和不少贵族小姐"(比如在奥朗日附近的圣母－德普朗)也加入了白衣仪式行列便成了不同寻常的事情,被记录下来。龙沙和杜·贝莱的好友、加斯科尼人皮埃尔·德·帕沙尔也特别强调了 1562 年夏使巴黎的胡格诺派教徒惨遭不幸的暴力行为的民众性根源:"船夫们"把那些可怜的人扔进河里打懵,"民众"杀人后,将尸体拖到法院肢解、焚烧,并且"大声攻击"一项禁止野蛮行刑的法令。奥尔良内的圣巴托罗缪之夜也一样,一名叫博泽姆的德国学生把骇人听闻的暴行归因于前来抢掠的"四百个农民":"这些人毫无怜悯之心地割断可怜的胡格诺教徒的喉咙,屠杀他们"。在勒普伊,主教"害怕民众的愤怒",于是组织了胡格诺派的集体皈依仪式,以使他们免遭屠杀。叙述此事的皮革商让·比雷尔的恻隐之心溢于言表,不过这丝毫没有妨碍他 20 年后加入神圣联盟。而 1588 年 5 月巴黎的神圣联盟之所以发明了街垒,并非针对王家军队,而是为了避免群氓的攻击:

> 城里有大量的盗贼和坏人,数量超过六、七千人。他们不知道这次行动(起义)的事情,一旦他们开始抢劫,局面就很难控制,因为他们的团伙就像雪球,越滚越大,最终会使起义和起义者陷入混乱,彻底失败。根据这个合理而中肯的分析,有人提出了修建街垒的建议……,也就是说用装满泥土的木桶拦截路口,用铁链连接,除非知道口令或有标记,否则任何人不得通行。

由德尼·里歇发现的尼古拉·普兰的见证与骚乱初期里昂商事裁判官们的担忧不谋而合,他们最关心的首先是保证生意的正常进行。我们甚至可以理所当然地认为,圣巴托罗缪惨案的规模如此之大,其暴行的性质只能是民众性的:几个组织者——国王、王太后或吉斯公爵,他们根本不可能对如此规模的不当之举承担全部责任。

至今仍在史料编纂学界争论不休的关于几次屠杀的直接责任问题,在文化方面意义不大,但它可以帮助我们将煽动者和大多为自发的实施者之间划清界限。在这一点上,镇压的残暴性可能并没有起太大作用:暴行并不奏效,许多胡格诺教徒身受酷刑仍坚守信仰,誓死不屈。我们认为,1546 年 4 月对吕贝隆地区的沃州人——他们是正宗的加尔文教徒——的屠杀标志着王室政策的转折点。但此次行动造成 3000 人死亡,被奸污妇女不计其数,九个村子被烧毁,如此残暴的行为还是引起了某些同情:附近天主教贵族、富豪,有的悲悯哀叹,有的提出抗议,巴黎最高法院甚至在五年后还进行了一番调查,可惜最后不了了之。重新使用粗暴手段对少数派进行集体性的清除可能对一些人颇有启发:比如,1555 年在阿维尼翁,教皇命人焚烧了犹太教的所有圣书,强迫他们戴黄色软帽,变卖家产,然后把他们关入只有两个出口的隔离区内。不过这些措施引起的反响不大,没有超出伯爵领地的范围,而公众总体上更容易被图画所感染:神圣联盟时期发行的大量带插图的小册子的扉页上常印有粗劣低俗的宣传画,比如1562年印行的一本册子,把里昂胡格诺教徒丑化为正在向耶稣基督射击的猴子。图画也代表行动:佩带武器的修道士加入神圣联盟的仪式行列的图画,显然意在为暴行辩护,这一特征十分突出,我们掌握了不少肖像的见证。

　　如此强烈的行动是政治斗争逐渐升级的结果:成立于1585年的神圣联盟,由于在1588年5月控制了巴黎而暂时获胜。它实际上是逐渐建立起来的:1568年,它还只是一个普普通通的拥护国王的地方同盟,1576年发展为由吉斯公爵①领导并坚决反对与胡格诺派讲和的神圣基督联盟。这些行动也是一部分知识分子思想激进化的结果。从16世纪中叶起,越来越多的人请求国王用铁与火铲除王国的异端。让·塔尔潘、安托万·德·穆希、阿蒂斯·德西雷等众多教士和在俗教徒以旧约为依据,纷纷发泄他们的怒火和狂热,德尼·克鲁泽②收集了大量这方面的资料:

> 放到炭火上烧烤
> 伪教义的说道者……
> 逮住那些开小会的
> 黑夜密谋策反的
> 统统丢进火里焚烧。

154

　　德西雷并不是在这里玩修辞,打比方。这类深奥的文字由讲道者传播开来。同时,在一种施暴的神圣责任感的驱动下,一个更加激进的思想产生了:诛戮暴君。圣巴托罗缪惨案后不久,胡格诺教徒弗朗索瓦·奥特芒、加尔文在日内瓦的接班人泰奥多尔·德·贝兹先后提出把君主政权建立在与臣民的契约的基础上。一旦君主成为暴君,可以被赶下台。1579年,迪普莱西—莫尔奈和朗盖将这个观点进一步完善,使之达到高度缜密。1585年后,一些托钵修道士又在布道中重提这个观点,其反响相当强烈,随后接连不断的暗杀事件逐渐升级:先是弗朗索瓦·德·吉斯和路易·德·孔代③60年代在战场遭毒手,然后是海军上将科利尼、亨利·德·吉斯在布卢瓦和亨利三世相继遭暗杀。雅克·克莱芒④

---

① 吉斯(Henri de Guise,1550—1588),亦称吉斯公爵第三,弗朗索瓦·德·吉斯即第二代吉斯公爵之子,法国宗教战争期间天主教派和神圣联盟公认的首领,深受巴黎人民爱戴。1588年帮助亨利三世平定叛乱,遂被任命为王国摄政。不久后在亨利三世的授意下被刺。
② 德尼·克鲁泽(Denis Crouzet,1953—　　),索邦大学近代史教师。
③ 路易·德·孔代(Louis De Condé,1530—1569),又译:孔代亲王路易。
④ 此人为多明我会修士,成功刺杀亨利三世。

1589 年 8 月 1 日的举动及另一个胡格诺教徒的效尤提出了一个意义重大的问题：国家和宗教孰轻孰重，国王的神圣性和宗教信仰孰先孰后。

　　的确，神圣联盟时期的暴力行动和此消彼长的局面掩盖不了法国政治文化的令人瞩目的成熟趋势，这在特权阶级尤为突出，而亨利四世改宗天主教的决定及他选择的时机正是这种成熟的具体体现。罗贝尔·德西蒙对此所做的概括总结十分精彩，它除了对此消彼长的情势给予明确的定论外，还展示了法国公众舆论围绕大势所趋而得到认可的王权的至高无上性，是如何在一代人的时间内由宗教性分歧转变为政治性分歧的。这一变化的始作俑者无疑是政治派①。政治派这个称呼是在所谓宗教战争的初期出现的——这并非偶然，由弗朗什—孔泰人、红衣主教格朗韦尔首次提出。时任西班牙属尼德兰总督的格朗韦尔认为，科利尼的行为"更是出于政治目的……而非出于虔诚之心"。因此，政治和宗教的对立很早就已出现，且贯穿冲突的始终：如围绕政治派支持的米歇尔·德·洛皮塔尔②其人产生的分歧，又如在圣巴托罗缪惨案后，支持观念与信仰自由的天主教徒出于和平的愿望，号召新教徒加入"好公民"阵营。1594 年，巴黎的几个政治派成员发表《迈克拜的讽刺》（*Satire Ménippée*），表达了对以国王为中心的国家团结的强烈关注。虽为应景之作，但却反映了当时文人资产者、特别是国王官员们的普遍情感。少数大领主也忧心忡忡，比如 1574 年在朗格多克任总督的亨利·德·蒙莫朗西，甚至还有国王的兄弟弗朗索瓦。

　　这不是简简单单的思潮：政治派冒着失去财产甚至牺牲生命的危险，在政治斗争中抒发己见，这是现代含义上的最早的政治斗争的范例之一。巴黎的情形虽然尽人皆知，却没有什么出人意表之处。让·比雷尔讲述了勒普伊市的政治派在 1590 年如何不顾财产被扣押仍坚持己见，以至到 1594 年成为了市镇政治生活的参照。是年春天，当亨利四世死亡的误传不胫而走并引来众人一片欢腾时，"小百姓们"满街叫喊的是"得啦，讨厌的政治派，你们的纳瓦尔的国王已经死啦"。五月一日开始，反对派揭竿而起，"你们会看到政和派重新占领街道"，以至在全城引起激烈的争论。10 月，政治派再次试图出其不意夺取城市控制权，结果遭到屠杀。这些事件并非细枝末节，它们说明，即便对政治派来说，完全撇开暴力和内战的背景不谈是何等困难。它们还表明，宗教和政治之间的对立与社会阶层在很大程度上是吻合的：勒普伊市的政治派由显贵组成，包括行政官们，主教则于 1590 年也加入了他们的行列。这一超越宗教分化的政治势力的突然出现表达了对秩序的渴望，它可能基于社会性的恐惧——德尼·里歇特别强调

155

156

---

①　法国宗教战争时期组成的天主教派，主张维持和平和保障王权，是介于原天主教和耶稣会教派之间的中间派。又译政和派。

②　米歇尔·德·洛皮塔尔（Michel de L'Hospital，1505－1573），政治家，律师和人文主义者，1560－1568 年任法国大法官，在行政，司法方面实施改革，促使政府对胡格诺派教徒采取宽容政策，被认为是政治派的创始人。

图 16 修道士也操起武器，加入了神圣联盟的示威，这恐怕是人们最熟知的对那个时期的写照了：极度的暴力和狂热抹杀了知识层面的标准。不过我们应该注意到，其视角是有倾向性的：比内尔 —— 如果他的确是此画的作者的话 —— 是得到亨利·德·纳瓦尔资助的。（弗朗索瓦·比内尔[或其画室]，《1590 年神圣联盟行列示威》，瓦朗西纳艺术博物馆）

这一点,而勒普伊的事件正印证了他的说法,同时也基于深刻的文化演变:资产者渴望一个受到权利和国家保障的秩序,因而哪怕以失去市政自主权为代价,也要拒绝相当一部分贵族和民众实施的"野蛮"暴力。收效显然并不是决定性的——后来的投石党运动便证明了这一点,因而,如果就此得出政治文化已经世俗化的结论就未免过于极端了。不过未来基本分化中的一个的确已经开始明朗化,只是它还没有找到一个强有力的表达方式。

勒普伊市对政治派的屠杀表明,欲确立政治的现代性是何等困难:这是个常被用来参照的事例,我们依旧选它,不是图方便,而是因为它准确反映了现实。宗教上过度的不宽容和极端的暴力行为仅在少数人中引起有组织的反抗。虽然蒙田赞同政治派的观点,但他的分析更体现了一个潜在的出色评论家的气质,而不是出自时代的思想大师。从 1580 年起开始发表的《随笔集》主要推介的是一种方法,即请读者像他本人一样一贯地对一切显而易见的事情,一切被普遍认可的知识,甚至对理性提出质疑。这一永远处在构筑中的探索本身便包含了宽容的原则,它可以带来新的视角——关于这一点我们前面曾在印地安人的问题上谈及,但无法为其时代作见证。

若找一部最能反映时代的作品,非让·博丹发表于同年即 1580 年的《巫师的变魔妄想》(*Démonomanie des sorciers*)莫属。作者是当时最为杰出的知识分子之一,该作品很受欢迎,发表后 36 年间再版 12 次,并译成 4 种文字。博丹反蒙田之道而行,通过科学的论证而引入了确实性,其论证在很大程度上建立在古人的权威和对"常识"的遵守的基础上:既然我们说质轻者可以上升,比如火,既然骑扫把的巫婆也一样可以向上飞,那么她便是轻者无疑了。她进入的是一个拥有其自身规律的知识领域,这些规律不同于支配我们这个宇宙的物理规律:"在不存在理性之地根本无需寻找理性",这句话原原本本地借用了亚里士多德的原话。其实,对这个问题的争论自 1567 年莱茵河地区的医生让·维耶[①]的论著译成法文出版之日就已开始了,此书作者认为巫术乃年老者的"忧郁情绪"和颠三倒四的絮叨的结果。而对博丹著作的重视无疑对这场争论起到推波助澜的作用。但《巫师的变魔妄想》仍旧反映了一种深刻的趋势,即一种基于科学的或宗教的精雅文化的确定性之上的"精英"主张渐渐明朗化了。

的确,在内战频仍、暴力不断的同时,意识形态开始向标准化、正规化迈进,并逐步影响到文化的各个方面。1541 年,卡瓦永主教的代理主教处罚了该市的一个教士,因为圣婴日那天,按照惯例,他在公共广场朗诵了"一则寓言故事,但其寓意有悖天主教的教义":马克·韦纳尔[②]透过此事看到,一个决定性的时刻,

---

① 让·维耶(Jean Wier,1515—1588),荷兰著名医生,人文主义者。主张巫师为病人,不该问罪。

② 马克·韦纳尔(Marc Venard,?),史学家,巴黎十大名誉教授,《法国教会史》杂志主编。著有《16 世纪经受考验的天主教》(2000 年),对 16 世纪天主教提出全新观点。

即玩笑也被视为异端邪说的时刻到来了。在这样那样的孤立的但不一定新鲜的条文之外——对小酒馆实施零星的治安管理措施早在16世纪前就开始了，一场重要的运动已在酝酿之中。

　　亵渎神明的例子是很说明问题的，因为既然都是口头说说，那么惩治的标准就纯属文化范畴了。虽然我们无法证明16世纪亵渎神明的行为是否普遍，但当局者对此穷追不舍的例子却是不胜枚举。罗贝尔·米桑布莱德在研究中发现，在西班牙占领时期的阿图瓦，惩罚变本加厉，1550年，竟开始对惯犯动用穿舌的刑法。1554年开始，神圣罗马帝国对亵渎和辱骂进行同样的惩处：说"妈的"、"戴绿帽子的"、"该死的上帝"便会受到连续三天只有面包和水充饥的处罚。对我们的研究而言，最重要的可能还不是这种惩戒本身，这毕竟是难以度量的事情，重要的是通过日常的行为发现这种随意而专断的标准化。这种标准化有时完全是虚伪和荒唐的，比如，亨利四世在其听罪司祭科东神父的要求下，不得不改口用"jarnicoton"代替"jarnidie"①。标准化也可能像巫术一样在毫不相干的争执中成为攻击对方的武器，比如，洛林人乔治·莫兰1578年就揭发他的侄儿亵渎神明。但是，当局传达的信息不容更改：1581年，勒普伊的市镇当局和司法机关做出以下决定：

　　　　为惩戒大量屡禁不止、甚至被儿童效尤的亵渎圣名者，将制作一个大木笼，推至比格杜瓦尔广场，将亵渎圣明者关在里面示众……，从而使本市群众、居民引以为戒。此乃绝妙之举，收效甚佳！

　　阿维尼翁动用木笼30年后，我们可以衡量惩戒走过的历程：从罗马教皇的圣地到小城维莱，从异端邪说到脱口而出的辱骂神明，惩戒的范围无限扩大，当然，惩处措施也花样翻新，既有终生监禁乃至死刑，也有舞台化的示众柱前的当街示众。

　　在这同时，即1580年，亨利三世下令各主教举行省级主教会议，随后的五年中，至少有七个省照办：自此，特伦托宗教会议的决议才真正开始在法国实施，天主教改革也才获得决定性的推进。

　　至此，从亵渎神明到天主教改革的整体面貌，从对巫术的处罚到对贫民的处置，从宫廷的举止到对暴力的新视角，我们或蜻蜓点水，或浓墨重彩，目睹了一个渐进而又实实在在的转变过程：即由经验主义的或孤立的习惯作法向智力上互为联系、同时又在特权阶层广为传播的一整套系统的过渡。这一套作法是通过police表达出来的，这个词在当时的意思是：管理，治理，制定规章。这种管理显然不排除暴力，但却声称可以用周密审慎的约束来代替随意、野蛮

① 两句都是骂人话。前一句与"我不信科东"谐音；后一句与"我不信上帝"谐音，有亵渎上帝之嫌。

的暴力。用诺贝尔·埃利亚斯的话说,这是"暴力的文明化"过程,而非暴力的根除。

我们正可以带着这样的认识来阅读一下米舍莱①在《法国历史》(*Histoire de France*)中专门论述文艺复兴一卷的卷首语:

> 文艺复兴这个亲切的字眼对美的热爱者来说只意味着一种新艺术的到来和创造力的自由飞跃;对学者来说,它则是对古代研究的革新;对法学家而言,那意味着曙光终于开始照耀陈旧习俗的混沌状态了。……照这样说来,为一场如此复杂、如此广泛、如此艰苦卓绝的革命所付出的巨大努力,收获的却只是虚无了。一个如此宏大的愿望却没有结局。这对人类的思想是何等令人沮丧!这些心怀偏见的人其实只忘记了两件看似微不足道的事情,两件更属于这个时代而非祖先的事情,那便是对世界的发现,对人的发现。……[人]已经在探寻其本性的深层根基。他已经开始立于正义和理性之中。怀疑者对信仰伸出了援手,而最有胆识者终于在其意志之神殿的柱廊上这样写道:"请进吧,我们可以在此缔建深刻的信仰。"
>
> 的确,当重被寻回的古代承认与现代在核心上的同一性的时候,当若隐若现的东方向我们西方伸出手臂的时候,当人类大家庭的成员们从时间和空间上开始实现令人欣喜的和解的时候,新的信仰所依托的根基确实是深厚的。

人类大家庭成员之和解的观点在最广泛的地理和年代的范围内都是正确的。我们可以接受创造力自由飞跃的观点,虽然这个飞跃过程转瞬即逝,也可以承认宗教分裂的次要地位。但是,米舍莱忘记了——这在1867年是正常的——文艺复兴同样还是文化分裂的决定性时刻,是文化在构思、孕育和初露头角的时刻。他忘记了,两种文化开始了共处的时期,它们使用的语言已不尽相同,并且一方声称要改变另一方。

159

---

① 米舍莱(Jules Michelet,1798—1874),法国史学家,评论作者。主要著作有《法国历史》(1833—1846)、《法国大革命史》(1847—1853)等。其著述将严谨的史料与诗意的风格融为一体,独具特色。

3. 第三部分

还人之为人（约 1580 年—1660 年）

"不宽容的文化"……尽管未来将在政治派手中,但是用"不宽容"这个词来形容 1580 年前后的情形还是十分贴切的,那个时期,任何象征符号,任何艺术品都带有宗教分裂的痕迹。并存的两种心态——一面是忧心忡忡,疑虑重重,一面是文艺复兴的乐观态度——都转变为对悲惨状况的确定性,那正是阿格里巴·多比涅①1577 年开始写作的《惨景集》(*Les Tragiques*)所描绘的悲惨景象:"我要把法兰西描绘成一位母亲/她为怀中搂抱的两个孩儿伤心……",这位母亲向孩子呼喊:"为养活你们我只剩下鲜血滴淌"。冲突的残酷性呈现出一种忧郁的、病态的基调,表现为亨利三世宫廷上下极度的狂躁不安、奢华和浮夸之风,以及人文主义者以为可以从中收获知识和智慧的古训的泛滥。艺术家力图使他们的创作与新柏拉图主义哲学协调一致的时代看来已经结束了。热尔曼·皮隆②1585 年的雕塑作品《痛苦的圣母》(*Vierge de douleur*)、马勒布③两年后创作并由罗兰·德·拉叙斯④谱曲的诗作《圣彼得的眼泪》(*Larmes de Saint-Pierre*)也同样印证了这种悲哀的氛围。

　　16 世纪最后 20 年是在口诛笔伐中度过的,这期间,文化发挥了它的作用。作家们或多或少——有些人则是立场分明地——加入了某个营垒。论战充斥了书面文字,竟作为主要体裁存在了几十年之久;它通过无数小册子影响着城市中的每个人;但当这些精英分子的言论通过口头流传到农村的时候,就多少有些走样了。天主教徒没有一个不知道异教徒注定会下地狱,胡格诺派农民也没有一

----

① 阿格里巴·多比涅(Théodore-Agrippa d'Aubigné, 1552—1630),16 世纪末法国重要诗人,胡格诺派教徒重要首领。主要作品有《世界史》和诗作《惨景集》。

② 热尔曼·皮隆(Germain Pilon, 1528—1590),法国雕塑家,法国文艺复兴的重要代表。卡特琳·德·美第奇对其作品极为推崇。

③ 马勒布(François de Malherbe, 1555—1628),法国诗人,古典主义先驱。成为亨利四世的御用诗人后,提出纯洁诗歌的主张,被布瓦洛赞誉为改革者。

④ 罗兰·德·拉叙斯(Roland de Lassus,1531—1594),法国-佛兰德作曲家。一生作品等身,宗教曲包括 500 首经文歌、52 首弥撒曲及圣母赞歌、耶稣受难曲等;世俗曲包括许多牧歌、法国歌曲和德国浪漫曲。

个不晓得拥护教皇的天主教徒会遭天罚。

宗教分歧导致了文化上的差别。当在天主教控制的农村还未能普遍开展布道的时候,加尔文教便把重心放在福音的聆听与讲解上,这些活动或以家庭为单位,或在礼拜活动的正常范围内在每周两次的固定讲道时间进行。胡格诺派关于成立地方分会的条文法规支持以教务议会或以教区会议为单位进行集体思考。集体唱诗对一些新教分会来说是其宗教同一性的第一次公开表白,它使不同社群在祷告中结为一体。

艺术创作也在其可接受的范围内体现着这种不同。在天主教的典礼仪式上,尤其在隆重的典礼上,一般都由专业人员演唱复杂的多声部歌曲,其曲调专为触动人的感官而作,使本来对大多数人来说就意义含混的拉丁文唱词更加令人费解。相反,古迪梅尔发表于1565年和1580年的圣诗集则优先考虑歌词的内容,歌词用法文写成,配曲从不喧宾夺主,以免影响对唱词的理解,演唱则由在场全体教徒一同完成,使唱诗成为一种集体的祈祷。古迪梅尔的圣诗集日后成为新教日常圣歌的重要参照,为同时代克洛德·勒热纳的圣诗集所不能及。多声部被逐出新教礼拜堂,只在其他一些场合采用,且须遵循古迪梅尔提出的原则,即大家同时演唱相同的歌词的纵向和声:

我们给赞美歌另加了三部分,不是为了在教堂演唱,而是为了在上帝面前感受愉悦,特别是在家中。这不失为一个好方法,况且,在教堂中唱诵的圣歌完全保持原貌,仍然是独立的部分。

这样的例子不胜枚举,它们涉及生活的方方面面。改革,还意味着在某种程度上——因为实际情况较为复杂——脱离天主教的节日表,如斋戒日和小斋日,名目繁多的圣人节日等。新教礼拜堂的特点是素朴无华,表现私人生活的背景和表现虔信的物品都受到影响,大多数天主教徒热衷的雕塑、油画和表现上帝或圣人的图画都消失了,此后,主张改革的主教们还下令在所有礼拜场所进行颇为困难的筛选。福音占据了首要地位,阅读、聆听、抄写、背诵圣经等成了新教宗教仪式、家庭和教徒们的重要活动内容,并促使有条件的人读书认字。

后面将会谈到,这些分化结果是强烈的竞争意识的根源,但这些结果却无法脱离一个始终依赖于广泛一致的世界观和分析思考方式的共同的文化资源。亚里士多德学说关于形式与实体、灵魂与真生的概念,仍旧支配着一种广泛脱离物质证据必要性的推理形式,它建立在质而非计量的基础上,更加注重描绘和目的性而不是通过推理去探寻因果性。文艺复兴从大学教育中继承了这样一个知识组织系统,它在事实上无视观察与理论之间、能见与不可见之间的差别。因而对宇宙奥秘的探索研究属于思辩的范畴,在这里,形而上学没有同物理真正区别开来,因为在它们同属的哲学范畴里,炼金术所涵盖的知识今天还时而被归入化学,时而又归入魔术或幻术,因为在这个范畴里,星相学的存在也是顺理成章,合乎情理。总之,对世界法则的解释在很大程度上是象征性的。

不同层面和不同形式的理解,无论是口头的或书面的,精深的或通俗的,都既没有表现出相互矛盾,也不存在任何断离。在世纪之交,书面与口头之间不存在互相排斥或对立:宗教改革思想的传播方式足以证明这一点。新教之所以可以在文盲或半文盲的社会阶层站稳脚跟,正是依靠地方的联系人随时把外来的书面论述进行口头译介。各地教会的言论要想植入某社会团体的文化,只有通过双向过程,即吸收和适应过程,即一方面使群体接受外来的信仰、习俗,另一方面,使这些信仰和习俗适应不同的思维方式。

然而,这一事实也同时暴露了逐渐出现的分化所造成的种种后果,它们使社会肌体内部的裂痕不断扩大,这个裂痕虽与诸教派阵线丝毫不相吻合,但却因其空前的宗教分裂而以更快的速度张裂。让·维耶医生从中窥见巫术之渊源的"忧郁情绪"与大多数人对世界的解释和推理方式并非无法调和,但是,代表着当权者权威的博学界把它明确界定为"着魔",并导致镇压。书面文字已经标志了断裂的存在,优越感随之产生,伴随着这种优越感的,还有道德的包含意义,以及人文主义观念的细微转变,或者说是一种扩展,即逐渐向"完全之人"的靠近。

在精英分子看来,宗教对抗、政治动乱、社会压力,这一切都说明存在着规范与教育、镇压与促进的双向运动,它将以极为不同的形式,在极为不同的领域记录 17 世纪的文化史。宗教对抗的残酷性、劝说改宗的强烈愿望以及教士在传授知识和对社会的控制方面占据的重要地位说明,无论是天主教还是新教,神职人员在这一阶段都扮演着举足轻重的角色。还人之为人的尊严,这就意味着使他们脱离兽性,脱离野蛮;但不论对谁而言,它首先还意味着让人更接近上帝的形象,小即遵守基督徒的正统教义,揭示他被原罪所败坏了的真实本性。

图 **17** 雅克·勒梅西埃是最受黎世留宠爱的建筑师。除了索邦大学（该图为其小教堂）的重建工程之外，黎世留还请他承接了枢机主教宫（后来的皇宫），黎世留城堡及其新城的工程。随后，勒梅西埃又接手了圣－罗克教堂的建设。

图 **18** 圣－热尔韦－圣－普罗泰教堂的正面先于索邦小教堂二十年开工，为巴黎引入了受文艺复兴罗马式建筑影响的一整套建筑形式。

第八章　从人的战斗到为上帝而战

本卷的第一部分让我们熟悉了近代社会初期宗教的双重特点。除寻求保护的迫切需要和求助的心理之外，还有少数人在其宗教信仰中感受到心灵及精神皈依的渴望。书面文字在印刷术的推动下忽然间蓬勃发展起来，从而使一些社会精英家庭的成员一方面坚定了个人信仰，另一方面又渴望建立一个更符合他们理想的教会和社会。

1

虔信阶层的培养

这些新的因素既说明了新教改革何以广泛传播，也解释了天主教改革何以有所发展。前者在 1570 年前后的镇压高潮过后，除了屈指可数的几个省之外，在其他地区均依靠当地城市精英或乡下的一小部分贵族才得以长期坚持下来；而后者则在异端的冲击下加快了发展的步伐。这两股主要的势力长期得到各自阵营的最坚定分子的支持，其强劲的势头也是强烈竞争心态的体现。的确，这些精英分子对宗教对手的恶毒坚信不移，认定他们是邪恶的化身。在新教教会中，任何人不得有丝毫拥护教皇制度的倾向，否则必被驱逐；天主教会则摒弃一切给对手留有余地的宽容态度，这个由教士和在俗教徒构成的群体在城市群众内部散播着极端的天主教思想和口号，这种极端性体现在其信念、习俗和排斥对方的态度上，也体现在一切行为都要服从宗教和神职者的原则。无论其领袖如何耍弄政治手腕，产生于资产者并以虔信者组织面目出现的巴黎神圣联盟的成员们正提供了一种文化形式的范例，其任何行动，任何计划都会根据圣职和宗教的标准进行考量和评判。

这个天主教的派别在激烈对抗的几十年间深受西班牙的影响。这种心照不宣的默契既是政治的，也是文化的：作为任何形式的新教教义的不共戴天之敌，西班牙支持法国的神圣联盟，1591 年，一些人还企图将一位西班牙公主推上王

166

位。法国天主教信徒反对亨利四世与新教势力的妥协——他们后来在黎世留①
反对天主教的哈布斯堡王朝的斗争中采取了相同的态度,反而支持西班牙的政
策,认为它至少是在维护真正宗教的利益。更广泛地讲,这种影响的根源之一应
该还在于教理和政治的不妥协性:在他们眼里,无论是用最激进的手段剪除一切
异端——1492 年驱逐犹太教徒,1610 年驱逐假意皈依的摩里斯科人②,还是宗
教裁判所对异端实施的围剿,都和国王与胡格诺派的苟和形成太鲜明的
对照。

　　这种过分的不宽容一直延展到了被所谓假宗教腐蚀了的家族血统。在西班
牙,以宗教法规为开端,出台了有关"纯净血统"的法令,规定禁止直系亲属为犹
太人或摩尔人的任何个人加入天主教。这种西班牙式的幻影也关系到某个血统
究竟被上帝预选还是被罚入地狱的问题,是洗刷污点、保护家族、保卫国家的问
题。这样的世界观所接纳的主要价值观是源于骑士精神的荣誉的概念,这种在
古老的军事贵族传统中动辄以决斗论胜负的荣誉是一种浴血的荣誉。这是人的
荣誉,当然也是上帝的荣誉,这正对破坏圣像运动、亵渎敌手的神圣价值观、屠杀
和血腥报复行为做了注解,只有这样的行为才能重新树立人的自我评价、他人的
评价,以及上帝的评价。

　　法国相当一部分精英分子,无论其个人的宗教信仰如何,都是在黑白分明的
善恶二元论中构筑他们对世界的认识的,他们情绪激烈,满怀愤懑,甚至对上帝
也心存不满,因为正如多比涅诗中所写,上帝"挑唆我与可憎的尼尼微③征战不
休",他指的是罗马和天主教派。除了物质上的激烈表现以外,人们的精神生活、
政治态度和思考主题在部分人群中还被某些萦念所控制,诸如圣物遭亵渎、上帝
面孔被玷污,以及不惜一切地永远捍卫真正的教会的无法抗拒的顽念。

　　这般杀气腾腾的怒火没有因 1598 年的南特敕令而平息,在如此脆弱的年
代,敕令标志着的恰是别种价值观的胜利。这股怒火又在 16 世纪 20 年代再度
燃起,战乱又一次使法国南方一些省份满目疮痍,刚刚修复的教堂再遭蹂躏:当
尼姆的主教根据一些颇带偏见的见证提及胡格诺派教徒"在教堂的祭坛上、圣水
缸里排便……,在祭坛上面打牌掷骰,还在上面烤猪肉串……"的时候,两个阵营
表达的还是同一种思维方式。但这同一种思维方式始终以不同的形式针锋相
对,即便不是血腥味极浓,至少也足够尖酸刻薄。

　　17 世纪的最初几年就是在这样的口诛笔伐中度过的。各种计谋策略的花
样翻新说明在采取何种行动对付昔日敌人的问题上意见不一。极端分子们认
为,战争只起到了变换武器的作用。比如,天主教徒会在礼拜仪式结束时公然来

167

① 黎世留(Armand Jean de Richelieu, 1585—1642),一译黎塞留。法国首相,枢机主教。在路易十三的
　重用下大权独揽,厉行专制统治。1635 年正式参加德意志、瑞典等国反对哈布斯堡王朝的战争。
② 16 世纪被迫改信天主教的西班牙穆斯林教徒。
③ 两河流域北部古城,亚述帝国首都,位于今伊拉克摩苏尔对岸。

到新教礼拜堂门口布道,甚至把布道场所挤个水泄不通,以此向新教牧师进行挑衅。这种战斗文化始终得到激烈的论战文学的支持,一直持续到 16 世纪 30 年代:雅克·索莱①援引的发表于 1612 年的《围剿罗马禽兽》(La Chasse de la bête romaine)用十行激烈文字列举罗马教廷的罪行,除揭露它的种种凶残暴行以外,还指责它搞"偶像崇拜、巫术……无神论……通奸、乱伦、鸡奸……犹太教、伊斯兰教"等;1613 年,在卡昂,嘉布遣会修士安热·德·拉科尼则发表《对信仰误入歧途者的天主教叫醒钟》(Resveil matin catholique aux desvoyés de la foi),发出措辞激烈的号召。这类作品宣扬的善恶二元论,或以公开辩论的形式或借布道人的宣传,继续影响着相当一部分舆论、舆论的价值等级以及对其自身行为的认识。

论战也以不那么野蛮的形式进行着,有时颇像大学的辩论,由老师回答学生的反驳意见;有时又像是体育竞赛,按照非常具体的贵族爵位规则,让最优秀选手对阵。也有一些天主教派人士,比如像 17 世纪初任萨瓦省主教的新教的头号对手弗朗索瓦·德·萨勒②,或是为了获得更佳的效果,或出于悲悯之心,更喜欢"以温和的态度向他们宣讲真理,只要听者放弃激烈的偏见,他们就已经非常满意了"。这些不同的态度与这个时期法国天主教贯穿始终的神修派别不无关联。但是,各派力量你方唱罢我登场,八仙过海,各有招数,于是到 1630 年,论战便渐渐平息了下来,因为力量强弱悬殊,而论据也缺乏新意——1654 年新教牧师德雷林库尔这样写道:"如果我们随时在他们愿意的时候和他们辩论,那就只好放弃我们的工作了"。

论战平息还另有原因:经过了半个世纪,与对手的战斗和自我的斗争相比变得不那么重要了,削弱对手力量同整个社会的皈依比起来也显得微不足道了。我们无意在此就这场轰轰烈烈的天主教改革运动作完整的陈述,更不想详述其体制发展情况,我们更希望揭示出,这场改革是如何通过逐渐扩大的群体和表达形式,在反映一个时代文化的同时也改变了它。天主教改革的开创者和先锋人物将其根基的一部分投入到神圣联盟的极端主义中。但他们这代人也属于一个更加广阔的虔信的精英分子的世界,其中,资产阶级首先将上帝置于一切人类事物之先。

在宗教改革的推动下异常活跃的最重大的文化变革之一便是虔信阶层的形成,这个阶层为了自我,也为了全社会,将完善精神的必要性纳入其阅读、思考、

---

① 雅克·索莱(Jacques Solé, ?),法国格勒诺布尔的皮埃尔·蒙代斯-弗朗斯大学名誉教授,近代史专家。主要著作有《近代西方的爱情》,《18 世纪末美洲和欧洲的革命》(2005 年)。

② 弗朗索瓦·德·萨勒(François de Sales, 1567—1622),法国天主教作家,天主教作家的守护圣人。1610 年加入圣母往见修会。1877 年被授予教会博士称号。论著《虔信生活导引》(1609 年)、《论上帝的爱》(1616 年)和《精神对话》(1629 年),表达了其人文主义的神修思想。

智力和社会活动、计划及其自主行动中。从某种意义上说,虔信者是那些拒绝各自阶层中司空见惯的低俗追求和粗鄙风气的精英分子的早期构成部分。这个队伍中既有神职人员,也有在俗教徒,他们受到神甫或牧师的书面言论或口头布道的鼓动,或受到天主教的告解神甫的启发而加入不同的团体,这些团体同时也培养了大批神职者。在这个宗教世界的内部,战争的结束使在真刀真枪的斗争中几被埋没的妇女形象特别凸显了出来。她们的独创性以惊人的方式展示了一个更加深刻的现实:妇女在家庭宗教中,在价值观和习俗的传授、甚至家庭道德的弘扬方面都起着重要的作用。这些妇女多属贵族或资产者阶层,她们由思考而行动,从而证明了这个有责任心和有觉悟的在俗教徒群体从此成为一个举足轻重的群体。

新教教徒看上去似乎败下阵来。改革后的教会法赋予多以显贵组成的各地方教会的教务议会以非常重要的地位,而修会还不多,这使他们除了在家庭范围内活动以外,平时几乎没有其他的活动空间。然而,与他们的天主教同行相比,他们却拥有文化和宗教上的两大优势。首先,由于信仰生活的至高无上性不复存在,已婚妇女得以重新开始重视其婚姻:新教女信徒的样板再不是天主教那种献身圣女或献身寡妇的形象。其次,因特伦托会议对在俗教徒读经做出种种规定,加之性别上的弱势,天主教女信徒读经受到很多限制,且这种限制被很自然地扩展到神学问题的各个方面。相反,胡格诺教徒可以自由聆听、阅读和传播圣经内容:布列塔尼贵族夏尔·古永 1590 年在追忆其亡妻克洛德·迪·沙泰尔的《闲话集》(*Brief discours*)中讲述了他的妻子是怎样向女儿们传授圣经《诗篇》的:"她把熟记于心的诗篇教给孩子们,或让他们讲述其中教理,或请孩子直接阅读他们可以领会的圣经中的段落"。家庭虔信行为的重要性使母亲在子女的宗教教育中扮演着主要角色。

天主教女信徒的作用是尽人皆知的,这方面的例子很多。芭布·阿卡里因其结交甚广和颇具影响力而声名远播。她的丈夫是审计法院推事,也是神圣联盟头目之一。她于 80 年代创立了一个信徒团体,吸引了不少世俗人、入修会的教士和在俗教徒,其中包括后来的奥拉托利修会①的创建人皮埃尔·德·贝吕勒教士、嘉布遣会修士伯努瓦·德·康费尔德以及一些虔诚的在俗教徒,如米歇尔·德·马里亚克、1607 年参与巴黎的圣于尔絮勒女子修会创建工作的圣伯夫夫人、巴黎主教之姊德·梅尼莱侯爵夫人等。这些团体首先是思考和交流的场所,像是气氛庄重的沙龙,构成这个虔信群体的各种关系在这里建立起来并维持着。人们在这些大家庭花很多时间进行各种虔信活动:祈祷、日课、每日反省、在听告解神甫允许范围内的圣事、默祷、读经等。生活方式和着装都庄重朴素……按照恶意中伤者的说法,甚至到了夸示的程度。这些人心甘情愿不问世俗,转向

169

---

① 1611 年成立于巴黎的天主教修会。

虔信,坚信现世生活必应在对来世的展望中度过。

在这些妇女当中,最有影响的信徒大多为未婚女子或寡妇。有人还在讲道台上批评阿卡里夫人忽略了为妻之道。婚姻在这里成了绊脚石:有一个出身贵族的女信徒在丧夫之后对红衣主教贡迪说,她过去在婚姻中努力去做的是"爱现世胜于爱天国,爱虚荣胜于爱虔诚……",并表示她"希望继续维持新状况赋予她的自由状态"。1614 年,同样是寡妇的阿卡里夫人携她的几个女儿回到她曾推行改革的加尔默罗女修院立誓为修女,取名道成肉身的玛丽。从上个世纪开始,掀起了大规模的成立或改革宗教团体和修道会的运动,该运动成为天主教改革初期的重要特点,而在参与这场运动的女信徒中,最有名的都是婚外妇女。让娜·德·尚塔尔南爵夫人丧夫后带着四个孩子,于 1610 年和弗朗索瓦·德·萨勒共同创建圣母往见会,并发了贞节愿。蒙田的侄女、母亲为加尔文教徒的让娜·德·莱斯托纳克在丧偶六年之后创建了圣母女子会。1597 年在阿维尼翁建成的法国第一个圣于尔絮勒修会的首批修女便是一些虔诚的未婚女子;洛林圣母会的主要成员也是这样一批虔信女子。我们还可以列举一些推行改革的女修道院院长的例子。她们一般出身名门,权势很大,但性情、才智和人品却各有千秋。其中有 1606—1666 年担任圣女修女院院长长达 60 年的弗朗索瓦丝·德·富瓦,有丰特弗罗的加布丽埃勒·德·罗什舒阿尔,更有名的还有女修道院院长安热莉克·阿尔诺,1609 年她年方 18 便在波尔罗亚尔修道院推行改革。

在这些群体中,宗教是智力生活的中心,其中一些信徒发现神圣联盟的思想体系所表达的世界观与他们的精神状态相吻合;他们对世界的认识都尽可能地避开世俗文化的侵扰。那些女创始人只不过是一个深层运动中比较显眼的人物,这一运动的敏感性广泛散播于贵族和资产者阶层,甚至还超出了这个范围,但其影响最初仍主要局限于城市;神圣联盟已经通过各堂区神甫和讲道者们影响了广大的巴黎民众。修会的使命不一而足:虔信和行动不止于祈祷、默祷和个体圣化,对大部分人来说,也不限于修道院大墙内的深院,虽然这是修女——其中包括教育修会的修女,如于尔絮勒修会修女——的常居之所。值得一提的是,众多以"社团"、"兄弟会"、"行会"等冠名的组织建立起来,反映了妇女渴望救助弱势群体的积极参与态度。樊尚·德·保罗创建于 16 世纪 20 年代的慈善女施主会及他建于 1633 年的慈善修女会同加尔默罗会一样体现了宗教使命中新的敏感性。

2

文化景观的改变

　　这些例证的背景则是创建修道院的大规模运动,这些地方成为了人们的神修中心。1580—1650 年间,耶稣会从十几所发展到上百所,而那时的加尔默罗女修院更有 55 所之多;16 世纪末始建于孔巴－韦奈桑、后又于 1607－1608 年在巴黎开办的于尔絮勒修会,1620 年有 65 所,到 1670 年已经发展到 300 所的规模。仅在布列塔尼一省,建于 1595－1650 年间的各种修道院就有百余所,其中女修院 60 多所;里尔 1588 年有 10 个修道会组织,1667 年法国征服战时期①增至 27 个;图尔的修会组织在半个世纪中从 5 所增至 13 所。

　　这些修道院所和社会之间的联系远远超出其静修的或行动的宗教使命范畴。它们首先体现着地方信徒阶层、城市市政官员、世俗和神职负责人们的影响。乐善好施的、或送子女修道的家庭都和某个修道院保持特殊的联系:在女修院中,女子是寄宿的;如有亡故者,修道院负责安葬、做弥撒。每个修会都是虔信活动和布道的场所,它们比堂区更加有效地组织、调动着信徒阶层。不少男子修道院都成立了兄弟会,使其影响扩大到了整个世俗社会。耶稣会兴办的中学和公寓将其最虔诚的学员聚集到常常是供奉圣母的修道会;其精神控制的意图扩展到了城市社会的其他阶层,如手工业者或资产者,这些人本身也拥有自己的专门组织。嘉布遣会、耶稣会等为周边区域培养了布道者和传教士,在农村教士不足的世纪前半叶,他们起到了有效的补充作用。还需补充一点,对于普通教徒来说,平时对公众开放的礼拜场所的增多使他们的宗教活动更为频繁。

　　圣体会也体现了宗教在社会中的重要性。它是 1627 年由在俗教徒旺塔杜尔公爵创建的。这是一个不太引人注目的、甚至近乎诡秘的团体,其成员必须深居简出,就像耶稣隐身于圣体饼中一样。它的规模不断扩大,分会遍布 60 座城市;它聚集了教士、一部分主教和背景各异的在俗教徒,其中有名的教士有樊尚·德·保罗、奥列尔等。如同在女信徒们的沙龙里一样,人们在这里接受着灵魂和精神的滋养,并且行动和静修从不疏离。每次的本地聚会都包含祈祷、默祷和集体虔诚读经的时间;但是每个人必须遵循上帝的意愿,在所到之处努力说服亲人、同行及其他社会关系入会。圣体会成员后来还资助过许多传教活动,并为减少新教教徒在行政和司法圈中的地位而积极奔走。1667 年,这个组织被正式取缔。但据对这个组织进行过研究的阿兰·塔隆介绍,一些外省分会似乎以兄

172

弟会的形式得以在这一年之后继续聚会活动。

每个团体建立之后,一旦经济条件允许,就会在旧的中心周围建起楼房、教堂或小礼拜堂。沙泰尔准确地指出了 1600 年的法国在欧洲文化中的落后状况,他粗线条地勾勒了当时法国的情形:"30 年的混乱、破坏和停滞",随后是 20 几年的"恢复和重建",在此期间,中断的建设项目大多得以实施,老的模式重被采用,总的来看是一种"原地踏步"。的确,大兴土木的高潮始于路易十三时期,而天主教改革正是其动力之一。

罗兰·穆尼耶记录了路易十四统治初期的一个见证,对此做出了惊人的描绘:

> 1600 年之前,巴黎及市郊拥有 24 所修道院。到路易十四时期,据索瓦尔统计,有 300 多座教堂,49 个堂区,18 个参事会教会,46 所女修院、60 所男子修道院、65 所教会学校,其中大多有临街教堂,以方便教徒来此参加宗教活动和听布道。

虽然这些数据很难考证,但这个时期确实有几十座宗教建筑——教堂、修道院——建成或列为首都的重要工程项目。

除了宗教方面产生的影响之外,兴建楼所的热潮连同一些遭受战争破坏地区的重建,成为 17 世纪城市面貌变化的主要因素之一。由此看来,天主教改革是艺术的发展变化、也是敏感性演进的强有力因素。并不是说这个阶段,尤其是初期,在这一领域有什么明显的一致性:学院派的时代毕竟还没有到来。将在路易十四时期完工的圣-厄斯塔什教堂,其风格虽经新的装饰观念的修正,却仍无法脱离哥特式风格的规范;同样,还可以举 1610 年动工、1622 年建成的圣-艾蒂安-迪蒙教堂的正面为例,沙泰尔在其中一些元素的重叠中窥见了"文艺复兴那种叠加的、生动新颖的体系与立柱部分严密性的折中"。

虽然还未见确立什么规则,但正如全国科学研究会的某研讨会主题所表述的那样,这些年是"文艺、学术庇护的黄金时代",庇护带有虔信色彩,因而资助了几座宗教建筑的建设,如勒梅西埃设计的索邦大学的小教堂,这座小教堂 1635 年破土动工时由黎世留亲手奠基,他企望自己身后能在此安葬;又比如马萨林①提议兴建的四国学院小教堂。不过,从文化史的视角出发,重点不该是突出艺术家和出资者的作用,而更应该强调他们是在多么大的程度上使普通城里人的眼光适应那些他

① 马萨林(Jules Mazarin, 1602—1661),一译马扎然。法国首相,枢机主教。首相任内继续执行黎世留的政策,扶掖文艺和学术,压制投石党运动和人民起义。对内巩固了王权统治,对外加强了法国在欧洲的地位。

们懵懵懂懂的形式和影响的。这些影响后来成了高品位和奢华排场的标准参照。

在这一点上，宗教建筑清楚地反映了意大利影响的复归，确切地说是特伦托后罗马的复兴，这是法国大批艺术家曾经旅居的城市。当时，在建筑形式的基本原理中，表示建筑之宏伟的符号有两大特点。第一大特点是，建筑的正面墙壁为重叠柱式，立柱林立，有厚重的柱顶盘，顶部为三角楣或扁圆拱：这种风格在巴黎最早的原型是 1616 年开始重修的圣热尔韦－圣普罗泰教堂的正面墙壁（设计师是萨洛蒙·德·布罗斯或小克莱芒·梅特佐），设计在原有的建筑上采用了贾科莫·德拉·波尔塔的罗马模式；不过此后，这种建筑构思被大量用于规模迥异的教堂和礼拜堂。

第二大特点后被沿用了很长时间，那便是圆顶。圆顶受到罗马的圣彼得教堂和耶稣教堂的影响，它改变了巴黎的视野轮廓。它最先出现在小奥古斯丁教堂的圣母祭堂，起初并不起眼。后被用在建于 1613 年的圣约瑟夫－德－卡尔姆教堂和圣母玛丽亚瞻礼教堂时，已颇有了些风姿。及至十几年后先后出现在马尔泰朗热设计的耶稣会教堂（今称圣保罗－圣路易教堂）、索邦大学小教堂、动工于 1645 年并先后由弗朗索瓦·芒萨尔、雅克·勒梅西埃、皮埃尔·勒米埃和勒迪克设计的瓦尔－德－格拉斯教堂，以及不久后建成的四国学院小教堂和德亚底安修会教堂，此时它已经是光彩四射了。借助于所有这些与巴黎和意大利有往来的人们，这一品味流传到了外省。贡献最大的莫过于那些深受罗马影响的修会，如耶稣会。因而，1569 年生于里昂、1641 年逝于巴黎的耶稣会会士、建筑师马尔泰朗热功不可没，他在修会快速发展壮大的时期设计建造了很多教会中学和学校小教堂。

这些建筑的装饰给大型装饰绘画提供了全新的发展契机。我们这个时期开始之时，法国在宗教绘画方面的落后是十分明显的，那时保存下来的绘画寥寥无几。这还是一个注重细节堆砌、迎合宫廷美学的风格主义[1]时期。让·古尚[2]画于 1585 年的《最后的审判》（*Le Jugement dernier*）便是很好的例证。法国绘画，尤其是巴黎绘画，对世纪之交在整个欧洲独占鳌头的来自意大利、特别是罗马的这种至高无上的影响可谓来者不拒。然而，意大利的优越地位也有例外，尤其在宗教绘画方面。在鲁本斯[3]来巴黎之前，沙泰尔所称的"纯佛兰德派"已经在此工作，其中就有热罗姆·弗兰肯（1540－1610 年），他在法国的大部分职业生涯都用来绘制宗教画。

---

① 亦称"矫饰主义"、"样式主义"。源于意大利文 maniera，泛指文艺复兴高潮后艺术的形式化现象，其特点是重风格、形式和奇巧而轻内容。也有人用来贬指文艺中的矫揉造作风格。

② 让·古尚（Jean Cousin, le fils，1522－1594），文艺复兴著名画家老让·古尚之子，以油画、版画、彩绘玻璃窗设计、雕塑和书籍插图知名。

③ 鲁本斯（Pierre Paul Rubens，1577－1640），佛兰德画家。1619－1620 年创办自己的画室，广泛招募合作者。1621－1625 年，在巴黎创作其重要系列作品《玛丽·德·美第奇的故事》。

落后产生的后果影响久远。勒南兄弟的风俗画闻名遐迩,但他们青年时期绘画中的不足却也不少,为小奥古斯丁修道院的教堂所作的表现圣母生活的六幅油画便是一例。雅克·蒂利耶[1]指出,这些画中的不足说明"他们缺乏意大利或意大利风格的大师的指点和大师级画室的理论培训,尤其在透视和构图方面"。在拉勒曼(1575—1636 年)的作品中,后期风格主义那种注重细枝末节和繁复结构的特点仍隐约可见,这种表现形式迎合了比较保守的趣味。

的确,新的敏感性摒弃了繁枝末节和奇巧别致的追求,转而注重总体结构中的线条力度,比如一些教堂重新修建的正面;同时注重以全新的自由、活力和抒情形式表现人物的动态。勒南兄弟宗教绘画的风格也日臻成熟,这一点从巴黎圣母院的《圣母的诞生》(La Nativité de la vierge)中可以看得出来。雅克·蒂利耶称其"具有巴洛克大手笔的特点,如立柱、天使、霞光、指向天空的手指等"。在意大利求学并深受其影响的画家则将这种纯熟技艺推广传播,随后,此风格在马丁·弗雷米内(1564—1619 年)、雅克·布朗沙尔(1600—1638 年)和西蒙·武埃的作品中更得到淋漓展现。弗雷米内 1603 年从意大利归国并成为亨利四世的宫廷画师,他曾经装饰过枫丹白露宫的三位一体小教堂;后两个画家则倍受费利比安[2]的推崇,他在 1679 年发表的《谈话录》(Entretiens)中指出:"他们虽然工作方法各异……,但却都为在法国重新树立绘画的高品位而做出了贡献"。费利比安还特别赞扬武埃,说"巴黎没有哪一座宏伟的教堂、宫殿和建筑不曾装饰着他的作品",足见武埃画室在路易十三时期的巴黎扮演着多么举足轻重的角色。40 年代,一种更加严肃、更加素朴的艺术风格开始受到青睐,相比之下,它更加接近古代规则和模式,而不是特伦托后罗马的风格:洛朗·德·拉伊尔(1606—1656 年)画风的演变便是很好的证明,其巴洛克风格逐渐向更加克制的艺术风格发展。1630 年,菲利浦·德·尚佩涅[3]则以六幅为圣一雅克区的加尔默罗会修女所作的油画开始了他那名闻遐迩的生涯。

关于 17 世纪的艺术,雅克·蒂利耶指出"不可能用历史来定义其发展历程",提示我们谨慎处之,并使我们把目光从比较熟悉却无法涵盖这个时期所有趋势和敏感性的首都移向他处。这个世纪前半叶的特点是依然饱满的活力和外省画室相对于巴黎的独立性。同时,天主教改革在古典主义时代的规范化立足前夕也给了这些外省画家最后一个推动力。意大利风格无需绕道首都去影响里

---

[1] 雅克·蒂利耶(Jacques Thuillier),法兰西学院名誉教授,讲授法国艺术创作史。主要著作有《艺术史》《艺术史总论》等。

[2] 费利比安 (André Félibien, 1619—1695),法国建筑师和历史编纂学家。其《古今杰出画家生平及作品谈话录》是法国艺术史方面的经典之作。

[3] 菲利普·德·尚佩涅(Philippe de Champaigne, 1602—1674),法国画家(原籍佛兰德)。任玛丽·德·美第奇的普通画家期间,完成大型宗教绘画,如《圣诞》(1628 年)及为索邦大学和瓦尔一德一格拉斯教堂绘制的作品。后期受冉森派影响,画风转为庄严素朴。

昂画家奥拉斯·勒布朗(1580—1637年)、主要为图卢兹的兄弟会和修道院作画的朗格多克画家尼古拉·图尼耶(1590—1639?年)、贝里画家让·布歇(约1575—约1633年)或勒普伊画家居伊·弗朗索瓦(1578?—1650年)——同前面几位一样,他曾赴罗马并主要为法国西南地区修道院大量作画。还应该提一下洛林画派在当时的重要地位,其中有雅克·贝朗热(1574—1616年),他同巴黎的联系甚少,更有乔治·德·拉图尔(1593—1652年)。

我们认为尤需强调的一点是绘画订购量的急剧增加,这主要得益于天主教改革。很多迹象表明了这一点。从制作的角度看,那些最有名的画家实际上办起了名副其实的绘画作坊:费利比安列举了40位曾在西蒙·武埃画室工作的画家,他们之中有勒洛兰、勒叙厄尔和皮埃尔·米尼亚尔等。私人收藏增多,其中最出名的是那两位枢机主教兼宰相。黎世留身后在枢机主教宫留下约200个雕塑和250幅绘画,他的密使是从罗马、佛罗伦萨或曼图亚为他收集作品的。虽然黎世留的藏画中也有范·迪克①和鲁本斯的作品,他的例子依然说明了意大利的重要影响。但是,虽有几件精品现藏于卢浮宫,如达·芬奇的《圣安娜》(Sainte Anne)、韦罗内塞②的《埃莫的朝圣者》(Les Pèlerins d'Emmaüs)和安德雷阿·德尔·萨尔托的《圣母的家庭》(La Famille de la Vierge),大部分藏画在其宫邸两个画廊的展陈,与其说表达了主人的热忱,不如说更像是迎合某些人满足感的博物馆。

装饰教堂和修道院小礼拜堂的油画显然具有更广泛的文化冲击力,吸引一些期待物质回报的画家重返法国的文艺庇护依然起着重要作用。但是,在这种新的建筑狂潮中,信徒欲表白其虔敬之心的愿望、面对加尔文教礼拜堂的简朴风格而越发要还上帝和天庭其应得荣耀的渴望,这些都通过订购画作的举动成为17世纪上半叶宗教画朝气蓬勃的主要因素。绘画的大量涌现较之建筑更加迅速地影响着审美趣味的变化,同时它们也更加直接和广泛地反映了审美趣味变化:阿兰·梅罗指出,特伦托会议后的教会肖像法规并没有将堂区教堂艺术品订购的主要角色赋予神职人员。实际上,签订买卖合同、与选定的艺术家洽谈等事宜,都是由教堂财产管理委员会,也就是由在俗教徒组成的堂区委员会,或兄弟会来经办。在这项工作中,他们同时关注着将其投入的开销同个人的虔信、对上帝的义务及堂区的荣誉联系在一起。因而可以认为,宗教艺术在满足广大教徒的欣赏欲望的同时,也符合了资产阶级显要,即商人甚至手工业者的审美趣味。

用画来装饰室内越来越普遍了。雅克·蒂利耶曾提到米歇尔·西尔韦斯特

---

① 范·迪克(Antoon Van Dyck,1599—1641),继鲁本斯之后17世纪佛兰德最杰出的画家。著名作品有现藏卢浮宫的《穿猎装的查理一世》。

② 韦罗内塞(Paolo Véronèse,1528—1588),16世纪威尼斯画派的主要画家。

的统计：17 世纪上半叶，在南特这座拥有 16,000 居民的城市，就有 663 个家庭拥有画作，共计 8500 幅。即使将可能重复统计的画作忽略不计，平均也有 1/10 的家庭拥有这种装饰品。在 6000 件较知名的作品中，3/5 属于宗教题材。在"大世纪"展览会展品目录中复制的古典主义时期前法国画家的约 200 幅版画和油画中，有 50－60％为宗教题材。从这些画作中，很容易分辨出关于基督和圣母玛丽亚的伟大虔信的主题，它们分为两大部分，一部分是耶稣孩童时期，其中包括诞生、三王来朝和圣家庭的主题；第二部分是耶稣受难主题，其中包括耶稣被钉十字架和耶稣降架半躺。仅这两部分就占全部画作的 35％。另有 30％是表现圣人的。

这些数字说明一定问题，但要从中挖掘更多东西未免有些夸大其辞，况且如雅克·蒂利耶所说，这个世纪的画作仅留存了不足 4％。同样，试图从一些地方性的研究，比如南希和洛林的实例中推断出什么普遍性结论也不够慎重：前者凭借其公爵宫邸，成为重要的文化中心，上面我们已经领略了它绘画的多产；后者也提早成为了天主教改革极富活力的沃土。不过，这些例子倒使我们注意到一种绘画文化，尤其是一种诉诸画面的宗教敏感性在各地和社会各阶层的传播。这种文化，从教堂和修道院的惯例制度开始，逐渐进入更加广泛的精英分子的室内。版画比一般绘画更加广泛地传播着这个文化，它已经影响到很多阶层。

外省的活力在音乐方面更加突出：克洛德·勒热纳 1530 年生于瓦朗西安，厄斯塔什·迪·科鲁瓦 1549 年生于博韦，让·蒂特卢兹 1563 年生于圣奥梅尔，皮埃尔·盖德隆 1570 年生于夏托顿省；生于 1586 年的博埃塞来自布卢瓦，而布奇尼亚克来自朗格多克，他同安托万和艾蒂安纳·穆利涅一样在 1600 年前后出生。他们中的大部分——博埃塞、安托万·穆利涅、盖德隆和勒热纳——都去了巴黎，或在宫廷供职，或陪伴名人显贵左右，直到去世。但是，养育他们的摇篮是外省，而天主教改革使他们更充分地发挥着潜力。

天主教改革从物质上扩大了音乐家谋职的可能性：天主教的信仰活动在胡格诺派控制的地区重新开展起来，各种典礼仪式也同时恢复。而后特伦托的必胜主义在各地方力所能及的范围内使典礼仪式呈现出了蔚为壮观的面貌，并希望以此对新教教徒产生诱惑效果。对教堂的控制也日渐加强。每个新建成的修道院都有自己的声乐教师，博埃塞便于 1613 年在蒙马特尔的本笃会女修会获得了这个职位。不论新建的还是修复的，教堂和修道院都成为演奏音乐的新场所，弥撒曲和经文歌随之增多；它们也成了聆听宗教音乐的新场所，因为弥撒常对公众开放。

这个时期的音乐家也是在外省的小教堂和唱经队培养起来的。我们知道其中的几位：盖德隆曾在枢机主教吉斯的小礼拜堂学习音乐，他唱的是男生最高音；同布奇尼亚克一样，穆利涅曾在纳尔榜的儿童唱诗班演唱。他们大多都在远离巴黎的小教堂担任过管风琴师或唱诗班指挥。蒂特卢兹曾在鲁昂担任管风琴

180

181

师几十年;穆利涅先在奥尔良公爵家供职,随后回到朗格多克;布奇尼亚克先在昂古莱姆大教堂圣歌队唱歌,随后升任助理指挥,后又在格勒诺布尔和布尔日任音乐教师,在罗德兹、图尔和克莱蒙费朗任少年唱诗班指挥,最终又回到他少时参加过的纳尔榜的唱诗班任指挥。

　　这些唱诗队的孩子来自哪里? 未来的音乐家和乡村那么多管风琴师又出自何处? 天主教改革为在城市大众中发展音乐的表达和欣赏的可能性而做出了贡献。而在城市以外,传教士们也已经越来越多地穿梭于乡间,在那里演唱并分发赞美歌曲集,与异端宣传争抢地盘。大量文学和艺术作品的宣传使我们感觉到乡村宗教活动的频繁,而实际情况在特定的环境中却要更难把握一些。然而,1640 年,在布里省博瓦的一个小村子里,却有这样一位"农民"兼"财务教士",人们还称他是"乐器演奏师";他在肖姆—昂—布里作"裁缝"的儿子查理也是多面手,会弹奏古提琴①、小提琴、笛子和双簧管……人们将会很快看到库伯兰家族在历史中留下的最初的痕迹。

3

灵修派别和虔信文学

　　在通过建筑、油画、版画、弥撒和感恩歌表达思想之前,一个阶层的信仰和信念首先植根于虔信和灵修书籍。而当时的法国,战争频仍,血雨腥风,不仅严重扰乱了智力生活、书籍的出版和销售,而且将它们置于论战的局面之中。中学的创建和改革速度之缓慢使 16 世纪末的法国没能站在伴随着宗教改革而展开的广阔的文化生产运动的前沿。1550—1610 年间在法国出版的 450 册宗教书籍中,仅有 60 余册的作者是法国人。其相对的默默无闻与意大利特别是西班牙的分量形成强烈反差。

　　至于尔絮勒女子修会和奥拉托利修会都传自意大利,它们在教育和传教方面将起到不可低估的作用。从意大利流传过来的还有一些重要文本,如《特伦托会议教理问答》(*Catéchisme du concile de Trente*)、日课经、祈祷书和其他一些传统教理问答书。这些书籍在所有实施神职改革的地方推广开来,被作为教士培训、开展宗教活动和教育的基本工具,并不断得到完善。虔信文化还更多地得到充满活力的西班牙神修文学的滋养,其中,耶稣会格外突出,里昂则成为其重要的印刷出版中心之一。在世纪之交的几十年间,那些殷实的家庭收集了大量书籍,尤以最高法院法官们组成的司法精英阶层的书房最为引人注目。在 17 世

――――――――――

① 一译维奥尔琴。

纪初期,这些人的神学修养比大多数神职人员还要高出一筹。

他们的书房中一般会有一本或几本圣经,多为拉丁语:天主教大多数人反对用法语阅读圣经,因为这带有胡格诺派的味道,如果事出必要,也须经忏悔神父同意。在这个问题上,通常把天主教和新教对立起来,但其中微妙之处还可探讨。的确,改革后的宗教信仰和灵修以阅读圣经为其根本,但经济的、特别是文化的因素——大多数法国人处于文盲状态——实际上限制了圣经的传播;多数胡格诺教徒都是靠反复聆听圣经而背诵下来的。相反,天主教会出于谨慎——这是法国的说法,力求避免徒劳无益的好奇心或知识性的阅读,他们认为圣经在文字之外还应该是默祷的载体,而默祷只能在教会的指导下进行。

书架上也有厚重的大对开本,1640 年以前,2/3 的圣师著作都用这种开本,巴黎则是其欧洲的重要印刷出版中心之一。若要了解冉森派,必先认识 17 世纪实证神学的进步,它建立在神职精英和在俗教徒精英对圣师著作文学的直接借鉴的基础之上。书房中还可以见到圣经评注,这类书籍很多反映了西班牙耶稣会会士的观点,他们中有弗朗奇斯科·德·托莱多、路易·德·阿尔卡扎和马尔多纳多,后者改用一个法国化的名字马尔多纳,从 1564 年开始在巴黎的克莱蒙中学即未来的路易大帝中学任教;但当时最受欢迎的作者应该还是佛兰德人科尔纳里乌斯·范·登·斯丁,人们常把他的名字拉丁化作 Cornelius a Lapide。神学方面的参考书也常常出自西班牙人之笔,比如絮阿雷兹或瓦兹盖兹,意大利人则位居其后;神职人员中的最博学者们多研究道德神学,以此来回击新教对不称职的天主教教士的听告解工作的批评;在这方面,仍旧是西班牙作者的书籍更受青睐,他们是托马·桑切斯、弗朗奇斯科·德·托莱多等,还有德国冉森派的莱曼。

像这样藏书丰富的书房并不多见。信徒们大多阅读轻便的小开本的虔信文学作品,这种开本正是为更频繁的阅读而设计的,它们包括祈祷用的虔信书籍、默祷参考书、宗教深化方面的书籍等等。在 90 年代的巴黎,除了最常用的书,如收录日常弥撒活动和常用祈祷文的日课经以外,其他书籍的出版发行有所减少,这是首都历史上空前混乱的时期。而到 17 世纪前半叶,这类书籍又急剧增加,甚至有多本弥撒经译成法语出版。这一变化反映了在时间上落后于地中海国家的法国作家在日常宗教习俗文学中的影响的不断扩大,也说明读者在不断增加,尽管他们仅限于受到书面文化影响的社会阶层。

在这样一个更注重文化而非神学的研究中,过于明确地对各种神修派别加以区别恐怕是徒劳无益的,况且,最新的编史工作更倾向于表明这些派别其实是同舟共济的。无论是人,藏书,还是宗教活动都同属一个世界,同出一门。论战——帕斯卡尔 1656 年发表的《致外省人的信札》(*Lettres à un provincial*)是这种体裁的杰出之作,敌意、甚至危机时期将仇视和压制付诸实际行动,这些都使平日不同观点和感受的正常幅度呈现出比实际更加严酷的假象。在诸多因素,其中包括心理和环境因素的作用下,读物在反映这种假象的同时,也为它添加着素材。无论是天主教徒还是新教教徒,无论他们的信仰程度如何,摆在每个基督徒面前的问题是相同的,即上帝、人以及他们之间的关系在现世和身后究竟是什么样子?应如何描述?这是个不折不扣的文化问题。

所有坚定的信徒都怀有相同的愿望,抱定共同的目标,那便是皈依,也就是精神和官能向上帝的蓦然回归,是服从于上帝的意旨。虔信文学所反映出的分歧主要针对的是方法和手段。对一些人来说,皈依只能是循序渐进的,且必须建立在意愿教育的基础上。受到这一途径吸引的信徒读的是意大利人斯库波利写的《灵修之战》(*Combat spirituel*),这是个富于暗示性的题目。他们在神师的指导下完成圣伊尼亚斯的《灵修练习》(*Exercices spirituels*),这种练习是在耶稣会学校和教团的影响下发展起来的。这些书名本身就使人产生不懈斗争、通过自身努力获得进步的联想。针对新教对人之一切功德的否认,展开了旷日持久却始终居于中心地位的争论,这一论争试图明确由特伦托会议重申的每个人的这种自由合作的本质和神灵启示。在这场争论中,所有教会人士自然都承认圣恩的必要性,但是耶稣会所代表的灵修派却倾向于认为人在任何时候、在任何行为中都既可以接受也可以拒绝圣恩。

在这一可能乐观对待自己及其阶层之行为的派别中,产生了法国第一部伟大的神修著作,即昂西主教弗朗索瓦·德·萨勒发表于 1609 年的《虔信生活导引》(*Introduction à la vie dévote*)。此书在作者 1622 年去世之前再版 22 次之多,18 世纪见于许多图书馆馆藏,19 世纪继续多次再版。可以说,它持续滋养着几代信徒对其生活方式的思考。弗朗索瓦·德·萨勒的书之所以持续且越来越广泛地影响着宗教文化,是因为它是明确供在俗教徒,即"俗世"的人们阅读的第一本灵修指南,而不是写给为他人灵魂服务者的。《虔信生活导引》之所以这么受欢迎,得益于它简单的形式和形象化的语言,这正适合那些无意炫耀其神学修养、一心只想将宗教和生活协调起来的广大读者。这本书为信徒描绘了灵修的整体历程,但多数教徒都可以在短小精悍、简单易懂的约 120 章中的某一章,找到适合他们当时精神状况、可以直接为他们的文化所吸收的分析和忠告。这本书之所以成功还得益于其赋予"现状责任"的重要地位,这是指,在其现有职业和境况中以基督徒的方式生活。

的确,比之其他观点,弗朗索瓦·德·萨勒描绘的前景缓和了把信徒分为三六九等,使他们与上帝之间距离不一的层次之说。作者认为,隐修院、神职身份,并不比结婚给人带来更多灵魂得救的机会。存在着一种健康享受婚后生活的方式,不是通过拒绝快感,而是通过节制,就如同饮食上的节制一样。弗朗索瓦·德·萨勒在这样一个平实的题目下所指出的完善之路其实绝不是一条平坦之路;但是每个人可以根据自己的家庭生活、职业特点和生活状况对一般性的坐标进行调整。作者推荐的通往真正笃信的行动方法——它与遵奉教规有截然的不同——并不是通过与俗世作对来实现，而是在每个人的生活中用内心去实现。每个人既应该自己皈依，也应该通过他的榜样让全社会皈依。

　　神秘主义的影响是亨利四世和路易十三时期虔信文化的一个突出特点。有人继续阅读着中世纪末的出自"现代虔信"阶层的几部著作，比如《效仿耶稣基督》(Imitation de Jésus-Christ)；这一来自佛兰德和莱茵河地区的趣味凭借不断推陈出新的书籍而延续着，比较有名的一本是嘉布遣会修士伯努瓦·德·康费尔德的《完善之法则》(Règle de perfection)。但大量的书籍仍然来自西班牙，这些书的译本从16世纪末开始增多，比如由神圣联盟某成员翻译的路易·德·格雷纳德①、让·德·拉克鲁瓦②和泰蕾兹·德·阿维拉③的作品，此译者在亨利四世获胜后逃往了当时为境外的洛林。泰蕾兹作品的法文译本在17世纪就有67个版本之多，这些著作作为在为数不多的追求完善的阶层中传播忘我的舍世理想而做出贡献，正是在这种舍世中才可实现与基督的神秘结合。

　　将基督这样一个"不属于俗世的"人物置于其生活的中心，这在某些人那里表现为完全的退隐。宗教战争的结束使那些对庸碌不堪的世俗社会的妥协状态采取排斥态度的人们一蹶不振，于是，隐居热潮再度兴起，长盛不衰，直至1635年前后，且随后也没有消失。被这一理想吸引的人们或创建、或改革、或加入带有神秘主义和苦行生活特征的隐修或静修修会。这样，我们便可以理解经改革的、直接受到泰蕾兹·德·阿维拉和德·拉克鲁瓦著作感召的加尔默罗会何以进入了法国。1604年，来自萨拉曼卡、阿维拉和布尔戈斯的加尔默罗会修士在巴黎成立了第一个加尔默罗分会，这不仅说明了西班牙神秘主义灵修和虔信的影响，也可以证明其影响的局限性。有意思的是，来自西班牙的第一批加尔默罗会修女很快放弃了遭到修会里的法国初学修女耻笑的一些宗教习俗。源自西班牙的一些张扬而外倾的天主教形式则落户法国南方，它们具有地中海文化的某些共性，始终未能在法国北方的宗教文化中立足。

　　从路易十三时期开始，一些后来属于冉森主义极端派别的宗派也开始崇尚克己。然而，对大多数人来说，努力修行"以便弃绝俗世生活中的一切"——这里引用的是阿尔诺·德·安迪利受圣西朗修道院院长杜维吉埃·德·奥拉恩④的

<hr>

①　路易·德·格雷纳德(Louis de Grenade，1504－1588)，西班牙作家和神学家。主要作品有《罪人指南》(Guide des pécheurs)(1556年)和《信仰象征引论》(1583年)。

②　让·德·拉克鲁瓦(Jean de La Croix，1542－1591)，西班牙加尔默罗会修士。主张"消极"神学。其诗作《黑夜》和《爱的烈火》对基督教神修神学和诗歌都产生深刻影响。1926年教皇授予他"教会博士"称号，1993年让·保罗二世宣布他为西班牙语诗人的守护圣人。

③　泰蕾兹·德·阿维拉(Thérèse d'Avila，1515－1582)，西班牙修女。1536年加入阿维拉的加尔默罗修会，与让·德·拉克鲁瓦一道对其进行改革并创立多所修道院。

④　以下称圣西朗。

图 19 路易十四统治末年的危机引发了 1709 年驱逐修女的行动，次年，冉森主义强硬派最具象征性的圣地波尔罗亚尔修道院被拆毁。而 1609 年 9 月 25 日的"窗口日"正是在这里发生的。这天，任该修道院院长已七年的安热莉克·阿尔诺 ——年龄和能力在当时都不是决定性标准—— 按照当时的惯例在 18 岁之际只和父亲透过会客室的窗口见面。修道院的重建成为与天主教改革息息相关的寺院改革的象征。(凡尔赛宫国家博物馆)

启发而说的话,这并不意味着像少数人那样的肉体从俗世的隐退。那种态度是贝吕勒的灵修思想的主旨,后来在冉森派得到鲜明的体现,它把那种根本皈依的要求推向了极致。神中心主义,或称之为基督中心主义拒绝以寻求保护和终极目的为核心的宗教思维,我们在稍前已经看到了它在艺术创作中的影响。它要求真正的皈依,即所谓"附着"于基督。路易·沙泰利耶特别指出,这是 17 世纪灵修词汇中的新提法。

皈依的工作应该不仅是面向自己的,也是服务于他人的:这种责任感充分解释了为什么神秘主义还从事大量形式多样的活动并积极且坚决地参与各种善行,譬如芭布·阿卡里夫人为加尔默罗会,贝吕勒为他建于 1611 年的奥拉托利会,当然还有泰蕾兹·德·阿维拉。对俗世的规避从未如此彻底。从修道院的大墙深院内,修士和修女们以他们自己的实际行动或通过文字动员着他们的家人和伙伴,以自己的方式参加皈依善行。虔信文化固守着祈祷、参加日课和默祷的高强度的精神生活;同时又不脱离培训和具体行动,但并不会因此而放弃从俗世、从人类等同于傲慢的理性中退隐的理想——贝吕勒是教士,阿卡里夫人加入了加尔默罗会,这些都是很好的证明,这样方可实现远远超乎对耶稣的"效仿"的上帝意旨。

我们称之为"冉森派"的思想流派,其名称参照了伊普尔的主教冉森及其身后出版的论著《奥古斯丁书》(Augustinus,1640)。但此派实际上曾深受贝吕勒和圣西朗的影响。二人对奥古斯丁关于人有部分自由主宰救恩的空间的观点做出悲观的解释。贝吕勒和冉森的灵修观把人视为因原罪而堕落的沉沦之众,如不蒙神的恩宠是不可能行善的,而上帝根据他无限智慧的公正裁判,只会将恩惠赐予部分人,却拒绝将它赐予另一些人。因而,人若要成功地皈依,必须全身心投入到能够如酵母改变面团一样改变他的蒙恩行动中,必须放弃自己的愿望而遵从上帝的意旨。而意欲回心转意本身就说明精神转变已经开始,这正是被上帝预选的信号。

除了神学争论以外——加入这场争论的还有一小部分在俗教徒,如那些书房中藏有大量参考书的法官们,这一人类学还涉及具体的态度和习俗。冉森派有自己的圣地,其中最有名的是乡间波尔罗亚尔修道院(它在 1625 年前一直为该院院址,1648 年后一批修女返回)和 1625 年后的巴黎波尔罗亚尔女修院。与其他修道院相比,波尔罗亚尔是一个超出修道院范围的参照和威望之所,它同时还囊括了一部分被严格的灵修和对社会、国家毫不妥协的虔信态度所吸引的个人和团体。贵族名流也出乎意料地加入进来——这是这样一个反差强烈的社会所特有的现象,那是一些被称作"高贵朋友"的上流社会贵夫人们,其主要核心由设在巴黎隐修院或其附近的小团体组成。此外还有加入了规模不大的隐士团的知识名流,如勒梅特·德·萨西。隐士团虽人数不多(至多 25 人,集会活动从未超过十几人),却颇有影响。

影响面在不断扩大,主要倚靠的是德高望重的教士对有威望的人士进行神修指导,或通过布道、听忏悔和散发宣传品等手段。成效如此显著,令人们信奉如此严苛的宗教生活观,这也表明神学宣传与人们的个人渴望产生了共鸣,其中有些人也是希望看一看拒绝眼下的政治和社会演变会是什么结果。拒绝的确引起生活的变化,其中最著名的一个事件发生在 1637 年:时年 28 岁的安托万·勒迈特尔,其国家参议员和巴黎律师之职已是指日可待,却毅然放弃前途无量的生涯和俗世生活。当然,更多的人——这个群体难以计数——感到了有必要克己和苦修直至死后方休的强烈意愿,正如一些体现较高精神境界的遗嘱中所表述的那样。这里举路易·沙泰利耶曾研究过的巴黎人盖·德·巴尼奥尔写于1657 年的遗嘱为例:

> 祈求上帝为了赎我一切的罪过,将他为我这大罪之人而血洒十字架的无限代价加于我身,祈求各位圣人恩准我足够时间,遵照神圣特伦托会议的训诫,用充满无尽苦行的新生来净化我的过去,祈求在我死后,把我投入炼狱,好用烈火洗净我在罪孽的今生未能用泪水和教会神圣赦罪洗刷的污迹,然后再将这生命送入天堂。

“对错误痛心疾首的认识”,“对灵魂得救痛彻心扉的疑念”,“苦行赎罪的必要”,沙泰利耶的这些说法准确地表达了在无论如何还是要过活的俗世中,灵修、心理和具体态度之间的相互作用。一些圣事习俗的形式对教徒的行为是有影响的。这一派便完全否认畏罪忏悔——即因害怕下地狱而进行忏悔——可以使罪愆获赦的观点;教徒只有进行诚心忏悔,即忏悔自己没能报答上帝的爱,没能回报为拯救生灵之罪而献身的耶稣基督之爱,其罪孽才能在告罪亭获赦。安托万·阿尔诺发表于 1643 年的、在圣体仪式问题上阐明冉森派观点的《论常领圣体》(La Fréquente Communion),并不是原则性的批评,而是主张将那些没有充足迹象表明其忏悔和皈依之意的人排除于圣体仪式之外。

这无疑是建立在苦修,也就是对享乐的拒绝和严苛生活基础之上的痛苦主义天主教思想。它拒绝艺术的表现,认为这是欲念的陷阱。波尔罗亚尔女修院的音乐也仅限于素歌;世俗绘画受到批判。艺术只有在成为引领人们心向上帝的手段的时候才是站得住脚的。这种引领应该是真切的,本色的,只能局限于以严肃而内省的态度说明圣史或英烈美德的主题,不可发挥创造。菲利浦·德·尚佩涅的画正具有这样的特点。在这种敏感性的驱使下,对躯壳、肉体的鄙视,对一切性爱关系的不信任被推向极致。1634 年,当安托万·阿尔诺考虑结婚时,他的姑母、阿涅斯嬷嬷给他写下了这段话:

> 我亲爱的侄儿,这是我最后一次这样称呼你了。如同你曾于我如此亲近,你也将与我形同陌路,因为你身上从此再无能量容我们构建特

别的情谊了。我将以基督式的、却也是普遍的慈悲之心爱你；既然你将
投入如此平庸的情感中，那么，我对你的情感也将是极为平常的了……

　　这种我们常称之为"拒绝"的优选而苛求的感受性，能否在没有限制、没有欺
骗的情况下超越义务性彻底皈依的狭小圈子？1648 年，樊尚·德·保罗发现，
每有一百人从阿尔诺的书中受益，便也有一万人放弃圣体圣事仪式，原因是神甫
的要求过于苛刻，对那些他们认为没有为改变生活而做好足够准备的人，他们拒
绝为其赦罪。另一些人则认为，不彻底的忏悔总好过不忏悔，应该视其生活环境
而尝试改变他。改革？还是革命？这种两难处境不仅困扰着个人，也困扰着整
个社会和国家。

4

宗教、政治和社会

　　的确，一部分精英分子对虔信理想的浸染的拒绝态度也表现在大规模的政
治论争中，这一政治斗争从神圣联盟到路易十四初期，影响了整个时代。首先侍
奉的应该是上帝？不错。但是，是否能打着为真正宗教而战的名号就可以任由
两个阵垒相互厮杀？1598 年的南特赦令象征着统治阶层态度在大多数问题上
的转变，他们排斥曾使诛戮暴君的理论死灰复燃的极端主义主张。于是，法国的
耶稣会被迫对他们的西班牙同道马利安纳主张极端主义的论著表示反对。但
是，除了对战争的厌倦和深恶痛绝的因素以外，赦令还意味着拒绝让法国国王服
从于任何其他利益。在遵奉神圣联盟传统的最极端的信徒心目中，上帝不能同
罗马分离，天主教也不能同保卫它的力量分离，尤其像西班牙这样提供其宗教文
化营养的国家。相反，如前所述，政治派坚守另一文化传统的观点，既不信任教
会的教条主义，又反对罗马或外国对法兰西政府的干预。

　　实际上存在着双重的传统，它既是法国教会的，也是国家的。法国教会自主
论自中世纪的最后几百年来，一直是法国文化和法国天主教的重要构成要素，只
在某些时候有所削弱，尤其在 1830 年后。持此观点者在知识界或行政、司法或
金融界的家庭中尤为多见。这一主张主要表现为对与罗马关系密切的修会的不
信任态度；这也是耶稣会之所以在法国发展相对缓慢的原因之一，它甚至在
1593—1603 年间被禁止，后在虔信派的支持下以及耶稣会会士的能力得到公认
之后才得以最终立足。法国教会自主论后来也将仰仗法国主教和神职人员的高
质量培训。

　　法国教会自主论也同其他一些主张不谋而合，比如以圣经论点为依据主张

189

190

在教会内部和世俗社会限制等级权利的观点。在发表于 1611 年并在两年后被罗马教廷列为禁书的论著《论教会和政治的权限》（*De ecclesiastica et politica potestate*）中，时任巴黎神学院总务委员的埃德蒙·里歇尔对这一观点做出了解释：主教会议高于教皇；主教拥有神授的权利，教皇只享有名誉上的最高权位和不具有绝对权力的特殊职务，而其基础只是精神上的。里歇尔比传统的法国教会自主论更进了一步，他甚至说明了神甫权利亦为神授的根据，指出神甫便是"他们堂区的主教"，同主教一样拥有全部的圣职。这一理论后来由冉森派教士重提。但不久以后，神甫的新权威将遭到一些人的反对，这些人将把神甫视为他们在农村前所未有的新对手，试图把他们的权威限制在堂区教堂的祭坛、讲道台和告解座上，不允许他们越雷池半步。

对法国教会自主论的拥护者来说，法国国王的权力只受之于上帝。于是，所有反对罗马文化，反对西班牙，反对虔信者对智力、社会和政治生活的支配的做法——从镇压神圣联盟的反叛到 1630 年路易十三选择黎世留的政策对付掌玺大臣、虔信者米歇尔·德·马里亚克的受骗者之日，都朝君主专制的方向发展着。国家的利益促使法国推行支持一个联合德国新教亲王以对抗西班牙的政策。首先侍奉的是上帝？不错，但是需带有必要的妥协，这妥协是人类政治的必然结果，也是神圣法国国王的权力只受之于上帝且只对上帝负责的坚定信念所导致的结果。

的确，若把这个时期文化中的教会和国家两方对立起来，恐怕搞错了时代。并不是政治派的信仰不够强烈，也不是他们的德行不够可靠。一些高等法院的大家族往往同时受到法国教会自主主义和冉森主义的影响，其中一些人还同时抱有改革教会的愿望：黎世留在代表国家立场之前就曾在吕松做主教时力主改革教会。这些人的书房中一般都藏有大量宗教图书，即使他们的虔信用当时的说法还是比较"牢固的"，并不那么倾向于神秘主义，倾向于绝对。

把法国描绘成一个处处虔信的国家是不够全面的。在 17 世纪初的几十年中，改革运动主要还只影响到城市的各阶层，虽然农村的变化已在悄然酝酿之中。加入传统天主教的人数众多，但主张改革的积极分子在世纪初的这段时间基本上还属于文字世界，即主要是那些和书籍——哪怕是宣传虔信的小手册——有直接接触的人。

在亨利四世和路易十三时期，天主教改革和传教的需要毫无疑问都对书的推广起到推动作用。下布列塔尼的例子是说明问题的：在 16 世纪印刷业在该地区几乎消失之后，从 17 世纪 20 年代起，布列塔尼语的教理问答书、赞美歌和圣人传记逐渐使印刷商和书商恢复了活力，也标志着这个地区真正进入了印刷文化。然而，口头传播固然可以扩大书籍的"听"众群，书面文字却由于价格特别是文化背景的原因而仅触及有限的群体。除了神职人员和贵族等屈指可数的显要人物以外,在农村人们对书籍尚一无所知。

但那些受到最直接影响的社会阶层对其他知识,其他习俗,其他艺术形式同样如饥似渴。基督教不是唯一的遗产,同时继承下来的还有古代遗产。当我们审度出版物的整个生产和消费状况时,多样性便显现出来。以收藏的书籍判断,16 世纪末到路易十三统治末年,图书印刷量增加了一倍。图书销售发展迅速,尤其在巴黎,销售点明显增多:书店过去多集中在大学区,后逐渐扩展至法院四周,这也说明法官在买主当中的分量之重。没有店铺的书商——即今日旧书商的祖先——和流动书贩们则集中在圣米歇尔桥和新桥,或就近在塞纳河岸边摆摊。当局曾多次试图限制流动书贩的数量,但并无收效,书贩数量 1616 年限制在 12 人,1634 年为 50 人,到 1653 年已增至 100 人。

1644 年,雅各布神甫发表《论最美的图书馆》(*Traité des plus belles bibliothèques*),书中统计巴黎有超过 3000 册藏书的图书馆 90 个,其中 20 个属于修道院,70 个属私人所有,以法官为多,还有神学家、学者和医生。其中一些还慷慨地对亲朋好友和博学之士开放。以里摩日人文主义家庭的后代、议事司铎让·德科尔德的图书馆为例,此馆位于其圣米歇尔区的寓所内,藏书 8000 册之多,从 1629 年至 1642 年他去世,一直接待五湖四海的学者,1635 年来造访的荷兰人格劳秀斯是其中最知名的一位。

如此规模的图书馆恐怕是凤毛麟角,同样规模的还有由自由思想家和博学者诺代[1]任馆长的马扎然的图书馆,还有路易十三时期巴黎的著名博学者迪皮伊兄弟的图书馆。亨利一让·马丁曾查阅了 1600－1660 年期间巴黎的图书馆的 400 册藏书目录,调查结果表明,其中 4％的藏书逾千册,约一半在 100－500 册之间,1/4 在 26－100 册之间。这些书的主人有 15％为商人、手工业者或资产者;其他为贵族、神职人员,以及大型图书馆的研究使其凸显出来的某些社会阶层。格勒诺布尔某书商 1645－1668 年记录的特殊账簿也得出大致相同的结论:据他的记载,买主当中只有 10％为商人和手艺人。

这样,以上层资产者和在金融、司法、行政部门任职的穿袍贵族[2]构成的读者阶层便初步形成了,他们所关注的事情及他们的发展勾勒出了一个参照性的文化。即使在规模最小的图书馆,宗教书籍也占据着主导的甚至是独有的地位:在旧制度末期,人们首选的图书是一本日课经或某一本畅销的宗教书。随后则为古代的非宗教书籍,其中在对巴黎 400 家图书馆的统计中发现,最常提及的是普卢塔克和塞内加[3]的著作;但在德科尔德的图书馆里,历史书籍的分量也不

---

[1]　诺代(Gabriel Naudé, 1600－1653),路易十三的御医,图书馆管理专家,其《创建图书馆指南》(1627 年)是图书馆学的第一篇重要著作。

[2]　通过获得一定官职而得到爵位的官僚贵族,也泛指与世代承袭的旧贵族相对的近代贵族。

[3]　塞内加(Sénèque,公元前 4－65),罗马政治家、作家和哲学家。哲学思想受斯多葛主义影响,其著作包括科学论著、悲剧和哲学著作等。

轻。开放,虽然比之沉重的书面文字的倾向屈居次要,但仍旧体现出某些个性化的喜好,比如,军阶贵族明显偏爱历史、游记和军事艺术方面的图书。邻里熟人之间还可以通过交换、借阅来扩大选择范围,他们渐渐适应着名流显贵已经习以为常的载体。

如果把那些未被列入藏书目录的散页、小册子考虑在内的话,主题上的和社会的开放就显得更加突出了。在投石党运动之前,也即社会动荡、王权薄弱之时,图画和抨击性小册子一度非常盛行,除此之外,17 世纪还出现了最早的期刊。勒诺多创办的《新闻报》第一期 1631 年问世,大获成功,仿冒也随即出现。勒诺多遂与那些显然存在报刊市场的省、市的书商签订协议:1632 年与鲁昂、1633 年与里昂、1638 年与波尔多、1646 年与图尔。17 世纪中期,报刊的总发行量为每期 3000 份,这既说明了期刊的发展,也暴露了它的局限性。

我们将在后面的章节中揭示,在图解化的书目分类的外表下,这个巴洛克时期的文学和艺术多样性的真实面貌。的确,虔信构成了亨利四世和路易十三时期法国精英文化最显著的甚至是最为精彩的要素,而在虔信的壮观发展的背景下,关于理性与信仰,信仰与道德、社会态度的关系等由来已久的问题仍继续存在着。17 世纪前期是个名副其实的十字路口,世俗人文主义和基督教人文主义的遗产以及上个世纪的独创交汇在一起,形成百花争艳之势,实为已受到来势凶猛的标准化打击的表达方式的最后精彩一搏。这正是我们在下一章将要详细阐述的问题。

第九章　传授知识

　　在把目光投向整个社会的时候,我们应当清楚那不是一个我们全然不知的领域。我们已经看到,直到17世纪的最初几十年,人们的文化在多么大的程度上是建立在从根本上没有什么分别的分析方式和精神范畴基础之上的;我们还看到,即使在远离文人界的群体中,人的文化一直以来又是在多么大的程度上渗透着宗教性。实际上,变化是有的,它体现在两方面,其一是教会对宗教知识和仪式的正统性给予新的关注;其二,部分人将知识视为社会晋升的手段,于是其求知欲日见增加。

　　你们应遵守上帝和教会的戒律,忏悔吧:这便是中世纪神职人员大致向普通教徒传达的信息。除此之外,农村的教徒可以说是知之甚少,他们和神之间的调解人常常是些不称职的堂区住持教士。在大多数教会人士看来,在俗教徒了解超出他们理解力的东西是没有必要的,甚至可能是有害的。然而,神学界关闭的世界已经在不知不觉之中通过灵修文学的传播向在多方面信息畅通的精英阶层开放。圣经重新得到重视,新教徒可以无需教士的中介而与圣经进行直接的、个人的接触,这也说明了人们意欲冲破知识限度的愿望。同时,由于教派之间的竞争越发激烈,对应该信仰什么、应该如何作为等问题有更好的了解便从此成为信徒免受异端侵染的手段之一。

　　的确,新教各教会的成立帮助人们意识到了普通人对宗教的极度无知。这些人的宗教知识不是教条的:对大多数人,尤其是农村人来说,知识来源于与正统教义毫无关联的、代代承袭的传统,其目的是掌握各种能力,而非依据学术的逻辑获取条理分明的知识。从这一观点出发,重要的是要知道圣克卢可以治愈疖子,知道害眼疾时应祈求圣克莱尔保佑,但绝无必要明白上帝的恩典如何作用于人。我们在前面章节已经看到这种无知起初如何导致了教徒们从一个宗教转到另一个宗教。

　　因此,新教和天主教都开始认识到,宗教信仰,即便是最普通、最无知教徒的信仰,也不可满足于未被教徒理解的态度和宗教活动,或对正统教义一知半解甚至有所曲解。从今以后,必须开始"知道"了。从根本上看,这不是什么新观点,如 13 世纪的托马斯·德·阿奎那①所言,精英分子早已将之付诸行动,在他们的家庭中,父母代代将宗教知识传授于子女;但是,有效的教育所需的具体条件始终没有得到任何保障。根本上的变化在于这一计划在整个社会的实施,特别是在"庄稼汉们"中的实施。在每年举行的四大圣餐仪式上,加尔文教禁止本教会未取得出席牌的教徒参加圣事,而出席牌只发给那些正确回答了教务议会成员提出的有关教理方面问题的教徒。如前所述,虔信阶层十分重视各种善行,在这些人的带动下,天主教开始强调父母在子女宗教教育方面的责任以及每个教士的职责,这些神职人员将为自己曾经置教徒于无知的境地而在上帝面前有所交待。如此,一种改头换面的宗教观念开始传播,其文化影响是无可置疑的,但实施过程十分缓慢,至 1660 年虽已有所进展,但还远没有完成。新观念赖以存在的相关机构并非全部都是宗教性的。

1

改头换面的控制:教育和人文主义

中学②完全反映了这一扩展了的人文主义观念。从这一观念出发,通过研读古代著作而获得的学问和智慧应全面纳入与每个人的命运相关的基督观,并用来体现与当时的道德、社会和美学标准不可分割的上帝的形象。实际上,中学处于各种宏图大志的交叉点上,这些抱负一致表达了对教育的共同需求;中学正回应了除少数领域以外的整个精英阶层意欲建立一个有效的教育场所的渴望,这也解释了 17 世纪上半叶中学的迅速发展。改革的主要内容均构思于 16 世纪:所有小有规模的中学都采纳了上个世纪巴黎首创的模式,也就是班级分级制,最多分为八级。这一系统与旧的大学系统在事实上截然分开了。这个模式通过耶稣会发表于 1599 年的《教育准则》(Ratio studiorum)的定本——此书初版问世于 1586 年——而几乎成为一种持久稳定的参照,但它只是在被越来越多地应用之后才开始具有社会和文化上的重要性。它超越宗教划分而成为 17 世纪的普遍共识。

这一模式意味着教育内容和教育结果的变化。从此,人文主义工作开始在教育方面施展影响:权威的参照不再是辩证学家,而是优秀作者,亦即古代参照。

---

① 托马斯·德·阿奎那(Thomas d'Aquin, 1228—1274),意大利神学家,多明我会修士。其《反异教徒概论》(Somme contre les Gentils, 1258—1264)和《神学概论》(1266—1273)两部重要著作中表达的思想被称为托马斯主义。
② 这个时期的中学多由教会控制,故文中视上下文或译为"教会学校"、"教会中学"。如文中所述,学生年龄在初期参差不齐。

研习拉丁文则成为一切之本：它须首先经过扎实的语法学习和原著的研读。学生有教材作为辅助，如莫里哀提及的让·德斯保岱尔[①]（它其实是适用于不同水平拉丁文学习的一整套教材）。此前用于哲学和神学的教材扩展到了包括语法在内的所有科目。教学的中心是原著：课堂上，教师先介绍作品并作翻译，分析形式（比如讲解优美的词句）和内容（比如将作品与其年代背景加以联系，使学生受到拉丁文化的浸染），最后从中总结要义，甚至得出作品的哲学或道德教益。学生经过三至四个年级的语法和人文科学的学习而获得过硬的拉丁语知识之后，若要修完全部课程，还需继续学习修辞学，即取悦的艺术，也是说服的艺术。在大多数中学中，修辞学课的学习常配合公开演练和舞台表演，这同时也是仪表和身体的训练。这门课涉及哲学的两个层次：分析推理过程的逻辑学和解析世界运转机制的物理学。

巴黎模式的迅速成功得益于其与时俱进和行之有效。教学方法收效甚好，并且坚持下去：教学中非常强调竞争意识；教师讲解之后，学生分组讨论。教师通过布置口语练习和书面作业，如翻译、作文、作诗等来了解学生掌握知识的情况，这些手段被越来越多地使用。有效性和协调一致性还体现在教学内容最终的统一（当然从未达到绝对的统一）：这是由于多数规模较大的中学均由修道会或修道院掌管。在强调巴黎模式的同时，也应看到，各中学发展历程中的这个决定性插曲不是一蹴而就的，无论此时它们创办伊始还是正被接管：宗教战争的纷扰、持续十几年对耶稣会会士的驱逐——他们从 1603 年开始才又恢复活动——都使这一过程放慢了步伐；至于后来逐步掌管了一些中学的天主教教义普及会和奥拉托利会，则是在 1592 年和 1611 年才成立的。

教学大纲通过它所宣扬或摒弃的东西而表达了这些需求。的确，中学的建立延续并固定了教学和文化中某些繁冗沉闷的倾向，其渊源有些可追溯到古代。它把以职业为目的的专科教学同一般文化知识一分为二。前面章节已谈到过的那时的世界观将科学视为哲学的一部分——不过，这种划分后来越来越站不住脚了。这样的世界观导致理工科课程只占很小比例，只是后来才在有限的几所中学补设了数学教授的职位，这显然是远远不够的。这个世界观也导致基础科学和应用研究越来越严重的分化。手工艺——靠手艺吃饭的行当被更加彻底地剔除出去并入商贸活动，并以学徒的形式自成一个知识专科。

二者之间存在的等级差异甚至水火不容成为无可置疑的事情。只有人文主义教育可以在对人类提出的重大问题上开阔人们的视野。占用了课堂主要时间的拉丁语言和拉丁文化，实际上囊括了多种学科，如历史、地理等，这些内容会在介绍和评论作品时有所涉及。语言教学由于大量接触优秀作品而不仅是语言的教育，也成为思想的教育。它还是一所智慧和道德的讲堂：中学的教师也是人文主义者，他们从一些古代作品的禁欲主义中看到了与基督教相容的道德内容。

---

① 让·德斯保岱尔（Jean Despautère，1460 或 1480—1520），教育学家，语法学家。

这样,在中学接受的教育便强化了一个文化参照的概念,亦即"唯一"文化的概念。

中学这一模式当然不仅被精英们采纳,而且也为那些想方设法避开商业和手工业圈子的人们所青睐。在下层,学会写字开始成为平常之事,从而使掌握书面文字成为晋升的必需手段。农民如果想离开土地,不再满足于出卖体力,就必须识字,最好学会写字。佃农起码要学习基本的常识,以便看懂地主的账本,从而在同庄园主管或税收官的交涉中处于相对有利的地位。如果落户城市,则能写会算可以使人脱离扛活卖力的仆从命运。扫盲效果好的人,甚至可以由家人或慈善者资助继续学习,可能还可以进入修会;前面已经谈到,在巴黎大区,一些本堂神甫就出身于农村的富户。有的还可以作王侯显贵或国王的侍从。总之,17 世纪需求多样,为人们在社会上步步升迁提供了各种方式。

但是很快,学习拉丁语开始显得必要起来,无论是进入教会还是攻读法律和医学,拉丁语都必不可少。法学和医学主要借助拉丁语学习,它既是教学语言,又是当时撰写学术著作使用的语言;大学几年几乎全部用来学习法律,还有很多时间用于学习医学,方法是分析古代论著。无论是为获得神职,还是少数教士为在大学获得神学学士或博士学位,对学生语言基础的要求都是一致的。因而,进中学学习成为 17 世纪通向神职、在王室或显贵豪门供职、或在与之相关的部门谋官的首选方法,这也是那个时代社会升迁的主要途径。贵族的无知当时常被视为神品①贬值及平民越来越多地涌入公职的原因之一。

中学在 17 世纪上半叶的发展最为迅速,从广义上说,这实际上成了打破法国社会的文化一体性的因素之一。法国社会因而大体上分割成了三群人:文盲、读书识字的人和少数从事人文主义学习研究的人。这种文化观念贬低技术和体力劳动,轻视手与身体的灵巧,虽然有人有所认识并提出批评,虽经历了学校改革,但这种观念的主要内容仍延续至今。它以牺牲具体观察为代价,从根本上抬高抽象思辩的价值;对形式的注重,即对修辞学所传授的、组织论据和编排手势的艺术的重视,正是这种思想态度的很好体现,而这门注重效果的艺术是后来长期成为推理参照模式的论文写作练习的基础。

然而,对中学的教育众说不一。稍后我们将谈到,在有关家庭战略和家庭观念的问题上,便存在着来自贵族阶级的阻力。富商巨贾们也对中学持保留态度,因为中学的课程设置丝毫没有考虑制造业或贸易类职业的需求。这个职业圈的教育往往是以师傅带徒弟的形式完成,由师傅向徒弟传授在海上、店铺或海外商行所获得的经验。颇有意味的是,像巴荣纳或南特这样的贸易大港,都不轻易接受中学的形式,一些像特鲁瓦或里尔(它 1668 年前属西班牙)这样的制造业中心也大同小异。在较为拮据的家庭,孩子学习一两年后便中途辍学的事情时有发

---

① 指授予圣职的圣事。

生,这除了经济原因以外,可能还因为中学的教育与商人和手工艺人的期待不相符合,他们只希望孩子深造,而非另择他业。但是,要想从这种教育中获益,条件恰恰是修完全部课程,如此才能叩开其他更专业学习的大门。

从政治经济学的角度来看,17世纪中学的不断增多开始引起抵触情绪,正如黎世留在《政治遗言》(*Testament politique*)的名段中所表述的一样:

> 让国民通文是完全必要的,但其教育不可不加区别地面向全体。如同一个周身布满眼睛的躯体是何等可怖,一个人人都成博学之士的国家会一样可怕;子民将不再驯服,傲慢与妄自尊大将会司空见惯。学问的贸易定会排挤了使国富民殷的商品的贸易,毁掉乳母般哺育着人民的农业,断绝士兵的来源——他们应该生长在懵懂的粗犷环境中,而非钻研科学的氛围中。最后,无理取闹的辩士们将会充斥法国,他们不会为国家谋得任何好处,反会毁灭了特殊家庭,扰乱社会安定。

作者的论据是政治性的,更是经济性的:自由艺术(即中学传授的艺术)和机械艺术(即直接的生产活动)之间的二元对立已经使人们担心能干的青年人会脱离生产寻求其他的发展;从17世纪开始,教育在全社会普及这一问题一再成为人们思考学校制度的主题。

一些来源可靠的实例显示了各中学在招生方面的明显不同,并使我们从中得出一些结论。17世纪,法国家庭为中学输送了几万学生:1627年共有学生约六万,仅在耶稣会会士的家庭就有四万之多。虽然贵族中有一部分人持谨慎态度,但相对于其人口数量,进中学学习的贵族占很高的比例;"大队人马"是由来自城市资产者各大领域的生源所构成的。相反,农村所占比例极小;不过,招生范围也包括富裕农民和手艺人的子弟,前者占10—20%,后者占10—25%;唯一被排除在外的就是民众阶层(学徒工和广大农民)。

中学的学生水平也良莠不齐。有些人只会基本的读写,因此只得专为这些人另开一个六年级[①],相当于正常课程的预科班。在比较领先的省,如香槟省和洛林省,则建立了负责这一准备阶段教学的中间机构"拉丁语教师团"。这样,学生家长把孩子留在身边的时间就延长了一些。新校受欢迎的一个好处就是一反旧式中学的老规矩,除特殊情况外,不设寄宿。年龄也参差不齐:在奥什,1598—1607年间,五年级学生的年龄从7岁—25岁不等,其中9—18岁之间的各个年龄层都有20到50名学生。学习年限也是因人而异,这除了经济或能力上的因素以外,有时还因为一些家庭只把中学的学习当作其他形式学习的补充。其他形式包括:请家教(在世纪初,一些在中学寄宿的学生甚至由家教陪读)、做学徒

---

① 法国教育体制中,六年级相当于中国小学六年级,五年级相当于初中一年级。

（这在乡下人中尤为普遍）等。随后暴露出来的参差不齐的状况既表明中学制度
还不够稳定，也说明中学的强大吸引力，这标志着它在几十年间已成为了精英教
育的基础。

    中学的成绩不可否认，它之所以受欢迎也因为它间接地同法学、医学和神
学学习的准备阶段相一致，许多人都通过这一途径在社会上步步进阶。但这
也意味着精英们需接受一种默契，即将这些学习同人文主义文化及抽象的思
考联系在一起。学医是最明显的例子：尽管巴黎从 16 世纪开始、图鲁兹和蒙
彼利埃从 17 世纪开始设立了常任助教教授大学初级课程，但是外科医生、药
剂医师这些归属于学徒、器械，总之属于手艺的行当同医学这种高贵的艺术还
是不可同日而语。甚至在巴黎和在 16—18 世纪均为著名教育中心的蒙彼利
埃，课程都首先建立在希波克拉底①和盖仑这些古代权威的理论基础之上。只
有蒙彼利埃——它在 1590—1600 年期间每年接收四十几名新大学生，17 世纪
中期降至平均 25 名——从 16 世纪开始便在教学中引入了解剖学和植物学的实
践课程。我们已经看到，从 1550 年起，那里的大学生便可以每年正式列席四次
现场解剖，而巴黎到 1620 年才开设这样的实践课；植物学教授职位在其他大学
出现于 18 世纪，而蒙彼利埃早在 1593 年就已经设立，从而拉近了未来的医生和
药剂医师之间的距离。但是，即便在远远领先于其他大学的蒙彼利埃，也是直到
1634 年才原则上允许学生每月两次到医院参观实习。因此，刚从大学毕业的医生
实践和实验严重不足，虽然一些私人机构或隐避的做法多少弥补了这方面的不足。

    我们有必要分析一下法律专业学习的情况。直到 1679 年前，即开始小范围
用法语教学的那一年前，教学全部围绕教会法和罗马法进行，前者以朱斯蒂尼安
一世②的文集（6 世纪）为依据，后者则以格拉蒂安③和格雷瓜九世④的文集（12
和 13 世纪）为依据。这样的教学内容是极不合理的，特别是罗马法仅在法国的
南方地区实施，而其他地区实行的习惯法在大学却不设课程。这使我们明白了
为什么大学生的学习热情不高：他们一般似乎只满足于办理注册手续以便有资
格参加考试。我们也明白了考试虚假的一面（佩罗就在其《回忆录》（Mémoires）
中记叙了 1651 年在奥尔良，他如何在一个装模作样的考试后用几个钱换得了学
士文凭——当然这种现象是否普遍我们不得而知）。这一纸法律学士文凭自
1679 年起成了步入各种司法职业的敲门砖；但实际上，这个职业是应该在工作
中边学边做的，经验丰富的律师、检察官、法官和公证人才是良师。

    因此，大学教育包含着大量保守主义和脱离现实的成分，这尤其在医学领域

---

①   希波克拉底（Hippocrate，约公元前 460—公元前 377），希腊医师，西医的鼻祖。
②   朱斯蒂尼安一世（Justinien Ier，482—565），拜占庭帝国皇帝（527—565）。
③   格拉蒂安（Gratien，359—383），西罗马帝国皇帝（375—383）。
④   格雷瓜九世（Grégoire IX，1170？—1241），1227—1241 年任罗马教皇。

有利于社会的再生产,因为有效的职业学习能否实现取决于个人关系及家庭关系的运筹帷幄。与当时的科学发展状况相比,大学教育落后了几十年:医学院到1600年才在课程中补充了早在16世纪中叶便已由塞尔维特发现的肺循环的内容,1650—1660年期间才增加了早在1627年就被哈维确认的心脏血液循环的内容。同时,17世纪上半叶的大学教育相对于异常活跃的博学者的圈子来说也处于边缘。但大学教育仍是稳定的,这首先基于关于权威性的理由,这个理由使人们普遍注重"权威"著作,只要能够否认从经验中得出的结论:如同圣经的传统说法导致人们否定哥白尼和伽利略(其尽人皆知的诉讼是在1633年进行的)的日心说理论一样,盖仑的权威导致17世纪人们拒绝哈维的理论。除此之外,法学家们还支持这样一种观点,即罗马法本身就是对理性的一种正确的表述,因而,其不实用性只是假象,它实际上是有育人价值的。于是,通过这一方式,人们被拉回到了人文主义开创的价值观里来,虽然不免被僵化,但这些价值观是整个精英教育的基石。

2

人文主义和宗教知识

在各教会看来,16世纪的宗教分化使精英教育更成为得失攸关的焦点。新教和天主教一致认为对精神教育领域的监督既有必要亦责无旁贷,认为教育有利虔信;但是他们对教育机构的投资又意味着经济来源可以定期得到保证。他们所关心的问题与教会或世俗地方负责人的想法不谋而合:这些人正担心因教师更迭过快而不利于教学的连贯性。这种利益上的一致性使天主教的修道会和修会大受欢迎:他们所到之处便可以保障中学经济来源的稳定性及其教学的连续性,但他们也总会在学校留下他们极其擅长的印迹,即进行灵魂的教育,也就是宗教教育。

天主教和新教之间存在着对精英教育的广泛共识。1565年,斯特拉斯堡中学的新教教派校长让·斯蒂尔姆向耶稣会士表示敬意,"因为他们协助我们,并致力于文学",他补充道:"我看到了他们讲解的著作,他们做的练习,以及他们的教学方法。那些方法同我们的那么相似,简直就像同出一源。"同天主教一样,新教的样板也是人文主义的中学。在两种不同的教育内容之间,只存在着细微差别:新教给古希腊著作留有稍大的空间,而在天主教学校,古希腊的著作多为选修。另外,由于新教严格刻板的特点,他们在戏剧表演方面也较为保守。但是,最明显的差异表现在宗教教育方面:新教更多建立在圣经的研读和圣诗的演唱上;而耶稣会则更注重圣事活动以及天主教改革所宣扬的虔信。

1560—1598 年期间,王国共建立了 12 所新教学校;后来在南特敕令实施的最初几年,最多达到 30 多所。但是这些学校的规模、影响以及寿命却有很大差异,因为它们遇到了延续性的问题,包括教学的延续性(由于其教学没有获得团体的资助,因而新教学校被认为不如耶稣会学校来得可靠)以及在天主教重新获胜之后那些曾由胡格诺派控制的城市建立的学校的身份的延续性。它们既没有必要的资金也没有必要的人力在新教势力比较薄弱的地区长期坚持下来。于是,许多新教学校很快消失。像米洛,蒙托邦,迪埃和尼姆这样的几所主要的学校也改为联合管理,课程由新旧两教的教师共同承担,使其失去了原有特色。

因此,许多新教家庭面临着调和宗教信仰和学校教育两者关系的问题。这个问题的解决因各家庭的经济实力、信仰程度及个性禀赋的不同而各有差异。的确,学校毕竟不只是传教的工具,它同时还要满足社群居民的要求。于是,在可能的情况下,两种信仰会达成妥协。但是,每个家庭都会根据其价值观等级做出不同反应:一些新教家庭可以不顾本教会的禁令将孩子送到天主教教士管理的学校,因为它离家近且更稳定可靠。另一些人不惜重金聘请私人教师,还有些家庭双管齐下,同时聘请天主教和新教辅导教师。更有人送子女出国学习,其中以赴莱顿大学的为最多。

这无疑是人文主义教育,但却是基督教的人文主义:这也正是改革派的主教们在支持创建和革新中学时关注所在;修会和修道会之所以愿意将一部分力量投入进来也是因为他们认定这样做有利于传教。因此,他们的立场与极力鼓动他们的地方政府完全不同。关于这一点,《教育准则》解释得很明白——其实,其他修道会的文本也大同小异,他们把中学视为实行基督教化使命的场所之一。

耶稣会会士、奥拉托利会修士和天主教教义普及会的修道士是这个阵地的主角;另外几个修会、修道会或若干宗教团体虽掌控了几所学校,但都属边缘。前面三个团体没有一个是以教育为其首要使命的:耶稣会会士和天主教教义普及会的修道士早先都是传教士,奥拉托利会修士也曾经传教,但他们的主要目地是恢复圣职的尊严。他们投资中学源于几个因素:其一是耶稣会创会之初便存在并已十分成熟的知识培训,其二是城市的需求,其三是对这一新的方向(当然这与过去的形式并不冲突)将成为一种新的传教形式的确信不疑。

17 世纪上半叶是接管的重要时期。耶稣会在 1600 年时拥有 20 几所学校,1640 年已增至 90 所(还不算在外省建立的、到路易十四时期归属王国的那十几所学校);而到世纪末期,耶稣会只新建或接管了十几所学校。1640 年时,奥拉托利会修士有 18 所学校,到 1760 年也不过 26 所,后来不再有什么发展。只有天主教教义普及会在 1640 年的 15 所和 1690 年的 25 所学校的基础上,仍再接再厉,在以后时期继续扩大规模。教会办学适应不同的条件因素:有时间上的

图 20 《1660年前后的奥古斯丁大帝港》：画面背景为建于四十几年前的多菲内广场岛状地带的南面景观，以及亨利四世骑马雕像高踞其上的新桥。此桥建于1635年，后毁于1792年。新桥区是繁华闹市，成了修道士们传教的地盘，我们可以看到画中的家禽贩子正毕恭毕敬地向修道士们致意。也正是在这个区，兜售各种印刷品的流动书贩越来越多。此处反映了从博学世界通往民众阶层的渠道方式。（巴黎卡纳瓦莱博物馆）

（耶稣会动手较早，因此选择余地大），经济上的（须为建校拨出足够收入，无论其来源是公是私），社会上的（有足够的人口，社会构成足以保证一定数量的生源），可能还有宗教信仰方面的。有种观点认为，这些学校的分布更多集中在新教控制区或受新教影响的地区，这种观点受到反驳。实际上，这个因素在法国产生的影响可能极为有限，在佛兰德或洛林产生的作用却大得多，在这些地区，办学明显成为反改革的工具。

必须防止对此做简单图解：正如对耶稣会创办学校进行的初步调查结果所显示的那样，修会和修道会办学适应了机遇和可行性等不同条件因素；而由于国家不介入此事，因而世俗当局没有任何部门出台统一标准，因此我们不得用一刀齐的简单标准进行判断。重要的结论是：17世纪中叶，当宗教团体办学的高潮基本平息的时候，修会和修道会还远没有掌控所有的中学，但它们的确已经领导着最重要的那些，而且其教学方法和内容已成为参照。

这些精英教士无疑受到人文主义的影响，但在他们的观念中，首要目的是传教：无论在教学中（教理问答，圣人故事等）还是在实践中（课前课后祷告，每日做弥撒，每日反省，做忏悔和每月一次领圣体），宗教教育都占据重要地位。人文主义、古代文明特别是拉丁文明的教育都或多或少为这一目的服务。神甫大量使用删改过的版本，并选用那些具有道德和典范价值的文本。他们从西赛罗和塞内加的著作中或在某些人物的英雄品德中寻找古代禁欲主义的元素并将其与基督教进行教益性的结合。这种教育中的主角有正面的，也有反面的。由教员自由选择主题的拉丁语翻译也是异曲同工，意在培养人格，使其避开惰性、利欲和野心，表现谦和、勇敢和慈悲品格。

对少数出身名门、注定会在未来谋得高官重权的学生，仍培养他们学做能工巧匠。传授口头和书面表达技巧的修辞学也借助公开演练、戏剧表演等方式在训练举止、培养自信的同时达到宗教教育的目的。世俗当局者也观看这类表演——其中包括他们自己孩子的演出，他们不见得欣赏其传教的目的性，但赞同这种教学和培训的方法。的确，16世纪末和整个17世纪，中学的发展得益于社会的需求。城市和地方当局者常对中学十分感兴趣，因为他们自己的家庭与此直接有关，而来自各家庭的压力也推波助澜。至于主张改革的主教们，他们则把中学视为重建其教区的一个基地。

教育中的宗教要素在贵族和资产阶级小姐身上表现的尤为突出。她们很少有机会学有所用。只有在买卖、手工这类行当里，妇女才有可能成为丈夫的职业助手，甚至能够在丈夫去世后把生意接管下来。但是，社会对妇女的要求是与她们的社会地位和她们在家庭、本阶层中所起的作用相一致的。有关女子教育方面的论述、实践活动和被普遍认可的备修期也正是根据这些方面的差异而组织安排的。

女子教育是否必要？在很长一段时期都没有明确的答案，即便在社会精英阶层也没有统一的看法：中世纪末，人们曾搬出布列塔尼某公爵那几乎目不识丁的妻子为例。但是，书面文字的迅猛发展使文盲的社会形象发生了改变：由于妇女纷纷加入虔信阶层，加之灵修文学为这个阶层在品德和信仰方面的不断提升所起的推进作用，使得那些还未接受这个新手段的妇女渐渐贬值。前面已经看到，妇女也加入到了人文主义运动的行列，我们也了解她们在推进改革及在影响天主教改革的领域发挥的作用。像阿卡里夫人的虔信沙龙，朗布耶侯爵夫人主持的卖弄文学和谈吐高雅的才女沙龙，这些例子都清楚地表明妇女接受教育的原则已经在上层资产阶级和贵族中被接受，不过这仍没有引发人们对妇女社会角色提出质疑。

相对于男子来说，妇女处于从属地位，她接受的教育就应该反映这一地位。那时没有接收女子的学校，她们将来既不可能担任圣职，也不可能担任行政职务。拉丁文这门几乎只在宗教事物中使用的语言是一个象征性的鸿沟：据说，玛格丽特·德·昂古莱姆虽然会读拉丁文，但不会写。据马克·韦纳尔说，公众的想法与路德的观点是一致的，他曾这样说："世界需要精明强干的男人和女人，以便男人们能够很好地治理国家，领导人民，而女人们能够很好地教育和管理家庭成员、子女和仆人"。

在富人阶层，女子常被送入修道院，并在多数情况下受到其作修女的姑母或表姊的监护；有些女子在不久后便对神许下誓愿。对初修期①的准备使大量成立于天主教改革时期的女子修道会和女修会可以接收少量的寄宿生；比如，在由让娜·德·尚塔尔创建的圣母往见会修道院里，总会有几个寄宿的女子。专由教员组成的修会则无偿实施对贫困女子的培养教育，但他们同时也接收上层资产阶级和贵族的住宿生，收取昂贵的住宿费；发展异常迅速的圣于尔絮勒会便是突出的一例。

在这种条件下，这些受到天主教前十年改革影响的修道院所实施的教育首先是宗教的教育。住宿生的数量有限：圣于尔絮勒会的"惯例和规程录"规定只接收"两三名，至多四名年龄在 10—12 岁左右、在可能的情况下愿意成为修女、或其父母有此愿望的学生进入修道院"。后来的修道院教育迫于两方面的压力逐渐趋于灵活，压力首先来自降低招收标准后不断增加的人数，这些人对初修的设想只不过是个幌子；其次来自那些希望女儿学习为妇之道将来作贤妻良母的家庭。后来，消遣项目进入修道院，此时，比起初创和轰轰烈烈的改革时期已经不那么严苛清苦了。

206

因此，修道院的教育让上等人家的青年女子整日沉浸于无尽的宗教活动之中，使她们对修道的生活习以为常。不过，对那些将这些女子想象为意志薄弱的

---

① 女子在发誓愿成为修女之前的准备阶段。

行尸走肉的人们,则有必要举安热莉克·阿尔诺的经历为例:她9岁进波尔罗亚尔女修院,18岁对其进行大力改革。有同样举动的女修道院院长不在少数。除此之外,每个女修道院还是一个统一的集体,承担着世俗和宗教的职责,有需要管理的财产,还有传教活动和诸多义务。女修院并没有与生活隔绝,马克·韦纳尔介绍说那里"有很好的家政经济课,甚至有庄园管理课"。修女们相同的出身、亲属的陪伴都会减少寄宿生的孤独感。而那些最终改变志向、回到世俗的女子,也被赋予了明确的宗教使命:要像她们毕业于中学的兄弟一样用学过的知识回报社会,以自己的行动影响周围人的行为风纪。修道者的圈子也是虔信教育的阵地,对教士和修女来说,在这个阵地履行义务是天经地义的。很多因虔信而闻名的家庭,其核心定是一位年轻时曾在修道院接受过严格教育的女士。教会赋予她们的特殊义务首先是监督和坚定其丈夫和子女的信仰。她们接受的教育,她们的文化素养,包括她们在修道院学会的家务活计和手艺等,这些都与其掌管家政、护卫家人宗教信仰的贤妻良母形象相适应。

3

知识的传播:方式和内容

透过17世纪上半叶的大学、中学和寄宿学校,我们看到精英知识成为了一种参照性的文化。现在有必要扩大视野,在拉丁语世界之外,注意一下国民中占据相当大比例的一部分人,即那些只具备基本知识或至多读过几本简易书籍的人和大批的文盲。同样,在这里,宗教动机和社会野心同传授或学习与日常生活、职业生活毫无瓜葛的知识的愿望掺杂在了一起。当然我们也注意到,社会阶层愈低,功利欲望的表现方式便愈微弱,直至毫无意义;不过还剩下宗教动机,即来自农村世界之外的、在神职人员和虔信者引导下产生的向所有人传播宗教的愿望。要完成如此宏大的任务,需要中介;因此,实现知识的基督教化的第一步是建立神职文化。

处在修会包围之中的学校同样也是通往圣职的培养场所。那里的所有学生在走读制允许的条件下都须保持虔信的生活习惯,时时遵守戒律,循规蹈矩。唯如此才不至陷入游手好闲的罗网,才可习惯于那种人们尽量营造出的近似于教士的生活方式。因虔信而表现突出的学生们重新组织起来进入修道会,观察和体验未来的使命。到18世纪,仍有至少10%毕业于中学的学生成为教士。而在不列塔尼省,这个比例更高;在瓦恩的耶稣会学校,比例达到30—40%。

宗教动机促使修道士进行教育投入,同时,17世纪致力于其教区改革的主教们也想方设法保证每一个未来的教士掌握最基本的、扎实的学识。这一想法其实并不新鲜:在这个问题上,特伦托会议所做的只是注意到了那些早在教会分立之前就主张教会改革的人们指出的不足之处,采纳了早在上个世纪就由一些主教尝试过的方法。唯一不同的、也是决定性的内容是迅速形成的明确的圣职预备阶段之前全新而密集的中学网。

在中学接受的教育完全适应对圣职的这种准备。而 17 世纪上半叶时,主教可以想到的最好的教育工作者也就是奥拉托利会员或耶稣会会士了。当然,在后来的很长一段时间里,本堂神甫一直对有望从事圣职的少年进行初步的虔信教育和拉丁文教育,这在布列塔尼省一直坚持到旧制度末期。现在,一些可靠的中学的建立使得这些年轻人终于可以进入稳定的、更高层次的机构学习深造了。17 世纪中叶,圣职的任用标准逐渐趋于严格,欲成为教士,至少要读过中学最后几年的传统课程。在包括哲学在内的一般课程之外,从 16 世纪起,许多主教还要求中学给未来教士增加神学课,并专门给他们分班授课。这是个巨大的变化,因为在此之前,除了有限的几部著作可供研读之外,只有少数读了大学的教士才能接触到神学。

208

新教牧师的培养问题很早就提上了日程,一方面是因为新兴教派刚刚建立,百事待兴,另一方面也因为加尔文教的教会法通过布道将评解圣经的主要角色赋予了牧师。但因为动机相同,其操作形式也大同小异。以 1559 年建于日内瓦的加尔文神学校为样板,新教建起了八所培养牧师的神学校,其中四所建于 1598 年以前。它们还将神学班附加在教会中学。因此,南特敕令实施期间,除日内瓦外,新教牧师主要来自色当、索米尔、迪涅或迪埃。建于 1599 年的索米尔神学校到 17 世纪时已经成为自由主义的和温和的新教在整个欧洲最具代表性的场所。

在整个 17 世纪,两大教派圣职文化的重要内容就是在这些场所形成的。天主教一方建成的仿意大利模式的初期的神学院,还只限于接收一些贫困学生,仅提供他们食宿。由于资金不足,也由于在中学大潮来临之前过早出现,这种模式只在几个教区进行过尝试。后来,在路易十三时期,从巴黎首创并慢慢发展起来的一些机构开始——如阿德里安·布尔杜瓦兹创建的圣尼古拉-迪-沙尔多内教友团,樊尚·德·保罗创建于 1625 年后于 1631 年成为培养机构的遣使会,以及奥列尔 1641 年创建的圣绪尔比斯会,专门的圣职培养场所的模式逐渐发展并传播开来,这便是法国式的神学院。

教区神学院从 1650 年起开始迅速发展,1690 年才告终止。在这个时期,主教可以借助修道会和修会来确保持续而系统的教育:大部分新建的神学院都委托天主教改革中诞生的修道会管理,例如樊尚·德·保罗的遣使会或圣绪尔比斯会。而圣绪尔比斯神学院总部本身直到旧制度结束前都在培养大量的主教,西部一些教区的厄德修会会士也大多出自该神学院。不过在路易十四时期,这些神学院大多局限于接待所谓"受圣职者"在此做几周的短暂进修,这是授予任何一个高级神品,即副助祭职、副祭职和司铎职之前的必经程序。

神学知识在多数情况下仍继续在中学教授。不过到下一个世纪,冉森教派教义的影响不断扩大,使主教更加关注对未来教士教义培训的控制。为此,他们在神学院增设专门的神学课程。学习年限也延长至两到三年。但首创者的初衷并非培养教会的博士。正如樊尚·德·保罗所说,更需要的是"虔信和一般性的学识,加上对宗教仪式、布道和基本教理之含义的领悟,而非掌握多少教义"。17世纪最受关注的两件事是:具体地、实用地对受圣职者进行任前培训,即向他们传授宗教仪式、典礼、弥撒的主持、授予圣事等方面的知识,并教他们如何传教;进一步开启他们的虔信和道德意识,使他们成为教徒心目中的典范。

致力于改革的虔信者们对神职人员的文化素质和行为水准的看法是很不乐观的,虽不免会有以偏概全和夸张之嫌,但对那些农村堂区的住持教士来说,也绝非毫无根据:

> 大多数教士都特别无知,以至连拉丁文都听不懂……。他们和世俗人之间在着装和言谈方面几无差别。他们出门穿各色短衫,长袍则存在教堂,同白长褂和祭服放在一起,似乎也是留作宗教仪式时才穿用的。他们和普通人一样留长发,娱乐活动是打猎和赌钱,而平日的去处则是小酒馆。甚至还有人终日在通宵达旦的节日市集跳舞寻欢,与女人厮混……

这是路易十三统治末期卡奥尔的一位改革派主教的传记中描绘的画面,书中还记叙了其他"下流可鄙的"和"耸人听闻的"行为,而农村人对教士们包括姘居在内的行为都习以为常。这无意中证明了,在经天主教改革打造的新型教士到来之前神职者和农民之间存在的文化同一性。然而,情况在逐渐变化着,变化比较快的地区是法国东部和北部(这里指的是17世纪末的边境,包括佛兰德、弗朗什一孔泰和地位复杂多变的洛林在内),从佛兰德到巴伐利亚州①,再到意大利北部地区,很早就受到天主教改革的深刻影响。巴黎盆地地区也从首都的改革和机构体制中很快受到影响。变化以巴黎和各城市为起点,逐渐发展到各个地区,这一过程一直延续了整个17世纪,甚至延展到下个世纪初。

与过去相比,教士成了识字通文的人,虽然在农村,对于绝大多数堂区居民来说,教士会不会拉丁文并不重要。本堂神甫感受到越来越大的压力,加之教会的监督检查,神甫渐渐开始接触一些基础书籍:除弥撒经本、日课经、《特伦托会议教理问答》等书之外,他们还多购买新约全书,还有解答告解疑难问题的课本或字典,以解决听忏悔中遇到的棘手问题。这类书在城市的神甫或堂区负责人

---

① La Bavière(Bayern):今德国,亦称拜恩州。

家里最常见到。而在那些经过正常的学习阶段后又继续在大学就读并获法学或神学学士、博士学位的为数不多的教士家中,这类藏书就更多了。但是,如果说普通乡村神甫家里,能够拥有十几二十本书——一般都是宗教书籍——在 17 世纪已算是颇有规模的藏书的话,那么,这样的乡村神甫在广大文盲地区就足以被视为脱离了农村传统的博学文化的代表了。这个时期,长袍成为教士公开露面时的日常服装,而穿上袍子的教士由于其生活方式及 18 世纪又有长足进步的知识背景的改变,从此就成了与众不同的牧羊人和引路人,按照教会的说法,这些牧羊人是高于教徒这个羊群之上的。

4

文化控制的几个阶段

在这个阵地上,另一些人已经先行一步对世俗人进行灵魂圣化和教育活动了。"你们的印度群岛在这里":这是在试图说服耶稣会为基督教的老区投入一部分力量。这正说明了 17 世纪上半叶教会的传教规模。城市和乡镇是他们最先光顾的地方。贝尔纳·东普尼耶的研究为我们揭示了加布遣会的活动情况:他们从 1574 年开始在法国从事传教活动,很快成为广受欢迎的修会。其活动内容首先是根据地方当局的要求在将临期和封斋期向这些城镇提供称职的布道人。不过很快,一些神甫就开始把布道的范围扩大到了农村。耶稣会早期的传教活动也面向城市及其周边地区,虽然"传教式的"生活也使他们在途中有机会接触农村居民。最先受到影响的是信仰竞争最激烈的地区,即阿尔萨斯、洛林和普瓦图三省。

随着教会逐渐意识到老基督徒特别是农村广大教徒的精神需求,认识到"坚定他们信仰"的必要性,传教的范围也就越来越大了。1652 年,当樊尚·德·保罗和贡迪家族签订协议时,协议指出"城市承蒙上帝的仁慈惠顾,已经拥有称职的圣职者和虔诚的教徒",只有"农村的穷人似乎被剥夺了一切精神支持"。协议于是明确指出:

> 必须选择一些愿意将全身心投入关心农村贫穷者的工作中的神职者,他们不可在拥有总主教府、主教府或初等法院①的城市布道或主持圣事,只能常年在广大农村传教。

同时,各派力量迅速壮大起来,为此做好了充分准备:耶稣会的公寓和加布

---

① 1552—1791 年法国负责处理次要民事和刑事案件的法院。

遣会的修道院在 1603—1640 年成倍增加,1611 年成立的奥拉托利会和樊尚·德·保罗 1625 年创建的遣使会的规模也迅速扩大。他们开发的阵地之广大大出乎教士和虔信者们的意料。虽然不可以一概全,但根据当时的描述,路易十三时期农村人的宗教无知的确令人瞠目,如 1646 年在米尔-德-布列塔尼,当地的头面人物竟说不出神的三位一体的名称。当时的布列塔尼可谓集中了各种不利条件:由于书面文字传播不足,口头传教便占据了很大的比重,而该省西部使用的特有语言却限制了布道者的数量;其次,这个地区新教的势力比较薄弱,反而削弱了传者者的竞争心态,使该省未能成为优先考虑的传教对象。相反,1560年,耶稣会已经在阿尔萨斯农村分发了几千册教理问答书。

由此看来,传教阵地最初并不一致。法国南方诸省爆发的宗教战争,包括20 年代的最后一次宗教战争,使该地区屡遭破坏,满目疮痍,巴黎盆地的部分地区在随后爆发的法西战争中也遭受同样的破坏。这种破坏也是精神上的。但传教士的活动正是在这块阵地上率先实现的:这被看作是最紧迫的传教使命,正如樊尚·德·保罗 1628 年在写给教皇的一封请愿书中所言:

> 乡村那些可怜的人们……竟生活在无知和贫困中,到老都不知道获拯救必先有信的奥义,却在年轻时偶犯的罪孽中死去,皆因他们早些时候羞于向熟悉的神甫或助理司铎吐露实情。

传授知识,确立宗教习俗,这便是传教士活动的最终目的。樊尚·德·保罗在 1639 年给让娜·德·尚塔尔的信里对此做了详述:

> 在农村传教的时候,我们早晨 6 点去教堂主持神圣的弥撒。然后,由本会的一位修士布道。随后便是听告解,忏悔一直持续到 11 点钟。吃过午饭之后,大家 2 点再回到教堂做忏悔到 5 点。然后给教徒讲解教理知识。

借助布道和讲解教理知识达到教育目的,通过尽可能普遍的忏悔和领圣体而改造人们,通过在堂区建立一个由一批地方虔信精英组成的兄弟会来维护成果(樊尚·德·保罗就试图在各地建立慈善兄弟会),不过这一传教士的传教策略在操作的数量和比例上是有差异的。在下布列塔尼,米歇尔·勒诺布莱兹和他的继承者们——如 43 年当中完成了 439 次传教活动的莫努瓦——会花更多的时间讲道:这是因为需要时间专门向妇女、儿童和农民这些特殊人群布道,还要组织"讲座",与教徒交流心得。莫努瓦的这种选择与耶稣会和多数同时期加入传教的传教士的思想观念是紧密相关的。但这也是一种入乡随俗、因地制宜的办法。那时,巴黎盆地地区的乡下人再蒙昧,也不及下布列塔尼的乡下人。对

212　后者,最首要的显然是进行基本普及式教育,待他们有了一定的觉悟以后再引导他们做忏悔,那时的忏悔才是有用的和有意义的。

传教士们的开拓性行动在当时是十分重要的,因为在乡下,堂区的神职者还没有能力普遍而有效地控制堂区。20 位传教士在布列塔尼完成为期一个月的传教活动,意味着集中对若干个堂区提供 7000—8000 小时的教育,相当于每个教徒和教士有一次单独接触。但是,若要使教徒持续获得宗教知识,首先需要有一个和教徒长期接触的文化媒介,他应该既能够传播知识,也能够检验知识的吸收情况。

这样一个毕业于中学、又经神学院培养的教士不仅是有文化的人,还应该是生活的楷模,应该尽可能地以其自身的榜样来阐释他对世俗人发表的言论。人们对新教牧师的评价也常以其家庭生活为标准。天主教教士在天主教改革之后则更加受到以身作则义务的约束。如果说把一生奉献给上帝被认为是妇女的更高境界,那么经神品圣事而获得的圣职更把教士推向了高于教徒的地位。但是,他也必须在日常生活中展现一种生活方式,即便普通人不能完全做到,它也应该成为一种具有典范意义的理想。当然,这一切还只是刚刚开始,到 18 世纪才会显现其深远影响。不过,从 17 世纪中期开始,新的价值观和行为准则开始使旧有的文化连带慢慢松懈。

的确,当一个代表着上帝、自然和超自然世界以及灵魂拯救的群体进入了社会机体并给它带来不同的价值观、行为准则、义务和禁忌的时候,文化便经历了一个再加工、再改造的过程。这就意味着教会超越神职人员之外通过对世俗社会的那些团体和个人的支配来发挥其影响,并促进这一模式的传播。教会的所有慈善教育都受到这种传教方式的启发。前面已经介绍过的城市虔信阶层把个人的圣化同感化、参与、教导民众以及使自己成为面团中的发酵剂联系在一起。因此,在耶稣会学校里,既有学生修道团,也有手工艺者修道团,还有资产者组织的男子修道团。根据路易·沙泰里埃的统计,在包括香槟、勃艮第、洛林和阿尔萨斯各省在内的耶稣会香槟修会省,资产者和手工艺人的修道会在 1630 年达到 1700 人,1665 年发展到近 3000 人,1700 年达 4000 人……这是虔信精英分子的队伍不断壮大的极好例证。

213

214　尽管其密度不同,但兄弟会渐渐超出城市范围的宗教团体而开始大量在农村堂区建立虔信核心。其成员强制自己参加特殊的宗教活动,如法律规定之外的弥撒、圣事和苦修等。其中一些团体,如念珠祈祷会似乎很早就吸引了大批妇女,因而在村一级构成了女性社会活动场所。另一些团体则承担一些教会的服务,其影响也是社会性的:比如维护教堂灯烛的圣体会,救助病痛者和贫困者并负责为死者送葬的法国南方的苦修会、贝顿地区的慈善者会和诺曼底省的慈善会等。多数兄弟会,尤其是临终者会和炼狱灵魂会都保证在其会员临终时得到

图 **21** 《赠送念珠》(圣－皮埃尔－圣－保罗教堂，莫尔比昂省盖贡，1648 年) 是念珠兄弟会订购的许多绘画中的主题。其中不少较为平常的绘画今天仍可见于堂区教堂。圣母与圣子的上方是圣父和象征圣灵的鸽子；像陪伴它的天使一样，它摆成兄弟会会旗形状的十五个“神秘”念珠，左边五个表现喜悦，下面五个表现痛苦（耶稣受难），右边五个表现荣享天福（耶稣复活、耶稣升天、圣灵降临、圣母升天和圣母加冕），它们构成了诵经时的默祷主题。画的下方是多明我会（此修会使这一虔信得到推广）的一名修士和一名修女，一般认为是圣多米尼克和圣卡特琳·德·西埃纳，他们身后是教皇、主教和法国王后等显要。可以看到炼狱门口的灵魂，他们因活着的人们的祈祷而获得救赎。

所有成员的祷告,并保证为他们做弥撒。总之,用玛丽－埃莱娜·弗勒切雷－肖帕尔的话说,苦修会成为"在俗基督徒宗教热忱的首选去处"。这虽然是一个"另外"的社会,但他们中的每个人都可以影响周围的人,在家庭中尤其如此。

在外省的某些地区,希望进一步虔修的人还可以进入退省院,如耶稣会会士樊尚·于比和代理主教厄德·德·凯尔里维奥于 1660 年在瓦恩建立的退省院。该院可以接待 300 人静修 8 天。十几年后,该市又为女子建起了一个类似机构。瓦恩的退省院自然可以吸引更多能够按照依纳爵·德·罗耀拉的方法进行神修的有文化的人们。但这个机构实际上面向包括农民在内的各个层次的人群,所以对前来静修的普通人,依纳爵·德·罗耀拉的灵修理论就被换作了通俗易懂的教育内容和简单的祈祷,同时也使用图画教学。女子退省院由"诚实虔信的女子或寡妇"管理,在 1680 年的圣灵降临节接待了 412 名妇女。

兄弟会和退省院大获成功,但其随后的发展极不平衡。瓦恩市的 20 所退省院减至 16 所,虽然人员减少,但参加者仍大大超出社会精英的范围。这些由信徒主持的机构表明,每个村子都最终形成了一个由虔信家庭,或至少关注堂区运转的家庭构成的圈子。由于宗教和社会的原因,村干部和村里的老住户别无选择,都会加入这些组织着地方社会的机构,而且,在兄弟会中享有重要地位也能体现本人在地方上的权威。管理堂区收支的财务主管和财产管委会委员也一样加入进来。这些家庭构成了低微水平上的最高等级,并与神职者同舟共济,一道帮助农民适应新价值观,学习新知识。

5

文化控制的方法

在文盲占大多数的民众中,口头宣传在宗教知识的灌输中起着举足轻重的作用。布道是传教士们的头把武器,随后也成了堂区神甫的重要手段。在新教教徒那里更是如此:他们在每周两次的礼拜活动中聆听牧师布道,而牧师的讲解对教徒领会远超出经文本身的圣经知识并将之内在化,起着很大的作用。在天主教的堂区,布道也通过传教活动逐渐成为重要的教育手段。

为了说服听众,必须适应口语文化。而且这还是一个十分看重体力的文化:因此,形式至关重要。里昂所在省的加布遣会修士在《教务参事会年鉴》(Annales capitulaires)中以圣徒行传式的、却也不失真实的手法描写了一批优秀布道者,即布道效果好的教士的优秀品质:埃斯普里·德·博姆便是其中一个,他的"声音如此有力,以至当他痛斥邪恶之徒的时候,会把他们吓得发抖"。有的讲道者则使用修辞的魅力,这样更加讨巧。比如莫努瓦,他的同时代的传记作家博谢(Boschet)神甫这样写道：

> 他的举止一般是温和的，但有时又异常兴奋；他的声音既充满力量
> 又轻柔平和，可以彻入灵魂深处；他的讲演是那样感人肺腑，我以为在
> 他之前不会有谁让这么多人落泪。

视觉和听觉在仪式中都起着一定的作用。传教士的布道活动还包括连续数周的一系列虔修练习和宗教仪式，而慑服和诱惑是传教士的双刃剑。在一次传教中，为震慑听众，莫努瓦安排了一幕情景，让人躲在讲坛下扮作被罚下地狱的人，用低沉的嗓音回答生者的问题。他们还组织规模盛大的仪式，利用布景、灯光、音乐等来达到震撼和诱惑心灵的目的，特别是在那些存在教派竞争的地区，他们会与新教信仰的素朴无华针锋相对。

传教士在初期的布道活动以讲授教理为主。由于布道的对象主要是成年人，因此他们的教育内容也力求系统。一般在讲道开始和结束时，讲道者都会要求大家一起背诵祷告词或唱诵概括了主要信条的信经。总之，一开始的传教是应急式的，力图将最基本的知识尽可能灌输给大家。

堂区的神职者在随后的大弥撒主日讲道时则部分地采纳了他们的方法。此后，背诵圣父经、信经和十诫成为成人群体的必修课。这样，每个人都"学会了"做祷告。对很多农村人来说，这些知识的获得具有全新的特色，因为一方面，这意味着通过智力上的努力来吸收抽象概念，另一方面，这些内容本身是由文化背景完全不同的教士、以相当抽象的方式传授的，因而打破了大多数乡村和家庭传统的知识传授方式。

教理知识也大多借助口头传授。最初的课本都是供教士专用的神学教材的简单提要，《特伦托会议教理问答》从形式上看便属这类书籍。新教一边参照的原始文本是加尔文发表于 1541 年的《教义汇编》(*Formulaire*)，原文较晦涩，不宜用于儿童的教理教育。而在天主教这边，革新始于耶稣会的奥热神父发表于 1563 年的《教理问答》(*Catéchisme*)。在满足文人学者和神职人员的同时，此书随后又增加了简写本，以适应文化水平较低的读者。这种大众性的教理传授方法启发神职人员在新教创举的基础上采纳问答式的方法，这给教士带来很大的方便，他可以将大多数农村听众读不懂的课本通过口头来传授。

问答也是需要背诵的，这样，教徒才能对教士围绕问答所做的讲解留有印象。对不同文化水平的未受教育者的适应逐渐趋于完善：卡尼修斯首次发表于 1554 年、17 世纪有至少二十多个拉丁文和法文版本的《基督教教义总论》(*Summa doctrinae christianae*)就包括了三级水平，每级的问答数量和回答的长度、难度都有不同：《总论》专供教士使用；《小教理问答》(*Catechismus parvus* 或 *Catechismus minor*)适用于有文化的年轻人，常被用作耶稣会中学的教材；《袖珍教理问答》(*Catechismus minimus*)则适用于儿童和文盲，只包括 59 个问答题。除

了删繁就简、保留要义之外，在一些版本中还增加了识字入门，这说明教理知识的传授被纳入了一个更加全面的教育计划中。意大利人雅克·勒代斯马发表于 1573 年并多次再版的仅三十几页的《基督教义》(*Doctrine chrétienne*)，还有贝拉尔曼的《基督教教义要义》(*Brève Doctrine chrétienne*)都是直接针对这个群体的教理书，表明了宗教界在教理教育观念上的进步。

　　城市居民是这些作品最早的读者。城市居民的教理教育在 17 世纪上半叶可谓得天独厚，既有训练有素的教士，又有像圣于尔絮勒那样的为贫困女子提供教育的修道会和修会。在农村，教理的传播则缓慢得多，需要专门指派神职者在各地担当此任。在要求其辖区的每个教士拥有《特伦托会议教理问答》的同时，主教还逐渐选用另外的统一课本供其教区的所有堂区使用，这样，教区教理问答课本便诞生了。但是，定期向农村所有少年儿童传授教理却是长期而艰辛的工作，这一点通过主教寻访纪录或本堂神甫的报告可以略见一斑。1679 年，在巴黎主教代理的管辖区内，教理教育在一半的堂区都不受重视。到 18 世纪初时，索洛涅地区的塞恩利隐修院院长只在行圣灰礼仪的星期三至复活节这段时间讲授教理，也只在这期间才专门为准备初领圣体的 15－16 岁的孩子们加设相关课程。

　　但成果是显著的。包括大众阶层在内的城市一直走在最前面，这不仅得益于扫盲运动的迅速发展，也因为已经发展到手工业界的修道会组织施展着重要的影响。但是，法国东部和北部农村从 16 世纪末开始，最晚到 17 世纪下半叶也逐渐开始受到影响。同传教士们的传教活动不同的是，定期的教理教育也逐层面向孩子——开始一般建议家长陪同，进而渗透到全体。每周日必做的弥撒，加上总共几十天的节日期间规定的弥撒活动，每年大约有 80 天可以快速温习最重要的概念。

　　到 17 世纪末，书在农民家中还非常少见。在没有书的地方，教理的宣传就采用其他手段和步骤，比如口头传授教理问答，通过反复背诵而牢记。教理问答教师也从广泛流传的样本和集册中选用一些图画，比如加布遣会使用的画片《罪人的镜子》(*Miroir du pécheur*)。米歇尔·勒诺布莱兹[①]在羊皮上绘制的寓意画[②]则是其中最复杂精致的一种形式，这种宣传画的特点是可以一幅多制，且常常配有供世俗人阅读的文字说明，以扩大影响。图画传播甚广，它被赋予了护身的功效，因此家家户户悬挂：有基督像、圣母像或圣人的画像，还有兄弟会宣传画，常配上一句大家熟知的祈祷文，除了其宗教效应之外，还是非常初级的文字传播形式。

———————————

①　米歇尔·勒诺布莱兹(Michel Le Nobletz, 1577－1654)，法国下布列塔尼传教士，受真福品者。精通希伯来语、拉丁语、法语、希腊语等多种语言，一生献身偏远地区传教，屡遭指责、迫害而不息。

②　布列塔尼语为 Taollenou，为勒诺布莱兹首创，到 20 世纪初仍有一些地区使用。

217

218

在这样一个口头传授的背景下,音乐是记忆的另一个重要载体。新教教徒都会唱"胡格诺诗篇集",其形式参照了泰奥多尔·德·贝兹1560年对克莱芒·马罗诗译的改写,而旋律主要借鉴了德国赞美歌,并加入前人的世俗和宗教曲调以适应集体演唱。在天主教一边,赞美歌为宗教知识的元素在集体文化中的扎根起到了不可低估的作用。根据巴黎各大图书馆保存的集册数量而得出的曲线图是不够全面的,因为它没有将传教士传教期间书商们出售的小册子计算在内,也没有考虑那些常以有助于记忆的宗教或世俗音乐为载体主题的口头传播。然而,40年代方言赞美歌集——如加斯科尼方言、布列塔尼方言——的出现反映了意欲影响大众和农村群体的愿望。大家都清楚,一些可以上溯至天主教改革时期的古老曲调在农村文化中是如何的根深蒂固。

6

成果:文化重塑

新教和天主教同样面临着宗教无知的问题,因而在教义和教会法的分歧之外,他们都试图回答相同的问题:应当把什么样的知识传授给孩子们、庶民百姓和没有文化的人们? 应该如何传授这些知识? 当接受教理教育的一代进入成年阶段的时候,大多数教徒就已经获得了一些基本的概念。首先是基督徒的大祷告文:在背诵弥撒经和教理问答之前,父母尤其是母亲有责任尽早将这些祷告文传授给子女。这样,每个孩子至少学会了天主经、信经和上帝的戒律,天主教徒则还要加上教会的戒律。孩子们也对圣事有了更多的了解:他们的生活原本已经与打开天堂之门的洗礼和帮助临终者达成上帝心愿的敷圣油圣事紧密相系,现在则更要履行复活节的义务。复活节义务是13世纪确定下来的,到天主教改革末期得到普遍遵守。前面已经看到,传教士的传教活动始于农村,其目标是促使每个教徒忏悔和领圣体。传教士们还在其传教报告中记述了精彩的说服过程,特别选择了一些已经几十年拒绝忏悔的人为例。人们轻装上阵,宗教知识以简单的形式纳入了每个人的文化中。

说教方式往往是严厉的,最常使用的武器是地狱的威胁。这种威逼恐吓式的布道在今天的人听来是难于接受的,但应该将这样的内容置于当时特定的社会背景下:那时,人们对恶具有更强的耐受力,因为他们时时受到更为恶劣的环境的威胁,诸如死亡、瘟疫、疾病、战争或动乱以及饥饿;此外,当时的文化背景使布道者出于教育效果的考虑而极力夸大后果,言过其实。必须有冲击力,必须有震撼力,如此才能使人铭刻于心。但教育的口语特点使我们无法知道,那些震慑人心、令人敬畏的主题和效果究竟是源于不同凡响的雄辩之术呢? 抑或平常的

图 **22** 这是米歇尔·德·勒诺布莱兹的一张题为《世界的镜子》的图片的细节，它通过现实场景传达着信息。图画表现的是树篱环绕的房屋和花园及收获葡萄的场面；那些整日花枝招展，沉迷于杯盏之欢或耍钱赌博的人们已经被魔鬼收入了网中，网子通过从撒旦手里抛出的线条来表示。（坎佩尔，布列塔尼省级博物馆）

图 23

有必要为死亡做好准备,这是教会始终如一的传教主题之一。这个题为《守护神》的17世纪勃艮第木刻可吓退魔鬼,从儿时便是保护人们抵御各种诱惑的强大护佑。环绕在中心场景四周的椭圆形章细述其善举和护佑的种种模式:从年轻时的教理问答直到死亡,此时,他会直接将死者的灵魂领到天堂。

布道都是如此？不过,无论教会的布道取得的教化效果如何——关于这个问题我们随后还会探讨,我们都可以认为,反反复复地强调这些效果必定会严重麻木我们的思考和判断力,我们也可以认定,教化效果远非完美无缺。

不过,我们也同时发现,致力于教育的神职人员也恢复了一些典礼仪式,以达感化目的。从多种角度聆听典礼仪式上的演说,会发现它也是感慰人心的,尤其在临终的关键时刻。天主教会希望将羔羊引入正道,因此通常是严厉的。但它也会主持圣事仪式,使上帝与教徒之间重归于好;或为炼狱中的灵魂做祷告,向求情圣人祷告等。16 世纪末教务议会和教区会议多次就此做出决议,足见使以上这类补救措施成为徒劳之举的上帝预选论是多么难于落实,尽管在新教徒的圈子里,希望自己被上帝预选的念头是那样根深蒂固。

人们的视觉和听觉感受也似乎在逐渐更新。与拒绝使用任何图像来表现上帝、圣人甚至十字架的新教相反,传教士和兄弟会向天主教教徒分发这类图画,让家家户户悬挂于家中,宣传画初级的宗教内容对民众的精神状态产生着影响。各种主题和表现方式通过这些简单的载体而传播,使来自农村社会以外的宗教甚至美学标准得以普及。同时,这些标准又从反方向——通过禁止发行——促成了对某类图画的"肖像清理"。这一取代过程也同样表现在歌曲方面,其曲调逐渐被用来为宗教宣传服务。

教会的影响促成了时间和空间坐标的确定。神职力量的加强和教会教育的逐渐改善使得宗教活动更加有条不紊。教会的诫律从某种程度上规范了历法,使各行各业的人们经常性地、有规律地汇聚到教堂。它还规范了工作日和休息日的交替办法,不过具体实施情况仍然不那么容易掌握。

活动的规律化也对空间起到了规范作用。为了更好地监控虔信的形式和表达,特伦托会议的改革力图将信仰的重心转向堂区教堂,而在堂区内将重心放在教会认为重要的虔信活动上。这一努力在 17 世纪下半叶达到顶峰。当然,必要的妥协也不可避免,尤其在那些小教堂密布的地区,如布列塔尼省的大部分地区。这些小教堂大多替代了教堂,成为其地方特性的标志。教徒们经常出入这些信仰场所或其附属场所,或途经或聚会。这一要素可能在一些居住分散的地区更为重要,如布列塔尼省:在这里,人们日常的眼界只局限于自己的村子,也就是由若干农舍组成的小村庄。做弥撒扩大了他们的交际范围,也具有世俗方面的功效。

从人类生存的层面看,少儿阶段被认为是获得知识的重要时期,也应该安排活动。很多高级神职人员在其教区会议决议中都采纳了夏尔·博罗梅的建议:

> 虽然他们不过五六岁,但是,把这些男孩子和女孩子们一个一个地叫到听告解神甫面前,让他们尽早开始接受教育,并在以后参加圣事,这是一种神圣的做法。不过,忏悔神甫也应该避免为那些不具备理性

头脑和必要条件接受圣事的人做圣事赦罪。他们还应当特别关注对七八岁孩子的教育,根据他们的接受能力告知他们圣事的必要性及其功德。

夏尔·博罗梅主张的方法证实了一点:这些意味着其自身生活回归的忏悔行为及初级的教理教育,都体现了在具体行为和精神方面规范个人和规范社会的努力,而这种作法对没上过学的大多数孩子来说是全新的。

少儿阶段首先是围绕着新的宗教约束而组织安排的,和懂事的年龄、慎重的年龄这些概念相结合,随后又与学校教育越来越广泛地联系在一起。在这个阶段,初领圣体这个概念逐渐形成,并将成为必经的仪式。17 世纪,由神职界人士发起,将初领圣体规范为庄严而隆重的仪式。城市最先行动起来,其中值得一提的有 1612 年创建了圣尼古拉-迪-沙尔多内教友会的阿德里安·布尔杜瓦兹——前面提到过,他的教友会不久后成了培养未来教士的场所;还有 1643 年在圣绪尔比斯建立初领圣体制度的奥列尔,以及耶稣会和圣于尔絮勒修会。传教士及主教出台的相关规定使这个仪式得到普及。

初领圣体也可以使孩子具备起码的辨别力和知识。程度的高低却很难界定:阿莱特主教尼古拉·帕维永 1678 年表示,孩子应该"受到良好的教育,具体情况由本堂神甫和助理司铎酌情掌握"。另一些人则做了比较明确的规定:布尔日的主教 1660 年发出的训谕要求本堂神甫"认真细致地审查那些尚未领圣体的人,了解他们的姓名和年龄……,不得为那些没能在封斋期坚持参加教理问答课且不了解信之主要奥义的孩子授圣体"。南特主教也在 1689 年明确表示,准备工作应在封斋期进行,每周三天。

要求达到一定程度便意味着延期的可能性,即可以延缓圣事的举行。圣事只有在教理教育真正得到保障之后才能举行:资产者和贵族阶层的虔信者有自己退省静修的专门场所,如巴黎的圣于尔絮勒会修道院,从路易十三时期开始,便有大户人家的女子被送到这里寄宿数月,为初领圣体做准备。在圣尼古拉-迪-沙尔多内教友会,需先参加四年的主日教理问答课,然后再接受每周三次的初领圣体的预备教育。但在大多数普通堂区,实际条件要差得多,实施的步伐也缓慢得多:到 17 世纪下半叶,当毕业于神学院的神职者陆续来到各堂区上任之后,这类革新才开始影响到乡村。要求也随之越来越严格了,特别是那些受冉森派思想影响的教士。这反映了当时推迟授圣体仪式年龄的趋势:根据夏尔·博罗梅 1575 年发表的《指示》(*Instructions*)的说法,这个年龄在 10—12 岁左右。此限定于 1657 年被法国神职大会采纳,成为统一标准。到 17 世纪末,许多主教又将此年龄推迟至 13—14 岁,受死亡威胁者例外。

上下浮动的现象反映了对初领圣体的两种不同观念。对神职者来说,这个仪式不过是基督教育过程中的一个阶段。对一些家庭而言,它却已经是一个结果了:"在 1688 年出版的《退省习练》(*Exercices de retraite*)中可以看到,在某些母亲的头脑中,他们的儿女必须领圣体……,因为此后她们还要安排孩子学徒或做其他的事情"。除了巴黎人的这个见证之外,还有其他的例证,如 1689 年南特神学院院长告诫本堂神甫在教理问答考试时多加注意,"因为有一些孩子在初领圣体之后便忽视教理学习,很难教育了"。我们从中看到,一方面,贫民阶层迫切的经济需要同智力和精神教育所投入的时间之间产生了矛盾;另一方面,这个必经仪式的诞生将接受教理教育——这在 17 世纪还做的远远不够——或接受学校教育的儿童时期同青少年时期截然分开。

这个隐约可以窥见的矛盾使我们再次回到这样的主题,即支配着这一知识传播的动机的二重性。从 17 世纪初开始,教会为教育付出了极大的、持续不断的努力。在天主教一边,众多的修道会和修会为达到宗教目的而努力兴办教育,正如此前其他宗教团体为培养精英分子而创办中学或寄宿学校一样。在城市,这一努力主要针对少有机会上学的女子,这使教会强烈反对的男女混合学校失去了所有存在的借口。以其修道院数量之多和建立速度之快而著称的圣于尔絮勒会便免费接受城市的贫困女子;在洛林,圣母修道会也面向农村的孩子。一般来说,乡村学校本身就由本堂神甫认可的教师主持工作。

宗教界在教育方面的努力成果到后来才更加明显,我们稍后再谈。这里,我们先把注意力放在他们的动机上。关于这一点,圣母修道会 1598 年制定的规章是非常说明问题的:

> 我们的目标是建立公立学校,免费为女子提供教育,教她们读书认字、缝纫活计和基督教知识。我们力图根据她们的能力和我们的能力教她们理解教理知识,引导她们虔信和做祷告。

同样,圣于尔絮勒会也在其教学中加入了适合本地区女子手工艺特点的手工课。洛林地区的规定明确表示,针线活"是吸引女孩子来我们学校上学的诱饵,可以引领她们认识基督教义和虔信"。工作的重心也从原来针对精英阶层的智力和精神层面转移到了社会层面:学校的目的既是教理教育性的,也是慈善性的……但是普通家庭和修女所关注的东西是否在同一个层次上呢?

这个问题可以针对整个学校教育提出来。如上所述,农村学校的教师都须经本堂神甫认可方能任教并保留其职位。实际上,直到旧制度末期,农村教师都扮演着堂区神职者助手的角色:他们领孩子们做日课,监督他们背诵教理问答和祷告词,甚至担任唱诗班队员或圣器室管理员。他们还是在神职者控制下的宗教知识传授代理。但这些知识同时也是世俗的,它使农村社会的文化一体性趋于松散。在非强制性教育的背景下,除了希望孩子将来从事神职工作的家庭以外,一般家庭送孩子上学都是出于教理之外的需求和宗教以外的动机。

关于学校教育的这一有待解答的问题在 17 世纪中期还只局限于其社会影响。从城市的虔信精英们开始,一个广泛的文化基督教化的运动,或更确切地说,一个将大量宗教准则通过自上而下的教育引入文化中的运动已经开始显现。这些宗教规范正趋向于替代或至少影响和控制一直在家庭或社会群体内部传播的古老遗产。这个控制过程更容易触及接触书面文字的群体,但又通过一些新的手段而很快超越了这个范围。当然,我们不能因此就将这个过程描绘成可以逐渐渗透到整个社会的潮水。精英分子内部就存在着抵触情绪甚至不公开的对抗,他们同亨利四世和路易十三时期构成了虔信文化特点的生活方式和思想行为的泛化针锋相对。因而,对包括农村在内的社会肌体的各个角落的渗透既是漫长的,也是不均衡的,其收效也有得有失,不可统而论之。而这一运动过程,同它所引发的消极或积极的对抗所产生的后果一样,应该进一步被置于更加广泛的文化发展背景中。

223

224

第十章　文明化

　　"文明化"这个字眼包含着多少歧义,多少难解的问题!诺贝尔·埃利亚斯①1939年在其开拓性的研究中使用了这个说法,其法文译本《世风之文明化②》(*La civilisation des moeurs*)1973年才问世。在我们明白了埃利亚斯研究的是一个过程之后——德文题目《文明化过程》(*Über den Prozess der Zivilisation*)更加一目了然,剩下的就是另外两个问题了,即关于反复灌输的文明礼仪及其年代问题。从最一般的意义上理解,它指的是人文主义者所定义的良好行为,而良好行为的学习其实从16世纪初就已经开始了,因为伊拉斯谟的《儿童礼仪》(*La Civilité puérile*)早在1530年已经问世。

　　因此,17世纪真正的新生事物并不是某个概念,也不是仅仅影响了社会中一小部分人的什么成果,而是集中体现在(本章将论及的)三个现象全新的相互结合之中。先是文化差异,随后是由此产生的鄙视态度为自己寻根引据,逐渐理论化,并成为应用于生活各个方面的逻辑缜密的思想体系:从白皙的皮肤——这是地位高贵、无须像农民那样暴露于烈日之下的标志——到餐桌礼仪,直到最为崇高的范畴,如对待穷人的态度、宗教行为等等。这是一种自视有别的文化,因带有征服性而更显强劲。

　　的确,这个思想观念不仅仅表达了摒弃传统和民间文化的强烈愿望,它还希望纠正粗鲁人的缺点和不足,改变他们的文化,使他们开化并大体上可以令人接受。没有人幻想改变穷人身上的味道或教农民如何使用刀叉,无论加尔文教派或天主教派,这些宗教改革者的目的都是尽可能向他们灌输得体的宗教行为。实例是非常重要的,因为它清楚表明变化是"上面"的意旨,也因为它将向我们揭示现实情况是多么细微莫测,错综复杂。囊括了生活诸方面、处处影响着人们行为的天主教改革——这也是17世纪真正重要的改革——显然也触及富人阶层,

---

① 诺贝尔·埃利亚斯(Norbert Elias,1897—1990),德国史学家和社会学家,在社会演进的研究方面颇有建树。著有《西方的动力学》(*dynamique*)(1993年)。

② 此处根据语境译为"文明化"。原文"civilisation"亦可作"文明"解。

尽管其在这个阶层的目的是不同的:前面已经看到,改革在这里多体现为虔信的、甚至是带有神秘色彩的倾向。的确,纠正的愿望渗透到整个文化:马勒布恰在这个时期提出语言和诗体的规范化,规范未来古典主义文学和艺术的"规则"也在此时诞生,这一切并非偶然。

严密的思想体系和强烈的愿望终于可以有效地表达出来,这是前所未有的事情。而这一切都得益于各种新的手段:首先是特伦托会议留下来的理论依据,其决议的实施过程一直持续到1615年的神职者大会才告结束;其次是在改革的推动下满怀虔信热情的神职者队伍、最初的国内传教活动以及圣尼古拉—迪—沙尔多内教友会等神职干部培养基地的创建;也有经过几十年内战的风雨飘摇之后日渐强大的王室政权;还有起到辅助作用的"专门"机构,即几百所新修道院和神学院。

困难在于,我们无法由此而得出1580—1660年的法国经历了文化动荡这样的结论。困难还在于,我们发现正在进行中的变革相当错综复杂,它一边在排斥和清理——至少在朝这个方向努力,一边又在令人瞩目地建设着新文化。

1

排斥,消除,清理:宗教习俗和宗教行为

几十年来的研究取得了可喜进展,使我们今天能够通过宗教攻势中最为熟知的一面发现情况的错综复杂性,从而提出细微的修正。我们祖先的宗教习俗和行为在1580—1660年期间是各教会耐心而不懈努力的目标,他们把16世纪最初犹豫不决的尝试进一步扩展。没有哪个教区,生活中也没有哪个方面可以逃避弗朗索瓦·勒布伦所称的"消极基督教"。另外,从最初对教区会议决议及其他"规定"类文本的研究,到后来把关注点转向传教造访的笔录和司法档案,这使我们对改革愿望具体的流露有了更加确定的把握。因而可以把工作更深入一步:在不断累积的散在例证当中梳理出重要的线条轮廓,并考量新观念在传统文化的阻力面前是如何传播的。

需要明确的是,这并不是在旧的混乱秩序中建立或重建新秩序,也不是将神圣强加于无视其存在的文化,而是两种文化(如果我们还记得16世纪的多姿多彩,其实是多种文化)之间、两种逻辑之间的冲突,是对秩序、神圣或者说对敬神所持的两种不同观念之间产生的对抗。让我们从平常的事情说起,原来在教堂前殿聚会或在墓地放牲口甚至摆货摊的习惯从此被禁止了。让我们一起随布勒特伊的教区教务会长老去参观一下博韦教区的森市的教堂:

我们发现在森市墓地的小教堂里，圣母像的手臂已经残缺，而我主的塑像更是缺头少臂，丑陋不堪；此外，居民称之为慈悲之主的另一座塑像也是无头无臂，残缺不全，可堂区居民倒对他顶礼膜拜，虔诚地吻他的双脚。

类似这样的雕像从此都被搬走、焚毁或埋于地下。这其实不是虔诚或不虔诚、信仰或不信仰的问题，而是虔诚和信仰的新观念。反复被提到的关键词是"得体"，即"合适去做的"，这是神职界新定义的礼仪，从此由各堂区的神职者在各地进行宣传，神职者也在神职界的努力下越来越成为教徒和上帝之间强加的媒介。

这是解读的关键所在，它可以使我们了解天主教教会对其"羔羊"展开的"敬神大战"，其内容包括关闭墓地，保持教堂整洁，甚至清理一些供品。博韦教区森市的例子并不是孤立的，而一些细节更表明了行动的深刻内涵。1620 年，圣马洛的主教纪尧姆·勒古弗纳尔准确概括了神职界全新的态度：未经主教允许和未对旧雕像进行明确鉴定之前不得添置新雕像。

雕像的姿态和装饰物必须符合其作为守护圣人的尊严和神圣性，不可添加任何异教的、不得体的、不严肃的发式……。马、狗或其他畜类的塑像均不可放置于神圣场所，除非用以表现宗教故事……。但如果有些雕像由于年久而被虫蛀咬、腐烂或残破，或严重变形损坏，无法修补令其恢复原貌，或做工低劣，或形态丑陋而有悖历史事实和虔信宗旨的话，那么，大家可以向本堂神甫提出申请，要求将神像搬离教堂，对可燃材料制作的雕像则可秘密①拆散作木柴，用来烤制仪式上使用的面包；其他神像则要深深埋入墓地的地下。

主教还采取了另一些预防措施。不久后，里昂总主教克洛德·德·圣乔治甚至下令焚毁了一些没有任何真伪鉴定文字的圣遗骨——要知道它们是多么神圣的东西：优先考虑的是文字和深奥知识，传统已位居其次，哪怕是虔诚的传统。

在行为和仪式方面，攻势更加猛烈，但思路是一致的，即将话语强加于行动之上。话语的优点是它所表达和传授的知识性真理更易于控制。最基本的要求是按规定作日课。在三令五申的名目繁多的规定中，有一些特别能够说明当时教堂里的氛围。安娜·邦宗详尽描述了博韦市的教堂与小酒馆时常展开的明争暗斗，以及一些禁令，其中包括禁止在做弥撒时换钱、溜跶、聊天或在有板凳的教堂里为争抢一个座位之类的事而斗殴——曾有"一个叫西蒙·德拉马尔的人很

227

———————————————

① 重点为原作者所加。——译者

不礼貌地坐在了一个叫阿里埃尔的人腿上"就引起了争执:这就是 1631 年的弥撒,还是一个主教城市的弥撒! 这就是变化。

这些平庸琐碎的努力比起教会提高圣事地位的勃勃雄心显得微不足道,它使得教理教育的理论化道路更加漫长。这一领域同时也印证了变革的性质:圣事显然不是什么新事物,对它的领会也不是一朝一夕之事,但一些看起来颇为琐细的措施的确逐渐给予了它更加深刻的含义。比如,助产士就被赋予了监督洗礼实施过程的明确角色,她们自己也需要接受实施代洗[①]的资格检查:这是由菲利浦二世御批的、1586 年康布雷主教会议的决议内容,而这个措施实在是不太起眼。坚振礼[②]方面的转折发生在 17 世纪上半叶:此前,在主教面前重许洗礼誓愿在大多数教区都还很少见。这是为改善——或称之为引进更恰当——忏悔行为的又一个举措。教会的努力也表现出对婚姻的更大关注:从下达固定格式的誓约到为避免婚前同居对未来夫妇的行为进行监督,都说明了这一点。我们由此发现,表面看来完全是宗教性的措施却在很大程度上改变着教徒的日常行为,而效果是显著的,这一点从 17 世纪非婚生婴儿数量的明显下降可以看出:对圣事的遵奉无可置疑地取得了成果,它全方位影响着人们的生活。

最持久的攻击目标是"迷信"活动。"迷信"这一概念正是在 1600 年前后开始确立下来的,它所指的活动在此之前司空见惯,也得到容许。相关措施包括,禁止在守护圣人瞻礼节时在教堂使用小提琴和双簧管,禁止在圣灵降临节那天从教堂拱顶抛祭饼以示圣灵的火舌;禁止与崇拜圣人有关的魔法习俗;禁止诸圣瞻礼节那天在教堂过夜和在圣诞节弥撒时撒干草;对鸣钟实行控制;规定(狂欢节期间)40 小时的祈祷,以对抗狂欢节的旧习俗,在诸多新举措中,这一项是少有的收效甚佳的一个。

的确,各种措施的主要目的或是清除或是适应。真正的新举措一般都难于推行,比如对与天主教改革密切相关的圣人泰蕾兹·德·阿维拉、依纳爵·德·罗耀拉甚至圣约瑟夫的崇拜就很难推广。倒是教会在做出让步:祈求圣雅各布驱赶蚕食大麻的小虫或祈求圣芒代治疗痢疾,凡此种种都仍旧是正统的行为,与过去不同的是,现在可以大摇大摆地在堂区神职人员的后面列队做这些事了。

神职者的地位提高了,有时甚至被捧得很高,比如 17 世纪上半叶圣教士的典型就被广泛宣传,这成了文化修正攻势的中心要素。这一点主要表现在旨在打破教徒与上帝之间亲密关系而将弥撒庄严化的宗教典礼仪式的发展过程中,这一过程并不引人注目,但从长远看却是至关重要的。它与祈祷场所的建筑和装饰环境的变化也是完全契合的:祭坛后华美的装饰屏营造出一个庄严肃穆的环境,增加了教徒对上帝的敬畏感,这与规范教徒行为风纪的努力相呼应。信仰

---

① 紧急时的简单洗礼。
② 天主教徒确认洗礼所受神恩并发誓愿的圣事。

活动的庄严化和神职者地位的提高也同样通过组织场面宏大和富于教益的仪式表达出来，从很大程度上说，这种活动同上个世纪国王的入城式有异曲同工之效。罗贝尔·米桑布莱德就高度评价了1662年9月杜埃市奥斯定会和方济各会的改革派教士拜领圣普罗斯佩圣体的仪式：浩浩荡荡的行列、编排和服装营造的戏剧性效果、年轻人的参与、军队助威、戏剧表演、名副其实的环城列队游行和各种形式的讲道，的确声势浩大。而最为精彩的项目，是在连续八天的活动期间为行列仪式的参加者和观看者赦罪。各城市大多在新建修会或经改革的修会的倡议下举行过这类活动，规模稍小而已。

　　这样，我们就更加准确地估量了宗教攻势的规模，其出发点与法国境内的传教活动是一致的，其浩大的形式也与传教活动如出一辙。阿兰·洛坦介绍了里尔如何把对亵渎者的惩戒行动编排成了游街示众，同样，1581年勒普伊市简单的公开惩罚也被视为新鲜事物。这一分析并不是主观臆断，因为我们看到，这个城市负责保管刑事判决纪录簿的法院书记员还将行刑过程画出来，说明他对责罚形式十分重视：犯人赤脚，穿衬衫，手持一支巨大蜡烛，点燃后庄重表示悔改之意。规范公共行为的措施自然也针对各类娱乐活动，比如天主教神职者或加尔文教牧师一致揭发的乡村里"行为不轨的女人"以及他们越发强烈地谴责的跳舞活动。甚至改革派中比较温和的弗朗索瓦·德·萨勒也在其《虔信生活导引》中明确表示了立场：

　　　　舞蹈和舞会就其本质而言没有什么不妥；但视其日常的舞蹈方式，则极有向恶的走向趋势，也便充满危险和祸患。舞会在夜间举行，在黑暗中，种种不可告人的、淫恶的行为很容易就势发生。……若要随心所欲地娱乐和舞蹈，应抱消遣之心，而不可心怀爱意；时间要短，不应跳到疲惫倦乏、迷乱陶醉时方才作罢，且切忌频繁。

　　布列塔尼人、耶稣会会士朱利安·莫努瓦的立场更加明确，他毫不犹豫地称礼拜日的舞会为"犯罪"。由此可以明白，16世纪既已开始并收效甚微的对戏剧的攻击何以几次三番，不厌其烦。尼德兰①可以说是天主教改革最早的实验室，在这里，自1600年起，图尔内的主教开始由原来单纯围剿有宣传加尔文教倾向的剧目转而禁止所有戏剧演出，几年后甚至还牵连到表现耶稣受难的演出。这种态度导致了后来将专业演员视为被天主弃绝之人的状况。

　　无论是天主教教会的攻势，还是加尔文教相对较弱的行动都大大超出严格意义上的宗教行为范畴。同时，尽管在某些方面审慎行事，仍未能避免与我们祖先的文化甚至敏感性产生深刻冲突。与神职人员的亲近关系是不可能一下子消

① 今比利时。

失的:1651 年,博韦奇省松戎的神甫就抱怨堂区某居民在跪祷的时候暗中给他使绊。这本身不是什么新鲜事,新鲜的是神甫的抱怨!八年前,拉兹角附近的克莱当—卡普—齐藏的居民还对组织总忏悔感到奇怪,一位耶稣会会士把他们对过路传教士说的话记录了下来:

> 你们这些人可真好打听,你们想知道的事儿也太多了:你们干嘛不像我们的神甫那样?他们只问问我们知道不知道自己的宗教,我们回答说知道;他们就让我们念五遍天主经和五遍圣母经就当悔罪了,然后就赦了我们的罪。还要做别的吗?

人们这种排斥新事物的心态和教会攻势的内容本身可能是各地居民抵触情绪的主要原因,而一些地区的权利冲突更加剧了这种抵抗。比如,里尔市政府面对神职者尤其是主教法官,即图尔内的宗教裁判官的蚕食行动,便极力维护其职权;但是,当出现民众对宗教裁判官的"做法非常反感"且"十分痛恨"的文字时,问题恐怕就不仅限于行政权限了。1605 年,冲突再起,起因是对复活节活动的一次据说是令人恼火的调查。很久之后,博韦奇省里于斯的神甫和他的堂区居民又为类似事情发生了冲突。他指责他们没有为墓地建围墙,没有为忏悔准备告解座,未经他允许随便鸣钟,订婚期拖得太长等。堂区居民则明确地拒绝变化:"变化不会给我们带来什么",为支持这个说法,他们还揭发一名教士"傲慢无礼、盛气凌人",可能还是个色狼、酒鬼和烟鬼,特别是"他只管自己絮絮叨叨,从不给别人说话的机会,他的喋喋不休不论在讲坛上还是在其他地方都使居民昏昏欲睡"。

由此看来,堂区居民是可以与神甫作对的。1638 年,迪南市附近普鲁恩的居民赶跑了他们的神甫,因为那次讲道令他们不快。博韦奇省兰维热的居民也在本村头面人物的带领下大张旗鼓地表达他们的不满。这两个事件的缘由是经济上的,但其利害得失却不止于此:兰维热的神甫感到不满的首先是群众的"出言不逊"及被他们比作牛倌,这等于"把教士的尊严与牛倌寒酸的境遇相提并论"。尊严与权威对于宗教改革者言论的有效性是至关重要的,而当人们最初意识到这种利害关系的时候,教士们还远没有获得应有的尊重:1653 年,路易港的船员强迫他们的本堂神甫在教堂下葬死者,神甫不同意,他们便"在教堂谩骂、亵渎上帝的圣名";1634 年,在多勒市附近的普莱恩—富热尔,当神甫向妇女们打听一个私生子的父亲是谁的时候,她们回答说那男人家的"牲口棚里有奶牛,马厩房里有黑麦",并搡走了神甫……更严重的是群众对付禁令的迂回做法:1676年,姆伊的神甫终于制止了诸圣瞻礼节夜晚在教堂举行的欢庆活动,却偶然发现活动转移到了教堂附近的小酒馆,群众还对前来制止的神甫棍棒相加。

这些还都是发生在博韦奇省的事情,这些例证都十分宝贵,因为除了安娜·

邦宗高质量的分析研究之外,这个地区的状况看上去平淡无奇。比之法国南方和仍在西班牙属尼德兰管辖内的最北部地区,天主教改革在这个地区的工作开展得比较晚,不过从 1620 年开始变得十分活跃,因而到世纪中叶已经赶上了其他地区的水平。然而,同布列塔尼或马克·布伊苏专门研究的昂儒一样,这里的农村居民对宗教振兴的努力还不那么容易接受。的确,在农村神职队伍发展如此缓慢的状况下,他们又如何能够轻易接受这些新事物呢?严格的、精英主义的个体化信仰活动是难于立足的,真正受欢迎的是对集体信仰活动的疏导、转向、修正和改善。比如,南特市郊区的一位教士 1622 年圣灵降临节期间陪同堂区居民到圣米歇尔山朝圣,历时一周:他的收获是在出发和到达时举行弥撒,甚至还唱诵了感恩赞美诗,条件是和被选中的"国王"一起组织由乐队开道的城里列队游行,并以宴会告终。但这样的妥协已经不能满足主教团的期待了,也无法应付耶稣会会士谓之处于"半野蛮和近乎异教徒"状态的 1645 年的瓦恩农村的民众,更无法应对大城市中贫民几乎不参加任何宗教信仰活动的局面。这些人比比皆是,世纪中叶出现的济贫院正是为他们而开办的。至少在宗教方面,民风的文明化尚未实现。

231

2

社会行为的新规则

宗教方面的发展会有一定的误导性:它在很大程度上会被视为用"精英文化"控制"民众文化"的企图。然而,至少在 1660 年之前,世风文明化的努力同样也针对富裕阶层,其主要内容是社会行为的新规范。

经内容上不断增补的伊拉斯谟的《儿童礼仪》的确曾在蓝色文库以小册子的形式发行,因为 1600 年就证实在特鲁瓦人吉拉尔东家中发现了一个孤本,但重点——包括图书出版——还在 1660 年之后。更重要的是要注意到,以节日活动为媒介在群众中传播的所谓市镇文化是如何瓦解的:16 世纪末神圣联盟的失败也同时意味着人们拥护王权、支持王国文化的选择,意味着国王的亲信,那些官宦大臣们对商业资产阶级和地方法官的胜利。这样,神圣联盟时期的社会和政治忧虑所带来的文化后果就格外明显,因为其演变趋势与教会所期望的宗教敏感性的发展完全合拍。如此重要的变化自然不会即刻具体地显露出来,但 17 世纪上半叶却是其决定性的阶段:当 1642 年马赛的行政长官们让安托万·德·吕菲编纂该市历史的时候,他们已经进入对城市的纪念时代了。

节日活动的演变是这一变化最显而易见的体现。米歇尔·卡桑敏锐地注意到路易十三"入城式"时对该城市已经只字不提,却大谈君主和君主政体。但还有更深刻的内容,即新的文化规则的内在化。内在化是新规范的有效性的强烈信号和决定性条件。在里尔市圣三节时举行的圣母大行列仪式的演变就很好地印证了这一点,因为这个仪式可以追溯到 1270 年! 这一天,行业协会、朝圣者、虔信兄弟会、行政长官和携带圣遗物的神职人员一起列队游行,队伍浩浩荡荡,行业组织和社区协会还组织反映城市历史的表演,当然,大宴宾客和开怀畅饮更是少不了的节目。谁都不会错过本城最热闹的节日,尤其绕城一周可以将整个城市置于圣母的护佑之下。这种传统的程序第一次受到影响是 1560 年,与打击加尔文教的斗争直接有关,尤其针对的是城市历史表演。1588 年,是里尔自己先采取了措施:禁止放肆无礼的言行和高声喊叫,要端庄礼貌;除此之外还禁止在俗教徒进入神职人员的队列。秩序和得体,这便是关键概念所在,这个概念的发展贯穿了整个 17 世纪,其矛头直指过度饮酒和大吃大喝,整顿还包括组织大家在等待的时候做弥撒。从 1603 年开始,则规定"行为应有所节制,不得喊叫、高唱或挥舞旗帜而发出声响",旗帜指的是行会、兄弟会的标志。禁止饮酒的规定更是三令五申,至少下达了四次……

这看上去好像只是对普通群众的教育,但事实上,节日的演变意味着更多东西:当夏隆—絮尔—马恩市因疯狂嬷嬷集会的歌谣讽刺性太强而于 1626 年下令禁止该活动时,禁令的矛头主要指向显贵阶层;同样,1630 年当国王撤销由第戎市"步兵团"颁发的"疯狂证书"时,失去证书的也是王室宗亲、外省长官、主教、资产者和地方官宦这些显贵们。而当 1661 年在贝齐埃广场举行的帆桨木船比武[①]被取缔时,对立的双方一边是"一些居民"和图卢兹最高法院,另一边是热衷于此项庆祝活动的年轻贵族和市府。因而,在总的运动发展背景之下,特权阶级内部是存在分裂甚至抵抗的,而不仅有来自"上面"的新文化准则的强制。同样,当阿莱的主教、铁杆冉森派尼古拉·帕维永激烈攻击舞会活动时,他理所当然同时受到一个青年团体和一个 16 人贵族小组的攻击;在帕米埃,另一位冉森派主教弗朗索瓦—艾蒂安·德·科莱因为禁止节日举办舞会而成为行政官、贵族甚至富瓦市长官的众矢之的。

帕维永和科莱遇到的这类麻烦在 1660 年前后达到高潮,说明在这个时期更多的冲突仍发生在不同文化之间,而非不同社会阶层之间。从这个角度看,考察主教们有步骤地减少法定节假日所提出的理由是有意义的:他们首先要限制的其实是名目繁多的声色场合。因此,神职阶层也需要相当长的时间才能将 16 世纪"缓慢革命"的种种蕴含以及劳动的全新地位充分纳入文化之中:从科尔贝时代开始,缩减节日天数已势在必行,济贫院收纳的穷人也都必须从事一些力所能及的劳动了。在宗教与世俗的交汇处,节日的变化很好地表达了近代初期深刻的文化演变。

同时人们看到,给慢慢发生的变化确定一个相对明确的时间是何等困难。

---

① 指两人分别站在一只小船上,各执一长杆互相触击,把对方击中者获胜。

图 **24-25** 时尚发展着，但夸饰张扬的白色在世风
文明化时期比以往任何时候都更加风行：贵妇人和普通市
民之间的差别主要体现在布料是否考究，尤其要看是否有
精美花边。

即便在特权阶层内部,新的身体礼仪的推广也是步履艰难:如何确定这个阶层内——至少是这个阶层的男性圈内——由掌握书面文字的一代所体现的手艺教育的转折点发生在什么时间? 教堂的长凳换成了椅子,也就是将集体座位改为单独座位,尤其由前倾的坐姿改为挺直身体的姿势,这些转折发生的时间又如何能比"17 世纪"限定的更精确呢? 不过,如果把座位和衣领联系起来,恐怕这里涉及的就不仅是一个物质上的细节问题了:16 世纪末亨利三世宫廷内开始佩戴圆形皱领,整个富人阶层随之蜂拥效仿,这种穿戴迫使人们保持头颈挺直,这也正是这种臃肿衣领的主要功用。同时,对白色的炫耀表达了对外展露洁净的新要求,当然这一定是符合某种规则的洁净。后来,当圆形皱领让位于平领的时候,人们更加注重将白色露在外面,市民阶级也开始效仿。亚伯拉罕·博斯①和旺塞拉·奥拉尔②的版画给我们展示了 17 世纪 40 年代法国贵妇人的精美肖像,我们看到宽大的翻领垂及衣袖,精细的花边则是社会地位的标志。

因此,只有这些物质表征才使我们可以把深刻影响了人们与身体的关系及其社会行为的种种变化定位在 16 世纪 80 年代至 17 世纪 60 年代。餐桌礼仪的例子更能说明问题一些,因为那时人们对食物的鉴赏标准还没有什么可圈可点的变化。而这个时代是伊拉斯谟倡导的礼仪原则大获成功的决定性时代,这些原则到世纪末已被富人阶层全面接受。当然,最重要的不是细节,比如,这个时期主张人们切割面包,而 18 世纪上流社会却改成了掰开。不过,思路是明确的:尊重和顾及邻座,同时遵守用餐个体化的规则。当在 16 世纪出现于宫廷的盘子和叉子之外又多了汤匙和餐巾的时候,分餐已经独占上风了。步子迈得不小:1599 年,普拉特的一位德国朋友在蒙彼利埃的一家餐馆为了用汤匙喝汤还吵闹了一番;即便对那些阅读礼仪论著的讲究人来说,也需从头道来:不能用油乎乎的餐刀取盐,应先用餐巾或面包擦拭干净再取用,但不能用整个面包擦;不能用餐巾或桌布擦盘子、汗水或鼻涕(《男人交谈的礼仪》*Bienséance de la conversation entre les hommes*,1617 年版,作者:Ch·马尔尚)。我们怀疑,哪怕是那些富裕阶层的人们,他们是否真的理解了这些规定的逻辑,他们其实更是在追随王室餐桌的排场所传达的时尚和规则。应该强调的是,无论何种情况,这种既指向食物消费的仪态又指向其技巧的学习是相当繁复的。

其中一些规则甚至显得不近情理。把鼻涕擤在纸巾里,然后"小心翼翼地包好,将这肮脏的排出物藏在自己身上……",这显然缺乏逻辑,恐怕"比看到人在当街擤鼻涕还令人作呕":这是蒙田本人对这"奇怪"的新行为提出的质疑。实际上,关键所在是掩藏从今往后被人们视为不得体的自然面目,比如,与其实颇为

---

① 亚伯拉罕·博斯(Abraham Bosse, 1602—1676),法国画家。善于在画中准确表现日常生活。著有《论铜版雕刻的方法》(1645 年)。

② 旺塞拉·奥拉尔(Wenceslas Hollar, 1607—1677),波希米亚版画家,以风景版画见长。

讲究的亨利三世不同,路易十三不再坐有破口的椅子召见来宾了。1613 年,伊拉斯谟的《儿童礼仪》在巴黎竟演绎出了遮盖睡床、睡帽的主张,甚至要保持床单足够的蓬松柔软以免产生对身形的联想等。

从这一层次看,变化近乎游戏,至少是与普通人的关注之事相去甚远的矫揉造作之举。从某种意义上说的确是这样,虽然其大方向是明确的,即引向路易十四统治时期考究的礼仪和得体的规则。不过,无论如何都不可夸大其意义和影响,也尤其不能忘记一点,即身体的文明化是极不均衡的:到"虔诚者"路易十三时期依然流行的宫廷贵妇人的低开胸礼服,总会提醒我们达尔杜夫(1664 年)的那句有名的台词"请遮上那胸部……"是很富于战斗性的表态,是会令人会心一笑的。反之,我们也不该忘记,对行为的这种阳春白雪式的净化,只是更为广泛、有时甚至是十分激烈的一场运动中最为突出的一面而已。

3

巫 术

的确,"文明化"对几百名巴斯克人来说还意味着死亡:他们于 1609 年被波尔多法官彼埃尔·德·朗克尔(Pierre de lancre)以巫术罪判处死刑;遭受同样命运的还有被亨利·博盖(Henri Boguer)判处死刑的 1000 名弗朗什—孔泰人,以及 1576—1612 年被尼古拉·雷米(Nicolas Rémy)宣判死刑的约 2000 多洛林人,康布雷和阿维尼翁及其他地区的遇难者更不计其数。1580—1630 或 1640 年期间,我们前面谈到的始于 16 世纪下半叶的不宽容文化的重要表现便是对巫术的疯狂镇压,受害者多为(至少占总数的 3/4)农村妇女或因某种原因生活在社会边缘的妇女,如寡妇、穷人、生活在偏远乡村的妇女、外乡人或残障者。

重要的当然并不是巫术本身,它实际上在镇压潮之前、期间和之后都一直存在着,重要的是镇压的发展变化,这也是我们可以衡量和把握其起伏变化的唯一现象。邻居的揭发从此会诉诸法律,或至少比过去更受重视:法官的反应自然与过去大不相同,而我们正可以在这个层面上、按照罗贝尔·芒德鲁的思路线索找到诠释自米舍莱以来令人们颇费笔墨的文化现象的答案。

对巫师穷追不舍的法官们其实是做出了选择的:那时,他们既可以了解到让·维耶的宽容和理解态度,也可以读到让·博丹的镇压理论或《女巫们的榔头》。他们的确做了选择,但却是以克尽职守、认真负责的职业法官的身份做出的选择。有必要了解整个过程是如何以认真审慎的态度进行的:认真的调查,多次的审讯,对证据几乎科学性的寻找——比如巫师与魔鬼签约时魔鬼留下的无感觉区域都要由外科医生一针一针地做试验:忽然间,我们发现了意识观念是如何败坏原本无懈可击的技术的。还须补充一点，即法官和被告的逻辑是一致的：在一个魔法的世界里，怎么能够否认与魔鬼毫不相干呢？当人们的文化知识远不及法官渊博的时候，他们又怎能不接受把人人使用的日常魔法做巫魔夜会式的解释呢？此外，认罪使人肉体痛苦减轻，因为不会再受酷刑之苦，更会使人获得精神上的解脱，因为认罪使灵魂得救。这是与上帝为敌的重罪的终结，对它的惩罚办法量罪而定，多为火刑。

看来，令这么多克尽职守的法官宣告如此之多死刑判决的倒是这种良心。还有信念，无论它是遵循天主教改革还是新教改革的思路，即希望在上帝与撒旦之间划清界限，清除每个人头脑中的一切与宗教不共戴天的魔法思想。应该还有与异端邪说作斗争的习惯性的精神状态：对新教的诉讼高潮刚刚过去，对巫术的诉讼高潮又接踵而至，且二者的罪行被视为同种性质。罗贝尔·米桑布莱德的曲线图非常说明问题，它描绘了今诺尔省巫术诉讼的变化情况。我们看到诉讼数量在80年代尤其是90年代迅速攀升，从1630年开始明显下降，而从世纪中期开始又有所回升。值得注意的是，在加尔文教迅猛发展时期被出版商完全遗忘了的《女巫们的榔头》，却于1574—1621年期间在欧洲再版16次。也正是在此期间，魔鬼学书籍开始盛行，在这些书中，法官们——尼古拉·雷米于1595年，亨利·博盖于1602年，皮埃尔·德·朗格勒于1613年——纷纷讲述他们断案的功绩。不宽容的文化背景，围剿异端的传统，排斥、消除和清洗文化的愿望：从文化角度而言，真正令人惊异的不是诉讼潮本身，而是它的忽冷忽热，此消彼长，特别是它的回落。

的确，对"女巫"的宽容行为和嫌犯拒不认罪的态度都意味着与周围文化环境的巨大断裂。而经过1580—1610年这可怕的30年之后，诉讼在各地都明显减少，到1640—1670年才出现又一次高潮。而即便在镇压时期，也存在不同的表态和决定，这和大家普遍相信的所谓事实是相悖的。1590年，图尔内主教让·旺德维尔便指责告发者行为过火。这样的声音随后逐渐减弱了，但即便在最严酷的时期，巴黎最高法院的高等法官也保持着相对的理智：除神圣联盟时期以外，死刑的比例从未超过审理案件的1/8。由他们审判的被告当然都不是最贫穷的人，他们可以自己提供辩护证人，类似这种相对比较缓和的做法并不像人们想象的那样少见。当"魔鬼附身者"玛尔特·布罗西耶在整个卢瓦尔河流域被招摇于市，并于1599年三月来到巴黎时，群众蜂拥而至，一睹为快，曾为她驱魔的加布遣会会士获取了她攻击胡格诺派的言论，但与最高法院法官过从甚密的皮埃尔·德·莱斯图瓦勒则在其日记中用一个"假冒的魔鬼附身者"的"骗局"来形容此事。这个事件非同寻常。年轻而颇有才华的教士皮埃尔·德·贝吕勒的魔鬼附身的观点得到虔信者的支持；而国王却出于缓和宗教矛盾的考虑，通过一个颇有意思的渠道息事宁人：这个妇女经过医生治疗之后被遣送回罗莫朗坦老家。

巫术由神学向医学过早的转移使我们确定了态度变化的缘由和性质，虽然这种转移经历了缓慢的过程才得以确立。"科学的"研究方法，无论有多少局限，都支持和印证了贤明之士或温和派提出的种种怀疑，而过度的镇压最终也使富裕阶层中至少一部分人改变了立场。像瓦朗西安附近的布尚领主那样,不停地告发出现于其领地的七至九岁的巫师并主张处决其中满八岁者,谁会一直站在他一边呢? 一些重大"事件"又怎能不引起人们的思考呢? 1610 年埃克斯市的圣于尔絮勒会某修女事件、1613－1614 年发生在里尔的圣布里吉特会修女事件、1621 年南希市一位亲耶稣会的寡妇事件和 1632 年鲁登市的圣于尔絮勒会修女事件,这些事件中以巫师罪名被处决的均为知识分子:埃克斯的戈夫里迪神甫,里尔的议事司铎勒迪克、南希的医生普瓦罗,当然还有鲁登的教士于尔班·格朗迪耶。此人于 1634 年被处以火刑,其真正原因是与黎世留作对,很多法官和知识分子都认为他是无辜的,但正如其他类似事件一样,对这类冤案的反响首先揭示的是即将占上风的深层的运动。

里尔议事司铎勒迪克最终获昭雪。1619 年,还是在里尔,检察官勒杜在为被指控为女巫的被告辩护时指出:

> 这些怀疑和由此产生的流言不是建立在真实和明显的缘由的基础之上,而只是轻浮之辈的凭空想象和无端猜测,他们信手将一些超乎寻常的自然原因引起的结果同看似相似的妖术联系起来。

他甚至还强调说,这类控告常常针对那些"穿着和相貌比较怪异,比其他人看上去更加可怖和粗鲁的人"。1644 年,兰斯总主教揭发"那些下级小法官只凭简单的臆断便宣判死刑":围剿女巫的行动已经变成了平庸的行动。此外,巴黎最高法院从 1625 年以后就再也没有宣判过死刑。更加意味深长的是:死刑宣判后自动上诉的想法在 1588 年时就已有人提出,但国王到 1624 年才予以采纳。围剿女巫的一代同时也是十分艰难地、但又是实实在在地进行思想战役的一代。

这样,我们可以更好地衡量这个阶段的丰富性,它已经不仅仅是一个实施世风文明化的阶段了。当然,它的确首先是世风文明化的阶段,因为,虽然文明化进程缓慢且不乏败笔,但富裕阶层在学校教育上的成功在很大程度上弥补了这些。富家子弟学习礼仪犹如获得了"知书达礼"的证书,也便获得有别于他人的资格:鉴于社会联系原本是建立在学习共同行为准则的基础之上的,因而,到 17 世纪中叶这种联系便走向了分崩离析。并非小题大做,这恐怕是社会向资本主义过渡的迹象之一,或至少表明一个精英阶层正在其所从事的交换、计算、审判、管理等活动中学习一种全新的合理性。同时,种种限制,尤其是极端严厉的限制引发了人们的思考,而思考所及则远远超出巫师们的命运本身。从某种意义上说,对巫术的现实持怀疑思考的态度即是对世界的传统式解释提出怀疑,也即是继续一些人文主义者业已开始的思考。用辩证法去解释的话——也许有些简单化但却是千真万确,可怖的火刑也构建了普遍怀疑论[①],可能还有更多。

4

建　设

　　摒除,建设……应该承认,完全将两者割裂开是不公正的:使用刀叉的方法既是文化的建设也是对以手取食的习俗的摒弃,这是再明显不过的辩证法了,无需赘述。不过,本章论及的这个时代前有"人文主义"后有"路易十四时代"比照,且史书编纂的传统向来青睐规整的、易于把握的时代,偏爱那些征服者,鉴于此,我们更有必要把重点放在这个阶段积极的成就上:但1580—1660年期间,文化领域的主要建设看上去的确给人规模有限、昙花一现之印象。

　　从"建设"一词的本义而言,这个时期的建设的确不少,如巴黎马莱区的公馆、弗朗索瓦·芒萨尔设计的建筑作品、科尔杜昂岩礁[②]上的灯塔(1594年)、巴黎的新桥等,但颇有意味的是,我们可选择的大体上都是比较朴素而不张扬的例子。王室广场的设想倒颇有创意,这个未来成为孚日广场的工地于1605年动工,很快便有人效仿,1611年夏尔维尔市的内韦尔公爵便是效仿者之一。但其主旨显然是建设一种外表,似乎世俗社会要使出浑身解数与宗教领域一比高下。黎世留城的失败不恰恰是这些局限的最好象征吗? 拉封丹1663年无情而清醒地称之为"宇宙中最美的村寨"。然而这可是一个倍受支持和雄心勃勃的项目,其目的是全力以赴构建一个合理性的城池,其规整的四方格局几乎与古代的城市规划如出一辙。足以看出,从今往后,建设一座城市也需要经济和政治的合理性了,如同后来在洛里昂、布雷斯特和凡尔赛。

　　规整的思想也从城市扩展到了城市的居民:17世纪初,人们对公共治安和犯罪的思考显然更加深刻,特别是1609年克洛德·勒布伦(Claude Le Brun)的《民事和刑事诉讼》(Le procès civil et criminel)在里昂发表之后。但刑事大法在1670年以后才得到采纳,任命拉雷尼为警察总监也是1667年的事了——这一任命表明 police 一词的意义已经从良好的管理过渡到现代意义上的治安维护了。因而,这个时期,本可以同虔信者的发展势头齐头并进的世俗行为,结果最多也只停留在许诺阶段,有些甚至只是幻想。

　　确实,幻想恐怕是一些乍一看风马牛不相及的演变所共有的特点,在半个世纪中,这些看似不相干的发展变化之间却存在着年代上惊人的一致。争议颇多

---

①　笛卡尔的理论,即将一切已获得的知识视为无合理依据而摒弃,这被认为是探索真理的第一步。

②　位于纪龙德河河口。

的是"写实画家"的例子,若不是1934年的同名画展,他们精湛的画作几乎被世
人遗忘。这群人似乎代表了幻想的反面,因为乔治·德·拉图尔①、安托万、路
易和马蒂厄·勒南三兄弟以及其他许许多多同时代的同行,都似乎在通过他们
的画引导我们用敏感的目光观照那个时代的日常现实。不过,我们也知道,对这
些作品的解读在专家中引起了深刻的争论,几乎可以说是由于对艺术家的某些
人生经历知之不详而引起的某种尴尬。我们向这些作品投去的目光很自然地会
受到美学冲动的干扰,因此在研究中尤其需要将它们同更加冷静的、甚至刻意的
作品相提并论,比如尼古拉·图尼耶②的《饮者的聚会》(*Réunion de buveurs*)或
瓦朗坦③的《音乐家和士兵》(*Musiciens et soldats*)。当我们在拉图尔的《手摇弦
琴演奏者》(*Vielleur*)中读出同情心,从勒南兄弟的《农民屋内》(*Intérieur
paysan*)中读出某种默契和心照不宣的时候,恐怕更应该看到的是画家如何巧
妙地用画面来表达人们所期待的东西。纵观拉图尔的生涯,没有什么经历能让
我们设想他会具有那样的同情心,而为数众多的系列作品、各系列作品涉及主题
的多样性——有多少《苦修的马德莱娜》(*Madeleine pénitente*),多少《手摇弦琴
演奏者》、《作弊者》(*Tricheur*),尽管手法不尽相同——倒使我们确认了其中的
技巧、某种人工和刻意。我们尤其确信的一点是,虽然勒南兄弟作品中的一些风
光背景忠实地反映了其家乡拉奥努瓦的乡村风貌,但画中的农民都太过整洁,太
过平和,太过接近城市客户期待的那种净化过的农民形象了。

　　谈到这个话题,我们不能绕过雅克·卡洛,连他都不赞同用"同情"的观点去
解读一个为饱受30年战争④之苦的洛林农民作画的艺术家:和他的同行们一
样,画家与经济现实、出资人的宣传考虑以及他个人的思想观念是密切相关的,
而其《战争的悲惨与不幸》(*Misères et Malheurs de la guerre*)也一样,更是对士
兵不幸境遇的解说……无论其才华如何,这些艺术家向我们展示的实际上只是
一个"可以接受的"、常常是经过粉饰的等级分明社会的视角,一个大众社会的画
面——他们又如何能做另外的选择呢? 我们惊奇地发现,从这个角度上说,"大
作"与平凡之作之间存在着何等惊人的一致。

　　如果这里谈兜售文学还为时过早的话——这种形式大受欢迎是后来的事,
我们却可以借助梵尚·米利奥⑤出色的研究,通过《巴黎的呐喊》(*Cris de Paris*)
了解这一非常具体的表现形式的变化过程。该画册从16世纪初开始便以小册

① 乔治·德·拉图尔(Georges de La Tour,1593—1652),法国画家。对光的巧妙运用和朴素的现实主
　义为其主要艺术风格。
② 尼古拉·图尼耶(Nicolas Tournier,1590—1638),法国画家,属卡拉瓦乔画派。
③ 瓦朗坦(Jean de Boullongne Valentin,1590或1591—1632),定居罗马的法国画家,属卡拉瓦乔画派。
④ 30年战争指1618—1684年以德意志为主要战场的欧洲国际性战争,起因于天主教与新教之间的矛
　盾以及欧洲各国政治冲突和领土争夺。这场战争最终使天主教与新教在政治上获得同等地位。
⑤ 梵尚·米利奥(Vincent Milliot,?),法国卡昂大学近代史教授。主要著作:《历史评价与论述的方法》
　(2005年)、《旧制度时期的法国政权与社会》(2005年)。

Il n'est point d'instrument qui vaille
Les crochets que j'ay sur mon dos;
C'est auec eux que je trauaille,
Et sur qui ie prends mon repos.

Iamais soubs le faix ie ne tremble,
Ma force est esgalle à ma voix;
Ie crie, et scay porter ensemble
Et des fagots, et du gros bois.

La vendeuse de Mottes.
C'est à bon droit que l'on meprise   puisque toute sa Marchandise
sa drogue, ou qu'on l'estime peu,   N'est bonne qu'a jetter au feu.

Cotrais faics

图 **26-28** 从现实主义到〝挺起身来〞的民众形象。(图 26,页216)亚伯拉罕·博斯把脚夫置于非常明确的背景中,由此将社会典型人物同城市空间紧密联系在一起。布雷比耶特的人物(图28,右上)显然是其同时代的人,这个窗根贩子艰难前行的努力及他的呐喊——嘴是张开的——表露无遗。博纳尔画中(图27,左上,约1680年)卖大块黄油的女子则和他形成几那漫画式的对比:毛皮袖口,白色衣领,花边女帽,特别是她那挺直的腰身让辛苦劳作的形象不见了踪影。(巴黎,国家图书馆)

子的形式传播，内有图画、乐曲，且不乏有名的艺术家署名。其对巴黎各行业的展示表现出了对人民和城市的观照，而这种观照在 17 世纪中叶经历了决定性的演变。的确，正是在这个时期，相对自然的、至少从主观上追求现实的那种表现手法消失了：那原是一种比较贴近生活的手法，会注意表现身体的运动，如张嘴招呼顾客的神态等；一些比较突出的作品，特别是亚伯拉罕·博斯的作品甚至将其人物置于非常明晰的城市背景中，显然增加了不少现实感。然而，仅几十年的时间，这类表现手法就消失了——拉尼耶应该算是其中的最后一位了，取而代之的则是城市下层人民被理想化了的形象：30 年代布雷比耶特①画笔下不堪重负的驼背在 40 年之后的让－巴蒂斯特·博纳尔（JeanBaptiste Bonnart）的画中人为地直起身来——这是新作中最有代表性的一个，衣服洗干净了，体态也优美了……为了满足一些追求梦想世界的猎奇者和收藏者的要求，拉图尔和勒南兄弟这一代画家其实是在以漫画式的夸张手法巧妙地将大众乔装改扮了。

241

尽管思想和创作的不同领域都有各自的发展轨迹，但在 17 世纪上半叶，视穷人为另类和排挤他们的思想却发展成为一种共识，并越来越清晰。把穷人隔离起来的想法导致 50 年代各地大量开办收容所：不愿看到真实的穷人，希望他们在收容机构通过劳动、监督下的虔信活动和严明纪律而得到改造，这一切直接印证了《巴黎的呐喊》的演变历程。以当时的物质和财政条件，这个目标根本无法实现，但抱此想法的市政当局却不在少数，这一点表明了那个社会及各种表现形式带有幻想性的一面。宫廷的文明化也应该置于这种文化氛围之中，它在很大程度上也同样建立在以对现实的表现替代现实本身的基础之上：从某种意义上说，不只是廷臣，而是整个富有阶层都在幻想和臆造着一个表现中的世界。

242

路易十四宫廷的尽善尽美可能令人忘记了这一模式长达半个多世纪的建设过程，其唯一规则便是外表，雅克·雷韦尔（Jacques Revel）绝妙地称之为"目光至上"。"自上而下，有品级次序在严格的等级范围内规定每个人与其身份地位相称的举止规则，而礼仪制度的作用则是在细节上规范这一不平等的却是人人都需遵守的条律。自下而上，则有整个社会来观赏宫廷的盛大表演，这是供人仰慕和效仿的模式。"雅克·雷韦尔的分析指出了未来发展的方向，但路易十三时期的现实还距之较远。的确，我们注意到，人们开始掩饰情感，避免本能的冲动，及至后来发展到黎世留宣扬的自我控制。但上个世纪的恐怖余波未了，宫廷仍先后经历了孔契尼遭暗杀及随后其妻子被处决的事件。贵族身份在宫廷仍举足轻重，但美德，亦即公德才干已经可以在此施展其力量，正如尼古拉·法雷在其发表于 1630 年的《宫廷取悦之艺术》（L'art de plaire à la cour）中所指出的那样。人们开始在宫廷沿亨利三世时期开辟的途径使用身体动作这一强有力的修

---

① 布雷比耶特（Pierre Brébiette, 1598－1650），法国画家和版画家。1637 年开始成为国王画家。

辞表现,即舞蹈,但这一修辞手段还未被完全驾驭。

这是宫廷文明化最好的实例,因为那时芭蕾使整个贵族阶层着迷,国王也不例外,他甚至亲自作曲,设计角色,当然也亲自表演。从世纪初开始,节目的编排做了一些调整,一幕分为了若干场,每场开始由独唱者演唱一段故事,歌词事先印成小册子发给来宾。当然最后必以大型的芭蕾舞压轴,国王有时也会参加这一幕的表演。毫无疑问,亲自参加演出是取悦于人的强有力的手段,而且节目的主题也常直接涉及政治观念,如黎世留于 1641 年即罗克鲁瓦战役①两年前组织的颇为趾高气扬、不可一世的《法兰西军威之舞》(Ballet de la prospérité des armes de France)。年轻的路易十四更是醉心于此,比其父有过之而无不及:他从 1651 年开始便专心投入公开表演,他也正是在 1653 年的《夜之舞》(Ballet de la nuit)中出演了"太阳王"的角色。

但是,我们不能无限夸大这种表达形式在政治、社会和文化上的重要性。仍有一些冗繁的创意恰恰说明这个模式的传播是缓慢的,比如 1628 年,兰斯市耶稣会演出了一台表现拉罗歇尔围城的芭蕾舞剧。剧中,胡格诺派教徒是占据黑塔的巨人,黑塔由恶龙把守,国王是铲除恶龙的泰昂德,黎世留则是解救恶巨人们手下囚徒的牧羊人卡普西斯…… 还有一些更说明问题的行为举动:1626 年,国王传旨巴黎市组织《比尔巴昂公爵夫人盛大舞会之王室芭蕾》(Ballet royal du grand bal de la douairière de Billebahaut)演出,其间,被邀来的"王公贵族们"竟"扑向"为他们准备的酒菜台,以至"一半的饭菜都打翻在地,国王反而感到特别的愉悦"。其实不必对此大惊小怪,我们不该忘记那时人们言行之粗蛮滑稽、"环境之喧闹嘈杂"——这是安德烈·沙泰尔的形容、讲话腔调之粗俗和穿着之夸张怪异,正如达尼埃尔·拉贝勒在其惟妙惟肖的画作中所展示的那样。类似盛大场面在不久以后,特别是 1662 年就更具有了意味深长的含义。那年,巴黎举行了大型骑兵竞技表演:着装的乐趣和节日的喜悦这次都完全纳入了井井有条的表演,炫耀成了第一考虑。1626 年,被邀参加芭蕾舞会的贵族不愿跳舞,因为担心丢了座位,看不到国王出场;而 1662 年,他们终于可以踏踏实实地在栏杆后面观看了,但却不再有亲自舞蹈的机会。正是在这个阶段,吕里②批评大庄园主们舞步拖沓,跳不出轻快的感觉;也是在这个时期,莫里哀为尼古拉·富凯创作了《讨厌鬼》(Les Fâcheux),在这部芭蕾喜剧中,他首次将音乐和舞蹈置于次要地位而突出故事情节。舞蹈表演正在成为专业人员的活动,其原因可能很简单:因为它对"文明化"的过程已经不那么重要了,路易十四的起床礼难道不是已经内在化了的芭蕾,几乎是习以为常的事了吗?

---

① 罗克鲁瓦战役(1643 年 5 月 19 日),30 年战争中的一次战役。在这次战役中,大孔代(即当甘公爵)统帅的法国军队歼灭了由德梅洛率领的西班牙军队,从而结束了西班牙在欧洲的军事优势。
② 吕里(Jean-Baptiste Lully,1632—1687),出生于意大利的法国宫廷歌剧作曲家。

对于 1581 年茹瓦耶兹公爵的婚礼舞会和 1662 年的骑兵竞技表演之间的间隔，一些止于表面的分析只注意到了细枝末节，而实际上它的含义远大于此。的确，1626 年的大型舞会恰逢奥尔良公爵密谋策反①之时，沙莱伯爵为此被以前所未有的手段残忍杀害，可就在这一年，奥尔良公爵又与玛丽·德·波旁—蒙庞西埃结婚，生大郡主②，此事成了投石党运动中疯狂行为的象征。1641 年黎世留授意举行的芭蕾舞表演，表现了肩扛锄头、铁锹或镰刀的农民舞蹈的场面，而恰在此时，多菲内、郎格多克和普瓦图的农村再次发生了暴乱。即便如此，人们对这些实实在在的反差仍是熟视无睹，反差只是为当时的社会和政治现实投去一道生硬的强光。它们甚至加强了正在发生的文化变革的意义，并通过个人、冥界和国王的形象强化了差别的观念，而且这些文化变革在特权阶层找到了重要的传递渠道。巴黎正是通过像 1626 年舞会这样的聚会活动来效仿宫廷的，而外省之所以可以模仿巴黎，也是因为官爵职能的进步使之已经不限于政治和行政影响：国王的各级官员同时也是君主制文化在不同层次的中介。不过，整个体系还较为薄弱，显然不够健全——投石党运动正说明了这一点，因而留有广泛的自由空间，给"路易十三时代"增添了一些令历史学家难于描绘却更好地通过小说和电影得到展现的色彩，亦即西拉诺·德·贝热拉克式的色彩。

---

① 指密谋暗杀黎世留的计划。

② 大郡主(la Grande Mademoiselle)，指安娜·玛丽·路易丝·德·奥尔良·蒙庞西埃公爵夫人(Anne Marie Louise d'Orléans, duchesse de Montpensier, 1627—1693)，因其叔父为国王路易十三而得名。1652 年投石党叛乱中，她下令在巴士底狱向王家军队开炮，使孔代得以脱身。

图 29 "请遮上那胸部……":《比尔巴昂公爵夫人盛大舞会之王室芭蕾》(1626) 中人妖的服装告诉我们, 世风的文明化是经过循序渐进的过程才最终确立的。路易十三的宫廷仍然热衷于粗俗的玩笑和娱乐, 娇奢远远胜过了考究。(达尼埃尔·拉贝勒的水彩画, 巴黎, 卢浮宫)

图 **30** 路易十四这幅画像可谓让人叹为观止！这么说既是为艺术家手艺的精致细腻，更是为资料的丰富翔实。当路易十四在《夜之芭蕾》(1653) 中亲自扮演太阳王的时候，他首先要表明的是舞蹈 —— 特别是宫廷芭蕾 ——在君主制意识形态建设中的重要性：国王同他的父亲一样醉心于一门艺术且十分在行，这绝非偶然。那么任"国王娱乐及芭蕾普通素描师"的素描画家，礼服裁缝亨利·日塞的艺术就不是一般的艺术了。但引人注目的王室投资并不仅在于一个舞蹈家，还在于投石党叛乱结束后的君主制，这是显而易见的，因为年轻国王在戏中找到了其统治的象征性图形。(巴黎，国家图书馆)

第十一章　自由空间

　　我们不应幻想。自由空间在1580—1660年期间并不广阔,即便在文化领域也是如此。

　　我们只是认为这些自由空间的存在长久以来并未在编史工作中得到应有的重视。史料编纂者对"伟大的"路易十四时代前的阶段做了过于平铺直叙的介绍。西拉诺·德·贝热拉克去世两年后,即1657年出版的《月球诸王国与诸帝国》(*Les Estats et Empires de la Lune, ou: L'Autre Monde*)(又名《另外的世界》)、投石党文化、女界雅士、脱离"古典"戏剧的参照对熙德进行的解读以及巴洛克式的精美无比的祭坛装饰屏,这些都构成该时期的重要文化现实。我们要强调的正是这种多元性,无论它属于审美品味、思想,抑或是出于对渐渐显露的行为和文化参照的单一性的抵制。

1

巴洛克的法国:一种品味,一种敏感性

　　这里所说的"巴洛克"并不指一个美学标准,更不代表一种风格,而仅指一种常常表现为追求夸张效果的文化自由,也即对世风的文明化所强加于人们的纯净简朴的拒绝。这个名称特别突出了与未来"古典"法国的不同,虽然它自身也包含着诸多不同,甚至矛盾。

　　　　请你算算年、月、小时和天数
　　　　和你生命所剩,蠢材你告诉我,
　　　　它们去向何处;如虚渺的阴影
　　　　它们已然逝去再无望回转脚步。

我们必将死去而时光匆匆赶路
好像水波变幻不测,相推相逐
从不回头,而它前进不息的行程
永远踏着生硬的步履不停加速;

时光溜走永不再回,谁人能修补
只因整日庸庸碌碌虚度了光阴
无聊琐屑烦累让那分分秒秒耗尽

我们的时日不过小小空间一点
宛若清风拂掠,又似信使过路
捎个信儿,便一去再无反顾。

　　阴影,水波,清风变幻莫测,难以捕捉,有如蒸汽,梦幻,波纹:弗朗什-孔泰省的诗人让-巴蒂斯特·沙西涅①在 1594 年已对时光流逝的巴洛克式意象驾轻就熟。约在 1590-1640 年期间,一些巴洛克诗人为我们留下了有时近乎是病态的思索,沙西涅便是其中最早的一个。他们的思考在宗教战争末期有很强的宗教性,而到后来则有些调侃的味道。夏尔-蒂莫莱翁·德·西戈涅(Charles-Timoléon de Sigogne)在《讽刺的欢愉》(Délices satyriques,1620)中便对"活骨架"颇有些暧昧的情有独钟——这是当时风行一时的文学体裁:

　　诗赠一位女士:

枯朽的木柴,惨不忍睹的一身骨头,
干瘪肚皮斑纹点点,背脊瘦骨嶙峋,
真个死人的活画像,活人的死面孔,
那是幽灵套上了唬人的面具抛头露面,
它吓坏了恐惧,让害怕瑟瑟发抖,
它让欲望调转方向,让渴求没了念头;

……

光泽尽失的尸骸,坟墓掘出的遗骨,
土里挖出的躯壳,让乌鸦啄了个够,

---

① 让-巴蒂斯特·沙西涅(Jean-Baptiste Chassignet,1571-1635),法国诗人。其主要作品收集在《生活的蔑视和对死亡的安慰》(Le Mepris de la vie et la consolation contre la mort)中。

恰似睡意朦胧中的幻象恍惚；
你是那冰雪融化后的僵尸暴露，
或是绞架上悬挂的巫师的躯体，
魔鬼为他罩上衣衫把人类吓唬！

还须提一下诺曼诗人奥夫雷（Auvray）《诗神的盛宴》，他在临终之时才承认他与之共度良宵的"瘦骨嶙峋的女人"里的骷髅是谁：

……
自从那第一夜我与她拥吻，
我便把那卧房想成开阔的墓坟，
她瘦削的躯体似骸骨一堆，
被单是裹尸布，那睡床便是棺木。

大逆不道触摸她仁德的躯体，
那简直是亵渎故去者的权利，
倘若装进盒里我倒愿意亲吻，
如同亲吻圣人遗骨隔着玻璃。

美人儿，我说（边抚摸她乳房的肌肤），
为了别把我弄伤当我拥吻您的时候，
您一定要用棉布将肢体包裹，
不然我只得全副武装盔甲防身。……

这类诗作虽然几乎被遗忘，但我们不能忘记它曾风靡一时，而它表面的人为雕琢之痕恰恰反映了作者或至少公众的某种敏感性。对死亡进行思考的其他一些形式在同一时期的流行更印证了这一点。从多不胜数的在头盖骨前冥思的《苦修的马德莱娜》到 17 世纪上半叶最为流行的艺术体裁之一《万物虚空》（Vanités）①都属此类。斯特拉斯堡人塞巴斯蒂安·施托斯科普夫②笔下的虚空画独有另一番博学式的表现，画中表现的是知识（地球仪）、学识（书）、军事业绩、奢华餐桌、音乐和艺术（前排可见卡洛的版画），一般还要加上半空的瓶子和传统沙漏以示时光的转瞬即逝。以头盖骨为中心的布局和石板上的文字说明了画面

---

① 指欧洲一种表现万物皆空，画有头盖骨的静物画。
② 塞巴斯蒂安·施托斯科普夫（Sébastien Stoskopff, 1597—1657），法国画家，其作品笔调凝重，常具寓意性和说教性。代表作品有《万物虚空》和《五官》等。

的含义:"艺术、财富、权力和勇气都会死亡,世界和它的作品都将逝去,随后才有永恒。呵,疯子们! 逃避虚华吧。"绘画同诗歌一样,在一段时期很难确定占主导地位的是什么,是敏感,体裁,还是由专职画家妙手维持着的市场? 其中值得一提的画家是西蒙·勒纳尔·德·圣安德烈,他是安娜·德·奥地利出色的画像师,其虚空画极尽浮夸华丽之能事,以至阿兰·塔皮耶(Alain Tapié)不无道理地视之为无信念、甚至可能是无意义的游戏。

死亡成了一场戏,规模越来越宏大,到70年代登峰造极的丧葬仪式准确地说明了这一点:灯光强烈,声音嘈杂——来宾的喧噪,致悼词,奏哀乐,唱挽歌,死亡被展露无遗,从世纪中叶盛行的成百上千画作中的死者头颅到大人物殡仪上展示的骸骨和干尸造型,不一而足。并不是所有人都对这类殡丧活动无动于衷,事实上,从40年代起,就开始有教徒有意拒绝殡仪。于是,至少在特权阶层中,关于死亡,它的景象和前景,存在着一个自由的空间,因为它可以表示死者的社会地位,或表达其作为基督徒的期望——这一点正可以解释他们反对徒劳殡仪的超脱态度,或表达在不过是一堆"腐败之物和饲料"的尸体的名不副实面前多少带点病态的强迫观念——这是孔代亲王的一个大臣1666年在其遗言中对尸体的注解。

宗教敏感性在此起了一定的作用,但这个作用比我们想象的要小得多:冉森派的菲利浦·德·尚佩涅和耶稣会画家居伊·弗朗索瓦都画过《苦修的马德莱娜》,而《万物虚空》这样的画无论在荷兰加尔文教派还是在法国天主教派都一样受欢迎。我们从中窥见的应该是还没有受到条条框框限制的情感表达,以及与农村品味的某种相似性:17世纪,农村定购的祭坛后壁装饰屏数以千计,只可惜许多作品未标明具体年代,无从详查。对巴洛克一词定义的模糊性使很多东西可以轻而易举地与之扯上关系,不过,巴洛克这一领域很明显地展现着截然不同的社会阶层仍然共有的一种文化。

对这些被大多数艺术史完全忽略了的作品,至今还没有任何综合性的研究,虽然这些作品与沙泰尔对法国艺术的综述相比同样精彩。我们了解到,在大家比较熟知的法国西部,这种并没有明确用途的装饰屏壁约在1620年开始流行,主要由拉瓦尔的几家已经颇有名气的雕刻作坊制作,其中最富盛名的是科尔比诺作坊。主要在曼恩一带和上布列塔尼制作的几百件大多以大理石等天然材料制成的装饰屏,充分说明这种装饰品的制作作坊远远超出拉瓦尔的范围,且一样受欢迎。1624年雅克·科尔比诺(Jacques Corbineau)被聘为雷恩市布列塔尼高等法院的工程总指挥,从而使这些制作师们的声誉得到了确认;但同时,这个例子也说明了制作者之间存在的等级差别以及外省同巴黎"大艺术制作"之间的差距:科尔比诺接任的是名不见经传的热尔曼·戈尔杰,他需继续依照萨洛蒙·

德·布罗斯于 1618 年利用 14 天的短暂逗留来此签署认可的图纸进行制作,其时,卢森堡宫还在施工当中。

拉瓦尔工匠的例子还有更大的价值,因为它已自成一派:仅在布列塔尼省,就发现祭坛装饰屏八百余件,大多为木质,均制作于 1680 年以前。这些大部分被保存下来的作品让我们了解了教徒们曾经感受到的炫目的震撼。作品中大量使用的金色及各种色彩、装饰的华丽繁复以及为保证各祭坛都有装饰而付出的努力,都可谓超乎寻常,而资金问题的解决全部仰仗棉麻布织造业的繁荣。阿雷山脚下科马纳的各种装饰屏极好地反映了制作者和出资人的审美趣味。扭形立柱、葡萄饰和花束饰、壁龛和隆起部分、与曲线融为一体的动态、生动的色彩以及光彩华丽的整体效果正与教会显扬弥撒、表达上帝对赞叹中的信徒霹雳闪电般救恩的意图完全吻合……因此,将它们简单视为"大众"艺术或手工艺品是错误的:虽然许多作品是地方性的,且大多没留下作者姓名,但来自布雷斯特的马里纳的雕刻家和莫尔莱的艺术家们所承接的工程有时也会使用现成流行的模式,比如,朗波尔一吉米里奥的唯一一座教堂内的祭坛装饰屏便借用了鲁本斯的《天使下凡》(*La Chute des anges*)和佛兰德人巴泰勒米·施普兰格的《圣家庭与儿时的圣约翰一巴蒂斯特》(*La Sainte Famille avec saint Jean-Baptiste en-fant*)——此人成就平平,却因戈尔奇斯的版画而出名。类似的作品在萨瓦省和博韦奇省,在迪朗斯河沿岸的埃格一带、奥弗涅省和几乎整个法国都能见到。更有意思的是,一般情况下都是由教徒或制作者根据邻近堂区看来的样子或集市上看到的作品或是工程指挥的图纸,再加上个人的审美取向来确定最终的样式:欧洲艺术和地方的敏感性融合在了一起。

这种趣味实际上直到 18 世纪都启发着某些乡村教堂的装饰,它也证明了法国全面受到巴洛克影响的事实:连他们自己可能都不知道,朗波尔一吉米里奥的堂区居民看到的作品和玛丽·德·美第奇看到的作品都出自同一个艺术家,比如鲁本斯。卢森堡宫的工程始于 1615 年,王太后选择了享誉欧洲的艺术家进行装饰,而更重要的是她选择的风格和主题很有意味。她的想法是建一个像枫丹白露宫一样的画廊,在窗户中间悬挂 24 幅巨型油画。从最终的装饰结果看,政治方面的含义还在其次——关于这个问题人们一直争论不休——更引人注目的倒是接近乡村祭坛装饰屏风格的那种神话与现实的融合,尤其是"充斥画面的金色、紫色和各种暖色,以及活跃的、富于震撼力的动态"。沙泰尔的分析与我们对祭坛装饰屏的分析不谋而合,而这并非出于偶然。玛丽·德·美第奇的画廊的确没有立即得到反响,但这并不说明什么,因为王太后在 1630 年受骗者之日后避走,其宫殿从此人去楼空,再无人造访,直到世纪末才重新开放,遂启发了一些大画家,尤其是瓦托和布歇。此外,鲁本斯的装饰作品是对主角的赞美,更准确地说是对女主角玛丽·德·美第奇的赞美,因为为亨利四世建造的画廊始终未能完成:当艺术家鲁本斯 1625 年将作品呈现出来的时侯,他其实已经完全纳入了一种由正在蓬勃发展的戏剧所表达的思想体系,而这种表达因戏剧更加广受公众欢迎而越发气势宏大。

至少在1580—1650年的70年中,戏剧与我们称之为古典主义戏剧的形式的确还不能相提并论:1650年时,拉辛才11岁,而莫里哀还未曾有佳作问世,他不过是不知名的"莫尔里哀先生",于1648年获南特市府批准在该市演出。高乃依是一个例外,其作品至少从某些角度看,已纳入1580年便初露端倪的这一新型戏剧的范畴。这个时期出现了第一批巡回剧团,他们一般在临时搭建的场子表演,观众站着看戏,可以想见台下乱哄哄的躁动情形:斯卡龙[1]在发表于17世纪中期的《滑稽故事》(Le Romant comique)里对芒斯的这种气氛曾有描写。

这些观众最欣赏的是悲喜剧,它作为一种深奥的体裁出现也是在1680年前后:罗贝尔·加尼耶的《布拉塔芒特》(Bradamante)发表于1682年。剧中,布拉塔芒特和罗杰长期遭阻挠的爱情被置于查理曼大帝与摩尔人征战的史诗般的氛围中,美丽而好战的布拉塔芒特只愿意接受与她一对一格斗并战胜她的男人的爱情:女主角在壮观的场面中出场,剧中营造的是玛丽·德·美第奇年轻时所处的文化氛围,因为加尼耶从阿里奥斯特[2]和他的《愤怒的罗兰》(Roland furieux)中获得大量启发……乔装、打斗、情节的跌宕起伏和大团圆的结局使整个剧情引人入胜,没有人在意重复:马雷沙尔(Mareschal)在《英勇的修女》(Soeur valeureuse,1634)——又是一位女主角——中安排了五场决斗、五起谋杀和两次谋杀未遂! 这一时期最成功的戏剧作品、1621年上演的戴奥菲尔·德·维奥的《比拉莫与蒂斯贝》讲述的也是一个受到阻挠的充满血腥的爱情故事。比拉莫误以为蒂斯贝已死便毅然自尽,前来揭开真相的蒂斯贝看到死去的恋人,也以死殉情。蒂斯贝那句有名的道白,即本卷开篇的诗句——可能并不属于无意中的喜剧效果,因为这类作品的情感转折太难以预料,而《熙德》可谓这类作品中的巅峰之作:爱情和暴力、一个耳光、两场决斗、一场战斗、美满的结局和爱上杀父仇人的女主角!

"《熙德》之争"、对这种敏感性的激烈批评、特别是乔治·德·斯屈代里[3]的抨击,表明至少一部分有学识的观众对接近于巴洛克风格的戏剧已经没了兴趣。但这种审美品味仍持续了至少一代人的时间,其形式也更趋向于阳春白雪,加之

256

---

① 斯卡龙(Paul Scarron,1610—1660),法国作家。1638年因疾病至双腿残疾,遂创作滑稽诗歌。1651—1657年发表《滑稽故事》。

② 阿里奥斯特(Arioste,1474—1553),意大利诗人。其杰作《愤怒的罗兰》(1516—1532)是对骑士史诗的喜剧性滑稽模仿。

③ 乔治·德·斯屈代里(Georges de Scudéry,1601—1667),法国悲剧和喜剧作家。在"《熙德》之争"中站在高乃依的对立面。

后来流行的无与伦比的机械手段,使它以另外的形式东山再起:威尼斯剧作家齐亚科莫·托雷利于 1645 年在舞台上布置了河流的布景,从而大获成功,而莫里哀 1661 年为富凯演出的《讨厌鬼》还安排了可以开合的岩石和可以活动的雕像。悲喜剧似乎离大家很远——尽管一些贵族把投石党运动当成在生活中表演这出戏的机会——但借助于新式的机械,借助于舞蹈和音乐,戏剧首先成为一种变幻的艺术、动态的艺术和对比的艺术,亦即巴洛克的艺术。

因此,一边是规则,另一边也有自由:"我赞成每个人凡事听其本能",戴奥菲尔·德·维奥这样说。一边是马勒布这样的随机应变者,另一边则有马蒂兰·雷尼耶这类评论家抨击那些"只会把可疑词藻和观点思来想去、反复斟酌"的才疏学浅者。还看不出规范对人们的左右:路易十三的卧室里有拉图尔的一幅画,可他又向鲁本斯定购了一批壁毯。

外省文化在 18 世纪各艺术、学术研究院重振旗鼓之前甚至还经历了其辉煌的时期,而且有些地区仍使用本地方言。16 世纪中叶似乎濒于消亡的奥克语文学却又在七八十年间绽放最后异彩:1576 年在加斯科涅省甚至成立了一个七星诗社,诗社为捍卫奥克语使用的论据与当年杜·贝莱捍卫法语的论据完全相同。这场运动并不孤立,同样的现象几年后在普罗旺斯省再现。这些"复兴"是建立在某种神话渊源基础上的,由于还没有科学的历史地位而更给人以满足感。"复兴"确认了一种在当时的政治条件下只能通过反王权的立场来表达的身份地位:普罗旺斯省地位的确认正与加入神圣联盟的行动相呼应,正像胡格诺的地方主义使得贝亚恩省直到 1610 年还将贝亚恩语作为行政用语。这个主要体现在文学领域的复兴至少在一段时期还得到了传教的助力:在 16 世纪 60 年代,让娜·德·阿尔布莱特组织将圣经译成贝亚恩语和巴斯克语,而使布列塔尼语的印刷品在 17 世纪 20 年代重获新生的也正是教理问答、感恩歌、圣人故事和听告解神甫手册等宗教类书籍。

外省在艺术品定购方面也依然起着重要作用,原因之一是政治自治使一些地区如洛林省可以拥有自己的宫廷;但更广泛地看是由于巴黎的参照还没有系统地得到确立:鲁昂、里昂、埃克斯等城市同南希,甚至同巴黎一样为艺术家提供同样的生存环境。或者说曾经是这样:1625-1630 年这个阶段过后,在巴黎艺术品的贸易以及黎世留和后来的马萨林提倡的收集活动的影响下,多样性开始遭到破坏。最后体现着多样性的是国王集中了他的最精美油画的杜伊勒利宫的迪亚娜画廊了:到 1668 年时,法国和佛兰德艺术家已经同意大利大师分道扬镳了。

因此,差别和多样性变成了必须明确的一种选择,但它们仍是可能的。外省的出资人在他们各自的层次上采纳了"王室"画廊的思路:普普通通的艾蒂安·戈德夫鲁瓦为他位于曼恩地区圣一塞勒兰市的双林城堡定购了一批表现他本人参加过的、拉瓦尔丹元帅亲率战役的油画。约在 1660 年,古莱纳侯爵夫人在她距南特市不远的城堡中装修了一间小室,采用了外省仍时兴的繁复装饰,为此还运用了当时流行的却不怎么舒适的技术:纸糊和纸浆。极端地讲,在像路易·勒沃①用五年的时间为尼古拉·富凯完成的这类巅峰之作中,很难说究竟是哪一种敏感性占了上风:那是一座凸出部为巴洛克风格的城堡,正面明显突出的圆形外延部分为欢庆活动提供了更开阔的场地;花园的设计手法已经十分娴熟,勒诺特仅借助规则的缓坡便掩饰了精妙的人工之笔。让我们避繁就简吧,因为事实也正应了这句话:1661 年 8 月 24 日沃克斯城堡盛大的落成庆典仪式三周后,富凯就倒台了,这无疑标志着建筑领域自由空间的终结,而该城堡的装饰师勒诺特和勒布伦②、庆典仪式的核心人物吕里和莫里哀都将在路易十四统治下的规整的奢华中重新找到自己的位置……

2

"自由思想家"

我们有理由在巴洛克品味的清单中加列创作者们对新礼仪的拒绝态度:是拒绝,而非迟钝或忽略。让马里·古尔莫(Jean-Marie Goulemot)曾精彩地提及保尔·斯卡龙出版于 1651 年的《滑稽故事》的第一部分中"对淫秽场面、人体器官和粪便的津津乐道",他还特别提到床上欢愉的描写和遣词造句的无拘无束和直白露骨。然而,这部作品并没有——或者说还没有——脱离当时主流文学创作而成为边缘,恰恰相反:流行的不仅这一部,当时,小说总体上都很受欢迎,例如《弗朗西永的滑稽故事》(*Histoire comique de Francion*,1623)和从西班牙语翻译过来的苦难凶险小说③都十分畅销;这类作品的盛行其实与悲喜剧的成功是相伴而行的,只不过斯卡龙不厌其烦的露骨描写更易使人产生暴力联想罢了。尽管体裁不同,它却与英雄奇遇小说或巴洛克诗歌有着近似的审美取向。只是,这类作品大多缺乏思想性,至少缺乏不幸被称为"放荡派"④的那些人表现出的深刻性。

"libertin"一词的模糊性——尤其当我们想到它在 18 世纪表示的纯道德方面的含义的时候——使人们几乎将这些思想自由之人遗忘了。由于他们与教条主义完全势不两立,且不得不用暗语隐讳地表达思想,因此始终未能创立明确

259

---

① 路易·勒沃(Louis Le Vau,1612—1670),法国建筑师,初期古典主义的大师。卢浮宫、凡尔赛宫和巴黎圣路易岛上的建筑都有他的设计。

② 夏尔·勒布伦(Charles Le Brun,1619—1690),法国王室首席画家,法国王家绘画与雕塑学院终身主事,完成包括凡尔赛宫在内的多个大型制作。

③ 指西班牙反映社会底层苦难凶险生活的故事。

④ 此处取"libertin"一词的本义,下文按照一般习惯译为"自由思想派"或"自由思想家"。

的、系统的学说。"libertin"有时还不恰当地涵盖了形形色色的行为举止。的确，如果认为亵渎神明的言行——有时还是在醉酒状态下的失态之举——反映的只是一种对抗态度的话，那未免失之偏颇。如果将民间的种种伪自由派思想的例子追根寻源的话，人们在宗教方面所享有的充分表达自由以及粗俗玩笑的传统恐怕才是其渊源所在。举一个例子：1570 年，南特市的一个面包师在为圣克莱尔会修女制作的面包上竟插上了男性生殖器的标志……

追根溯源，深入分析，自由思想派的思潮部分地滋生于宗教战争的沃土以及战争所引发的种种怀疑。胡格诺派的迪普莱西－莫尔奈有句名言："在武器中间，我们开始蔑视宗教"。这句话所指的态度即便还没有真正达到所谓鄙视的程度，至少已经远远超越了盲目的迷信。1603 年，勒阿弗尔附近蒙蒂维利埃的神甫告发众多居民不顾当局的三令五申在圣体瞻礼那天冲撞仪式行列，还头戴面具手持武器击鼓进入教堂；在墓地，当神甫驱赶他们的时候，他们就把臀部朝向神甫，又把一只死狗挂在神甫家门口。1598 年，胡格诺派的托马·普拉特和他的几个朋友竟去了天主教堂做弥撒，为的只是享受"聆听悦耳音乐和各种圣歌"的乐趣。

这层背景是确实存在的，但没有产生太大影响，因为对自由的向往远不止于此，还有更深刻的东西，主要触及的人群也是那些关注更加系统言论的知识分子。即便只是对权威原则的拒绝，也属于一种强有力的行动，因为它可能导致对国王甚至对上帝的拒绝。让·罗乌①的研究结论颇为新奇，但不无道理，他将莫里哀的《唐璜》(Dom Juan，1665)同其他几部先于它问世、主角相同的作品进行了比较，它们是尼古拉·多里蒙的《石宴或罪犯儿子》(Le festin de pierre ou le Fils criminel，1659)和克罗德·德尚的同名作品(1660 年)。"祖先、君王或诸神，谁也别想对我发号施令"——多里蒙的主角这样高声说道；"如果上天加害于我，我便和他宣战"，"我为我之王，我之主，我之命运，我之神明"——德尚的主角是这样说的……莫里哀并非孤军作战，且这些思想得到了这样一位作者的认可，这些与我们固有想法相左的事实，足以证明盛行于半个世纪前的"自由思想派"观念是产生过影响的。

确实，"自由思想派"的第一股思潮产生于 1610 年，受到帕多瓦学派自然主义哲学的影响：乔达诺·布律诺②继承了彭波那奇的思想，后又影响了鲁奇里奥·瓦尼尼③，后者是戴奥菲尔·德·维奥的良师。他们的一脉相承关系十分重要，因为它解释了为什么这些"自由思想家"中会有一些人否认灵魂不死。他们都坚持习俗和思想的自由，有时故意加以标榜，但这股主要在大贵族阶层和作

---

① 让·罗乌(Jean Rohou，1912—2005)，雷恩第二大学名誉教授，17 世纪专家，在古典主义、悲剧、拉辛的研究方面颇有建树，著有《古典主义》。

② 乔达诺·布律诺(Giordano Bruno，1548—1600)，意大利哲学家。1576 年前为多明我会修士。其著作《无限，宇宙，世界》主张泛神论哲学思想，后被宗教裁判所以异端罪处以火刑。

③ 鲁奇里奥·瓦尼尼(Lucilio Vanini，1585—1619)，意大利教士和人文主义者。反对灵魂不死之说，被处火刑。

家中间颇有影响的思潮在 1625 年的残酷镇压后很快便销声匿迹了：瓦尼尼于
1619 年在图鲁兹被处以火刑；维奥则于 1623 年从巴黎逃脱，幸免于难，被缺席
宣判火刑，被捕后监禁两年，后改判流放。

在天主教改革的束缚下倍感沮丧的这群人固然勇气可嘉，但毕竟他们为自己
开辟的自由空间还是狭小的，因为他们的思想没有和当时的科学发现联系在一起，
因而与其说是革新，不如说是一种挑战。1625 年以后出现的比较谨慎的团体与第
一代截然不同，除了流于形式的保护措施以外，他们直截了当地把矛头指向宗教和
教条。这些关注个人自由和注重个人主义文化的人们各持己见，存在着分歧，有时
也自相矛盾，因此，简单把它们描绘为一个除自由的原则这个共性外没有任何其他
共同特征的思想是不够的。加布里埃尔·诺代既是马西阿韦尔和国家利益的拥
护者，同时也可以一反当时的普遍观念，主张向公众开放图书馆，使他们获得批判
性的知识。身为医生的居伊·帕坦既可以拒绝承认血液循环理论并违背理性地
鼓吹放血，也可以指责过分的虔诚和暴政，以至对黎世留的死颇感喜悦。马克一安
托万·吉拉尔·德·圣阿芒①既可以对自然本能表现出极大的敏感性，在诗中进
行性感甚至色情的描写，也可以从 1630 年以后转而热衷于饕餮杯盏之欢，从而又
与斯卡龙颇有些趣味相投。1652 年开始做路易十四御前教师的弗朗索瓦·德·
拉莫特·勒韦耶的享乐主义②理智而适度，皮埃尔·伽桑狄③的享乐主义则更注
重科学依据——这位普罗旺斯省的议事司铎后来成了法兰西公学的数学教授，也
更加大胆：身为神学教授，他却公开承认其教学内容的谬误。

一些人的分析则直截了当地指向政治和社会。巴黎市长亨利·德·梅姆
1614 年在三级会议上宣称"三个等级是兄弟"，引起了轩然大波。查理·索雷
尔④则在其《弗朗西永的滑稽故事》中讽刺了腐败的司法制度、无知而自命不凡
的大人物和唯利是图、卑劣无耻的资产者，甚至嘲讽对国王的盲目敬仰，尤其重
要的是，其讽刺完全基于他所深信的理性。

他们当中绝大多数人的观点都能在高等法院大法官比如图⑤、迪皮伊或斯
卡龙那里找到共同之处：正是从这个意义上看，才可谈得上一个思想流派，而这
一流派最出色的表达当属西拉诺·德·贝热拉克的《月球诸王国与诸帝国》和
《太阳诸王国与诸帝国》(Les Estats et Empires du Soleil)⑥。经过我们可以理

---

① 马克一安托万·吉拉尔·德·圣阿芒(Marc-Antoine Girard de Saint-Amant，1594－1661)，法国诗
   人，圣伯夫称其诗歌将灵魂深处的美好情感与嬉戏集于一身。
② 又称伊壁鸠鲁主义。
③ 伽桑狄(Pierre Gassendi，1592－1655)，物理学家、数学家和哲学家。1614 年获神学博士学位，次年
   被任命为教士，后致力于研究古希腊哲学家伊壁鸠鲁的唯物主义哲学。
④ 查理·索雷尔(Charles Sorel，1600－1674)，法国作家和法兰西史官。
⑤ 图 (Thou，1553－1617)，法国政治家、藏书家、史料编纂者。曾任亨利三世和亨利四世的国事顾问、
   王室图书馆馆长和巴黎高等法院院长，是以科学态度研究历史的先驱。
⑥ 分别发表于 1656 年和 1662 年。作品针砭 17 世纪认为人与世界为创造中心的宗教和天文观念。

解的审慎的一代之后,西拉诺·德·贝热拉克唯一的防护措施就是选择了另一个世界为背景,他以生动的形式将他对保守道德观念及宗教的直言不讳的批评融入情节,他的批判也是基于理性的思考。

西拉诺笔下的虚构人物使真实的西拉诺相形见绌,而西拉诺作品那幻想味十足的书名也降低了他在今天读者眼里的分量,他的命运大抵同自由思想家们的相同,都在"路易十四时代"的辉映之下黯然失色。然而,他们通过要求思想自由以及其中所蕴含的宽容,通过创新者的科学方法,成为衔接文艺复兴和18世纪百科全书派之间的影响深刻的过渡阶段……尽管比起他们,笛卡尔更加相信科学。虽然人数不多,但他们营造的氛围促成了1664年《达尔杜夫》和后来的《唐璜》的诞生,当然这些作品的成功是经过斗争得来的:《达尔杜夫》被禁五年后才得以上演;这使我们联想到,索雷尔在戴奥菲尔·德·维奥诉讼之后,谨慎地将《弗朗西永的滑稽故事》删改后才于1626年再版。我们甚至可以认为——但这并不是那么牵强附会,由于这些人的存在,路易十四时代倒像是一个过渡阶段,因为西拉诺的著作距丰特内勒的《神谕的历史》(*Histoire des oracles*)①只相差30年,而距培尔的《历史与批判词典》(*Dictionnaire historique et critique*)②还不到40年。此外,他们歌颂自由、宽宏无私和追求自由思想的英雄,这一点同王国部分传统精英分子的理想不谋而合,因此从某种意义上说,他们成了受到新文化模式威胁的价值观的承载者:看来,加斯通·德·奥尔良公爵和孔代亲王与这些自由思想家过从甚密,也非出于偶然了。

3

对模式的抵制:贵族阶级及其价值观

> 我引领这支队伍阔步前行,
> 列前赫然写着坚定的信念……

人们都知道17世纪戏剧中最有名的这段台词的下文是什么,而此剧所获的殊荣的确非它莫属。1637年初,《熙德》表明了"英雄主义"文学大获成功,其影响所及甚至形成了某种(上流)社会现象。《堂吉诃德》(*Don Quichotte*)在世纪

---

①　发表于1687年。此书对神谕的存在提出怀疑,在批评异教的同时也将矛头指向了基督教。

②　发表于1697年,是一部创造性的学术著作。作者在各条目后旁征博引,列举相互矛盾的说法和资料,指出正统的解释未必正确。

初就很快被译成了法语,20 年代则有几十部英雄传奇小说问世,随后又陆续出现了最受欢迎的作品:拉卡尔普勒内德的《卡桑德拉和克莱奥帕特》(*Cassandre et Cléopâtre*,1642－1645)、马德莱娜·德·斯屈代里著名的《居鲁士大帝》(*Grand Cyrus*,1649－1653),及《克雷莉娅》(*Clélie*,1654－1660)。还不止于此,这一潮流所表达的正是一部分读者所感受和理解的现实:英雄就在身边,那便是波旁家族的路易,他先是昂吉安公爵,后成为孔代亲王,高乃依的《熙德》上演时他才 15 岁,取得意料之外的罗克鲁瓦战役胜利时他 21 岁。这位年轻贵族的饶勇善战和豪迈无私完全反映了当时的一个重要情感原则;弗朗索瓦·德·萨勒、笛卡尔,甚至连冉森派在某一时期都同高乃依一道赞美无私的豪迈情怀,它可以"从对一切美德中最高贵的品质即尚武精神的渴望中激发贵族阶级的勇气"。这句话摘自马克·维尔松·德·拉科隆比埃尔的一部论著,题目为《荣誉与骑士的真正戏剧,或贵族的历史镜子》(*Le vrai Théâtre d'honneur et de chevalerie,ou le Miroire historique de la noblesse*,1648),题目显然流露出了某种忧虑。

　　如果用三年前居伊·帕坦的言论与他针锋相对,未免有些残忍:"今天,一袋皮斯托尔①把法国人的慷慨无私全都卷走了";再举就古典戏剧展开的由来已久的论战为例,则更有过之,但也更加容易:究竟是反映世界的本来面目,还是表现它应该展现的面目……年轻贵族们深受西班牙文学品味、行为举止甚至穿着打扮的影响,自然也同时感染了他们隐约的风光不再的危机感;孔代亲王留给罗克鲁瓦的正是西班牙的衰落,而从 40 年代起对军队的荣誉和勇敢大加赞美,与其说是岌岌可危的贵族文化的现实情况,不如说是把文学移植到了现实当中。

　　应该注意到,贵族阶层内部通过忠实的传播网散播着一种共同的思想方法,使整个贵族阶层发生重大的文化转变。《熙德》通过下面的情节再一次准确表达了其中的关键所在——还是那有名的台词:国王建议罗德里格依其英勇本能行事,并悉听国王尊便,这样,专制国家以不同价值观之调解人的姿态出现。高乃依其实很准确地表达了这个阶段的巨大变化:在《熙德》中,男主角宽宏饶勇的品格六次受到颂扬,但六年后,《庞贝之死》(*Pompée*)中的主人公之死标志着宽宏型英雄人物的失败。又过了五年,即 1648 年,按照让·罗乌(Jean Rohou)的说法,《科斯罗埃斯》(*Cosroès*)已经注意到"价值观和权力之间不可调和的矛盾,从而确定了从某种意义上说其实是价值观之权力的慷慨无私的彻底失败"。

　　文学的确忠实地反映着这个小小的特权社会的现实:以大孔代为首的诸亲王 1649 年发动的投石党叛乱证明了金钱的新威力得到了承认。他本人不正是为成全其父的经济野心不得不在 1641 年与黎世留的侄女成婚,而放弃了他的至爱玛格丽特·迪·维让吗?现实生活中的罗德里格放弃了施曼娜,利益得失显然胜过了爱情:"宽宏无私之心不该为钱财所左右",因为"荣耀……与利益势不

---

① 法国古币名。

两立"。红衣主教雷兹虽一再重申传统原则,但无济于事,已经很少有人遵守它了。马德莱娜·德·斯屈代里在《阿塔梅纳》中描绘的是孔代生活的环境,而在《克雷莉娅》中却已经是财政大臣、奢华阔绰的富凯的生活环境了!贵族阶级不也在投石党运动期间厚颜无耻地通过露骨的文字表白了他们对其特殊利益的关注吗?至少在路易十四掌权前的十几年,现实主义、利益、实用主义和犬儒主义盛行,因而为贵族阶级的驯服创造了有利条件:如夏尔·德·圣埃夫勒蒙在孔代时期所说,连友情都成了"交易"或"买卖";1659年,高乃依通过一首颇有些造作的情诗,让残忍的"硬心肠的债主"菲莉讨要她出借的一吻所应得的利息。看来,施曼娜真的已离我们远去了……

决斗可能更好地表达了变化的深刻性,因为这里没有利益的约束。它得失攸关,因为关系到整个贵族阶级,同时它是一个很强的信号:马克·德·拉贝罗迪埃在1605年发表的关于决斗的论著中特别强调,问题并不在于与庶民争夺荣誉,形式重于内容。的确是这样:1627年5月,当弗朗索瓦·德·蒙莫朗西-布特维尔科特不顾刚刚颁布的再次禁止决斗的敕令(第一个敕令颁布于1602年),公然在巴黎的皇家广场决斗的时候,其挑战的意义正在于此。这个例子很说明问题,因为它反映了两个深刻的运动。一方面是顽固地捍卫其文化,特别是其名誉观念的年轻贵族们:蒙莫朗西-布特维尔已有21起决斗纪录在案,前一次即1624年的决斗后,他在200多个同伴的帮助下得以逃脱;这次把他押解回巴黎动用了500名士兵,行刑时在格雷夫广场布置了六个连,大亲王们都纷纷为他说情。由此可见,他从很大程度上表达了贵族的理想;弗朗索瓦·比亚夸(François Billacois)认为,从根本上说,这个决斗是"王国的老部下对专制政体的公开否认"。无论是大法官们从法律出发采取的对立态度,还是黎世留随后对同类事件采取的趋于温和的态度,这些都并不那么重要了:至多经过了20年,贵族的态度已经完全转变。1650年,勒内·德·梅努的《骑士守则》(*La pratique du cavalier*)第五次再版时增补了《制止决斗办法之公约》(*Traité des moyens pour empêcher les duels*):其实内容并不新鲜,但登载在了权威的书籍中,而且正巧与一系列表达同一愿望的公开言论同时出现:贵族、孔代、法国元帅、神学家,甚至教士大会都纷纷发表庄严声明。这个信号已经是毋庸置疑的了,如果我们了解高乃依的观众是哪些人,这一点就更加确定无疑了:从50年代末开始,决斗完全从他的作品中消失。不只是世风,贵族的整个文化都在经历着"文明化",虽然它仍寻找其他手段来表达其价值观。

专门招收15-16岁贵族青少年的教育机构建立起来,至少从表面上说明人们从16世纪70年代就开始对此有所关注,在这个时期,皮埃尔·德·奥里尼和弗朗索瓦·德·拉努首先发出倡议。安托万·德·普吕维奈尔于1594年在巴黎创建第一所贵族学校,大获成功,随后,同类学校从1598年开始很快在图鲁兹及外省其他地区建立起来。教学内容有一定灵活性,但并不完全取决于生源,它包括军事技艺——枪械的使用、数学、防御工事的修筑、制图、社会生活技艺——谈话艺术和舞蹈——和马术。马术是重点课程,以至这些贵族学校有时被看作马术学校。贵族学校的宗旨是培养贵族学生的能力,使他们成为"内行"。其办学原则本身已经是对产生于人文主义的新文化的让步,并完全服务于专制政体的发展:黎世留本人作为普吕维奈尔贵族学校的毕业生对于这一点心知肚明,他为巴黎的另一所贵族学校邦雅曼中学设立了奖学金,1637 年,年轻的孔代就曾在此校就读。贵族学校的教育实际上是以适当的形式对年轻贵族进行的"文明化"教育,但这种教育在 1650 年以后开始失去必要性,原因恰恰是这种文明化已经初获成功,同时"普通"中学的质量也在提高,其生源素质已经比当初整齐了许多。

　　17 世纪中叶,法国还兴起了查找家族系谱的热潮,反映了贵族渴望有别于他人的愿望,其中的防范之心也更为明显。贵族隐约感觉到了某种威胁,因而开始关注自己的根在哪里,此外,他们更希望确认一种集体的身份,即因其古老的血统而特立群庶的社会群体身份。令人惊异的是,王室政权竟可以利用贵族的这一愿望顺水推舟,在路易十四统治初期实施了"改革"措施,对贵族进行清洗,清除那些爵位可疑的成员和冒牌货。贵族在加强了凝聚力和同一性的同时,也更加依附于专制政体。

　　因此,国家的力量、金钱和金融威力的日渐扩大使贵族不得不在很大程度上放弃其文化价值,以挽救其社会身份地位。1643－1661 年的摄政时期对这一发展起了决定性的作用:马萨林任职期间,以权谋利和国家事务中采取的犬儒主义盛行;特别是 1643 年有名的"大贵族策反"[①]和后来亲王组织的投石党运动在众目睽睽之下暴露了不少贵族子弟的自命不凡、自私,荣誉感尽失和平庸粗俗。安德烈·德·奥尔梅松在其《回忆录》(*Mémoires*)中善意地称之为"反复无常和轻浮浅薄"。从此,荣耀只有借助恩宠和服从才能获得。贵族并不是这场游戏的唯一参与者,因为出身于资产阶级的法官和新贵常比他们技高一筹,他们构成的威胁使贵族对声称效仿其新礼仪的人们形成强大的排斥力量。1668 年,莫里哀的《乔治·当丹》(*Georges Dandin*)令贵族观众捧腹,剧中主角以为只需迎娶小贵族家的女子便可以身价倍增,哪怕这家人已经一文不名,结果是岳母对他横加训斥,百般耻笑,说他"不够文明"——这个字眼对文化学习的成效是多么好的说明啊,"尽管您是我们家的女婿,却与我们有天壤之别"。两年后,《贵人迷》(*Le Bourgeois gentilhomme*)让新贵典范、有教养的多朗特和可笑的茹尔丹先生形成比照,后者废寝忘食地学习音乐、舞蹈、枪法,甚至攻读哲学,还模仿贵族的穿着,滑稽的举动把女仆逗得前仰后合。他缺少的正是用钱买不来的品位和才智:跨越文化界线比跨越社会界限要艰难得多,剧情传达的信息是明白的。这个信

───────────────

① 　1643 年由公爵博弗尔策划与领导的、以反对红衣主教马萨林为目的的宫廷阴谋。

息是不是对贵族和现实的恭维,这一点并不重要,重要的是,放弃了"英雄主义"的贵族绅士在新的专制国家和新的文明礼仪中找到了自己的位置。从马德莱娜·德·斯屈代里的作品中,我们清楚地看到了这种变化。1654 年《克雷莉娅》问世时是一部英雄小说,随着时间的推移,后面几卷渐渐变成了"柔情之乡图":英雄主义在风流文雅面前甘拜下风。

4

沙龙与雅女

　　贵族文化和沙龙的同步发展的关联性比我们想见的要密切得多,不过到世纪中叶便中止了。我们都知道,沙龙并不局限于雅风:16 世纪人文主义者的聚会到这个时期有了学者们来接班。他们以外省人居多,由德高望重的博学之士主持,其中有卡奥尔的马克—安托万·多米尼西、克莱蒙费朗的艾蒂安·帕斯卡尔及第戎的法学家朗坦,第戎堪称真正意义上的文化生活的典范,因为该市在 1620 年和 1640 年就先后建起两所学术性"研究机构"。17 世纪上半叶的与众不同之处在于,这些文化聚会中最富盛名的几个均由妇女主持,这在过去几乎是绝无仅有的,唯一的例外是亨利三世时期的雷兹元帅夫人和 16 世纪末期的阿卡里夫人。

　　至少在巴黎,这一现象的规模是前所未有的。最富盛名的沙龙是夏尔·德·安热纳的意大利妻子卡特琳·德·维沃纳在 1604 年开始建造的赏心悦目的郎布耶公馆里主持的沙龙。这位女子 12 岁和安热纳结婚,朗布耶公馆开工时她 16 岁。这位年轻的大人在此接待过贵族和学者中举足轻重的人物:早期有黎世留和马勒布,后来有他们的好友孔代家族成员、斯卡龙、瓦蒂尔、波舒哀、斯屈代里夫妇,后期更接待过拉法耶特夫人①和塞维涅夫人等贵宾,名家要人不胜枚举。朗布耶侯爵夫人的沙龙布置得十分淡雅,室内陈设、鲜花和芳香都精心设计,以营造与精挑细选的来宾相符合的典雅氛围:除少数非贵族人士——如瓦蒂尔——因才思过人而成为座上宾以外,朗布耶沙龙的常客主要是达官贵人,它同时也成为贵族确定自己礼仪规范的方式。1630—1648 年是沙龙的最辉煌时期,每逢星期三,朗布耶公馆便成了社会风尚和文化生活的重要活动中心。同时还有普莱西—盖内戈夫人在内韦尔公馆举办的带有冉森派倾向的沙龙,以及萨布莱夫人和蒙庞西耶小姐主持的沙龙。但与朗布耶沙龙相比都略为逊色。

　　尽管《外省人》(Provinciales)在 1656 年的内韦尔沙龙上被朗读和欣赏,尽管有高乃依在朗布耶沙龙朗诵他的新作《波利厄克特》(Polyeucte),但是不少讽

---

① 又译"拉斐德夫人"。

刺作品如莫里哀的喜剧使我们对沙龙活动留下了浅薄无聊的消极印象。的确,这些出众的上流社会绅士热衷于机智风趣的游戏,喜欢卖弄诗才,给自己起个骑士小说里的人名作雅号,也试图培养一种理想中的社交关系,即奥诺莱·德·于尔费在 1607 年后陆续发表的长篇《阿斯特蕾》中所描写的那种关系。这部描写福莱斯地区男女牧民们的爱情故事的小说,其价值可能主要在于它表达了对一去不返的黄金时代的幻想:故事发生在 5 世纪,正是骑士之风的神秘渊源,虽是谈恋爱,但他们更多却是在谈"友情"。沙龙的常客们在日常生活中对待爱情的态度有时比于尔菲小说里的人物更加理性:从 1630 年开始为光大沙龙起了重要作用的朗布耶侯爵夫人的女儿朱莉·德·安热纳竟让她的追求者蒙托西耶苦等了 14 年……

　　沙龙使人们热衷于咬文嚼字,追求文字的精益求精。这种风气在 50 年代即朗布耶沙龙走向解体、而由马德莱娜·德·斯屈代里主持的周六沙龙开始起步的时候最为盛行。像莫里哀剧中那样嘲讽"谈话的舒适"①和诸如此类矫揉造作的语言,或挖苦表示尊重的 9 种形式和表示哀愁的 12 种形式,这都很容易。讥笑马德莱娜·德·斯屈代里——她 1652 年开办沙龙的时候已是 45 岁——同她的朋友、诗人保罗·佩利松②的喁喁私语也是轻而易举的事——当佩里松字斟句酌地询问斯屈代里如何能由"特殊的"朋友成为她的"柔情"之友时,她便为诗人设计了"柔情之乡图"。这种"新式友情"之路沿途经过"尊重"或"感激"的河岸,最后只通往"柔情"之乡,其实细细读来,这条道路更属于优雅细腻的范畴,并不滑稽可笑。

　　雅风的确表现为陈腐古板的形式,到 50 年代末更因大家竞相仿效而形成一种时尚。但应该看到,其背后包含更多的内容。"附庸风雅"这个词的发明本身对这些妇女来说是陌生的,该词是 1654 年才出现的,正值对滑稽可笑的矫揉造作之风批评如潮之时。"雅女"们表达的实际上是那个时期的一种敏感性:从很大程度上说,她们言谈举止的"附庸风雅"不过属于巴洛克的趣味。马德莱娜·德·斯屈代里将爱情置于"危险海"之外的"陌生之地",实际上是用世俗的语言表达了成千上万年轻妇女,即 1630-1650 年的所谓"慈善的一代"所承担的真正使命:这些妇女纷纷加入新成立的修会,将爱情置于个人生活之外,将其列入神圣或来世的范畴。她可能从更深的层面表达了这些妇女对生活的一种态度,尼农·德·朗克洛在称她们为"爱情的冉森派"的时候一定也感受到了这种态度。"柔情之乡图"和它指引的道路实际上是斯屈代里借用了勒诺布莱兹在布列塔尼使用的神秘主义教育手段。她将柔情确立为最高目标,正和 17 世纪中叶这个词汇的突现不谋而合。

---

① 指扶手椅。出现在莫里哀的《可笑的才女》中,原句为"快,把谈话的舒适给我们搬过来"。

② 马德莱娜·德·斯屈代里与保罗·佩利松保持了长达半个世纪的精神恋爱,被传为佳话。

因此,无论是马德莱娜·德·斯居代里还是"雅女"们,她们都没有与时代的文化发展隔绝。她们不是生活在世外桃源的虚浮之辈。"温柔之乡图"的受赠者佩里松曾经是胡格诺派信徒,又与富凯关系密切,并从 1652 年起成为法兰西学院院士,不久后,他还授命接管了专门收买胡格诺派信徒改宗的不大光彩的基金管理处。这是个复杂的、颇有争议的人物,但他绝对没有与现实隔绝。这些贵妇人也不是贵族阶级发展的简单反映:当对柔情的新思考使特权阶层更加关注夫妻生活的时候,这些贵妇人追求的柔情却成为她们拒绝夫妻生活的手段。大多数沙龙都由单身女人主持,她们或独身,或丧偶,或离异,玛丽—马德莱娜·德·拉法耶特夫人便是在结婚六年后的 1661 年与丈夫离异的。她们拒绝丈夫作威作福,排斥贵族阶层习以为常的门当户对,不愿服服帖帖地听命于丈夫:看来,《博学的女人们》(Femmes savantes)中的阿尔芒德不是个凭空杜撰的人物。也正是这些妇女大大促进了对个体心理的了解认识:拉法耶特夫人的小说便是沙龙生活的最直接产物。这些妇女可以让温柔之路的细腻情感同激情相调和;当我们将马德莱娜·德·斯居代里的温柔恋情同刚出现不久的动词"迷恋"相提并论的时候,她的爱情似乎又有了另外的含义。

朗布耶侯爵夫人这一代的沙龙首先体现的是特权阶级的愿望:突出其文化差异、反对专制主义,反对迫使他们远离权力的政府。而新一代的女权论则采用了新的手法,其形式使其前景变得十分黯淡。然而,这些"博学的女人"正是人类的未来:60 年代,当罗贝瓦尔[①]在马格丽特·德·拉萨布利埃主持的沙龙上谈论数学的时候,当不久后也是在这个沙龙上,弗朗索瓦·贝尼耶[②]讲述他的印度和中国之行的时候,另一个世界已经开启了大门,那便是超越了路易十四时代的启蒙世界之门。马格丽特·德·朗布耶的丈夫安托万是典型的"雅士",也是情诗高手;朗布耶夫妇于 1668 年分手,但光彩照人的沙龙依旧宾客满堂:延续性。他们的儿子将成为培尔[③]的朋友,而他们的女儿是丰特内勒所著《关于世界之多样性的对话》(Dialogues sur la pluralité des mondes)的受献词者:前瞻性。关于这个问题,睿智的圣西蒙依然一语中的,加之得益于约半个世纪的时间沉淀,他对朗布耶沙龙的评价是"风流典雅、美德和科学的谐和"。

以上分析旨在把一种贵族文化同仅局限于抵抗的风雅明确区分开,也指出了这些针对专制文化模式的"抵抗"所具有的不合常规之处。投石党运动是这一对抗的政治表达,它更加暴露了抵抗的弱点:除极少例外,投石党人和攻击马萨林的大量诗文歌曲都不过是在颂扬传统习俗和理想的过去,归根结底不过是在

---

① 罗贝瓦尔 (Gilles Personne de Roberval,1602—1675),法国数学家和物理学家。

② 弗朗索瓦·贝尼耶(François Bernier,1625—1688),法国物理学家,第一个访问克什米尔的欧洲人。

③ 培尔 (Pierre Bayle,1647—1706),法国哲学家。其《关于彗星的种种看法》(1694 年)和《历史与批判词典》(1695—1697)两部著作对启蒙思想家产生影响。

图 31 由马德莱娜·德·斯屈代里设计的《温柔之乡图》是表现雅女阶层极端细腻情感的极好资料,它也表明了雅女们与那个时代文化的密切关联。"地图绘制技术"(该图甚至还包括比例尺) —— 还有错综复杂的精细之处——与米歇尔·勒诺布莱兹的一些绘图十分接近。与空间的关系准确反映了人们对大海和自然界荒蛮之地的一般看法,前者是充满敌意的地方,而后者则被弃置于熟知和被掌控的世界的边缘地带。(巴黎,国家图书馆)

拒绝正在发生的变化,拒绝"推翻古老律法"建立专制主义。我们的看法看似普通,却合乎逻辑:这些抵抗所缺少的是一个根基,一场科学和哲学的革命,而这场革命才初露端倪。当然也缺少凝聚力:自由思想派、投石党和雅女们各行其事,各征其"战",虽然他们在某些场合或某些特殊地点也会聚合在一起,如在朗布耶公馆。但一个小小的朗布耶公馆比起国家范围调动起来的能量实在是小巫见大巫:从这个意义上讲,粉碎17世纪上半叶的王公显贵、民众和胡格诺派的叛乱,这和逐渐在各省建立最高行政职权监督官一样起到了决定性的作用。于是,到50年代,法国具备了发展一个国家文化的各种必要条件,这种文化至少在一段时期成了官方的文化,即"古典主义"文化。

然而,我们不能把1580－1660年简单地归结为法国古典主义的准备阶段。虔信运动或像冉森派这类教派的独创性及其不可低估的力量显然超出了这个框架。此外,我们还注意到,"路易十三时代"的"自由"空间和"自由"时间与17世纪末出现的哲学革命的早期征兆在时间上相距很近,也注意到自由派思想者及50年代某些沙龙的思想同培尔或丰特内勒等人的思想之间存在的联系。太阳王耀眼的光辉太过炫目,使我们的编史学传统长期忽视这样一个事实,即法国1630年的"中学"入学率同1890年前后的入学率是持平的;传统的编史学也没有充分揭示,书面文字的引入和更加广泛的世风的文明化最终使人们掌握了提出要求,特别是提出新要求的新的形式。这并不是在否认该时期文化演进的现实,不是在否认"抵制"和"自由空间"处于最低谷的1660年前后所发生的明显转折。恰恰相反,这正是在说明该时期的文化演变是辩证的,发展轨迹不是单一的,且绵延未绝。

4. 第四部分

古典主义时期？（约 1660 年—1720 年）

1661 年,红衣主教马萨林死后,路易十四开始亲揽朝政,直至 1715 年去世。路易十四在位期间,君主专制制度最终确立,而他在位的最初几十年,则是古典主义文学与艺术的鼎盛时期,其象征是凡尔赛及建设它的艺术家们,以及法国文学史上空前壮大的作家队伍。经历了一番轰轰烈烈改革的法国教会,此时也达到了史无前例的稳定。至少在 17 世纪 80 年代初以前,就像如日中天的太阳王一样,欧洲语言文学绚丽夺目,艺术家们光彩照人,法国君主专制制度及其行政管理方式引来别国无数羡慕的目光,各地纷纷效仿凡尔赛宫的建筑风格,这一切——当然抛开美丽画面的阴暗面不谈——足以使人有理由把这 60 年的前半期称为太平盛世,而年轻的路易十四也成为法国历史上威名显赫的君主。

　　然而,本章标题上的问号并不仅仅是单纯的问句形式。作品没有读者,便无法生存;一种道德观念,一个政治制度如果不依赖于社会及文化力量就无法确立。古典主义之所以能够存在,正是因为它拥有这种社会基础——我们将详述其范畴及界线,正是这个基础接受了古典主义的价值观、表现形式、思维方法和行为准则,并将之发扬光大。17 世纪 80 年代之后,年轻国王的辉煌统治开始转入漫长的衰退时期,其标志是以大批新教徒为受害者的独裁专制、王权危机和王室成员的相继去世。在整齐划一和学院派一统天下的表象下,文化背景在迅速变化着:其他力量迫不及待,伺机而动,随后在摄政时期(1715—1723 年)彻底迸发出来。正是在古典主义的秩序和理念的内部,启蒙时代也在悄然酝酿之中。

IMAGE DE NOSTRE DAME DE PITIÉ TROVVEE A BANELLES, QVI FAIT PLVSIEVRS MIRACLES.

IMAGE DV CRVCIFIX TROVVEE A L'OPPOSIT[E] DE LADITE NOSTRE DAME DE BANELLES.

STANCES
A LA LOVANGE DE NOSTRE Dame de Banelle.
Sur le chant, Leandre estoit dessus le bord.

PEuples Chrestiens tout de nouueau
Contemplez la tres-saincte Image,
De la Vierge dans vn Ormeau,
Enchassée pour l'humain lignage:
Secourir & leur faire voir
Son diuin, celeste pouuoir.

Plusieurs qui se sont presentez
Aupres d'vn bois nommé Banelle,
Deuant l'Ormeau trouuent santé,
D'autres qui sçachant la nouuelle
S'y en vont fort deuotement
Pour receuoir soulagement.

L'on admire tous vos effects,
Glorieuse vierge Marie,
Et les miracles qu'auez faits,
Ayant aux morts donné la vie,
Vn enfant mort-né pauurement
Fust resuscité promptement.

Les boiteux s'en retournent droict,
Les muets recouurent la parolle,
Le sourd entend, l'aueugle void,
Le desesperé se console,
Par les merites & la faueur
De la mere de mon Sauueur.

Reyne d'amour & de bonté,
Secourez-nous donc à ceste heure,
Dieu voyant vostre pureté,
Dedans vos flancs a faict demeure
Neuf mois, par vn terme prefix,
Agreant d'estre vostre Fils.

Iesus-Christ vous ayant esleu
Pour estre sa Mere sur terre,
Pourquoy n'auroit-il pas voulu
Vous illuminer de sa gloire,
Et vous conceder le pouuoir
Lequel nous vous voyons auoir.

Consolatrice des humains,
Receuez mon corps & mon ame,
Ie les resigne entre vos mains,
Et vous supplie tres-douce Dame,
De nous obtenir desormais
Le Ciel pour y viure à iamais.

Douce esperance de nos cœurs,
En qui gist nostre cognoissance,
Ne nous seurez point des liqueurs
Dont vous nous donnés cognoissance:
Donnez-nous aussi le secours,
Iusques à la fin de nos iours.

Si contre nous le dernier iour,
L'ennemy faisoit quelque instance,
Mere de Dieu, par vostre amour
Entre-prenez nostre deffence,
Et suppliez vostre cher Fils
Qu'il nous donne à tous Paradis.

CANTIQVE SPIRITVEL EN
l'honneur de la Vierge Marie, & des miracles qu'elle faict à Banelle.
Sur le chant, Dames d'honneur escoutez ma complaincte.

PAuures pecheurs entendez la nouuelle
De ce qu'on dit d'vn bois nommé Banelle:
C'est le seiour de la celeste Cour,
Pour nous monstrer son sainct diuin Amour.

Dans vn Ormeau il s'est trouué l'Image
De Iesus-Christ, & sa Mere tres-Sage:
Qui fut posée il y a bien cent ans,
Certifiez des gens vieux de ce temps.

Ce sainct lieu est dans la Comté d'Auuergne
Pres de Gana la bonté Souueraine
Nous faict paroistre son Celeste pouuoir,
Par des effects miraculeux à voir.

Les Libertins autre-fois par malice,
Comme Lyons subiects à mauuais vice:
Ils leur iettoient des pierres, & les picquant
D'vn esguillon, s'en riant & mocquant.

Mais ceux qui vont honorer ceste Image,
Qui est posée comme en vn lieu sauuage:
Ils sont gueris par la Mere & le Fils,
Se repentant de leur mesfaict commis.

Iesus-Christ faict en faueur de sa Mere,
Des guerisons, où tout Chrestien espere
Allegement mesme les impotent
Se sont trouuez soulagez promptement.

Tant de perclus portez sur des charrettes
N'ont pas si-tost leur neufuaine parfaicte
Que promptement ils ont allegement,
Et sont remis en leur conualescence:
Pour les boiteux laissent là leur potence,
Le sourd entend, le muët va parlant,
Ses diuins faicts par tout va annonçant.

L'aueugle encor y reçoit la lumiere,
L'enfant mort-né resuscite & prospere,
Les affligez mesme qui sont loingtains
La reclamant les soulage au besoin.

Mere de Dieu vous leuez tout obstacle,
Aux mescreans qui vont voir vos miracles,
Estans contraincts croire à vous & aux Saincts:
Receuez donc nos ames entre vos mains.

Oraison à Nostre Dame de Pitié.
SOuuenez-vous tres-pieuse Vierge Marie, Mere de cōsolation, qu'il ne fut iamais dit, ny ouy personne, auoir esté refusé, ou delaissé, la quelle parmy ses afflictiōs & necessitez, a eu recours à vostre ayde, & demādé l'assistāce de vos prieres & credit enuers vostre cher Fils Iesus. En ceste grande confiance, pauure creature que ie suis, ie N. viens à vous, Mere de misericorde, ie m'y addresse de tout mon cœur; & en larmes & souspirs, ie vous prie, & reclame humblemēt vostre secours. Octroyez-moy donc ceste grace de voir mes pleurs, & ouyr mes prieres: à fin que par vos faueurs du Ciel, il vous plaise les faire exaucer. Ainsi soit-il.

A LYON, Chez Claude Sauary, & Barthelemy Gautier, ruë Merciere, à l'Enseigne de la Toison d'or, & de l'Imprimerie de Taille douce. 1636.

图 **32** 这幅画讲述或基本讲述了发现树上"奇观"的情景。它面向文盲公众,因而以具体的方式展现奇迹,即祈祷和祈祷带来的种种结果(拐杖和治愈的肢体的形象表现:版画家没能表现聋哑人和盲人,或新生儿"死而复生"的延期圣所)。但画作也考虑到不同层次的文盲:可见大字符标题和推荐学习的深奥的宗教诗、祷告词和感恩歌,这是天主教改革最常用的教育手段。可谓服务于宇宙之神奇观念的现代而多样的教学法。

第十二章 文化,从一种和谐到另一种和谐

　　索邦大学一位博士的文化天地从来不会等同于一位农民。不过,前面已经指出,16世纪的各种表现形式和分析方法虽不能说完全相同,却颇有些一致性,因而还能够缩小文化的不连贯性。在前几章中,我们描述了17世纪初期出现的影响整个社会的强大的分化思潮以及重新划分的方式。这些力量的发展加剧了文化差异的扩大。文化的连续性遭到破坏:是否识字通文,会不会拉丁文,能否进学堂,这些都促成了社会的分裂。越来越多的文人在阅读中体味到一种优越感,甚至有人油然而生一种全新的责任感。他们希望没有学识的人与他们共同分享来源于规范知识的信念:告诉他们应该知道什么,应该做些什么,才能拯救其灵魂,获得完美的人性,告诉他们哪些事得当,哪些有违常规。这些言论吸引了具有良好社会关系和物质能力因而渴望进入知识阶层的人们,因为这是获得新型权力的保证。

　　剩下的大批人,他们没有加入或尚未加入这个源于城市和精英们的、以书本和课堂为基础的模式,因而在很大程度上仍然生活在口语和传统的天地中,出于自卫,他们或多或少进行着有意识的文化抵抗。但是精英内部也存在着不同的文化派别,例如冉森主义、多样化的巴洛克文学、对中学教育模式的未能克服的观望抵触态度,一些外省团体在文化方面经久不衰的活力和个性等等。这种局面反映了人们对越来越受到上层及中央控制的标准文化的比较鲜明的抵制。人们抵制的,是由国家或教会等机构推行的、一致服从于原则、规定和法律的一统化。中央机构的决策推动了一种新的协调性的形成,不过它已经完全不同于上个世纪的文化协调性了:16世纪的文化一致性属人类学范畴;而17世纪的一致性则已成一种标准参照文化,它成为了精英分子的自觉,他们将其视为唯一,认定非此便无法成为真正的完人。

1

从无度到有度

历史常将伽利略和笛卡尔的名字相提并论——前者 1633 年遭到众人皆知的审判，后者则在四年后发表了《方法谈》(*Discours de la méthode*)①——以象征西方知识史上常被称作重大转折点的"数学革命"。笛卡尔这位杰出的哲学家和数学家，是一位擅长抽象思维的人，正如让－弗朗索瓦·雷韦尔(Jean-François Revel)在其借用帕斯卡尔某标题的《无用而疑惑的笛卡尔》(*Descartes inutile et incertain*)的论著中所指出的那样，他并不注重用可能会推翻其理论的实践去检验其科学理论。然而，无论哲学家自身有如何的局限性，在笛卡尔之前便已有所征兆并大大超出他本人及其著作范畴的笛卡尔主义，极好地概括了一种全新的知识态度：它象征着一种研究和获取知识并将其分门别类的新形式。这种新方法，在法国比其他任何地方都更深刻地影响着精英文化。笛卡尔及其同代人，还有受其影响的下一代作家们，都先后为这一新理念的发展作出贡献，因而这一发展是循序渐进的，这说明我们在这里提到的这个于 1650 年 54 岁时逝世于斯德哥尔摩的人，实际上属于路易十三时代。

简短回顾一下，笛卡尔理论实际上并不属于形而上学领域。他认为，人对尽善尽美的信仰本身就是上帝存在的最好证据，这种信念不可能来源于人自身，因为人是不完美的。笛卡尔的这个证据把他同唯心主义哲学联系在了一起，但从而也更好地避开了唯心主义。的确，他关于上帝存在的论证为他保留了一席自由空间，以证据为前提的其他推论方式都可以在这个空间进行：1641 年，他在《形而上学思考》(*Méditations métaphysiques*)的第四卷中写道："人们习惯于由终结而得出原因，这在物理及自然事物中毫无用途"。他同时还指出"在坚定意志之前，必先具备基本理解力"。他极力主张的这种认知态度逐渐获得肯定，并将产生巨大的文化影响。

不过这种理解力是很抽象的：笛卡尔将没有灵魂思想的动物比作不知痛痒的机器(因为痛苦来自于罪恶，而罪恶乃人类所独有)是极具象征意义的。虽然笛卡尔也关注实验，比如在光学实验方面，但他着重阐述的仍然是其反省性的一面；从这个意义上讲，反省思考既是必要的也是不足的。因为，那个时代的知识和文化领域充满了古老的观念系统和各种魔法信仰，在这样的知识领域中，新的思维习惯也要在对经验与观察进行反思的基础上一步一步建立起来的。

对那个时代的人来讲，作为人文主义遗产的古代作品的权威性，尤其是亚里

---

① 一译《方法论》。

士多德物理学的权威性是钳制人们发展新思维方式的另一个因素。亚里士多德关于人、地球及空间的概念是质的；那里的一切都被"一个个小灵魂般的"力和能量赋予了生命并运动着——这是笛卡尔在1643年4月写给梅森的信中的说法。相反，笛卡尔概念中的空间是均质的，从某种角度上讲是中性的。笛卡尔理论的长处——这也正是他的局限性——在于他无限扩展了伽利略用于宇宙形态的著名论点："自然是用数学语言写成的"。之所以说这也是他的局限性，是因为他试图将一切知识的基础归结为数学，从而将数学理想化，至使他忽略了观察，而正是观察才令同时代的哈维于1627年取得了关于血液循环的决定性研究成果。不过，这一思想流派的独特性更多地体现在其方法论和提问体系的更新上，而不在其研究对象上——星相学家也会观察天空。

他不相信可靠的知识会来源于类比、符号象征体系、应和关系或目的论。他试图遵循其《方法谈》的思路，寻找因与果之间完美的一致性。他用他认为可以把世界纪录下来的图样和由因而果的演绎知识来替代直觉的、诗意的应和性的知识。这一方法使他成为了决定论的先驱。这种模式论当然是视需要而定的，因而不会出现经验与严格的推论之间的二律背反：帕斯卡尔一家人正是将这些特点结合起来，于1648年利用多姆山底部与山峰之间的海拔差距计算出了大气压力的变化。但笛卡尔的新构想却是希望找到一种用几个概念便可以解释世界的普遍万能的机制。而数学正被认为是最无懈可击的科学，因为它最抽象，完全不带任何偶然因素；测量和计算还可以提供最可靠的证据。于是便有了所谓自然的"数学化"，它摒弃了传统的物质和质量的概念，趋向于把世界，甚至生物乃至社会简化到其机械的面貌。

然而，文化史在关注先驱者的同时，也应该关注各种概念及表现形式的渗透和普及过程。因而根本问题在于，应从形式、程度、年代以及社会学等多方面去估量朝向抽象化和量化发展的传播范围及其社会、政治、文化作用。与人们一般的想象相反，伽利略的宇宙观很快便以假设的形式，同传统理论一起在中学传授。如果我们还记得罗马的耶稣会会士曾为伽利略辩护，记得17世纪40年代与笛卡尔齐名的梅森神父曾将伽利略的著作译成法文的话，我们便不得不承认，这些理论在当时看来对宗教信仰并不构成多大威胁，因为人们并不能从中得出有关人类在宇宙中的地位、上帝及其创造之万物之间关系的人类学和形而上学的结论。教会依据各学科间之关系的传统观念，尤其指责伽利略是从物理学的角度进行描述的，从而造成其理论是真实的印象，而他本应从数学角度去论证，也就是应该局限于陈述抽象的假设。

这里便出现了一个难于理解、或者说颇有益处的模糊不清的现象：依权威理论的捍卫者之见，数学存在于它所描述的真实事物之外，而依照新的思想方式，用于解释这一真实事物的计算、数字等却恰恰可资证据；由于两种研究方法不同,各中学可以同时教授托勒玫的理论和经伽利略修改过的哥白尼的理论,两个体系在假设的形式下被允许并存。这的确是有益的模糊,因为它也使得笛卡尔主义在几十年间,最迟在 17 世纪末时在中学的教员中间传播开来。

帕斯卡尔在撰写《思想录》(*Pensées*)一书时看到了这个现象的危险性,他写道:"我不能原谅笛卡尔。在他的整套哲学中,他本愿意避开上帝而不谈。但他终未能阻止自己让上帝的手轻轻拨弄了一下,使世界动起来;此后,他就再也没有给上帝安排别的什么事做。"笛卡尔的思想在很多方面都与主张双重真理——即信仰,及最终还要服从于信仰的理性——的信徒们的知识态度不谋而合;但"拨弄一下"这一造物主上帝存在的论证,使他免遭大逆不道的罪名。笛卡尔的这一态度解释了为什么其理论的继承者中出现了唯心主义和唯物主义两派。其理论的现代性在于它将科学各学科与形而上学划分开,这种区分从此成为学者们从事真正的科学活动之前所必备的认识论。而且,只要信仰和教条不受其他方法的质疑,这种划分就是适宜的,没有什么危险的。这的确是几十年中整个学者界经历的一次重大文化演变。

但是,这些学者,哪怕是出于好奇的人们都主要集中在博学者和教师的圈子里,在其他阶层为数不多。笛卡尔著作的发行量也很有限。颇有意味的是,发行量最大的不是《方法谈》,而是《形而上学思考》,而它本身并不是一本逻辑学教材。科学教育在路易十四时期有了一些进步:国王和各地方当局在个别中学设置并资助数学教授职位。国家也积极推进这一发展:1666 年,科尔贝组织成立了王家科学院。然而,法国人实际接受的科学教育却仍很有限。甚至到 1700年,1/3 的耶稣会学校还仅有一位哲学老师,而物理学只能隔年上课,或草草了事。18 世纪初期,私人书橱中的科学类藏书寥寥无几。科学和技术相互脱离,使这些著作封闭于抽象的概念之中,令有兴趣者望而生厌。

不过,科学推理的文化和方式最终从理论与实践兼顾的技术人员中发展起来。耶稣会和奥拉托利会都有真正的博学者,比如拉米神父和马勒伯朗士[1]神父。这些修道会的教师根据其神职工作的需要辗转于各地;他们为激发一些学生的数学、物理和星相学的兴趣作出了贡献;他们也通过写作影响着人们。在全国各地,数量有限的开业者们都具有科学方面的真才实学,甚至在各自的领域发展了相关知识。他们当中有医生、[他们并不都像莫里哀 1673 年 2 月发表的《没病找病》(*Le malade imaginaire*)里的漫画式人物]、建筑者、精通防御工事建造技艺的军事专家、水文学家等。但这些学科本身的文化地位没有得到应有的承认;到 18 世纪下半叶,在精英分子的构成更为复杂的社会背景下,才有了《百科全书》,它第一次尝试将科学和技艺(指技能和手艺)归入"正派人"的文化素养范

---

① 马勒伯朗士(Nicolas de Malebranche,1638—1715),法国哲学家,奥拉托利会会员。笛卡尔的弟子。在其著作中表达了实证主义的观点,如《寻找真理》(1674 年)和《上帝之爱论》(1697 年)等。

畴。虽说古典主义的一代属于有度的一代，但它与科学文化还相去甚远。

　　然而，虽然科学还没有深入到精英者的文化中去，但自然的数学化所引发的形而上学思辨却标志出一些思想流派的存在。除少数界别以外，这些思想经不断地补充，直到两三代之后才真正显现其影响。笛卡尔小心地将其认识论思考限定在"物理和自然事物"范围内，从而暂时把形而上学，也把政治掩蔽起来。哲学的自由思想谨小慎微，不事张扬。路易十四在位的前几十年，法国文化的一大特点是天主教前所未有的渗透，而此时，还没有什么与其针锋相对。欲寻找构成了古典主义独特性的文化发展之关键所在，恐怕不应该从唯理论的科学文化的迅速影响入手，而应该着眼于包括宗教等诸多方面在内的规范化形式。

2

天主教大获全胜的一代

　　伽桑狄和西拉诺·德·贝热拉克于 1655 年去世之后，哲学的自由思想便失去了天才的笔杆子。尽管在年轻的路易十四的宫廷内尚有比较自由的空气，人们在自己周围对号入座，寻找"达尔杜夫"式的人物或假信徒的影子，但这出创作于 1664 年的喜剧到 1669 年都一直被禁演。在此期间，它仅在王族显贵的家中演出，在极为狭小的空间内躲避着道德的禁令。但是，国王本人知道他对上帝负有个人责任，肩负着维护宗教的重担，因而除特殊的小团体之外，他不能容忍看似冒犯上帝的言行，尤其当这种言行严重到竟使巴黎某神甫称莫里哀为"披着人皮的魔鬼"的时候。1665 年，莫里哀被迫修改了《唐璜》里被认为亵渎神灵的部分台词。道德的一代和古典主义均衡的时期到来了。而这个时期之所以在法兰西王宫人为地维持到 1715 年，只因为路易十四漫长而虔信的晚年。

　　虔信方面，创建虔信组织的时代、"圣人的伟大时代"已经过去。而对信徒加强控制的努力开始在许多阶层开花结果。最后的几所神学院建立起来，向各地输送神职人员并逐渐代替包括农村地区在内的特伦托会议前的教士。面向这些新的神职人员和在俗教徒的经典灵修书籍也在这个时期陆续出版。最有名的作者多为耶稣会士，比如让·克拉塞[①]，他曾在巴黎发愿修行院领导男子修道会长达 23 年，著有《祷告方法》(*Méthode d'oraison*，1627)、《每日基督徒自省》(*Considérations chrétiennes pour tous les jours de l'année*，1683)及《迎接死亡》(*Préparation à la mort*，1689)。后一代较受欢迎的作者是让·克鲁瓦塞(Jean

---

① 让·克拉塞(Jean Crasset，1618—1692)，法国耶稣会教士。著有《对一生主要行为的评价》(1675 年)和《埃里奥夫人的一生》(1683 年)。

Croiset，1656—1738)，他也是耶稣会会士，主要著作有《每月一次的精神退省》(*Retraite spirituelle pour un jour de chaque mois*)和《每日虔信修炼》(*Exercices de piété pour tous les jours de l'année*)：这部著作也被称作《基督徒的一年》(*L'année chrétienne*)，它主要包括每日弥撒中对使徒书信和福音书的静思和默祷内容，也包括每日纪念的圣人的生平简介；它日后成为日常虔信活动的必备之书，虔诚的在俗教徒也人手一册。

在神甫家中，除这类书之外，还有经典传教书籍。直到旧制度末期，这些书籍都是藏书丰富的神职者书橱中所必备，比如城市堂区的议事司铎或神甫家中。他们的藏书还包括神学教科书，其中主要是道德神学方面的教科书，如博纳尔的《道德神学教程》(*Cours de théologie de morale*，1650)和路易·阿贝尔所著七卷本的《教义和道德神学》(*Theologia dogmatica et moralis*，1709—1712)，这套书曾因宣传冉森主义思想而受到攻击。在城市神甫的家里，还常可看到不同版本的《圣职者会议》(*Conférences ecclésiastiques*)：这些书记录了旨在讨论教义、伦理和传教等问题的教士会议的内容，这是个经常性的会议，最初是对神职人员实行整肃的手段之一；而此书随后成了教学参考书。

告解圣事是较为敏感的问题，忏悔者们为此而备有良心难题辞典，其中最有名的一部为蓬塔斯(Pontas)所著。不少收录主日讲道的集子使江河日下的雄辩术重获灵感，如在吉鲁(Giroust)去世后的1700年后出版的他的讲道集。此外还有名家撰写的教会法著作——奥拉托利会会士让·卡巴叙①是作者之一——或波舒哀(Bossuet)和费奈隆(Fénelon)的朋友克洛德·弗勒里(Claude Fleury)的几部历史著作，如《世界通史》(*Histoire universelle*，1676)，《历史教理问答》(*Catéchisme historique*，1679)，《基督徒之风纪》(*Moeurs des Chrétiens*，1682)，以及后来发表于1691—1720年间的20卷本的《神职历史》(*Histoire ecclésiastique*)；弗勒里的著作也经常出现在有文化修养的法官家中。

不过需要强调一点，神职人员内部仍存在着明显的文化差异。各地神职者虽然都达到了基本的文化水准，但只在神学院进修过几个月或仅在教会中学接受过神学教育的普通教士，是不能与经过多年大学神学或法学学习并获学士或博士学位的同行们相比的，更不用说那些曾在像圣绪尔比斯神学院那类培养未来主教的名牌学校镀过金的教士了。书橱说明了差别：18世纪初，普通教士家中，哪怕是在城市，一般至多也不过有几十本书；而他们的农村同行情况更糟，其藏书还局限于神学院的讲义和主教规定使用的书籍；相反，城市堂区神甫或议事司铎的书橱却藏书丰富。但是在农村堂区，新的神职队伍实现的每一个进步都加大了他们与堂区居民之间原已明显的文化差距。这些进步拉近了他们与精英

---

① 让·卡巴叙(Jean Cabassut，1604—1685)，奥拉托利会修士，教规学者。

阶层的距离，却使他们无法与教徒们打成一片，而个中微妙之处在后面还会探讨。这种靠拢也反映了天主教的支配愿望：对在俗教徒的控制成为了神职人员的主要任务。

巴黎各阶层正是在1660—1690年期间从整体上受到了天主教的强大影响。人们在遗嘱中大量写入遗赠和要求为亡灵做弥撒的内容，用皮埃尔·肖尼①的话说，这些遗嘱本身便足以说明这一"高潮"。17世纪是大量建立慈善基金的时代，人们向教堂或修道院大量捐款捐物，获赠教堂则定期、甚至永久性地为捐赠人做祷告、弥撒或各种圣事：最初只是慈善家为新建的修道院捐赠，后来发展到普通信徒也纷纷捐助零星钱物。这股宗教热潮也影响到了城市，只是时间先后不同而已：米歇尔·沃维勒（Michel Vovelle）指出，在马赛，为安抚自己死后灵魂而要求做弥撒的立遗嘱者人数在经过几十年的持续攀升之后到1700—1730年期间达到高峰。

同时，宗教在精英者文化中的地位已经发生了变化。立遗嘱，建慈善基金，这些都同遵守戒律一样成为无可置疑的虔信标志。大量资金用于教堂的修缮美化或修建祭坛装饰屏等。但是，在发动全社会投入的同时，新教教会和天主教会多少失去了一些奉劝改宗的气势。此时各教会的主要特点是虔诚，而不再是大胆创新，大多数人都须按时参加规定的宗教活动，墨守成规的威胁渐渐逼近。这种氛围的变化可以明显地感受到，因为它同整个社会那股推动人们的态度、举止趋于一致的力量相一致。天主教会不再有净化的激情，它失去了以往将自己的世界观强加于社会和政治的斗志，甚至连尝试的愿望也没有了。在17世纪60年代的法国，再也找不到鼓吹政治服从于教会利益的天主教徒；国家利益或公共利益的意识导致了意识形态上的因循守旧，冉森主义则深受其害。

最初的冉森主义的领袖是圣西朗，他在1638—1643年期间被黎世留监禁。如勒内·塔弗诺（René Tavenaux）所说，圣·西朗当时代表了"对反独裁意识之权利的保护"，他尤其在中高层司法官员中得到响应：黎世留对他极端仇视，百般提防，马萨林则步黎世留之后尘，更认定冉森派和投石党运动之间存在某种瓜葛，并限制其言论。帕斯卡尔在《致外省人的信札》中主张的反耶稣会的神学冉森主义，在经过整整15年的斗争之后最终也归于沉默：15年前，教会向冉森提出的五条"和平"建议受到教皇的谴责，而15年后的1668年，冉森派被迫沉默②。冉森主义虽然在思想领域败下阵来，在神学领域也受到密切监视，但它对法国的天主教产生了深刻的影响，神职者们尤其在其影响下更易于接受其道德约束。

---

① 皮埃尔·肖尼（Pierre Chaunu，1923— ），法国历史学家。主要著作有《1504—1650年的塞维利亚和大西洋》(1955—1960)，《三百万年，八百亿个命运》(1990年)。

② 是年，波尔罗亚尔隐修院同意签署教会的"和平"建议，1668年，对冉森主义的论战暂告停止。

图 33 公开的圣体崇拜活动在 17 世纪是确认天主教教义及其对新教
"异端"获胜的一种方式。行列仪式的进行过程也具体地反映了得到强烈确
认的神圣事物的等级：在被显扬的十字架后面——而加尔文教派是反对崇
拜和表现十字架的——渐次排列着唱诗班的孩子，主教和圣体，圣体被一
名主教托举在饰有光环的圣体架也就是显供台上。在由圣体会的四个成员
托举的华盖后面是其他会友。在公开场合表达对圣体的崇拜和敬意是他们
虔信的特别表现方式。

281

　　对有争议的问题采取"敬而缄口"的解决办法，这是一个把表面的宗教服从等同于公共秩序的政权所采取的典型态度。但在沉默和服从的背后，冉森主义仍然是法国宗教精神的重要组成部分。虽然它在公开言论方面受到约束，但却在内心意识方面获胜；它对张扬夸示，对极尽铺陈渲染的盛大典礼所持的不信任态度越发强烈，从这个意义上说，其态度与反巴洛克立场是一致的。安德烈·沙泰尔曾提到菲利浦·德·尚佩涅的"调换了的调色盘"，画家从 1640 年开始摒弃色彩，改为素朴的、极为简洁的风格，从而与冉森主义的宗教精神相一致（他在波尔罗亚尔修道院做修女的女儿大病痊愈，他便于 1662 年创作了一幅画，画中表现的是女院长在病女前跪祷的情景；这是一幅名副其实的还愿画）："以灰与白为主色调"，"这与激情奔放的意大利风格的绘画形成鲜明对照"。

　　冉森派教徒无论是在世俗或宗教生活中，都与豪奢、华丽、个人荣耀这些贵族价值观格格不入。他们一般着装朴素，喜欢争辩和说教，因为他们要求自己言行一致，却发现其他人不以为然，于是对此感到愤愤不平。他们对教会等级森严的观念持保留态度，因而他们虽然是法国教会自觉自愿的拥护者，却并不认可其专权专断的形式。他们在生活上的艰苦朴素也反映在思想和个人意识上。

　　教会在以后的宣传中，即便不一定异口同声，至少也没有了不和谐音。当然，讲道集、教区的教理问答等书中的观点仍会存在一些细微差别。教会控制的同一化日渐扩大——当然城乡差别始终存在，但与此同时，教育的一致性却是相对的，它多少与经过验证的可靠模式相脱离。主教和教士的培养工作普遍获得成效，这一进步的代价则是，天主教越来越具有行政特点。每个教区都有稳固的等级结构，这使主教的住处问题逐渐屈居次要。圣绪尔比斯神学院扎实培养的主教队伍，越来越希望控制教徒和教士们的宗教信仰和他们的精神生活。而毕业于神学院的教士们也以他们为榜样，认真监督其堂区居民的道德风纪和信仰活动。

　　而这些教士接受的神学思想是重实际而轻理论的，换句话说，他们接受的教义教育，深深根植于对圣经和圣师注重事实而非象征性的认识之上。任前培训的主要目的是培养听告解的神职人员，重视对良心难题的研究，因而带有很强的道德神学的特点，从这个意义上说，决疑论，即良心难题的研究理论——它曾经是帕斯卡尔嘲笑耶稣会的话柄，实际上是对教士和忏悔者进行鉴别的更高雅的说法。但在实践中却由此导致将人们的行为"客观化"，即划分为好的，比较坏的，或有严重犯罪倾向的。在法国，如同在所有实行教育同一化的地方一样，神秘主义在 17 世纪下半叶呈明显衰落的趋势。

　　事实上，17 世纪下半叶，在教会和国家的眼里，神秘主义的思想观念，因其不可预料的特点和意欲越过层层等级而实现与神直接交融的倾向，从而构成了另一个威胁。静修主义危机为此提供了迟到的、却是特别有代表性的例证。静修主义渊源久远,但其表达方式在 17 世纪却受到西班牙教士莫利诺斯著述的影响:这种灵修思想是建立在灵魂无为的基础之上的,即心灵完全处于一种消极状态,对上帝的旨意和爱持被动态度,对与自身的永世救恩有关的极限无所反应,处之漠然。这种危机在 1695—1700 年间达到顶峰,以波舒哀和费奈隆就居永夫人的著述而产生的论争为标志。费奈隆曾长期捍卫居永夫人的主张,而波舒哀则针锋相对,对居永夫人"唯有心灵可以评判著述,因为唯有心灵参与写作"的观点,他反驳道:"圣经和传统才是唯一的准绳"。

静修主义者主张的神秘主义,的确缺乏严密性。它与在法国各地广泛推广的讲道活动背道而驰,与等级分明的教会的主张亦相左:在教会看来,只有通过长期不懈的努力,且将努力落实为可资评价的具体行动,方可获得永世救恩。波舒哀批评静修主义者过分贬低了善行的作用,他认为,只有善行才能保证信仰的可靠性,才能客观地衡量每个人的进步与退步。不过,教皇虽然给居永夫人定了罪,但宣判是以教皇"敕书"的温和形式进行的,且是在波舒哀和国王的一再坚持下才宣判。因而,这段插曲也体现了在整个天主教会内部法国教会和法国的神职队伍的特殊性,及教会与国家之关系的特殊性。

这样,走向完善的过程成了个人的事情,只不过要在教会机构的严格控制下进行,而教会机构本身也须服从君主政体的监控。国家将其标记强加于国民的思想和行动。国王在加冕礼上立誓捍卫宗教的利益,甚至保证"根绝"异端,但却没有允诺为教会服务;专制主义的理论家们认定君权神授,国王只对上帝负责,从而强化了君主的神圣特点。世俗神职的等级结构完全是法国特色的。1682 年,当教皇和路易十四之间产生严重分歧时,法国神职大会投票通过了四条款宣言,明确指出"国王和亲王在世俗事务中,因神之旨意,不可受制于教会的任何权力",并重申,在宗教精神方面,除教皇的权威之外,"全体主教大会亦具有同等权威"。这一法国教会式的态度在很大程度上将法国教会置于王权意愿的掌控之下,且已经为广大在俗精英,特别是穿袍阶层所接受。四条款虽于 1693 年被正式取缔,却继续在大学神学系和神学院的课堂上得到教授。加利主义[①]此后一直深刻影响着法国的神职文化,直到 19 世纪 30—40 年代。从广义上讲,它也长期成为法国天主教的构成要素。

这种统一化的趋势与 1685 年 10 月南特敕令的废除不无关联,此举打击了已有一百万人口,即约占法国总人口 5% 的胡格诺派。1598 年亨利四世的这个敕令将法国人的品质,而不再是宗教习惯作为联系国民的纽带,如前所述,这标志着政治意识的进步。伊丽莎白·拉布鲁斯(Elisabeth Labrousse)在其分析精

---

① 一译"法国教会自主论",指法国天主教会于 1682 年宣布的罗马教皇权力有限的原则。

辟的论著《一个信仰，一个法律，一个国王？——论南特敕令的废除》(*Une foi，une loi，un roi？La révocation de l'édit de Nantes*)中指出，在路易十四统治初期，新教徒在广大天主教徒的眼里已经不再像两代人以前那么陌生。双方分享着广阔的共同文化平台：他们在精英的人文主义教育方面观点一致；他们出入同样的剧场、同样的娱乐场所，在这方面，他们比英国的清教徒或其19世纪的后代们要宽松得多。信仰不同的教徒在同一个家庭、乡村或城市一般都能够和睦相处，即使偶有少数人滋事生非，宽容的思想仍是在不断扩大的。此外，宗教信仰已不再仅仅是个人选择的表达，它常常只体现了家庭的传承，因而大多数人对宗教信仰的多样性已经习以为常。

　　在宗教信仰方面，双方的争论已经失去了论战的势头，这首先是因为所有的论据都已一用再用，另外也因为双方都意识到使对方大批改宗是不可能的。新教派在天主教改革中也发现了与新教观点的某些共同之处；天主教精英们对迷信展开的斗争自然也只会获得新教派的赞许。比之主张教皇绝对权利主义的那些虔信者，新教派显然更喜欢法国天主教中日渐强盛的加利主义派。天主教徒则更多把新教徒看作有待挽救的教会分裂派，而非需要清除的异端。

　　不过，社会地位的这种不知不觉的变化，对新教徒来说不是毫无危险的，因为它蕴含着使其归顺的可能性。正如伊丽莎白·拉布鲁斯指出的那样，那个时期出现的并不力图将对方救离地狱的平和主义神学①，只能解释为一种有罪的疏忽大意。用她的话说，指责天主教神职人员积极致力于胡格诺派的皈依，这是"滑稽可笑的"；关注的不应是结果，而应是手段。应当试图理解的是，除少数积极分子以外，大多数天主教徒的思维方式如何在这样一种思想状态下"勉强地"，而非"自觉蓄意地"赞同了废令。

　　实际上，新教徒的行为是很惹眼的。这里指的，不是他们在行列仪式上的态度、或在圣体瞻礼日拒绝装饰房屋外墙等令人们感到不快甚至恼怒的事情，而是他们在思想结构、参照和表现方式上的异样，简言之，即是文化上的与众不同，虽然如前所述，也存在一些共同之处。在知识分子阶层和商人界，新教徒与联合省②或英国清教徒有很多家庭、商务往来或亲缘关系，而这些国家尤其在1672年荷兰战争爆发之后成了法国头号敌人。新教徒是否因此而成为不称职的法国人了？他们从神学角度——他们认为应该服从上帝认可的政权——也通过政治行动否认了这一点：面对废令前后所实施的迫害，一些新教徒却拒绝与当局对抗。但是，除了他们先辈的叛乱所造成的持续性的怀疑态度之外，新教徒的文化怪异性还具有更加深刻的根源：他们的教会法实际上更具贵族性而非民主性，它至少让一少部分人——但却是最有影响力的人——习惯于对大会权力进行审议

① Irénisme，一译"协调主义神学"。

② 今荷兰。

并将其授权给自大会内部产生的代表。

这些做法及其维护的思想状态,显然引起天主教会和国家两方面的反感,前者的授权向来是自上而下的,而后者的专制政权是建立在神权基础之上的。此外,在路易十四看来,对神职者进行道德改革使宗教改革失去了国王本愿意认可的唯一理由,即历史的理由。走向废令的路途是漫长的,从对南特敕令的严谨的解释到龙骑兵迫害新教徒①,间或有较为宽松的阶段,前后历经 30 载,其间,教会和国家各自扮演了自己的角色:由于规劝新教徒改宗不果,教会要求国家加大惩治力度,王政则希望迫使可疑分子就范,然而却对这些人的精神抵抗能力估计不足。的确,针对新教徒实施的政策,在很大程度上带有对那些他们期待用物质限制令其归顺的信徒的鄙夷,根本无视这些信徒不得不面临的良心悲剧,这种良心悲剧,在废令之前大批新教徒皈依天主教之时尤其刻骨铭心:仅 1685 年 10 月就有 400000 新教徒改宗。

用贝尔纳·东普尼耶(Bernard Dompnier)的话说,废令产生于"神职者的惶恐不安和路易十四专制政治的汇合",反映了二者希望万众统一从顺的共同理想,这个理想使得冉森派也丧失了发言权。但这里,文化和宗教的失败是显而易见的。后面将会谈到牧师被迫离职、约 20 万新教徒——他们大多学识广博——冒着生命危险流亡他乡所造成的文化和宗教后果。最初,法国天主教界对神奇的皈依现实普遍持满意和拥护的态度,但面对改宗带来的新问题他们很快便开始感到不安了。很快,曾经赞成废令的主教们——少数人如格勒诺布尔的勒加缪(Le Camus)曾指责龙骑兵强制改宗——开始对改宗的诚意提出质疑,他们尤其担心让这些人领受圣事可能是亵渎行为。新教集体的衰弱时期过后,新的改宗者在迫害中找到了抵抗,至少是被动抵抗的勇气。一个世纪,即三、四代人之后,新教在其力量薄弱的地区最终消失了;然而,其主要阵地却几乎毫发无损。这一表面的胜利其实是一个政体得到加强的国家的胜利,也是其意识形态的胜利。

有一个人的名字可以象征所谓"古典主义的天主教",那便是波舒哀。波舒哀是从 1659 年开始他的巴黎生涯的,他从这一年起直到 1704 年离世,参加过所有的战斗:他主张加利主义,敌视新教和静修主义,将自己所有的才华和信念服务于天主教信仰的统一,即深深植根于专制政权并与一切独创性和主观性为敌的天主教信仰的统一。在《世界通史论》(*Discours sur l'histoire universelle*,1670)和《根据圣经论政治》(*La Politique tirée de l'Ecriture sainte*,于他逝世后的 1709 年发表)中,这位有着广博文化背景的人物将历史、政治和宗教紧密联系展开思考。在他自 1660 年起所做的宫廷布道词中,在 1669 年为亨丽埃特·德·法兰西、第二年为亨丽埃特·德·英格兰、1683 年为王后玛丽—泰蕾兹、

---

① 法王路易十四指派龙骑兵住宿新教徒家中,迫使他们改宗天主教。

1687 年为孔代亲王等要人所致悼词中，他以旁征博引、行文之抑扬顿挫和篇章结构之严谨将古典主义修辞学推向华美的极致。他既是古典主义教育的完美典范，又有非后天可得的天赋才华。

3

政治文化，文化的政治

同教会一样，专制主义的意识形态、结构体系和具体实践也促成了 17 世纪下半叶的文化协调性。专制主义进程的各个阶段是众所周知的。1661 年，随着路易十四独揽朝政，专制主义政权很快确立。一种思想、言论和行动体系也随之建立起来，这一体系既是一种力量对比的结果，也是一种文化政治的结果，亦即适合于国家政权和统治的一整套表现方式、价值观念和行为举止的结果。它意味着其他观念，如政治应服从于大封建领主、服从于宗教等观念的消除；冉森派被迫沉默，加利主义思想和反极端夸示的宗教精神占了上风，这一切宣告了一种观念流派及一部分法国精英分子的文化——从神圣联盟到虔信贵族派①——赖以构建的价值等级的结束。确切地说，"神圣权力"的专制主义是这样一种政体，在这个体制中，君主只由上帝授权，关于其自身的救恩，只对上帝负责。

"把一切集中于一人"，认为国王的权威"像几何学上的点一样不可再分"……卡丹·勒布雷②在其发表于1632年的论著《论王权》（De la souveraineté des rois）中使用的说法，反映了由于常年征战而加速实现的人为的政权集权化过程。一些极具象征性的行动显示了这一发展变化的轨迹，这些行动也通过国家掌权者反映了文化的演进。两段插曲值得一提。1635年，法国国王开始了他最后一次古老封建骑士式的战争：他派一名宣战使臣将他的个人挑战书捎给驻布鲁塞尔的西班牙属尼德兰总督，挑战书还分发给百姓并张贴在边境附近的一棵树上；国王还召见了贵族的全体人马，那令人悲悯的集合正为这个古老的程式敲响了丧钟。1648—1652年期间的亲王投石党运动是国王的封臣们发动的最后一次叛乱，在君主和封臣之间以赠予和回赠的交换为特点的封建关系中，这些领主因自己的功德和贡献未得到应有的承认而愤愤不平。

1660 年，终于翻开了新的一页。大贵族强大的军事威力一去不返。就在1650 年，他们仍拥有自己的警卫队，可以发动数千忠实者。而今，那些热衷尚武的贵族只好参加普通队伍了，此时的军队已非昔日封建体系，而须直接听令于国

---

① 与主张加强王权统治的宰相黎世留相对立的一派。

② 卡丹·勒布雷（Cardin Le Bret，1558—1655），巴黎高等法院普通律师。

王。虽然科尔贝极力限制国家行政机构的规模,但总体上看,17世纪是司法官、财政官、检察官、税务官、律师或公证人、执达吏和书记员大量出现的重要时期。虽然他们不都属国王管辖,但这却体现了行政的进步。文字程序广泛使用,文字技能的掌握也越来越成为社会升迁的要素。陈旧的"忠诚"贵族之类的词汇也被更加抽象的法律、条例、程序等方面的新词汇所替代。通过最终设立由国王任免的"特派专员"和外省监督官等职——其权限之大可延及外省的各个行政部门,君主政体在终止一个漫长过程的演变中起了重要而特殊的作用。

这些新设职权机构并没有取消外省的惯例和司法权限,后者始终在事实上支配着个人权利和财产,也在遥远的各地任用着为数众多的工作人员。但它们却是加设在各地行政机构之上的一个国家框架和行政金字塔,越来越多的事物须上报政府一级解决。1664年,科尔贝委派特派专员们对外省的行政、部属配备和资源展开第一次系统调查;在他的影响下——他于1683年去世,路易十四统治初年颁布了重要的民法(1667年)、刑法(1670年)和经济条例细则,还大兴土木,修建公路和渠道。整个官僚机构的人员,以及上诉者或申辩人,都开始适应新的行政程序,虽然大人物的保护伞仍然会起作用,但问题最终的解决已经产生于遥远的部里或办公室里了。

这样,王国及其施展影响、权力和决策的途径有了新的表现形式。1630—1660年期间,军事行政信函的年总量增加了两倍:用安德烈·科尔维西耶(André Corvisier)引用过的话说,这些法官"把信写到从来没有人发过信的地方","让当兵的着实"吃惊不小;他们反映了中央集权另一种新的行政文化的出现。这种变化是与社会相当一部分的变化相伴而行的。也正是在路易十四统治初期的几十年里,对行政与智力程序同样已轻车熟路的一代神职队伍在农村建立起来了。

年代上的巧合经常使人把这个变化同演绎的、科学的、理性的笛卡尔思想联系在一起。我们认为这种比较过于草率,分析阐述也远远不够。笛卡尔著作的出版数量寥寥可数,正表明这位哲学家从17世纪结束前不久到19世纪遭遇了读者的冷漠。科尔贝的逻辑头脑,他颇有成效的预算和量化方面的努力,这些都还不足以构成这个时代的特征,因为这个时代还有另外同样明显的特征,即不断激励着路易十四一举一动的难以满足的权势欲和好大喜功,虽然国王从科尔贝的努力中看到了对其子民资源进行的数学的、量化的评估显示出了积极成果,对王国的合理性管理理念也颇见成效。

尽管有科尔贝事无巨细的、精确的监督,精英分子的政治文化演变仍未完成。整个行政和政治人员参与进来并使之更加稳固的真正的发展方式,与其说是量化尺度的发展,不如说是推论过程的发展,阐述和论辩艺术的发展。这当然也是论证的艺术,但是没必要认为一场什么革命到来了,认为数学成为一切理性活动模式的时代到来了。在日常行政中,论证艺术的各种进步,更多应用于文本而不是数字;究竟是太阳围绕地球运转,还是相反,这个问题在半个世纪中都对文化的演变没有什么影响,受到影响的不过几万人。行政文化赖以生存的是那些需要撰写、研究或反击的文字、文本、小册子或诉状;农村的广大神甫也因为职务之故,或他们与主教的关系而被这个文化塑造着。如果要寻求某种渊源和联系的话,恐怕更应该从中学教育所修正、整理和传播的人文主义遗产方面入手。

　　每年有数以万计的年轻人从这里毕业。他们对拉丁文翻译的演绎和分析推理,对作文和论证中的修辞艺术已是驾轻就熟;从数量上看,达到这个教育水准的人已呈持续稳定状态,教育机构的数量也趋于稳定。学生的出路是多种多样的,有的从事神职,有的在行政部门或私营单位供职,但做什么工作并不重要,重要的是他们都已掌握了各种推理方法,并也将这些方法用于与其初始教育广泛相关的职业生活、权力体现、行政管理者和被管理者之间关系等之外的其他事务当中。法国精英的行政文化及其超越职业之外的主要文化参照长期倚靠的,是和数学一样抽象、一样严谨的拉丁文、修辞学、法律,还有经验。

289　　这部机器的中心,便是国王,以及逐渐建立起来的表现他个人及其权力的形象,即太阳王这个名字在各个阶段刻意树立和支持的形象。彼得·布克①(Peter Burke)的著作《路易十四的制造》(*The fabrication of Louis XIV*)这个题目就颇有象征意味,其意在表明路易十四其实是一个有步骤地被"制作"出来,并展现给大家的国王和权力的形象。的确,如作者所言,在这一点上,规范着宫廷的各种关系并成为整个宫廷体系组成部分的礼仪制度,与西班牙的礼仪惯例有很大不同,后者的象征性恰恰体现为王室成员的深居简出;路易十四在其《回忆录》中,将自己同那些"从不露面的国王陛下"对立起来,正显示了对其子民的关怀。1682 年,法国王室迁往凡尔赛宫。在这里,仪式典礼以国王为中心,时刻支配着宫廷上下的一举一动。国王本人无法回避成为权力的代表,也无法回避那些"传递信息的仪式"——这是米歇尔·福热尔(Michèle Fogel)论著的题目,这些仪式使国王一生几乎时时刻刻都展现着他的公共面貌:路易十四认为这是他的份内之事,他将一丝不苟地履行其继承者们避之唯恐不及的这个职责。

290　　作为比其前任们拥有更多外表、力量和政治宏愿的公共人物,他将其私人个体置于次要位置。从这个意义上说,在法国,没有谁比太阳王更好地印证了恩斯特·康托洛维茨②在《国王的两个躯体》(*Les Deux Corps du roi*)中就中世纪时期而阐述的论点了。由于脱离了终会消亡的肉体躯壳之死,作为国家的化身,"国王将获永生"——这是 16 世纪后很常见的说法。但是,与他之前的国王相

---

① 彼得·布克(Peter Burke),剑桥大学文化史教授。
② 恩斯特·康托洛维茨(Ernest Kantorowwicz, 1895—1963),美国历史学家(原籍德国)。除《国王的两个躯体》(1957—1988)外,还著有《弗雷德里克二世》(1927 年)。

比,路易十四更加努力地发展着国家神秘主义——此现象使我们想到一系列有宗教渊源的词汇,这种神秘主义具体体现在从晨起到就寝的每时每刻的崇拜和仪式中。我们可以视之为典礼仪式,但这却是意义含混的、一箭双雕的典礼仪式。的确,"宫廷社会"也需要通过席次排列的微妙规则和旨在疏导压力、求得共识的行为规范而得到协调。

因此,制造国王形象可谓一举多得。宫廷贵族在推行这些准则的同时也推行着价值的等级,这种价值等级的首要标准就是尽可能近距离地参加各种仪式,而仪式的中心自然是国王,就像国王在凡尔赛宫的仪式寝宫位于宫殿正中一样;路易十四成为唯一焦点,他将一整套表示宠幸或失宠的标志游刃有余地把玩于股掌之中,让人人竞相争宠。这个体系——常有人用"奴化"来形容它——使君主和不得不随迁凡尔赛并期待获得国王宠幸的宫廷贵族之间,保持着恩惠和职位、俸禄和赏赐等十分牢固的个人关系。圣西蒙曾以漫画式手法描写 1715 年 8 月的最后几天,侍臣们一窝蜂似地奔忙于垂危的路易十四寝宫和未来摄政王住所之间的情景。

但同时,君主个人是自愿服从这个超越他之上的体系的:正如让-马里·阿波斯托利德斯(Jean-Marie Apostolidès)所言,他成了"机器国王",用圣西蒙的话说,"只需带上一册历书和一个时钟,在 300 里以外都可以知道他在做什么"。他希望通过每时每刻的表现而强制大家接受这样一个国家第一公仆的形象。这个形象和凌驾于万民之上并支配着一切的封建君主形象一样,被奉为楷模。诚然,不应该把那个时期的公务人员想象成国家行政机构这样一个毫无个性的大钟表中的一个个齿轮,那是不符合当时实际情况的。不过,正是这种一心扑在公务上的公仆形象,使得科尔贝在第三共和国显然稍嫌简单化的课本里占据了重要地位。前面已经谈到,一些注重时间和道德观念以求准确无误履行职责的行业界别发展起来了,这些观念有的来自学校教育,有的则受到循规蹈矩、有条不紊的神职生活模式的影响。恪守规则成为美德。

专制政权的这种既具体又抽象的双重表现说明了国王的矛盾:他一方面对求见的贵族来者不拒,同时在其他子民看来他又是个虚无缥缈的人物。初登王位,路易十四仍保持先前的某些游牧传统——1661 年,他是在南特命人逮捕富凯的;1670 年,他又是在其行宫香波堡观看了《贵人迷》的首场演出,但若干年后,他便很少离开卢浮宫、杜伊勒利宫、圣日耳曼宫、枫丹白露宫和后来的凡尔赛宫了,除非率兵征战之时。他最后一次御驾亲征是在 1693 年。很快,他在巴黎逗留的时间越来越少;1662—1666 年期间,王室的主要住地在巴黎,随后迁往圣日耳曼,直至 1673 年。王宫在九年后最终迁址凡尔赛,正式地使君主和国家居高而治;而这个国家的历书、时钟和随着君主国行政的发展日益膨胀的没完没了的函件,则成了治国的手段。

作为国王意图的体现和绝好的记忆之所，凡尔赛宫是专制王国多重表现的最佳象征，也是国王生活和统治历程的最佳象征。路易十四亲政不久，就开始对建于 1624－1632 年的路易十三的小城堡进行内部改建，这座老城堡原有一对延展的侧翼，围出了马尔博庭院；第一阶段于 1668 年完工，设计者勒沃自 1654 年勒梅西埃去世后任国王的首席设计师，曾设计沃－勒－维孔特城堡和四国学院。他在施工第一阶段修建了四座角楼，增建两座新翼，以扩大庭院面积，从而形成王家庭院的格局。在凡尔赛宫初建时期，国王偶来此处，可能主要是狩猎，有时也过问园林建设的进展：1663 年，勒诺特开始为凡尔赛宫的园林设计总体平面图。

292　　此时的凡尔赛宫是年轻人欢聚喜庆的场所：1664 年 5 月 6 日－13 日这八天，国王为近 600 人送上一台《迷人岛的欢娱》(Les plaisirs de l'Ile enchantée)，其主题取材于阿里奥斯特的作品，台上的喷水效果和灯光变幻使人叹为观止。因宫殿和附近客栈爆满，部分观众只得夜宿四轮马车之中。吕里和莫里哀剧团与初期兴建的凡尔赛宫有着不解之缘：从 1663 年起，剧团开始在这里上演了高乃依的《塞尔多里乌斯》(Sertorius)，以及《讨厌鬼》、《丈夫学堂》(L'Ecole des maris)和《爱情的埋怨》(Le dépit amoureux)。1664 年 5 月，剧团又在节日期间演出了《埃莉德公主》(La Princesse d'Elide)及《达尔杜夫》的前三幕，5 月 12 日的《消息报》称此剧为"莫里哀先生为批评伪善者而作"。在 1668 年 7 月 18 日的迷人的欢庆之夜，吕里和莫里哀又以《巴叙的胜利》(Le triomphe de Bacchus)和《乔治·当丹》为晚会助兴，布景师是维拉加尼。这次活动一来庆贺国王伟业——国王捷报频传的征战终于以 5 月缔结"埃克斯－拉－沙佩勒条约"①而告罄，二来祝贺国王赢得了蒙特斯庞夫人的芳心。十年后，勒波特在其多幅版画中再现了这次活动盛况，而马德莱娜·德·斯屈代里夫人的叙述更反映了晚会给来宾们留下的妙不可言的记忆。

这个时期，凡尔赛宫的功能已经开始发生变化。路易十四希望继续扩建，"好让他的参事臣僚可以宽宽敞敞地住上几日"。有些人已经从中窥见将王室迁至此宫的意图，不过最终确定下来已经是 1677 年的事了。改建工程照旧进入第二阶段，设计师是勒沃和他的女婿弗朗索瓦·德·奥尔贝。德·奥尔贝在 1670 年勒沃去世后开始接任工程总指挥，评论界后来对他在凡尔赛工程中所起的作用重新给予较高评价。第二阶段在庭院一侧保留了原有格局，但在侧翼外围增建了新楼，它们在朝向园林的一侧凸显出来，勾勒出一片开阔的平地。与此同时，1675 年被封为贵族的勒诺特也拿出了他的绝招，他为花园设计了头顶卷心菜的三只蜗牛的造型，不失幽默又平易谦和，且与其功能相互匹配，他的设计大

---

① 1667 年，路易十四进攻西属尼德兰。1668 年与英国、瑞典、荷兰组成的反法同盟签订亚琛条约，法国将弗朗什－孔泰归还西班牙，但保留了新占领的 12 处要塞。

大扩大了园林的建筑空间。原有的正方形或长方形花坛的呆板布局改为以主堡为轴心、利用自然地势（当然略有改动）和一系列平台缓坡而规划的整体景观，蜿蜒起伏的立体造型突出了整个布局的戏剧化效果。

朱勒－阿杜安·芒萨尔是1678年才接手凡尔赛宫工程的，凡尔赛宫最终成为王室住所，成为专制政权历史上空前稳固和庞大的政治和行政权力所在地，这位设计师是功不可没的。从这个角度讲，1684年完工的、将弗朗索瓦·德·奥尔贝设计的两座楼阁连接起来的镜厅，可能就不如1678－1689年期间完成的、包括南北两翼、两座大臣楼翼和皇家官员住房在内的庞大整体扩建工程来得更有意义。让－克里斯蒂安·珀蒂菲斯（Jean-Christian Petitfils）把这个工程的时间表与路易十四于1691年确定的政府体制的调整联系在一起：这一调整使国王可以绕过大臣直接与高级官员商议国事，从而最终确立了其专制政体。扩建后的建筑群规模庞大，服务设施齐全，主堡内房间毗连，这些正是这一既高度集中又具行政性的专制政权的极具象征性的体现；一切都汇聚于这个权力的中心，包括城市的街道。该城的建设也严格服从整个城市规划的需要。

是否应该从中窥见另一种象征？扩建中的宫殿，其各部分的用途常有变动，小礼拜堂自然是最后一个确定位置的建筑，因为它1710年才告完工。我们也注意到，路易十四在其宫殿的装饰中并没有继承家族的一贯风格。他大量运用的参照是古代神话和他自己的丰功伟业，而不是先人的模式。凡尔赛宫的装饰大师除雕塑家夸瑟沃之外，还有夏尔·勒布伦。同许许多多同行一样，勒布伦也曾在西蒙·武埃作坊供职，在罗马学习三年期间深受阿尼巴尔·卡拉什的影响，他还在沃克斯工作过，因此，当他1661年被任命为国王首席画师的时候，他已经在这个行业闯荡多年了。虽然科尔贝死后，其地位一度有所动摇，但他始终是凡尔赛宫的画师和整个宫殿装饰的协调人，直到1690年去世才由米尼亚尔接替。勒布伦与各工厂保持着联系，定制作品的主题、样式和尺寸都由他来确定；他还协同1666年在罗马创办的法兰西学院及其他关系网，投入了寻找名作或复制名作的工作，以满足一个渴望收藏欧洲最精美艺术品的国王的趣味。称之为使凡尔赛宫成为古典艺术象征的这种统一风格的工匠，勒布伦比任何人都当之无愧。

然而，如此巨制究竟产生了多大的影响？都有哪些人了解王宫？平日，参与凡尔赛宫日常运转的，约有7000—8000人；表面上看，还有更广泛的、很难界定其范围的公众被王宫的富丽堂皇及其象征所吸引；有一部分巴黎人，他们只需衣冠整洁便可以轻易进入皇宫，瞻仰国王的尊容——这在今天看来有点不可思议；此外也有过往的外国人和外省人；还有一次可达36000人之多的施工队伍。数量不小，不过以法国之大，这也算不上什么。但凡尔赛宫的影响远不止于表面。王室的艺术订货促进了这些不只为凡尔赛工作的企业和手工工厂在物质上的发

图 **34** 皮埃尔·帕泰尔向我们展示了经勒沃扩建的路易十三的宫殿实景。我们注意到了景观的对称布局，画面强调了宫殿坐落于小山谷间之首的位置。通往宫殿的大道也如实勾画。(《1668 年的凡尔赛宫》，中心部分，凡尔赛，凡尔赛宫国家博物馆)

展,也激发了它们的创造力;其中有建于 1664 年的博韦挂毯厂,有 1667 年改建并由勒布伦接管的戈布兰挂毯厂,还有里昂和图尔市生产丝绒、丝绸或锦缎的工厂。凡尔赛和巴黎与法国其他地区的往来、联络也越来越频繁,这一行业的人们在一年中有相当一部分时间在自己的省份度过。不论社会地位高低,他们都或多或少为传播凡尔赛艺术的形式和规范做出了贡献;他们在自己的家乡完全起到了文化媒介的作用。

路易十四专制政体也运用其他载体百般呵护他的荣耀,从而使造就了一个时代的审美品味的建筑和艺术主题广为传播。专制政体意欲在子民中发展的公民意识,其出发点便是,国王乃由上帝选中的一国之父。国民与王室同喜同忧,甘苦与共:无论出生或婚礼,还是争端中的一次小小胜利,都可以让全国上下同唱一首感恩赞美圣歌——这里自然有各地方长官和堂区神甫们的功劳;王室的丧事也成为举国同悼的国丧。

一统天下的君主父亲,荣耀四射的国王,上帝选民的威严化身,这些形象在象征体系中,在国王自愿搭建且亲自登场的表演舞台上交相辉映。同时,王权的印记也遍布于各城市的景致之中。纪念性建筑使君主的丰功伟绩永垂青史。从遗产归属战争①到荷兰战争②,初战的频频告捷使这类建筑物徒然增多。一座座凯旋门在巴黎或外省拔地而起:里尔市为迎接国王入城和庆祝本省归属法国而建凯旋门;献给路易十四的巴黎圣德尼和圣马丁门则是为纪念荷兰战争胜利而建的(另有两座已经被毁)。中央立有国王雕像的广场成为王家广场的都市化典范,如巴黎的胜利广场(原计划 1685 年竣工)和路易大帝广场,即今天的旺多姆广场(1687-1700 年)。这一样板启发了大量外省建筑,如 1685-1686 年期间,二十几座城市计划建造国王雕像。虽然宗教性建筑仍在继续建设着,但此时,使城市面貌发生着变化并刺激其主动性和创造力的,已经是国家,而教会则已屈居次要了,例如卢浮宫,在推翻了多个设计,其中包括贝尔南的方案之后,1667 年最终采纳的是克洛德·佩罗设计的柱廊;又如主体部分建于 1671-1676 年间的荣军院,还有巴黎的济贫综合医院。

路易大帝广场的最初设计是将所有学术研究机构环绕于国王的骑马雕像四周。的确,出于对精英方面的考虑,君主政权在沿用 30 年代出现的思路的同时,也构想出其他一些塑造自身形象的方法。成立于 1663 年、后来更名为碑文题词和文学研究院的小科学院,其使命是为国王竖立的纪念性建筑题写碑文、题词,还为近 300 枚纪念章撰写题铭,这些纪念章都是为向国王表示敬意而铸造的,其中一半是纪念 1660-1670 年期间的重要事件的。此外,表现国王本人的各类制

---

① 又称 1667—1668 年佛兰德战争或王后权利战争。指西班牙国王菲利浦四世去世后,路易十四以王后玛丽·泰蕾兹(菲利浦四世之女)的名义要求继承在西属尼德兰的遗产而发动的战争。

② 指 1672—1678 年法国入侵荷兰的战争。最终法国获胜,签定《尼姆维根条约》。根据此条约,法国重获弗朗朗什一孔泰,还占领了南尼德兰的部分城市。

品有 300—400 余种之多，其中的雕刻制品都大量发行。

那些王室的手工工厂，那些挂毯作坊都在为国王的统治歌功颂德。画家、音乐家、作者都被发动起来，从而激发了寓意的和神话的文化的再度复兴，这一文化的象征体系原秉承于文艺复兴，但多少在天主教和神秘主义改革的伟大时代被弃置于次要地位。国王的编史工作均委托名家完成，如 1677 年接管这项任务的布瓦洛和拉辛。塑造国王形象并非仅供内部之用：凡尔赛宫阿波罗雕像的象征意义，勒布伦 1673 年绘制的《亚历山大战役》(Batailles d'Alexandre)，对古代帝王铭文题词的大量引用，这些无疑都是在彰显这位君主居高不凡、威震天下、恩泽万民的形象。

国王荣耀的另一个体现是成为文学艺术的庇护人和激励者；君主在这方面显示的力量和恒心，可谓前无古人，后无来者。其政策同时解决了两大考虑。在经历了富凯建造的奢华的沃—勒—维孔特堡（此宅邸的建造和翻修已经将勒沃、勒诺特和勒布伦三人联系在了一起）可能给青年君主带来的某种不快之后，该政策无比荣耀地确立了国王对文艺之披护的至高无上性，使其在艺术订购和赏赐方面高踞所有要人显贵之上。它在监督、指导知识的生产和各种文字形式的同时，竭力笼络人才。作为文化的庇护者，路易十四和科尔贝——后者在这方面远不只是一个认真的执行者——有专门的顾问：沙普兰①负责文学，勒布伦负责绘画和雕塑，佩罗②则专司建筑。罗马法兰西学院的建立方便了赴意大利求学的画家在此逗留，从某种意义上延长了于 1665 年去世的普桑的影响。一些作家可以领取年金，如 1663 年沙普兰提到的这个"叫拉辛的年轻人"；但据彼得·布克的记载，沙普兰在给荷兰人海因修斯的信中明确表示"国王是慷慨的，但他知道自己在做什么，他是绝不愿受人愚弄的"。

绝不受人愚弄，这意味着鼓励和嘉奖那些支持国王政策或不断向君主进献言过其实的谄媚赞誉之辞的人们，意味着监视反对者，以防他们作乱。和神职界一样，越来越多的人识字通文，这调动了整个国家的积极性。至少在城市，一些政治性的图画、书册和歌曲早已在广大公众之间流传开来。流动商贩迅速增加，当局则采取措施限制其数量，这些迹象表明巴黎文字产品的消费在不断增加，同时表明政府越来越希望监控其生产和发行。经过亨利四世时期的相对松懈之后，国家重又加强了对印刷出版的控制。黎世留任宰相之后更加大控制力度，设立政府宣传喉舌。正是在这样的背景下，勒诺多创建了以黎世留为后台的《消息报》。

此政策在科尔贝时期更变本加厉。的确，藏书量的增加激发了种种创举，实

---

① 沙普兰(Jean Chapelain，1595—1674)，法国作家。法兰西学院创建人之一。

② 佩罗(Charles Perrault，1628—1703)，法国作家，古今之争的积极参与者。根据传统故事创作了《我的鹅妈妈的童话》(1697 年)。1671 年成为法兰西学院院士。

施强硬政策更势在必行。1665 年,《学者报》(Le Journal des savants)创刊,它随时向文人学者通报最新出版消息,并作评论;该报最初为半私营性企业,18 世纪初被收为国有。1667 年,政府加强了文字审查。不过,从被关押在巴士底狱的"书业"类案犯的数目来看,从 1670 年起,惩治有所放松,直到 1710 年后,即再次出现冉森派危机的时候,镇压才再度达到 1660—1670 年的水平。其原因是,其他一些预防性措施已经大体上控制了这个领域的生产,在无法阻止外国图书进入法国的状况下,审查的力度总会与保护本国工业的考虑相协调。

政府的确是在实施减缩巴黎印刷商数量的政策。图书出版署建立了所谓新报刊"特许"制度,这既是官方准许出版的放行证,又意味着该刊物因此而获得若干年的垄断地位。政府的另外两个监督措施是:限制非法印刷;严格控制外国邮递书籍。这样,国家利益与大印刷及销售商的利益不谋而合,集中化和监控政策帮他们轻而易举地找到了减少竞争的办法。这个政策使专卖书商的数量增加:国家、主教和各修会授予书商专卖权,以销售他们各自的产品。路易十三时期和路易十四执政初期巴黎最大的出版商塞巴斯蒂安·克拉穆瓦西就同时承接耶稣会、国王、巴黎大主教和多个修道会的印刷任务,由于这种集中化政策,他出版发行的图书达 2500 种之多。

学院、研究机构的建立正适应了这一限制企业新建、以私营企业为基础、组建一个官方承认其权限部门的实体的愿望:这种统制型政策,以其规模之大、涉及面之广,堪称一项史无前列的真正的文化政策。法兰西学院正式成立于 1634年,原为从 1626 年开始定期聚会的小团体,1672 年后王权加强对其控制力度。建立该机构的初衷是规范法兰西语言,但它带动大批同类机构建立起来并以同样思路在其各自领域运转着。在碑文题词和文学研究院成立三年后,即 1666年,受四年前成立于伦敦的皇家学会①的启发,法国成立了科学院。该机构由二十几名领取国王年金的学者组成,其中包括马里奥特和罗贝瓦尔,后来又增加了外籍成员。该院需听命于科尔贝的指示,从事对国家和经济有益的研究工作;因此,它并不像伦敦的皇家学会那样是一个进行自由探讨和研究的开放性机构,而是国家机构,当时的种种限制,令不少博学之士敬而远之。

艺术领域实行同样的政策。绘画和雕塑也有了自己的王家研究院:它的前身是成立于 1648 年的圣—吕克画家与雕塑家学院,1655 年获国王颁发的特许证书,正式成为官方机构,从此,只有该院的成员有资格为国王和王后作画,而院长正是勒布伦。1661 年成立了王家舞蹈学院,路易十四本人亲自过问该学院的资格。为促进用法语演唱歌剧而于 1669 年成立的皇家音乐研究院,从 1671 年到 1687 年让—巴蒂斯特·吕里去世,完全由吕里把持控制。1660—1680 年期

---

① Royal Society:英文全名为 Royal Society of London for the Promotion of Natural knowledge。英国最早的科学学会,也是欧洲最早的学会之一。

间，通过建立机构、加强监督、颁发特许和年金等制度，国家对知识和艺术生活实现了前所未有的控制。

4

从巴洛克到古典主义

"献给法兰西的所有荣耀……"：凡尔赛宫博物馆这个著名的献辞表明了一个神话、一个处所的长盛不衰。见证了凡尔赛宫的主要建设过程的古典主义一代，在整齐划一的教学传统中，一直被视为法国文化的一座高峰的体现，这座高峰因众多作家和艺术家的烘托而格外壮美。对所谓巅峰的这种理解方式——它本身也带有"古典主义"的特点——今天正在发生微妙的变化。就学人口发生的社会学方面的变化，以及人们对 17 世纪产生的精英文化的单一观念的摒弃，使那个年代的作家不再像从前那样必成为大学课程的参照。当今时代的审美取向，还有整整一代的文艺批评家、艺术史家和音乐理论家，都引导我们不再把古典主义时期看作绝对的唯一：今天的人们更好地领会了巴洛克遗产的丰富性与多样性，而就在不久前，它还被看作良莠掺杂的混乱草稿呢。

我们在学校时就知道，古典主义是建立在纯洁体裁和清除忤逆者的规则或美学标准基础之上的，它与年金和国王艺术委托有广泛的关联。年金制和国王定购使一直以来由君主和大贵族阶级集体维持的文学艺术扶掖的作用无限扩大，以至扩展到全国范围，其意义也发生改变。它反映了"只要国王愿意"便可以允许一切异想天开之举的愿望，但伴随这一愿望出现的，便是对试图以一己之观点树立艺术原则和使用规范的机构的监督。专制政体在这方面起了举足轻重的作用。1665—1670 年间，各艺术、学术研究机构纷纷重组或成立，在此影响下，国王下决心在宫廷之外展示其统治和个人的另一种形象，它已不同于其少年时期芭蕾舞中的青年阿波罗的形象了。1665 年，卢浮宫收尾工程最终推翻了贝尔南的设计方案，此举传统上象征着对受意大利影响的巴洛克风格的拒绝。文化比以往任何时候都更明显地进入了政治领域，它既成了统治的手段，也成为威望的源泉，在法国如此，在整个欧洲亦如此。颇有意味的是，正是在路易十四在位期间，法语开始决定性地取代拉丁语成为外交谈判语言：此时的欧洲是法兰西称霸一时的欧洲，不过后面将看到法国霸主地位的局限和反差。

规则首先应用于语言和文学作品。法兰西学院的首届院士——其人数自 1639 年开始定为 40 人——并不都是作家，他们中也有律师或医生。这些专职评判文学作品的院士在 1638 年发表了《法兰西学院关于"熙德"的感想》

(*Sentiments de l'Académie sur le Cid*)①。为建立"规范语言"的统一标准,他们也编纂《词典》(*Dictionnaire*),其进展较缓慢,首版到 1694 年才问世(也就是菲勒蒂埃编写的词典出版四年后)。他们还编写了一部《语法》(*Grammaire*)和一部《修辞学》(*Rhétorique*)。他们当中的一员即沃日拉②于 1647 年发表了《法语刍议》(*Remarques sur la langue française*)。

这一个个坐标值得注意,它们是正在发生的文化演变的信号,同时也为文化的演变确立着规则。沃日拉推介的"规范用法"与过去的两种做法相决裂,它不允许等级的混合,也不允许体裁的混合。它首先摒弃的是俗语,也指向雅士沙龙孤芳自赏的语言,其意在纯洁语言——正如同净化世风一样,清除一切他们认为低下的东西,包括身体的"低下"部分。孔拉尔、沙普兰和沃日拉在 20 年代都曾是朗布耶夫人沙龙的座上宾。雅士沙龙和文学小团体这两个正在被专制政权"充公"的阶层看来也不是世外桃源。1637 年,瓦蒂尔在朗布耶侯爵夫人的女儿朱莉·德·朗布耶的请求下发表了为"因为"③而作的辩词,当时,法兰西学院正在郑重其事地审查这个词的用法:

> 小姐,"因为"是我们语言中那么受敬重的一个词,如今当它受到指责的时候,我与您有完全相同的感受……。它经历了 110 年的风风雨雨,精神健旺,声誉隆隆,它曾在最重要的协议中出现,荣耀地参加过历届国王的参政院会议,却忽然间失宠,即将落得个惨烈的结局。我无奈地等待着那哀怨的声音在空中响起:伟大的"因为"死去了……

我们之所以引用这段文字,是因为它显示了某种自由的基调,而这个基调很快便与官方决策机构的意图对立起来了。实际上,雅风派和学院派都试图将语言和古典主义文化与大众的、外省的和古老的语言根基割裂开来。它们抛弃了一直延续到巴洛克时代的带有丰富口语性的肆意蔓长的草木,而代之以规整、严谨的法式园林。

但同时,沃日拉所定义的规范用他著名的说法是"谈论宫廷里最圣洁场所时的说话方式"。这就是说,规范与不规范的对立并不归结为精英与民众的简单划分。宫廷里也有差生,他们是哪些人呢? 是那些仍旧保留着乡野习气的贵族? 是的,即便在宫廷里,他们也还大有人在。但除此之外还另有其人,沃日拉的话同样还针对在路易十三时期的宫廷里颇为盛行的卖弄智言妙语或所谓"刻薄话"的时

---

① 1637 年,高乃依的悲喜剧《熙德》上演并大获成功,也引起激烈争论。为此,法兰西学院对该剧进行审查,并发表这篇感想,以该剧违背"三一律"、混淆悲剧和喜剧等为由对其进行了较为严厉的批评。

② 沃日拉(Claude Favre Vaugelas, 1585—1650 年),法国语法学家,法兰西学院建院伊始(1635 年)便成为院士。

③ 法语为 car,常用于书面语。

尚，针对模仿彼特拉克的倾向。而瓦蒂尔的文章，其指向则正是法兰西学院，是它那一本正经、毫无幽默感的辩论，是它不顾语言生动的多样性而作出的生硬规定。在这场势力悬殊的斗争中，曾经参加了语言纯洁运动的雅风派自己也被定了罪。

然而，法国精英的文化和他们的品味从来也没有完全混同于古典主义，实际上，即便是古典主义本身也和代表着这一流派的天才们一样异彩纷呈，姿态万千。宫廷的大型庆典无疑是巴洛克风格的，特别是 1664 年的那台《迷人岛的欢娱》，喷水、灯光和烟花效果贯穿始终……我们趋于抽象的研究角度对这种追求爆发胜于扎实稳定、神奇美妙胜于美、欣喜陶醉胜于理性的品味的持久性还注意不够。这些概念之间虽然缺少连贯性，但在它们之间搭建桥梁、建立联系仍是可能的：1671 年，《普赛克》（*Psyché*）便把编剧高乃依、莫里哀和作曲吕里的才能汇聚于一身，同时该剧也给机械、舞美设计、动作和令人惊叹的精彩场面留有很大的空间，如在最后一幕设计了 300 人悬于舞台上空的场面。

巴洛克的特点在炫目闪烁布景的狂热中，在王族显贵的家庭仪式铺陈的盛大排场所体现的意义转向之中延续下来：布景、音乐、灯光和布道者的口若悬河使婚礼和葬礼变成了戏剧化的公共仪式。古典主义的雄辩之才被观众的口味败坏了，弗莱希耶（Fléchier）后来这样评价："仪式越发盛大隆重，其意已不在宗教信仰，而更在表演场面了"，人们将这位叫布尔达鲁的名布道师的冗长和颇有诱惑力的讲道同一种长形夜壶相提并论，从此，这种夜壶也就叫作布尔达鲁了。这也是意义的转向，观者更注重形式的精彩而忽略内容的深度，追求瞬时的艺术而忽略其持久性，这成为戏剧或歌剧始终的审美取向，而歌剧的这种审美趣味在先人盛大节日庆典的代代传承中保留了下来。

事实上，我们对这短暂一代的文化观照，在很长一段时间都受到两道筛选的干扰，一个是以 19 世纪末的朗松①为代表的传统的学界批评，另一个是对所谓轻浮抱敌视态度的道德学家们的评论，他们甚至把戏剧，特别是歌剧、舞蹈视为洪水猛兽，在他们看来，这些艺术形式太过轻薄，太过人工，太过铺张，转瞬即逝的快感在人们心目中胜过了恒久的审美和道德准则。那些在少年时代观看或参加过中学戏剧表演的人们，还可以为莫里哀的戏剧找到一些理由、托词甚至某种道德上的解释。但对歌剧这种炫耀奢华的纯粹的表演，他们却无话可说，所幸歌剧对外省人来说遥不可及，其高额消费也令人望而却步，这使他们得以免受这类表演的诱惑。"古典主义文化"既是某个社会阶层的思想表达——这个群体因人数众多及其受到的人文主义教育而在文化领域成为最重要的社会阶层，也是后来在家庭传统和学校教育所传承的遗产中找到共识的读者和批评界施展影响的结果。

---

① 朗松（Gustave Lanson，1857—1934），法国权威文学批评家。

从这个意义上说，古典主义作家如果真的存在的话，他们也部分是新近批评界常常提出质疑的某种知识建设的产物。认为莫里哀是从根本上遵从规则和规范的古典主义作家，这便是忘记了创作于《可笑的才女》（*Les Précieuses ridicules*）和《没病找病》之间的几乎全部作品的多样性；也是忘记了莫里哀和吕里的合作，忘记了他与一些读者之间发生的纠葛——1662 年发表的《太太学堂》（*L'École des femmes*）对雅女的夸张讥讽令她们忿忿不平，伪善的虔信者们则使《达尔杜夫》禁演达五年之久，也是忘记了《贵人迷》受到的只留下一个版本作教材之用的粗暴对待。莫里哀的魅力及其恒久的生命力在于他善于同时满足各类观众的口味：来看热闹散心的观众，不少颇有个性的较真的观众，还有那些对巴洛克式自由念念不忘的人们。

于 1668 年和 1678 年发表了《寓言诗》（*Les Fables*）的拉封丹——即便不将其 73 岁即逝世前的 1694 年发表的风格迥异的最后一部作品考虑在内——是古典主义作家吗？这样认为是有些失之偏颇的，有由果溯因之嫌。它忽视了作家不安定的一生，尤其是他迟至去世前两年才皈依的事实。这位自由思想派个性独立，因而宁愿接受奥尔良公爵夫人的庇护，又于 1672 年后接受酷爱科学观察的拉萨布利埃夫人的扶掖，而不愿拿国王的俸禄。观其作品，前面的观点也忽视了这位涉猎各样体裁的作家的丰富多彩的面貌——他甚至在 1674 年为吕里写过《达夫内》（*Daphné*）的歌剧脚本，更忽视了其《故事诗》（*Les Contes*）中的风雅情调和艳情描写：1665 年出版的《故事诗》多取材于薄伽丘和阿里奥斯特的作品，十年后又陆续出版其他几卷。而无论在诗人生前还是身后的几十年，其各类作品的出版数量都表明，《故事诗》比《寓言诗》更受欢迎。

这一认识引导我们思考这样的问题：那个时代的人们将古典主义作家派何用场？莫里哀的戏剧有何功用？拉辛的戏剧又有何用途？我们只记得，拉辛的作品，除他退出剧坛整整 12 年后为圣－西尔女修院的小姐们创作的《爱丝苔尔》（*Esther*，1689）和《阿达莉》（*Athalie*，1691）之外，主要集中在大获成功的《昂朵马格》（*Andromaque*，1667）和遭人预谋攻击而失败的《菲德拉》（*Phèdre*，1677）之间。当我们聆听——而不是阅读——充满乐感的拉辛诗句的时候，会感受到这位描绘狂热情欲、在其剧作中用朴素语言阐释对恶的强烈意识的巨匠，仍然深受波尔罗亚尔修道院修士对他儿时的影响——投身戏剧创作的尝试使他后来与修士们分道扬镳。

但是，拉辛戏剧浓烈的悲剧性，在其另外两部作品《布里塔尼居斯》（*Britannicus*，1669）和《米特里达特》（*Mithridate*，1674）中亦十分突出的残忍暴虐、不共戴天的嫉恨、疯狂的爱情，难道不同时也起到宣泄的作用吗？这位被当今拉辛戏剧的天才导演达尼埃尔·梅吉奇（Daniel Mesguich）称为"先于所有人阅读过弗洛伊德"的悲剧作家，在哪一点上可与"笛卡尔式的"或古典的明晰和理性相提并论？拉辛的戏剧，难道不还是间接地体验与平淡现实生活形成鲜明反差的极端境遇的一种方式吗？简言之，按照接近帕斯卡尔式的理解，这是一种消遣，也是一种娱乐。

是的，在 20 年的时间里，除老年高乃依的最后几部作品之外，相继出现了莫里哀的几乎全部作品，拉辛、布瓦洛和拉封丹的主要作品，帕斯卡尔 1670 年去世后出版的《思想录》以及波舒哀的大部分布道词和悼词，这 20 年可谓异彩纷呈。这些作品大多不断再版，被收藏在包括外省在内的书架上，这证明他们的确已成为参照性作者，构成了这一文化的基础。但是他们的家喻户晓是在两个层面上发挥作用的：这些作家长久以来被认为放之四海而皆准的特点——这也正是所谓文化参照这一象征性概念的另一个迹象，他们典范式的特征，使人们像过去在中学引用古代作家那样拿他们来引经据典：莫里哀、拉封丹、拉布鲁耶尔，甚至帕斯卡尔和高乃依都成了《教学用书》的受害者，就如同耶稣会发表拉丁文作品的删节本以作《王储专用》①一样。不过，这种只见木不见林、以说教为目的的断章取义，倒是通过第三共和国的学校教育，保证了这些作品的长盛不衰，并使之最终成为经典。

应该注意到，古典主义的胜利是建立在对那个时代的承认之上的：首先是国王的承认，他提供年金、贴补费用并订购艺术品；其次是法兰西学院的承认：继 1647 年高乃依成为院士（这是他第三次递交申请）之后，基诺②和夏尔·佩罗于 1671 年、拉辛于 1673 年先后入选，法兰西学院随后接纳拉封丹为院士，而将布瓦洛拒之门外，这令国王大为光火，因此这一选举结果直至当年年末布瓦洛终于入选之后才获国王批准生效。对于布瓦洛其人其作，传统上保留更多的不是这位《讽刺诗集》（Satires）作者咄咄逼人的讽谏，而是撰写《诗艺》（L'art poétique，1674）的理论家：他对意大利品味的批评——"留给意大利吧/把这些虚假的五光十色和美艳的疯狂"，他对明晰的尽人皆知的赞誉——"构思得好必然表述得明晰"，还有关于形式从属于思想的理论，这些都成为后人关于古典主义的一种参照。

这些作家大多出身于行政、司法或财政官吏家庭，如高乃依、帕斯卡尔、拉封丹和波舒哀；莫里哀也出身于富裕资产者家庭，并同他们一样接受过巴黎克莱蒙耶稣会中学（后更名为路易大帝中学）的教育。他们的读者或观众的社会学基础也正来自这样的阶层，而宫廷只是其中的一部分。前面在解释整整一个社会集团的政治和行政文化形成时已经提及的重要因素，在这里再次涉及。同样，通过中学整齐划一的教育在几十年的时间里培养起来的始终保持数万人之多的读者

---

① 指 ad usum delphini（王储专用）丛书。该丛书出版于 1670—1698 年，包括拉丁文经典作品和拉丁文字典，共 6 卷。

② 基诺（Philippe Quinault，1635—1688），法国诗人，悲剧、喜剧作家。曾为吕里创作多部歌剧剧本。

和观众群体,起到了举足轻重的作用:这保证了一种稳固的核心的恒久性,这个核心拥有相同的神话和古代参照,有相同的品味,阅读过相同的作者,接受过相同的修辞学教育,即遵循同样的陈述和论证原则、同样常规和同样规则的修辞学教育。公众对这一标准化了的天地的文化适应,正是对某种政治愿望的响应……尽管创作肯定依然会超越学院派的规则。下面,我们将试图对这个公众群体及其他人的文化习俗作一剖析。

第十三章　路易十四时期法国的文化习俗

　　这里，我们将走出体制和机构，去实地了解各种习俗，对这种做法的评价众说不一。至少从理论上说，寻找一场聚集了数百人的演出的踪迹，显然比考量个人活动的规模要来得容易，的确，现有的关于这类踪迹的档案资料大多令人失望。同样，搜集有关要人显贵特别是宫廷活动的见证，比收集庶民百姓的习俗更加容易。最后，了解巴黎发生的事情比了解外省城市的情况更加容易，而了解农村发生的事情是难度最大的了。这一认识要求我们必须先从最熟知的情况入手，即从那些我们掌握了其最翔实丰富的文化习俗资料的地区和界别出发，因此，应该首先关注巴黎的人群，特别是巴黎的精英们。

1

巴黎精英的内心世界

　　文化集权化的发展——前面章节已经谈及其初级发展阶段的情况，以及使之行之有效的各种形式和机构，使得巴黎从路易十四亲政后，成为一个独特的、典型的范例。说它是独特的，因为该城市的规模、它的文化功能和设施在法国是独一无二的。说它是典范的，倒是因为从查找资料的角度，从资料的馆藏到对它们的发掘研究，使我们在巴黎比在其他任何地区都能够更好地考察一些习俗，其实这些习俗中有些更多是属于某个社会阶层或文化阶层的范畴，而不属于某个特定的地理方位。这样，对巴黎社会的研究便可以提供一些参照元素，其中有些元素与外省的整个精英群体即便不是完全一致的，至少也是可以互换的。

　　17 世纪的巴黎人口从 20 万增至 50 万。在路易十四时期，他们中的大部分已经是租房者，私人空间受到限制：他们住在位于市中心人口最密集的堂区的狭小公寓或单人间内，楼房三、四层高，多为纵深格局（底层一般作店铺之用）。三、四间一套的公寓主要是工场作坊主、生活较为殷实的商人或资产者们租住；而租住六、七室套房的就只有富贾殷商、官宦阶层这些上层资产阶级了。大多数房间是朝向内院的,因为巴黎街道又脏又臭,狭窄拥堵,没有人行道,到世纪末,只有三十几条达到五米宽,这样的街道几乎不会给房间多少光照。就此,从 17 世纪上半叶开始便出台了一系列措施,如禁止搭建木墙架(1607 年),禁止建临街山墙并限制房屋高度(1667 年)等,为建设更加敞亮的街区做准备。新型街区的房屋设计更加合理,从原来的纵向设计改为水平分割房间,租赁房屋则以套房为单位分割。

贵族住所自然与众不同了。其格局的基本样式为带花园和内院的私人公馆。凡尔赛——包括宫殿、公园和整个城市——的建筑和装饰,可能会掩盖贵族的全部生活方式,他们的生活不仅限于宫廷内。根据让－皮埃尔·拉巴蒂(Jean-Pierre Labatut)的描述,大贵族在巴黎的府邸十分庞大:旺多姆公爵 1665 年在诺夫－圣－奥诺雷街的豪宅有 55 间之多,吉斯公馆 1688 年在肖尔姆街有 51 间,吕伊纳公爵即谢弗勒斯公爵 1712 年有 53 间。他们的乡下城堡的动产一般至多包括家具和服装之类,而巴黎住所的财产清单则记载有银餐具、珠宝和豪华马车等奢华用品。

除豪宅、车马装备之外,仆人也是贵族用以炫耀其势力和财富的主要标志之一。根据阿妮克·帕尔戴雷－加拉布兰(Annik Pardailhé-Galabrun)引用的财产清单,大参政院主席巴朗坦 1665 年拥有两辆四轮豪华马车、7 匹马和 3000 多斤重的珠宝;他的宅邸有 14 间房,另有 5 间耳房和 7 间附属房屋,13 人住在这里,其中 8 个是仆人。这样的家当可谓超乎寻常了:在代表着行政和司法领域最高等级的最高法院大法官阶层,标准一般应该是一辆四轮豪华马车加上 2—4 匹马。这些府邸内装饰着最昂贵的壁毯:国王参事兼审查官路易·吉拉尔·德·拉库尔德布瓦的壁毯 1660 年估价一万多里佛,相当于一座两三层楼房的价值。这也是一个特例,因为另一个几乎同时期、同阶层的财产清单仅纪录了一组八件套表现诸神故事的戈布兰壁毯,而其估价为 850 里佛。

空间的使用越来越专门化,这也是数量有限的社会精英的特权。对私密生活的追求使卧室——雅女们的闺阁——兼作会客厅的时尚不再流行。博斯绘于 1630 年前后的一幅反映小贵族和较富裕的资产者阶层的版画,展现的正是一张摆放在床边的餐桌——餐桌一般是折叠式的。于是,在宫廷礼仪的带动下,餐厅在路易十四时期应运而生了——这是为适应"世风文明化"所要求的新礼仪规范而出现的新的生活环境,同时,巨富家中出现了会客厅,并在厅内配置高靠背扶手椅。具有御寒和装饰双重功用的壁毯越来越普及。从 1620 年开始在法国多座城市生产的一种贝尔加姆毯是最普通的一种,到世纪末已随处可见:这种挂毯体积较大,图案简单且常重复使用。先后创建于 1665 年和 1669 年的奥比松和费尔丹厂生产的壁毯则别有特色,它们主要制作配有动物或狩猎场面图案的风景壁毯,价格也昂贵得多。而从文艺复兴时期就很有名气的饰以人物图案的佛

兰德挂毯,以及博韦和戈布兰王家地毯厂制作的挂毯,就只有豪门巨富问津了:
1725年分别估价2000里佛和400里佛的"世界七大奇观"和七件套的"弗朗索瓦一世的故事",其拥有者是最高法院某院长的遗孀;1709年制作的长25米、宽3米的博韦挂毯覆盖并装饰了军队总司令官巴伯奇耶侯爵家中大厅的墙面,壁毯题名为"原罪史",这说明,除前面提到过的内容以外,那时的墙饰也会反映建立在古代神话和圣经故事双重基础上的文化所共有的场景。

　　挂毯看来不仅仅是重复性的装饰品,它已经开始表达一种品味,一种文化选择。其他类型的墙面装饰元素,如图画、版画、油画等,使这个特点更加具体和明显了。精英们的品味,他们的需求在发展,在进步。雅克·蒂利耶发现教堂和上一代修建的修道院这时已经少有艺术订货,他指出,在路易十四时期,"法兰西绘画……又复归油画了"。诚然,凡尔赛宫恢宏的建设工地多少会影响人们对这个时代的准确判断,而蒂利耶认为,这个时代的重大转变恰在于,大幅绘画的锐减和体裁更加多样化的小型画作市场的发展。但这个看法却大大低估了宗教艺术、特别是祭坛装饰屏市场在整个法国的规模和持久性。因此,就连蒂利耶本人也主张,这一观点主要局限于巴黎。

　　画作在富裕人家和普通的资产者家庭的室内装饰中并不少见。市场是存在的:1663年和18世纪初给两位国王画师制作的财产清册分别登记有80和119件画作。不过,种种迹象似乎表明,这个市场在下个世纪将明显扩大。的确,王家绘画和雕塑学院在1673—1737年期间只举办过五届画展(1673、1699、1704、1725和1737年),而从1737年开始,这类画展每年或每两年举行一次。1730年前,油画的公共销售还很少。遗憾的是,私人售画的规模无法估量,一般发生在遗产清理之时。估计在1700—1720年间,巴黎的绘画收藏者大约在150人左右,到这个世纪下半叶,收藏者将达到500人。

　　实际上,拥有几幅藏画的人,像贵族、法官、资产者和商人等,其人数远不止这些。其中不乏真正的收藏爱好者,像律师安托万·库利耶,1721年人们在他家中发现107件油画和版画,对他们来说,视觉艺术是"文化投资"的最佳形式。遗憾的是,我们很少能了解这些藏画的确切主题,只看出其中有家族成员的画像,以及与历史人物挂毯相同的古代灵感来源:在一位王家建筑督察官的遗孀马德莱娜·塞吉耶家中,就发现一幅表现《泰蒂斯和佩蕾的婚礼》(*Noces de Thétis et de Pélée*)的铜板绘画;1715年,塞巴斯蒂安·布尔东一幅题为《逃亡埃及》(*La Fuite en Egypte*)的画被一位拥有上百幅油画和版画的呢绒商估价160里佛。

　　巴黎2/3的财产清单中有版画,这一点使我们对图画在当时的重要性有了一个总体的认识。虽然有关资料更多关注的是有财产的人,但它仍旧表明,1700年前后,多于1/3的佣人和多于1/4的百姓阶层的工薪劳动者用图画装饰家中

LE
MISANTROPE
COMEDIE.
Par I.B.P. DE MOLIERE.

A PARIS.
Chez IEAN RIBOV, au Palais, visà vis la Porte
de l'Eglife de la Sainte Chapelle,
a l'Image Saint Louis.

M. DC. LXVII.
AVEC PRIVILEGE DV ROY.

Le Misantrope.

图 35 虽然当时不存在版权，但《愤世嫉俗者》创作一年后，出售剧本已经可以给莫里哀带来额外的收入了。那个介词 [指表示贵族出身的 de ——译者注] 对莫里哀如同对其他人一样，绝不是个特殊的贵族符号；它至多透漏出让－巴蒂斯特·波克兰的一点矫情。他的姓名被缩减成了其名字的起首字母。莫里哀这个国王挂毯商的儿子，其实属于富有资产者阶层；他在耶稣会的克莱蒙中学（今路易大帝中学）接受过很好的古典教育，可以阅读古罗马作家的原文作品，并从中受到启发。《愤世嫉俗者》于1666年6月4日在王宫剧场首演。这里表现的狭长舞台更让人想到网球场，那是17世纪喜剧演员献艺的最常用的场所。（《愤世嫉俗者》，1667，原版，巴黎，国家图书馆）

墙壁。比如一位细木工匠 1684 年去世时就留下了 15 张图画：一幅画像，一幅乡村婚礼画，三幅花草图和十幅宗教虔诚画。无论油画或图画，内容多涉及宗教：这一特点在生活拮据的家庭尤为明显，而阔绰住宅内的挂画，其内容则更加丰富，题材更加多样。基督——常为受难像、圣母和其他圣人都常出现在画中，他们的出现频率或取决于传统信仰的排次——比如巴黎守护圣人热纳维埃夫，或圣彼得、圣约翰、玛丽—马德莱娜等的地位，如果是版画，则取决于是否已经存在画样，这样可以用雕版复制出来。

作为政治宣传的工具，图画也表现国王和王室家族的形象；但将在 18 世纪时兴起来的家族画像，以及风景画和风俗画却数量有限。图画一边表达着一种文化，一边又为这个文化提供信息。购画者根据自己的爱好品味选择主题，一些主题随之被淘汰，比如神话主题因不属于大众文化而很少见到。但如前面所说，版画同时也越来越成为宣传的、传教的、肃清的手段，天主教改革、王权专制和世风的文明化正是通过这种手段表达着文化适应的意愿；版画从此让有品位的、"体面的"内容登堂入室；简言之，它自上而下地强化着习俗规范，让它所装饰的室内走向资产阶级化。

书籍仅在少数财产清单中出现，与画相比，它更理所当然地继续使文化习俗多样化。在巴黎，书籍已不再是稀有之物，但它的存在被忽视了，因为财产清册记录员往往忽略那些已经破损、失去经济价值的书籍。在路易十四时期，手工工匠、佣人甚至少数短工的家中都会有几本书，或是普通图书，或是虔诚书籍，如圣人故事或日课经等。在手工艺人家中，有时还会多上几本与其职业有关的书。但读者之间存在很大的差别，其中一类人将书籍当作虔信活动日常的或经常性的载体和食粮来使用，而另一类人则视书籍为一种有修养的消遣或职业和文化的兴趣所在；这类人一般属于从事较多知识活动或求知欲旺盛的阶层。

藏书种类最多的当属不同等级的资产阶级了，书的用途在他们那里各有不同：巴黎资产者弗朗索瓦·阿尔蒂桑 1704 年去世时，拥有 91 册书籍，其中宗教书居多，也有工具书和莫里哀的作品。医生、司法界人士等知识分子以及官员和神职人员的藏书更加丰富，其中宗教书占很大比重，但其形式更加多样，内容更有深度。最清贫的医生至少也会拥有几本书；但去世于 1666 年的国王普通御医皮埃尔·奥梅兹却拥有医学书籍百余册，另外还有十几册虔信书、两本圣经、36卷神学书籍、圣师的作品、古希腊哲学家和拉丁语作家的著作，文学类包括杜·贝莱、蒙田和几本喜剧作品。此外，不少律师、法学家和教师的藏书也可达数百册。和上个世纪一样，路易十四时期藏书量最为可观的仍是最高法院的法官们，其中在那些拥有人文主义文化传统的家庭，其丰富的藏书还得益于常年的积累。

神职人员的藏书却发生了很大变化。大多数普通教士——他们在路易十四统治初期至 17 世纪末去世——即使生活拮据,也已经拥有一些虔诚书。藏书可能是他们财产的重要组成部分,在他们生活中所起的作用也是人们能够真真切切感受到的,那位与 1362 册书籍共同生活在两间陋室中的尼古拉·勒凯尔·德·拉马尔便是一例。清贫神职者的另一个有代表性的例子是圣一雅克一笛奥巴的一位教士,他 1707 年去世时只留下卑薄的遗产,其中却包括价值 40 苏的"一小箱旧书";神职阶层的另一个极端是本堂神甫、神学博士及教会显要,他们的藏书数以百计,有圣经、圣师论著——除圣奥古斯丁①的论著外这类书越来越少见了、神学和神职历史教程、受西班牙影响较大的虔信书籍、布道演说集、教理问答、忏悔指南等,这些书都成为他们个人反省和布道活动的工具。在这个层次,每个人的藏书也毫无疑问地表达了他们的品味和个人的特殊文化:有些人流露出对冉森主义的好奇心和兴趣;古代的历史和文学虽然与宗教相比略逊一筹,但这类书籍加上几位法国作家的作品常反映出古典浸染的持久影响力。

生活优裕者的财产清册还展示了其他形式的娱乐和文化。除了因职业之故拥有之外,大多数娱乐用品也都只有在这类家庭才能见到,比如游戏。根据安妮克·帕尔戴雷一加拉布兰搜集编目的资料显示,17 世纪的财产清单中,只有 8% 有游戏用品的记录,而这一娱乐形式到下个世纪却广泛扩大到更多阶层。清册中包括国际跳棋、西洋双六棋、纸牌、滚球,还有需占用很大空间的两套台球设备。评价音乐在这个文化中的地位是比较困难的一件事。乐器只在极少的财产清册中出现:据卡特琳·马西普的研究成果《马萨林时期巴黎音乐家的生活》(*La vie des musiciens de Paris au temps de Mazarin*)显示,其比例为 1 比 15,在安妮克·帕尔戴雷一加拉布兰含盖 17—18 世纪的论著中,这个比例为 70(专业者除外)比 2800。同时,人们也注意到,这些数据为我们展示的社会面貌更加侧重富裕阶层。依照两个比较可信的假设——一个是每 25 户中有 1 户拥有一件乐器,另一个是一件乐器可能由家庭中的多个人使用,我们可以认为,在路易十四时期演奏器乐的业余爱好者约在 10000—20000 人之间。

音乐活动成为社交的一种形式,到世纪中叶更成为一种礼仪形式。肖像研究表明,演奏者既有男子,也有妇女:路易十三演奏,也作曲;路易十四勉强可以弹奏诗琴和吉他。诗琴在 1550—1650 这一百年间是优雅之士的偏爱之物,这使得非专业者对掌握一门高雅音乐趋之若鹜。复调乐曲那种交响的声部和曲调只能由技艺娴熟的演奏者们以乐队形式表演,而诗琴协和的纵向和弦则取而代之,人们的亲自尝试更明显提高了音乐爱好者们的听觉品位,为建立以一系列和弦

313

---

① 　圣奥古斯丁(Saint Augustin,354—430),奥古斯丁教派的创始人,被公认为古代基督教的最伟大的思想家,主要论著有《忏悔录》、《天国》等。

图 36 这是一幅作于 17 世纪的匿名油画，通过亚伯拉罕·博斯表现愉悦五大感官的系列版画而更加著名。从服装和家具来看，该画反映的是 17 世纪 30 年代的情形，但它到路易十四统治初期仍没有过时。男女仍然共同参加这种家庭范围的音乐活动。从墙面装饰、家具陈设和华丽穿着来看，家庭条件相当富足。一名妇女唱高音，一个还未变声的男孩和另一名男子唱中音，古提琴补充低音，保证低音部分的延续（琴弓后来重新被当今巴洛克演奏家使用），还有诗琴的和弦做伴奏。诗琴演奏后来迅速减少，人们在这种场合代之以吉他和小型拨弦古钢琴，或更受欢迎的羽管键琴，尽管它体积大，价格也贵得多。（图尔美术馆）

图 37 1699年由王家雕塑和绘画学院成员（院士）在卢浮宫画廊举办的不定期绘画和雕塑展，恢复了始于王宫而于科贝尔时期的1683年中止的公开展示作品的传统。作品从此在卢浮宫大画廊展出，此时的卢浮宫已被王宫遗弃，成为该学院院址，不少艺术家也住在这里。艺术家进入学院需经历漫长的大学学习过程，并举行致"欢迎词"的仪式。国王一般就是从这些学院成员中选人为他的宫殿作装饰的。（巴黎，国家图书馆）

烘托一个旋律的伴奏乐做好了准备。诗琴的流行大大拓展了这个时期的演奏范围：它可以通过改编而演奏复调音乐，或在亲切的家庭氛围内凭记忆试弹某段舞曲。不过这一时尚也只是昙花一现：到 17 世纪下半叶，随着雅风的衰败，与其相适应的宫廷伴奏乐也带着它造作的语言一起走向衰落；诗琴逐渐被更加有力的、技巧要求更加简单的吉他所替代。

　　财产清册中还纪录了其他一些弦乐器，如 17 世纪同样用来伴奏歌曲的双颈诗琴和曼陀拉①，还有与古提琴和小提琴同类的用琴弓演奏的乐器，这类乐器在业余爱好者家中较少见到。在马萨林时期，巴黎拥有 50 多位"乐器制作师"，在财产清查时，各家库存的已完成和在制作中的弦乐器在 150 至 300 件之间，即约有 10000 件在店里待售：考虑到专业演奏家和演奏多种乐器的较有修养的音乐爱好者家庭的数量，以及乐器的更新和返修率——那时的保养条件比现在差一些，比如炉火会损害乐器，对弦乐所做的这个估计同前面关于巴黎音乐爱好者总体规模的假设是基本一致的。

　　最后还有键盘乐器和管乐器。键盘乐器在马萨林时期占总乐器量的 30％，且昂贵得多；管乐器种类繁多，有风笛、短笛、双簧管、法国号、小号等。斯顿耐琴②仅在中产阶级家庭——比如 1646 年一位大学医学博士兼国王老师——或少数商人、法官家中偶有见到。它的价值在 5—50 里佛之间。拨弦古钢琴价格更加昂贵，其技术在 17 世纪中叶的完善为诗琴和吉他的演奏曲目开拓了新的天地：它的价格在路易十四时期在 150—300 里佛之间，其消费者主要是富商和有钱的资产阶级，如某缝纫用品商的妻子安娜·德拉勒 1708 年拥有一架安特卫普产的精美拨弦古钢琴。

　　一位妇女……这是否偶然？很久之后，拨弦古钢琴（还有这个时期出现的老式钢琴）是法国大革命初期的财产清查中在女修院最多见的乐器。在堪称音乐教育中心的圣—西尔王家女子修道院，寄宿生学习音乐和舞蹈。理论研究开始转向：弗勒里神甫在发表于 1685 年的《论学习之选择及方法》(*Traité du choix et de la méthode des études*)中，将音乐和绘画视为排遣闲暇无聊的权宜之计，而费奈隆在发表于 1687 年的《论女子教育》(*Traité de l'éducation des filles*)中却持较为积极的观点。各地纷纷创建修道院的大时代已经过去了，过去在修道院中寄宿的女子被当作未来修女的苗子培养，而到 80 年代，人们开始考虑如何帮助她们重返社会。这时，音乐比其他娱乐艺术更成为良家女子应该具备的基本修养。

　　相反，实行走读制的中学没有这方面的考虑；男子的上流社交教育常局限于舞蹈。舞蹈这种身体艺术像马术和击剑一样，在贵族阶级的教育中比在资产阶

---

①　与诗琴同一类的古拨弦乐器。

②　古代一种长方形的小型羽管键琴。

级那里受到更多的重视；但音乐和整个艺术活动都走向女性化。在青年路易十四之后，再也看不到哪位君主在公共场合登台献艺。在古典时期，尽管有喜爱拨弦古钢琴的拉封丹，但男女分工更加明确：抽象的知识交给男人，而愉悦家庭和在社交场合出头露面的责任则比以往更多地落在女人身上。

职业乐师拓宽了私人艺术活动的范围及其级别。在 1680—1700 年间，一些人在家中定期举行音乐会。17 世纪中叶，巴黎有五百多个舞蹈教师，他们随身携带袖珍小提琴，在家里、客户家中或接收住宿生的机构教授舞蹈；这个数字表明了这一上流社会教育形式之普遍，但这同时也是举止仪表的学习。音乐天地又重回 17 世纪初经历了黄金时期的圣－于连－德－梅内特里耶兄弟会：其成员演奏黎明曲，组织化妆舞会和其他形式的家庭仪式。路易十四在这方面的政策同在其他文化领域的政策一样，通过新建一些严密监控的机构使旧的行会主义分崩离析。

2

公共文化活动

国王也是文化扶掖者，他还是奉献给子民的各种演出的最大组织者。1663年，他在给年仅两岁的王储的《致王储训言》（*Instructions destinées au Dauphin*）中这样写道：

> 一个法兰西的王子或国王应该在这些娱乐中看到表演以外的其他东西。子民在演出中尽享其乐……通过此举我们控制他们的思想，抓住他们的心，有时这会比奖赏和恩惠更有效；而对外国人来说，这些看似多余的消耗会在他们身上产生不同凡响的印象，那便是辉煌、强盛、富丽和宏大。

他隔一段时间便会让巴黎人观看、欣赏盛大的表演，比如 1662 年，在骑兵竞技场院子里举行了方阵舞表演，同时还进行骑士比武，放焰火，燃篝火；这类活动常会在征战凯旋后举行，让民众的兴高采烈与君主的喜悦合而为一。

如詹姆斯·安东尼指出的那样，路易十四在宫内同在公共场合一样，比同时代任何君主都更加关注他宫廷的音乐；在吕里的作品中，他找到了和他的大一统政策有异曲同工之效的东西。三大乐团——这可以追溯到弗朗索瓦一世时期——承担着宫廷的音乐服务任务：有主要由歌手和弦乐师组成的寝室乐队、以管乐器营造阅兵式和其他露天仪式盛大气氛的王室大厩舍乐队，还有唱诗班，其成员从 16 世纪末的 30 几人增加到 1708 年即米歇尔·里夏尔·德·拉朗德时期的 80 人。此外还有由 24 位小提琴手组成的大乐队和创建于 1648 年的小提琴小乐队。总共算来,在 17 世纪下半叶有乐师约 120—150 人。

由数千人组成的宫廷本身就是一个观众体。国王也会把自己的乐队暂借给某位大领主或皇亲国戚使用,以此活跃巴黎地区贵族豪宅的气氛:1686 年,在旺多姆公爵的阿奈城堡便上演了《阿喀斯和伽拉忒亚》(Acis et Galatée)。露天仪式可以吸引更多观众;每年,在圣路易节的前一天,国王的乐师们都为巴黎人奉上一台免费公开音乐会。也可以只有少量观众:老年时的国王喜欢晚餐后在曼特农夫人的房里欣赏他的弦乐队的演奏,听众很有限;国王乐队也在城里进行私人演出,这时,吕里会精心收取税款。

宫廷芭蕾在路易十四统治初期仍很受欢迎,而马萨林却始终未能如愿让一班意大利歌手在巴黎站稳脚跟:教会和巴黎最高法院对这些演出的高额收费颇有微词。在这样的背景下,60 年代的体制变动、某几个人物的选择和王室的愿望对这类演出的有限观众产生了决定性的影响。古典主义及其规则,宫廷生活的规则,这些都使宫廷芭蕾那不合规范的形式贬了值,过时不说,到 18 世纪初甚至被视为陈旧和缺乏品位的表演形式了。关于统制型和国家主义的文化政策实施的总体特点,我们已经在上一章谈及,而这一政策在音乐方面的体现则是 1669 年将全法兰西王国的音乐演出特许权赐予皮埃尔·佩兰;1672 年吕里买下此特许权,并于 1687 去世那年将它移交自己的接班人。特许权获得者独家拥有建立"歌剧院"和"用法语诗句"上演歌剧的权利。这一特权逐渐扩展到所有稍具规模的音乐剧,因而在二三十年的时间里便大量抢占了意大利音乐在公共音乐生活中的地盘。意大利剧目已经少得可怜,后来只剩下陪伴意大利音乐剧团坚持到 1697 年的几位乐师,以及圣—安德烈—德阿尔的神甫组织起来的小乐团了;这位神甫在身后留下两百首乐谱,其中 2/3 为意大利乐曲。

吕里歌剧的几个特点使其深深扎根于古典主义艺术:与莫里哀等剧作家的合作使之顺理成章地步入这个轨道;受法国话剧演员朗诵形式的启发首创了用法语演唱的宣叙调;首创了被佩罗称为"鲜明而肃穆的交响乐"的"法国式序曲"。从 1674 年开始,这一法国式品味找到了表达的场所,那就是莫里哀去世后其剧团从此放弃的、直到 1763 年一直是巴黎歌剧院之家的王宫剧场。在这里,冬季每周四次,夏季每周三次在下午五点时分上演悲歌剧和芭蕾歌剧。18 世纪初,这样一场歌剧的门票约在 1 里佛 16 苏和 11 里佛 10 苏之间:前者相当于一个工人几天的工资,可以买到三等包厢或正厅后排站票;后者相当于法兰西剧院一场演出票的两倍,可买到楼厅或正厅的座位。吕里获胜了——塞维涅夫人 1674 年谈及《阿尔塞斯特》(Alceste)一剧时说它"超越了过去听过的所有乐曲",而且影响在他去世后仍长久不衰。吕里的歌剧成为整整一代人音乐鉴赏和品位的参照;这一参照不可回避,还因为巴黎歌剧院的规章仍然继续规定着与"吕里先生的老歌剧"轮流上演的"新悲剧",尽管人们的不满情绪从 1710 年后已经开始显现。垄断虽然排斥了竞争,但吕里歌剧在国外的演出——1686年在伦敦、1687年在阿姆斯特丹上演《卡德姆斯》(*Cadmus*)——证明垄断不是这一历久不衰的成功的唯一解释。

与音乐生活对立的另一个极端是礼拜场所向更多公众的开放。整个17世纪,神职阶层都在不断激烈抨击歌剧和道白剧,理由是它们有可能会撩拨亵渎宗教的激情。不过,从圣一西蒙对国王唱诗班音乐的见解来看,这种对立是相对的: 317

> 撇开场地和物件不谈,唱诗班的音乐远胜于歌剧和欧洲所有的音乐……小教堂的装饰和照明方式妙不可言,无与伦比。各处座无虚席:廊台的两侧挤满了穿便装的宫廷贵妇。那场面美不胜收,令人惊羡,人人陶醉在听觉的享受中。

在国王每日亲临的弥撒中,都会由唱诗班演唱三首经文歌。凡尔赛宫先后成立过四个唱诗班,规模越来越大,工作人员也随之不断增加。这里的中心人物是唱诗班的指挥们:亨利·迪蒙担任这个职务达20年之久,即1663—1683年,同时担任指挥的还有1699年去世的皮埃尔·罗贝尔。宫廷职位的应聘者络绎不绝,且都颇有才干,这说明了它强大的吸引力以及它在音乐生活中的重要地位:在1683年进入“副指挥”一职最后一次角逐的15位作曲师名单中,有因病未能参加考试的沙尔庞捷①,有科拉斯②和米歇尔·里夏尔·德·拉朗德。拉朗德淘汰了所有对手之后,在路易十四统治末期终于掌管音乐大权;正是在这个时期,即1695—1710年,他完成了几首重要的经文歌。此外,拉朗德在吕里死后买下了他的一些特许权,使他得以在宫内演奏世俗曲目,如《国王晚宴交响曲》(*Les Symphonies pour les soupers du roi*)。

一些修道院和妇女机构实际上也成了经常光顾的听众的音乐聚会场所,于是,在虔信的幌子下,这里也一样掺杂了世俗上流社会的暧昧。圣周③期间禁止一切演出活动,观众们便纷纷来到修道院,吸引他们的既有虔信之心,也有美妙的歌喉。国王在返回凡尔赛宫之前常喜欢亲临隆尚修道院、圣母升天修道院和圣一西尔修道院聆听夜课,这些修道院都因修女和寄宿生们演唱的动听的经文歌而远近闻名。曼特农夫人开始并没有介意,后来终于指责“这种暗礁密布的危险曲调会让修女们个个深陷其中而不自拔”。而后来的一些做法更使这种意义转向达到了极致,1704年,勒塞尔夫·德·拉维耶维尔在《意大利音乐与法兰西音乐之比较》(*Comparaison de la musique italienne et de la musique française*)中写道:

---

① 马克·安托纳·沙尔庞捷(Marc Antoine Charpentier,1636—1704),法国作曲家和宗教音乐大师。

② 巴斯卡勒·科拉斯(Pascal Colasse,1649—1709),法国作曲家,吕里的合作者,悲歌剧《泰提斯和佩蕾》的作者。

③ 复活节前的一周。

近几年来,人们租借女演员,请她们在耶稣受难日演唱日课经(即圣周期间念诵的耶稣苦难纪念大日课)或在复活节演唱单声部经文歌;那些躲在后台的女演员不时掀开幕布朝他们认识的听众微笑。人们到指定的修道院专门听她们演唱:由于她们的出场,教堂座位也要收费,竟和巴黎歌剧院的门票一样贵。

318 　　如果考虑到教堂和学校也在演奏音乐——当然这里的听众更加复杂一些,我们完全可以认为音乐在很长一段时间里比戏剧得到更多支持。即便在巴黎,戏剧团体的条件也是很有限的。1630 年以后,仅有两个剧团,两个剧场:一处在勃艮第公馆——据朗松描述,这是个长方形大厅,有两排包厢和石板地的正厅后排座位,可接待"国王的演员";另一处是沼地剧院,由一个老式网球场改建而成。除这些法国剧团外,还有意大利文艺团体,他们根据提纲用本国语言表演类似"艺术喜剧"风格的即兴喜剧;1653 年,他们进驻卢浮宫附近的小波旁剧场。莫里哀剧团 1658 年初进巴黎时和他们共享这个剧场,1661 年才搬到黎士留在红衣主教宫,即后来的王宫里建造的剧场。莫里哀去世后,他的剧团被迫放弃王宫剧场,搬至马萨林纳街的老网球场,后与沼地剧团合并为盖内戈剧团;该剧团又于 1680 年与勃艮第公馆的剧团合并,成立了法兰西剧院。即便是这样有限的条件,与外省相比已经是天壤之别了。

　　30—60 年代,法国经历了戏剧语言的一次彻底净化,这是前面有一章提到的世风净化的一个方面。这种新规范实际上是道德、语言和审美等多方面标准化的结果,它终于在古典主义阶段到来了,此前经历了约一代人的发展过程。如

319 果说这一新规范改变了观众的性质的话,那么,它便应该被重新置于首都的社会精英们更加广泛的发展变化之中。在这个世纪初,剧场的票价是不同社会阶层的观众都可以接受的;但从 1630 年起,观众内部开始形成等级,其影响后来才渐渐显现出来。为迎合人们的品味,或更确切地说,为迎合品味的多样性,出现了更多的剧团,更多的剧种和表演类型。正派人行为操守及其语言的演变使他们再不能与那些游手好闲的乌合之众为伍了,这些人已经被社会视为粗俗不堪和有伤风化的群体了。有幸常蒙王室家族成员莅临的古典主义戏剧,在初期正是在这种文化多样性之中建立起来的;那时,礼仪规范所禁止的场所依然存在。路易十四公开资助作家,发给他们年金,亲选剧目为他表演,从而亲自促成了这一演进。

　　根据莫里哀剧团保存的该剧团最后一年即 1672 年 4 月 29 日—1673 年 3 月 21 日的记录簿记载,同时查阅了法兰西剧院的档案数据,琼·拉夫(John Lough)更加详尽地确定了古典主义剧目的观众数量。1680—1720 年期间,每年在法兰西剧院购票观看演出的人约在 100000—200000 之间。但这个总数也包括了不少经常光顾法兰西剧院的常客,只有将每出戏的演出场次考虑在内,这个

数据才可以更加准确。在 1680 年前后的巴黎，一出戏能演上 15—16 场，就已经是说得过去的成绩了；如果上演 20—30 场，那便是大获成功；超过这个数字就是火爆了。1673 年，《没病找病》的首场演出观众达 682 人，第二场就只有 482 人了。对莫里哀剧团来说，爆满意味着有 600—700 名观众，就像 1672 年 10 月 28 日《愤世嫉俗者》时隔六年再度上演时，观众达 644 人之多。但法兰西剧院的晚场演出，观众有时寥寥无几：1685 年 9 月 4 日《西拿》(Cinna) 的观众仅 130 人，1699 年 9 月 22 日《丈夫学堂》和《乔治·当丹》的观众仅 84 人。

这些数字信息——观众的平均人数和一个剧目的平均表演场次——使我们大致可以估计出，1680 年法兰西剧院的观众总数在 10000 到 17000 人之间，这个数字实际上也是古典主义戏剧在巴黎的观众总人数，因为这时各古典主义剧团已经合而为一了。1687 年，法兰西剧院搬至福塞－圣－日耳曼街新址，这座由弗朗索瓦·德·奥尔贝设计的新剧场，为观众、尤其是楼厅的观众提供了前所未有的舒适感。但是票价在两代人的时间里扶摇直上：在正厅后排看莫里哀的戏，票价为 15 苏，即原来的三倍。三等包厢为 20 苏，高层包厢也从 10 苏涨到 30 苏，不同类型座位之间的票价差别也越来越大，楼厅座已经涨到三里佛，头等包厢和舞台为五个半里佛——在舞台上安排少量观众的惯例，始于 17 世纪上半叶并一直延续到 1759 年。

320

这个 1 比 7 的价格比例——莫里哀的首演票价还要更高——同时也意味着观众的多样性。最低价的提高，剧目的变化使最大众化的元素逐渐减少，但票价的幅度又维持着一定的社会差别。莫里哀在他的《"太太学堂"的批评》(La Critique de l'Ecole des femmes) 中便通过阿尔吉蒙之口证实了这一点：

321

> 圣－德尼街的大多数商人都特别喜欢看喜剧，我们有四、五十人常去看新戏的首场，场场不落。如果……她们太吵，我们就四、五家凑在一起给妻子租个包厢，我们自己在正厅后排站着看就行了。

商人、律师……中产阶级中相当一部分有文化的人继续观看着法兰西剧院的表演；但他们已经成了观众中的社会最底层了，观众的多样性在慢慢消失。

宫廷和国王也推动了剧目的创作：莫里哀和拉辛的不少戏——其中有些是与吕里合作的作品——都是先在宫廷上演的。但 1683 年王后玛丽·泰蕾兹死后，路易十四对戏剧渐渐失去了兴趣，戏剧随之跌进了失宠的漩涡，直到摄政时期才得以脱身："歌剧和喜剧成为资产者的消遣，宫廷里几乎看不到了"，这是 1692 年一个叫卡利埃的人的描述。随着相关规定的出台，歌剧院和法兰西剧院最终在 1670－1680 年期间完成了官方戏剧的统一。戏剧渐渐失去国王的庇护，面对教会的百般刁难越发束手无策；戏剧的学院派特点也使其落伍，而部分观众——那些购买高额价票的观众——随国王迁往凡尔赛宫，这就更减少了剧院的每日上座率。

意大利喜剧院的演出在80年代颇为兴旺，他们于是迁往勃艮第公馆，并一改原来在提纲基础上即兴表演的模式，转而全部采纳剧本的情节。他们以自己独到的风格、情节和诙谐来弥补法兰西剧院剧目的循规蹈矩特点，但即便如此，也难抵御王室的反对：1697年，他们表演的《假正经女人》(La fausse prude)令曼特农夫人对号入座，剧团随后被驱逐出境，直到1717年在完全不同的政治和文化背景下才重返法国。意大利人的离去为首都公众戏剧的最后一种表达形式出乎预料地打开了的局面。从中世纪开始便闻名遐迩的巴黎两大交易集市，即2—3月份的圣－日耳曼交易会和8—9月份的圣－洛朗交易会很久以来一直吸引着魔术师、走钢丝的、驯动物的、要木偶的艺人们，斯卡龙在1643年创作的题为《圣－日耳曼交易会》(La Foire de Saint Germain)的诗中称其"让百姓着了迷"。

"妇女和年轻人对歌剧烂熟于心，几乎没有哪一家不会唱上几场。"圣埃夫勒蒙在其1676年创作的《歌剧》(Les Opéras)中这么说，自然并没有错。我们在上面所描述的巴黎文化活动，估计只涉及首都成年人口的5%，加入这个行列的还有越来越多途经巴黎的外国人和外省富人。而大多数巴黎人是通过交易集市上的表演才了解了戏剧，他们了解音乐的途径，除了教堂之外，也只有个人爱好或欣赏街头艺人的表演了。视觉和听觉文化中更加复杂、更加丰富和更加有创意的深奥的形式——绘画、音乐、戏剧等——则越来越多地在私人场所构思和传播，即便是在公共场合(比如宫廷或名人雅士的沙龙)，也非普通人所能问津。在世纪之交凡尔赛文化的辉煌暗淡下来的时候，巴黎上流社会诞生了。

几十年的时间里，物质、机构和社会因素使得这少数人和巴黎其余广大民众之间的文化差距越来越大，直至彻底分裂。而后者也成了被观察的对象和灵感的来源，成了带有异乡情调的低俗去处。除了前面提到的《巴黎的呐喊》中那类版画的理想化倾向和勒南兄弟对农民形象的美化之外，这时又出现了莫里哀喜剧的公式化框框——仆人侍奉资产者的套路，或者还有童话故事的离奇古怪，这类题材在1697年夏尔·佩罗的《我的鹅妈妈的童话》(Contes de ma mère l'Oye)和次年奥努瓦伯爵夫人的《童话故事》(Contes de fées)发表后的世纪末年十分流行。

然而，仅局限于"分裂"之说就过于简单了。诚然，书籍的传播范围之所以更加广泛，那是因为很多人受到不断扩大的宗教信念的引导，而这种信念与其说是出于对知识的纯粹的好奇心，不如说包含着某种彻入骨髓的东西。如果说书籍对于虔信形象来说意味着质的飞跃，那么它对于相当一部分读者——如那些只拥有几本日课经、祈祷书或圣人故事的人们——来说，便意味着这种飞跃的延续。尽管有这些保留看法，尽管后面我们还将看到一些书籍的用途更加通俗化，但书籍的确是不同形式的文化间的最宽阔的桥梁。从物质的角度说，也是这样：

歌剧院的票价引来的不同看法和反对之声,虽然由于虔信而将逐渐减少,但绝对没有消失,而任何一个小资产者都宁可放弃一张歌剧门票而花同样的价钱购买几本降价小开本的精装书,或一大捆册子。

很多资产者,在缺少大众类演出的情况下,更常出入的是意大利剧院或他们从书上可以获知演出剧目的法兰西剧院,而不是歌剧院。他们的孩子大多在中学接受教育,那里演出说教性很强的戏剧,但学生也统一接受音乐教育或亲自实践。巴黎一些中学还聘请高级音乐教师任教,如路易大帝中学从 1684 年起聘任了马克-安托万·沙尔庞捷,那时康普拉接替了他在耶稣会发愿修行院的职位。17 世纪的一大特点是管风琴音乐的空前发展,这是天主教改革和乐器制作技术重大进步的共同成果:库伯兰一家有七口人掌管圣-热尔韦的管风琴,无论是他们的演奏技巧还是乐曲本身,都令各阶层的听众为之动容。巴黎的音乐出版社发行宗教音乐曲谱,随着这类乐曲演奏的增多,听众数量也增加了:1669 年由亨利·迪蒙①创作的《弥撒素歌五首》(*Les cinq Messes en plain chant*)——又称《王室弥撒》(*Messes royales*)——到 19 世纪将唱遍所有乡村堂区。用俗语演唱的感恩歌也通过修道院和教士传播开来,这类圣歌常用大家熟悉的旋律填词而成。这些场所,这些表达方式,虽然避开了地域和社会阶层的划分,却绝不能漠视一个基本概念,即参照的概念:虽然面向广大公众,但这些文化"客体"首先是根据精英的审美取向推介出来的;它们是一个文化——唯一的文化——的表达方式,是向那些渴望进入这个文化的人们递去的招安书——这让我们想到那些围攻莫里哀的《贵人迷》的大师们。

3

缩减外省自治权

鉴于情况的复杂多样性和资料来源、研究现状的局限,对整个法国做全面概括分析是比较困难的,但对个别案例的研究可以帮助我们从中获悉普遍性的倾向。我们选择了昂古莱姆,因为它是一座中等城市,到 18 世纪中叶才约有人口12000——这是最早有较为精确统计数字的时期了,除了设有军事长官一职以外,不具备任何重要的经济或行政职能。和许多城市一样,它受到宗教战争的破坏和天主教改革的影响,并从 17 世纪初开始重建宗教建筑,以及其他建筑。1622 年耶稣会的到来使老中学旧貌换新颜,但哲学课迟至 1658 年和 1720 年才

---

① 亨利·迪蒙(Henri de Thier Du Mont, 1610—1684),瓦隆作曲家,1638 年定居法国。作品中使用通奏低音。

在一些协会组织的帮助下开设起来。市府为教会中学拨发其收入的 1/3,市府官员大力支持这样一个为本地精英子女——1668 年为 377 人——提供教育的机构,这种教育对他们将来在社会立足或跻身知识或权力的圈子已经是必不可少的了。估计中学从 1637 年起每年可培养出几十名接受过全面的人文主义教育的毕业生。

这个像雪球一样的社会阶层加入到了皮埃尔·布乌尔称为"美文学最后的光彩"之中。世纪中叶的昂古莱姆有几个沙龙,其中有市长夫人主持的一家。但这种知性的和上流社会的社交生活中最显著的元素,已经开始从外部世界的参照中获取自己的合理性了:盖·德·巴尔扎克①确是 1597 年在昂古莱姆出生的,但他是在莱顿接受的教育,虽然在垂暮之年回归故里,但功成名就并当选法兰西学院院士却是在巴黎。另一个重要人物是蒙托西耶侯爵,特别是他的妻子朱莉·德·安热纳,即朗布耶侯爵夫人的女儿,也是诗人作家们为其献上《朱莉的花环》(*La Guirlande de Julie*)的那位女子;1648 年她陪同丈夫接任昂古穆瓦省行政长官一职,并在这里用七年的时间重新营建一个巴黎沙龙的翻版;但 1655 年蒙托西耶的离任和前一年盖·德·巴尔扎克的去世标志着昂古莱姆文化生活尚有一抹光彩的时代结束了。

我们之所以可以通过昂古莱姆的例证获知法国中等城市的普遍状况,是因为我们发现,同过去相比,该市文化生活及其发展演变的许多特点与这些中等城市有了更多共性;而差别更多来自个体构成的社会阶层以及各城市规模的差异,并非来自地理位置的不同。先前直接参与当时的思想论战、由外省的名家读者兼作家构成的人文主义的狭小圈子——尼古拉·佩雷(Nicolas Peiresc)是其中的一位代表人物——从未独立形成文化财产的一个"消费者"阶层。而我们这个时期却出现了一个新生事物,1630—1670 年期间,主要由纷纷兴建的中学培养出来的一个阶层明显壮大起来了。表面看来,这些培育律师、教士和职员的基地,对文化生产没有什么值得一提的建树,但这个在知识结构上更具共性的阶层,实际上正是未来向社会输送主要人才的沃土。

通过其不断扩大的规模及由此而带来的个体的隐没,通过广泛一致的教育,这一代比上一代人具备更加完备的条件来建立一个我们可以大致称之为"全国性"的市场。而且,只从中等城市来看,这个市场今后基本上只会从国家认可的价值观中获取营养了。从此,人们互相交流的语言统一为精英的语言;灵感则来自巴黎的样板及随后的凡尔赛样板。然而,我们能否就此概括并得出这样的结论,认为法国迅速完成了文化一统呢? 这个问题又引发出另两个问题:外省城市和精英们以何种方式接触到文化设施和文化财产? 外省在何等程度上保留着自己足够的创造能力,又在何等程度上与其他文化空气保持着足够的联系,以抵御

324

---

① 盖·德·巴尔扎克(Jean-Louis Guez de Balzac,1595—1654),法国评论作者。主要著作:《信札》(1624—1654),《基督徒苏格拉底》(1652 年)。

巴黎排他的影响的?

　　路易十三时期,外省知识分子还保留着不少文艺复兴时期人文主义者的特点:为数不多的博学之士们整日埋头书斋,其社交活动仅限于通信往来或有限的几个小圈子。他们有很广泛的好奇心和求知欲,但因扎根于本土而与首都没有直接的联系。人们设法抓住一切机会,如过往者、个人关系或血缘关系等。通信也扩大着人们的视野;但当时的巴黎还只是通过其知识资源之巨在外省起着特殊作用,仅此而已。在埃克斯,意大利典范仍然有相当的影响力,与首都的样板难分伯仲;而里昂的印刷在法国南方也长期占据重要地位。

　　因而,知识性交流活动的背景远远大于一个省或一个地区的社交范围。它植根于一个历史之中,那便是老的宫廷或古都的历史——我们可以想到波、内拉克、第戎和里尔这些城市,我们甚至还可以想到直至路易十四统治初期,仍影响着巴黎和卢瓦尔河流域之间地区的宫廷游牧式的生活方式,或是以体现传统甚至外省"自由"为己任的古老机构的历史。无论出于什么原因,无论程度深浅,一些新近归属的城市和地区都保留着对过去挥之不去的记忆,像佩尔皮尼昂、里尔、贝桑松或斯特拉斯堡,这些城市的建筑师和艺术家在公共建筑和绘画中留下了无数与巴黎影响无关的艺术见证。

　　外省文化究竟是独创性的,还是从属于巴黎和凡尔赛,这个问题的提出,首先是和构筑着这一文化,并为之注入活力使其超越本土范畴的个体、机构、团体和设施密切相关的。从这个层面上讲,由王国派往新近归并地区的行政官员和军事人员使这些地区的精英阶层的构成更加复杂。但实际上,自60年代起,这已经成为遍及法国的普遍现象,只不过在这里更加明显些罢了。仅仅几十年的时间,外省的界限已经模糊不清了。"胡格诺派"在黎世留时期的毁灭和投石党的失败,标志着把外省首先视为其领地的独霸一方的大贵族的时代已告结束。

　　当然,个别地区的机构还保留着某种独特性,这经常是由其归属于法国的条件所决定的,比如布列塔尼和阿尔萨斯。贵族和资产阶级对本土的依附仍保持着这种外省身份的情结。但首都和外省之间的关系已经形成了严密的框架结构。教会和国家部门越来越多地让一些家庭迁住外省,比如像蒙托西耶一家,因为他们可以带去首都的行为举止,带去首都的新信息。为国王效力的贵族和行政人员、行政机关、军队、主教等,他们往来于1670年后与王室宅邸视为等同的巴黎政治中心和王国其他地区之间,都在为一股不断扩大的人员和邮件的流动大潮推波助澜。王室中的大多数仆人都是分段工作的,这样他们就可以在愿意的时候到外省的家住上几个月。从外省军政长官到最卑微的百姓,所有人都在向外省传播着首都和宫廷的风格、式样和想法,在巴黎,世风的演变发展,逐渐使一切巴黎以外的东西被视为陈旧、粗俗和笨拙,从此贬值。

　　在总体的演变之外,有两个因素加速了文化领域的变化。政治力量和政治机构的演变以及人口增长的压力本身都在施展着它们的影响,而路易十四的统制型政策则明显地加强了这种影响。只有靠非法手段才能避开的垄断规则,已经在一些部门得到认可,让巴黎的生产者和创作者占尽了好处。然而,外省对首都的文化隶属并非在各地都畅通无阻。达尼埃尔·罗什①在分析"创建学院运动"的起因时指出,它产生于沙龙和传统各异的社团,是它们促成了巴黎和外省之间在年代上的差距。当艺术和文学的古典主义形式已在巴黎确立之时,1667 年在一个贵族"才子与风雅学院"基础上引进过来的阿尔学院,却还有这样的规定:"六名院士须亲赴本市所有的晚间活动场所……以便察看和及时了解恋人的不贞行为和朋友间的不忠诚",显然,在巴黎已经时过境迁的雅风传统仍在这里延续着。

外省社团的起因,有些是社交性的,有些则是知识性和学术性的。一些文学聚会性的古老机构依然存在,比如图卢兹的百花赛诗社和鲁昂的老诗新作赛诗社。达尼埃尔·罗什将社团划分成两种类型:一类从自发的聚会发展成为定期组织的聚会,探讨知识和学术性问题;另一类更偏重消遣性,组织聚餐和音乐等娱乐活动。根据主持者的好恶,各社团会在这两者间有所侧重。他们希望跨越多余的程序步骤,而正是这个愿望使他们与首都的文化人和机构之间产生了矛盾。在君主专制政体下,一个协会组织在未经权力机构允许的情况下,是无法行使公共职能的。建学术机构、研究院需获得国王诏书的恩准,这便意味着必须在宫廷和巴黎有关系网和保护伞。因而,已经与巴黎学者圈建立起来的个人关系和学术交流都是有分量的砝码,而获得巴黎某学院的担保则是一张王牌:1700年前被正式承认的七所学院都有法兰西学院作担保,而蒙彼利埃(1706 年)和波尔多(1713 年)的两所学院则以科学院为靠山。

权威的担保与公平可否兼顾? 一些人曾希望如此。在法兰西学院委婉然而坚决地回绝了阿维尼翁的"不甘示弱者们"关于建立一个与之平起平坐的协会的申请之后——沙普兰巧言应答说"那样会造出一个畸形儿,把两个完美之身拼凑成了残障之体",阿维尼翁人只好组织纯私人性的协会了。冈市和里昂的组织是两个例外,前者在路易十四统治初期是天主教徒和新教徒共同出入的知识性社交场所,后者则拥有深厚的文化历史背景;这两座城市的社团没有趋附于巴黎的保护,但同样基本达到了学术性组织的水准,如定期召开会议,组织辩论等。但是,所有的学术社团和组织,在平等基础上互相承认的时代已经一去不返。巴黎各研究学院的建立,创设了一种新的模式:它们被赋予国家级的使命,享有它们不愿与"乡下院士"分享的特权,巴黎院士就是这样称呼阿尔的院士的。

除敏感性和雄心勃勃之外,创建学院运动还表现出对共同文化的一种事实上的加入,要求中央政权和首都知识界承认本身便意味着这一点。用达尼埃

---

① 达尼埃尔·罗什(Daniel Roche,1935—),历史学家,法兰西公学教授。主要著作:《外省的启蒙时代》《平凡小事的历史》等。

尔·罗什的话说：

> 那是归顺于首都习俗惯例的宣言书，也是参与传播法语这个精英
> 语言和政权语言的承诺……继常常是反巴黎的、对抗的外省奥克语文
> 学的巴洛克式世界之后，随之而来的是集权化的巴黎语言纯洁主义的
> 一统天下了。

创建学院运动表明了路易十四时期精英阶层对文化和语言地方主义的迅速
摒弃——特别是在奥克地区——以及他们对法兰西语言文化的归顺。精英阶层
"在独立与受监护的矛盾选择中苦苦挣扎"，事实上也成为了政治专制主义背景
下的文化一统主义的媒介之一。政权处处为建学院开绿灯，有科尔贝 1683 年 6
月 18 日写给外省监督官的这封信为证：

> 国王陛下向文人学者发放奖金，他还是法兰西学院的庇护人，建立
> 了多所科学院和艺术学院。非常希望在王国的所有省区，能有一些文
> 学人士致力于特殊领域的研究，比如各省历史的研究……

而外省或巴黎新建的学院则抓住一切机会向国王表忠心。学院也成为了学
识与权力为双方共同利益而结合的产物，这个结合既是文化集权的标志，也是促
成文化集权的要素。

文化一统意味着对文化机构和文化财产生产者的监督；为此必须实施筛选
和中央集权的政策，这一政策在文字领域也一样能感觉得到。巴黎的出版界与
政权、作者都可谓近水楼台，因此，他们从这个时期开始便借助前面已经谈到的
特许制度包揽了大多数重要新书的出版。从 18 世纪初开始，位居巴黎之后的里
昂和鲁昂两市只能获得特许权的 10％。1701 年，古籍也须经中央行政部门批准
方可再版，只有极少数小部头的古籍例外，这实际上又为巴黎的出版业提供了新
的、巨大的便利条件。于是，出版商纷纷向首都汇集，形成高度集中的局面，到今
天，这仍然是法国知识生活的一大特点。

作者移居国外既说明隔膜在逐渐消除，也表明某种强制关系的演变。马朗
德（D. Maland）将 16 世纪和 17 世纪各 200 人的两组作家进行比较后发现，16 世
纪，这些作者中的 70％终老于外省，而 17 世纪这样的作家却只有 48％。离开外
省本土到巴黎谋生的作者从 16 世纪的 47 人增至 17 世纪的 72 人：同布瓦洛和
莫里哀一样，鲁昂的高乃依，第戎的波舒哀，夏托—蒂埃里的拉封丹，拉费泰—米
隆的拉辛都在巴黎去世。下一个世纪也一样，巴黎三所大学院中 60％的院士都
来自外省。首都虽然独领风骚，但却广泛吸收着外来的人才。

4

外省习俗

在这种条件下,外省所剩不多的资源衰萎了:在 17 世纪上半叶仍十分活跃的里昂出版业这时已是江河日下。但这种没落与其被视为垂死挣扎的开始,不如被理解为在失去知识雄心的基础之上的转产。的确,读者的数量,购书人的数量——特别是日课经这样微不足道却在家庭书面文化中十分突出的第一本宗教书册——在悄然增长着;而这些书籍大多是在外省的中心城市发行出版。日常图书的需求量扩大了,这类图书的出版一般可以避开特许权的限制:大量发行的宗教书籍、识字读本、部分面向中学的小本拉丁文经典作家作品,还有专业出版社出版的蓝色文库汇编都是在外省印刷出版。每个省都有专门印刷这类图书的特许印厂,比如主教印刷厂(主要印刷教理问答、礼拜仪式方面的图书等)、国王印刷厂、耶稣会印刷厂等。另外,由于外省出版业监管不严,因而成为非法出版物的主要来源地之一,而图书的标题页却常错误地把责任嫁祸于伦敦、阿姆斯特丹或日内瓦。

由于缺少中央集权机构的促进或监管,知识或艺术生活的其他方面就没有这么突出了。以戏剧为例,其发展受到很大限制。王室定居一处,巴黎和凡尔赛把越来越多的大贵族、财富和天才吸纳到自己身边,这些因素减少了在外省大显身手的可能性。在路易十三时期,王族显贵还可以拥有自己的文艺团体或至少可以将一些演员置于自己的庇护之下,比如斯卡龙提到过的奥朗热亲王的剧团,又比如 1645 年"盛名剧团"倒闭后接纳了莫里哀和贝雅尔姐妹的艾佩农公爵的剧团,该剧团于 1650 年转由孔蒂亲王庇护。王族显贵大家族的减少,剧团在宫廷和巴黎演出的高昂费用都使这种形式的文艺资助受到巨大影响,而同时,路易十四时期推行的体制最终导致了 1680 年两大剧院的垄断,使其他剧团任何剧目的演出都失去了稳定的保障。

不过,仍有大贵族在他们的城堡招待过路的剧团;城市的普通观众只得继续满足于不伦不类的老式网球场,满足于集市上临时搭建的支架或棚屋:要把戏的,变魔术的,表演手技和杂技的,都是在这种地方登台献艺。巴黎以外的剧团都无法保证定期演出,只有莫里哀剧团是个例外,它 15 年的风雨历程表明,一个剧团可以在同一个省坚持较长时间。尽管斯卡龙在《滑稽故事》中的写作风格使其笔下的演员们显得滑稽可笑,但这些人物的境遇与剧团资金匮乏、无固定剧场、在路易十四时期仍不见改观的现实是颇为贴近的。不过,不少城市在一年当中可以观看到教会中学学生的一、两场演出,有时还包括芭蕾和音乐表演,他们的剧目与众不同,多取材于圣人故事或古代故事。这些市政官员亲临观看的演出,特别是一些小型演出,实际上是集社交性、文化性和教育性于一体的活动。教会以它的仪式、行列活动等,成为外省城市视觉表演的一个重要的素材来源。

艺术与艺术实践相比较的主要问题,是它们的再生产能力,也即是它们广泛的文化传播能力的巨大差距。自印刷术发明以来,各种版本都有样本存留下来,极少例外,至少精装图书如此——当然这样统计的确会把一部分最日常的图书排除在外。音乐没有这么好的运气,转瞬即逝是其演奏的本质特性,不过也有音乐图书出版,比如感恩歌集、歌舞曲目或歌剧集等。但曲目的记忆仍主要依靠听觉:感恩歌便是如此,其保存下来的出版物的数量显示出这类图书在 1650 年后急剧上升的趋势。这些图书中,有面向修道院和传教士的歌集,也有适合那些接受过扫盲的信徒个人使用的小册子;出于传教的目的,这类图书是使用各地方言的,如布雷斯语、布列塔尼语等。一些主教,如费奈隆——他本人曾亲自编写一部赞美基督受难的著名感恩歌集《为了神将流淌的热血》(*Au sang qu'un Dieu va répandre*)——建议在大弥撒之前或之后以及晚祷时唱感恩歌。感恩歌开始长期在乡村文化中扎下根来是在路易十四时期,其作用有二:一是替代轻歌曲——感恩歌常借用其曲调,二是充当宗教教育的辅助手段。

肖像画经常表现个人的音乐实践或喜庆音乐活动,这虽然是确凿的事实,其数量却很难估量。从农民的小型庆祝活动到家庭或友人聚会,这类活动多不胜数。前面提到过,管风琴制作技术的进步和演奏技巧的日臻成熟使城市堂区出现了许多音乐之家。让我们看一看拉莫 40 岁之前在外省的管风琴师生涯:1702年任职于阿维尼翁和克莱蒙,1706－1709 年期间逗留巴黎,1713 年赴第戎和里昂,两年后重返克莱蒙。从中我们可以对当时一些音乐家和唱诗班指挥的水平有所了解。音乐活动作为一种有组织的集体社交形式,在某些地方是先于创建学院运动出现的,而学院随后又对其进行控制规范;举办音乐会则是这个世纪末的事情了。

与音乐不同,绘画艺术在史学家看来遇到的最大难题是如何把作品复制下来,版画是例外,它的确在 17 世纪广泛普及了不少题材和作品。油画只能被有限的公众欣赏到:无论是固定的还是可移动的,它都属私家财产。即便是公共场所,公众也多为本地人;唯一的例外是像凡尔赛宫这样接待来自各地参观者的场所。当然,对于相当多的一般绘画来说——根据雅克·蒂利耶的估计,这类画在该世纪的数量约四、五百万幅左右,前面提到的难题却是有限的,因为相同题材不断被重复使用,雷同作品层出不穷。

与巴黎的情况相比,外省公共、教会或民用定购的状况只表现出一个特别之处,即因当地历史的特殊性而形成的某种地方特色:17 世纪 20 年代南方的宗教战争和东部的 30 年战争等对这些地区造成的破坏,推迟了法国一些地区建筑物的重建或修复,以及遗失物件的替代。天主教改革在各地的影响不一,投入也不均等,这些都导致了外省的落伍。然而,总体上的运动是一致的:宗教改革为被毁的建筑和圣像的替代、为新楼的修建和装饰起到了推动作用。

最波澜壮阔的阶段已然过去;但随后平稳的几十年却迎来了天主教改革的宗教艺术的到来,其强劲之势前所未见,远及乡村的教堂。米歇勒·梅纳尔对芒斯教区进行的研究表明,先前已经比较积极的祭坛装饰屏的修建工作在本世纪下半叶有加速的趋势;1660—1710 年期间,仅按标明日期的祭坛装饰屏计算,750 个堂区中有 130 个堂区修建了装饰屏,共计约 150 座。教堂财产管委会、宗教团体或私人捐赠者都会定制装饰屏和油画,按照特伦托会议的规定和乡村精英的品味对教堂进行重新装饰。

这些作品自然要根据预先制定的计划来制作,私人订购有时也会如此。对设计产生影响的,既有普遍的指导思想,如后特伦托会议的观念、不同的灵修派别的观念等,也有时尚或社会阶层的因素。我们能否就此认为存在着地区流派?存在着地区审美?雅克·蒂利耶在谈到图鲁兹、朗格勒和鲁昂的画家时认为,在修道院大批定购的末期,除少数例外之外,外省各地方的特色已日渐衰颓,有些彻底消失了,有些则转而效仿威名赫赫的巴黎样板。和其他领域一样,巴黎的品味标准对外省的影响已呈不可抵挡之势;城市建设规划领域的演变尤其突出,它受制于专制政体的影响,国家向各地派驻代表,以监控城市财政,而外省城市也愿意讨国王欢心。

我们已经看到,绘画和雕塑学院 1654 年被赐予王家学院的身份,这表明了一种涉及整个精英群体和外省的政治愿望:国外影响的减少,法兰西艺术的确立,这实际上主要是巴黎艺术的胜利,是王室和亲贵的宅邸及巴黎精英们的胜利。巴黎的艺术家比以往更积极地参与了这些楼宇的改建,并因此促进了新的建筑规范的传播。能否聘请到首都著名的艺术家或建筑师来设计建筑或完成一件艺术品,成了赢得声誉的标准,也成了人们趋之若鹜的目标。这种趋向性并不是新鲜事:前面曾讲过,早在 1617 年,布列塔尼高等法院在修建时就坚持请萨洛蒙·德·布罗斯参与意见。在学院的推波助澜下,巴黎参照的影响不断扩大,一直扩展到所有装饰艺术:1656 年,雷恩市高等法院与某学院创办人夏尔·埃拉尔签订了大议会大厦的装饰协议,而此人创办的学院刚刚在卢浮宫和杜伊勒利宫完成了装饰任务;他的合作人、画家诺埃尔·夸佩尔是在卢浮宫的工作室绘制天花板图案的;在 15 年间,由埃拉尔学校培养的装饰雕刻师们将对天花板进行分格雕刻,1694 年画家茹夫内接手其绘制工作。

因果关系似乎确定无疑,艺术史家的研究也似乎给足了论据。但某些过于绝对的看法令人置疑,这些看法只建立在因作者颇有名望才保存下来的少数作品的基础之上,建立在从首都出发观照法国艺术的基础上。需要补充一点,勒布伦同吕里在歌剧方面一样,他们都利用其特权和特有的秉性气质,力排巴黎和外省的众多对手,以他们自身的力量促成了这种向心化。我们特别应该看到,文化史家和艺术史家的着眼点尽管相当接近,但多少是有些不同的:文化史家雅克·蒂利耶曾指出,要想了解一部艺术作品,必须"关注阶层的不同,他们独特的社会结构,他们各自的知识生活和宗教生活,鲁昂市和南希市的宗教生活就不尽相同"。

从接受的角度看,法国艺术的胜利看起来仅仅是精英阶层文化归顺的结果,亭台楼宇为他们而建,鸿篇巨制为他们而写成,尽管他们的审美趣味不像表面看上去那样一致。而从更为广泛的层面来看,文化领域仍存在着一个更加复杂的、挣扎于新事物的威势与丰富传统之间的边缘的法国,一个交叉路口上的法国。里尔在 1668 年归属法国之后便开始建设一个法国式的新街区;但老城在后来的几十年仍一直保持"安特卫普的样式",光耀着一个完全另样的装饰传统。这样的例子数不胜数;直到今天,这些不同的景致仍丰富着城市的面貌。

332

5

从书面文字到口语

从一个到许多,从凡尔赛到巴黎,从巴黎到外省各城市,从城市社会到订购装饰屏的乡村精英,我们现在终于被带到了城市、尤其是乡村那些未曾留下多少线索、很少或只是间接与书面文字打交道的人们这里来了。1880 年马乔罗对这个群体进行的调查虽然在方法和解释上存在问题,但得出了一些数据。根据夫妻在结婚证书下方有签名或无签名的数量统计,首次得出了 1690 年前后法国扫盲水平的总体估价。调查按照性别和区划两个标准进行,其总体比例——男性签名率 29%,女性仅为 14%——表明乡镇大多数人口是文盲。

但分布图显示出明显的地区差异,尤其是男性。它表明这个时期开始出现了文化意义上的两个法国,两者之间的差距将继续扩大,到下一个世纪会更加显著……北方的法国对书面文字接受得更快一些,巴黎盆地东部、北部和中部农村地区和诺曼第省尤为明显。在包括洛林、香槟省、法国平原、阿图瓦、下诺曼底地区在内的广大地区,妇女签名率超过 20%;圣马洛—日内瓦一线以北地区的男性签名在 30—50% 之间。相反,此线以南地区的签名,除少数几个地区的例外,均低于平均水平:女性签名在巴黎盆地以南和东南部的许多地区低于 20%,其他地区低于 10%;男性签名大多低于 20%,极少超过 30%。

北方具有得天独厚的条件:大平原的居住群落比较集中,就学就有保障,而在其他一些省区,人们远离堂区中心散居于偏远村落,就学自然比较困难,学龄

期的孩子迫于路途遥远往往失去勇气,冬季更是如此;北方又与巴黎和洛林这些
天主教改革和教育修道会的发源地比邻;北方还是富裕的大农场主的天地,他们
致力于已经广泛商业化的农业活动,在交换网中周旋,个中利益要求他们必须学
会读懂合同内容。教育也在这个群体中被当作了社会升迁的跳板。

地区差异夹杂着城乡差异,平均相差 10—20 个百分点,甚至更多。17 世纪
末期,在鲁昂和卡昂,识字通文者占新婚者的一半,而在布列塔尼省的大多数城
市,这个比例为 30－40％。造成如此差距的原因,一个是地区的差别,一个是城
市的不同功能特点:以司法和行政功能为主的城市比商贸功能为主的城市情况
更好一些。在条件最好的地区,一部分手工业和商业小资产阶级,特别是小商店
老板是能读会写的。

对扫盲的宗教和文化因素更加细致的关注,自然会提出少数人群语言问题,
比如奥克语的不同分支、巴斯克语或布列塔尼语等。阿尔萨斯、佛兰德和鲁西荣
归并法国又增加了几个地方方言,当然其划分方法有所不同,因为好几个省所属
的语言圈都超出了大区的范畴。在斯特拉斯堡,法语的渗透先于政治归并,正如
贝尔纳·福格勒[1]指出的那样:17 世纪这里已经有几所法语学校,入学者有数
十人;书籍也用法语出版,比如,1611 年出版了一本法语教理问答,其对象是"斯
特拉斯堡的圣职者、学校教师、父亲、青年和儿童"。但主要涉及的只是精英阶
层。尽管法语在 17 世纪末声誉日隆,法语的使用在这样一个国王还承诺保留其
旧有习俗的省份的确极其有限,外来的中央政权的代表基本不讲德语,与当地一
些社群交流竟要用拉丁语!

在阿尔萨斯和其他地区一样,法语是在国家的促进和行政发展的带动下不
断扩大影响的,当然,外来人口如军人、运货马车夫和其他长途运输工或商人的
贡献也不可低估。语言规范化的趋势带动精英人士学习掌握两门语言,有些人
甚至在书面放弃了本地语,尤其当该语言的文化利益受到它所呈现给读者的印
刷文本规定范围的限制时;相反,王国的语言对生活在口语文化圈里的人们却毫
无用处,他们的信息和知识交流是面对面直接达成的。不过 17 世纪的传教活动
多少使这种状况有了改观:传教者所到之处都有书商销售虔信小册子,下布列塔
尼的印刷业还因此而重新兴旺起来,可以印刷一些日课经书、教理问答和圣人故
事了。传教活动促使人们识字扫盲,但基本限于认读,到 18 世纪,当天主教改革
的影响波及全国的时候,扫盲将更加普及。

新教的宗教书籍也同样产生了效力,人们常把其影响较大地区的签名率高
于附近地区的事实归功于新教,这些地区包括罗纳河两岸、维瓦赖、塞文、多菲
内、下朗格多克、贝亚恩、奥尼和圣东日等省。堪称圣经宗教的加尔文教,确实是

---

[1] 贝尔纳·福格勒(Bernard Vogler),阿尔萨斯历史学院主任,现任自由时代大学校长。主要著作:《阿尔萨斯文学史》(1993 年),《战后斯特拉斯堡》(2004 年)。

Dieu
vous
regarde

Silence

図 **38**

这幅关于单独教学的插图虽然较平
和，但仍然表现了大部分小学生在某
个同学单独到嬷嬷面前朗读时的散漫
状态。修女的作用、墙上的挂图以及
人物的坐姿都强调了深深打上宗教烙
印的教育基调。不过，懒惰和不守纪
律的孩子可要小心笞鞭！（《修女在
慈善修女会学校给青年人施教》，18
世纪初版画，巴黎卡纳瓦莱博物馆）

鼓励尽可能多的人读圣经;不过在当时的条件下,新教徒们更多是在听圣经,或在家里,或与邻人一起,或一周两次在礼拜堂做日课的时候。这种形式在亲切自然的氛围中强化了教徒的记忆;17世纪末期,那些目不识丁的妇女在身临厄运之时竟能慷慨陈词,演绎当年上帝选民经受考验的一幕。不过今天,人们更多强调的是两个因素,一个是新教徒和天主教徒之间的社会差异——17世纪初新教在蒙彼利埃的发展似乎更多得益于教徒的社会地位,而非其宗教归属,即从16世纪中叶某种有利于宗教改革的文化中继承下来的遥远遗产,另一个是两种信仰之间的竞争在局部产生的积极效果。

无论何种情况,对新教的限制变本加厉了,1679年起,新教学校的关闭、随后几年对地下学校的查封,以及部分精英分子的逃离,都将削弱胡格诺派的独特个性,但却没有杀灭它。相反,新教教徒的存在在部分地区形成了有利的竞争局面,比如在下诺曼底;又比如男性签名率在35—40%之间的布里;还有深受宗教改革传统影响的莫市,其男性签名率高达69%,这在当时是超常比率了。在天主教改革的核心人物特殊努力的带动下,这个以建立大批学校为标志的宗教控制工作,在1685年南特敕令取消后,同时也得到了热衷于建立王国宗教统一的国家政策的支持。

6

文化适应工作的继续

文化适应的工作在全国范围内继续进行着。一个越来越被大家领会、其影响越来越深入人心的宗教在法国文化景观中扎下根来。当然,已经形成的沉重的大势所趋的局面,不能抹煞差距的顽强坚持。除了时间上的落后之外,农村的宗教活动虽然已经普及,以至成为了一种社会和宗教责任,但农村人对这个文化模式的理解与城里人是不同的,城市有人数众多的神职队伍,他们多数自己就是城里人,因而在思想上与同他们一样主要为资产者的信徒阶层有共通之处。在轰轰烈烈的天主教改革初期开始实施的、建立慈善机构的政策,这时在这些城市阶层继续实施。新的修道院,甚至新的宗教派系还在出现,只是放慢了速度。但新建机构多为救济或教育单位,说明静修士和神秘主义者已呈减少之势。

农村出现了越来越多实施最初级教育活动的修会组织,但其地区分布还很不平衡,如格里尼翁·德·蒙福尔于1703年创办的贤德女子会,这让我们想起过去在洛林地区对个别女子进行教理知识、针线活和阅读教育的修会组织。至于像1667年建于勒普伊的"教育女子会"这类旨在培养未来小学女教师的机构——这些女子初到这里时既不会读也不会写,我们能否称之为入学呢?而这些女教师随后传授的知识仅限于教理——该修会的初衷是帮助勒普伊郊外的一些贫困女子为其初领圣体仪式做准备——和绣花边。但是这些不要求学员幽居修道院内、学员只发简单誓愿的在俗女子修会,比其他修会更有可能在农村站住脚,尤其因为这些女子中大部分人的出身使她们容易同大众阶层融为一体。

最终目标显然是宗教性的和慈善性的:在 1739 年,《小型学校通俗教程》(*Méthode familière pour les petites écoles*)里还这样写道:"阅读和书写……都只能被看作次要的东西,应把它们视为引向终极目标的手段"。因而,用奥迪勒·罗贝尔的话说,这些女子修道会在农村"非常实用的宗教教育"中所起的作用是无可置疑的,其教育重心就是重要的祈祷文、参加弥撒圣祭的方式、做忏悔和初领圣体。这样,在神职人员的力量还比较薄弱的地区,向信徒反复灌输宗教习俗的工作便部分落在了在俗妇女的身上,她们会说方言,可以传达一种文化亲近感。

市政官员们更加重视男孩的统一教育,这既是出于街区安全方面的考虑,也因为他们希望自己的孩子能够接受中学的正规教育。新的中学仍在继续出现,从 18 世纪初开始又建起了分散于各地的拉丁语教师团或只开设几个班级的小规模中学,这样父母可以同儿子生活更长时间。巴黎、里昂等少数城市在路易十四时期已经初步尝试了真正意义上的学校教育政策。重大的创举是让一巴蒂斯特·德·拉萨勒创建基督学校兄弟会,其教学改革的创新将在世俗知识领域的基础教育方面打开高效的、全新的局面,但其影响到 1720 年后才全面显现出来。在农村,乡村学校是在神甫的掌控之下,校长从某种意义上说是个助手;但对那些收费的、非强制性入学的学校来说,它能否开办,能否生存,也就是说,该学校校长的工资,就取决于各家庭的需要,也就是社会需求了。

城市受到更好的规划控制,它同样也是圣职使命的主要工作对象。对 18 世纪初的农村人来说,成为教士意味着进入了社会升迁的流程,是家庭的骄傲。为此,他先要拜神甫或本地教师为师,或到拉丁语教师团学习,然后在中学学习若干年,再进神学院深造。在文化程度较高的地区,教士一般出身于比较富裕的农民家庭,对文字已经略晓一二。而在一些文化落后地区,教士是个例外,常是被本地老教士慧眼识英:一个布列塔尼格维兹①女歌手把未来教士培养成了爱书之人,书成了希望嫁给这个年轻人的女孩子心仪的竞争对手。他成为少数比较富裕的、已经向城市的书面文化俯首称臣的农村人的体现,也成为逐渐跨越社会肌体的一个分水岭的体现。

在高扫盲率地区的乡村里,书籍的数量增加了。潜在买主的扩大,促进了出现于 17 世纪 30 年代的"蓝色文库"袖珍图书的畅销;特鲁瓦和鲁昂是最早的图书销售中心,它们出现在扫盲率高于平均水平的法国北部,在与首都构成的大市

336

---

① Gwerz:布列塔尼方言,一种布列塔尼无伴奏传统歌曲。

场比邻的城市中间不露声色，从而更轻而易举地逃避着严苛细致的管理。蓝色图书是一些质量一般的平装书，其统称源于这种书的蓝色封皮——当时人们都用这种蓝色纸张包装糖面包，书中有时会有旧木制作的版画插图。蓝色文库图书有发行量很大的价格低廉的灵修和虔信书籍，有历书、小说、历史传奇和学徒读物。

对很多人来说，第一次接触文字，可能是借助于标有题目或带有简短祈祷文的图画，比如兄弟会的宣传图画；蓝色图书标志着文化适应进入新阶段。对教育投入极大力量的各教派自然是近水楼台，最先从中获利：短小的虔信文学图书，如克拉塞神父的《迎接死亡》（*Préparation à la mort*），又如《唤醒罪人的七声鸣号》（*Sept trompettes spirituelles pour réveiller les pécheurs*），不再仅仅是扩大影响的手段，而是在城市巩固影响的手段，即在逐渐壮大的世俗信徒队伍中，维持除日课和教士亲临场合以外的日常信仰活动。

然而，其他要求也提上了日程：这些人也需要从书中获得消遣和信息。蓝色文库的书目中包括识字读本、《算数》（*Arithmétiques*）、尺牍大全和礼仪课本，这后一种书向读者介绍优雅的举止和书信写作技巧，并因此而推动了新的行为举止的推广传播，促进了对精英模式的适应。虚构作品主要是借鉴古代作品的小说，如《艾蒙家四个儿子的故事》（*Histoire des quatre fils Aimon*），还有神话故事和取材于欧洲传奇人物的故事，如卡冈都亚或蒂纳图斯①。

罗歇·沙尔捷细致地分析了出版商根据对读者文化水平的估计而对文本，其中包括古籍进行的改动，他们或删减、简化，只保留最具体的段落部分，或把大章节化整为零，以减轻读者阅读困难。其目的是激发没有阅读习惯，或缺少阅读时间的读者的读书欲望，也不至使另一些读者扫兴。蓝色图书这种面向大众读者的文学，如同虔信小册子一样，适合各种阅读形式和不同的文化习俗，既可以独自长时间默读——这需要时间和安静的环境，也可以在众人面前高声朗读。

文本的改动也巧妙地涉及内容：对于那些常取材于带有轻佻趣味的、古老素材的浪漫传奇故事，用罗歇·沙尔捷的话说，必须"从文本中删除有关物质和肉体的低级文化的痕迹……、对身体功能的影射以及涉及性生活的文字……"还需"严格审查所有与宗教有关的附注，无论引文是严肃的还是歪改式的"。如此，蓝色文库文学成为灌输源自书面文字界的社会、宗教、道德和语言规范的强有力的工具：它传播天主教改革的价值观和禁忌，也传递着热衷于纯洁语言和世风的城市精英的价值观。它是我们前几章所谈及的初期变化的驱动力之一。它也使破坏了过去社会各阶层的文化统一体的裂痕，进一步转移和增大。

读者群因而逐渐扩大：17世纪，读者主要是城里人，包括最普通的小资产者。从17世纪末开始，在雷恩市的手工艺和小商人阶层的小资产阶级中，1/5

---

① 蒂纳图斯（Fortunatus，约540—600），诗人，普瓦捷主教。在意大利和法国一些教区被尊为圣人。他的节日为12月14日。

的人拥有一本书,在南特,这个比例为 8 比 1;在同一时期,还是这个阶层,鲁昂和卡昂两个城市有一半的财产清册中至少包括一本书,在更低社会阶层的清册中,书也是有的,但已经比较少见。补充一点,除了极少的例外,这里所说的是那种小本精装书册,而不是蓝色文库的平装图书,因为平装书市价低廉,书况不佳,常不在估价人的考虑之列。财产清册内容的不确定性,的确使我们无法识别书籍在城市各阶层中的真实分配比例,但它们至少可以帮助我们进行比较,根据扫盲水平确定书面文化在各城市的地位及其差异。

18 世纪初叶,由于流动书商的出现,扫盲率最高的农村地区开始受到书的影响。1695 年出生在洛林的文盲羊倌、后成为图书馆馆员的瓦朗坦·雅姆雷一迪瓦尔在他不同凡响的《回忆录》(*Mémoires*)中记述了他土法求学的历程,其叙述语言却远没有那种乡土味。

> 我请一同放牧的伙伴教我识字,答应邀他们品尝几餐农家饭菜,他们欣然应允。此举事出偶然:我在翻看一本伊索寓言时,看到作者借用动物来教育那些强词夺理的人,那些动物画得高大而温驯。我无法读懂它们的对话,只得求助他人讲解。苦闷之余,我恼怒于自己的昏昧无知,于是痛下决心,定全力以赴驱散无知的阴霾。我在阅读上的进步很快,仅用了几个月的时间,我已经对寓言里的人物烂熟于心了。我如饥似渴,翻阅了村子里的所有图书,浏览了所有的作者……。当勤学苦练终使滋润着民众思想的高卢的所有传奇充实了我的记忆时,我自认自己的学问至少与村里神甫的不相上下了。

图画的诱惑,边劳动边学习的形式——这可以免去上学的麻烦,以及课本选择的任意性,这些都是这种经验式教育的特点,这种教育形式并不少见,可以使受益者有种文化优越感。各处收集的见证表明,这样基本可以达到在家里或邻里之间读读写写的水平。小学在各省的分布很不平衡,看起来似乎与各地的扫盲水平是呈正比的,但其效果未见得比这种临时性的学习来得有效,因为学生的入学率很不规律——从春季开始的农活使孩子难以分身,所以农村学校常冬季开学,教材也良莠不齐。学生自带"教材":家庭票据、识字课本、宗教小册子,五花八门,老师则因"材"施教,个别辅导。仍是在洛林的修会诞生了同时教学的想法,即借助于卡片、黑板等,让同等水平的学生在一起学习同样的词汇。

与书籍一样,在传授知识的同时,学校也加入了改变行为举止的行动。1670年,当夏尔·德米亚向里昂的"主要居民"介绍他的慈善学校计划时,他特别强调了教育的双重作用,即宗教和道德教化作用,他这样写道:"缺乏教养的孩子将来会不服管教,自由散漫,贪玩儿,出言不逊,打架斗殴,沉湎于酒色,道德败坏,偷盗和抢劫",而学习基础知识将使他们"掌握多种职业技能,学校传授的基础知识

LE grand Calendrier & Compoſt des Bergers compoſé par le
Berger de la grand Montaigne. Auquel ſont adiouſtez pluſieurs nouuelles Tables & Figures, dont vous trouuerez la declaration en la page ſuiuante.

A PARIS,
Par NICOLAS BONFONS, demeurant en la ruë neuue noſtre Dame, à l'Enſeigne Sainct Nicolas.
1602

图 **39** 这个多少有点神秘的题目[插图中的法文书名为《牧羊人万宝通历》——译者注]指的是"蓝色"文学的一大成功之作，其作者被认为是某神秘的"大山牧羊人"，无名无姓使其远古智慧的价值确定无疑，雕版手法也颇古朴。从蓝色文库文学之初便开始发行的历书体裁越来越受大众喜爱，从18世纪开始更广及农村，至今仍以不确定形式再版。该书以体现季节的画面作封皮，一般介绍圣人的节日；但在多不胜数的版本中会增加不同内容，如气象提示、农业知识、健康指南和各种逸闻趣事，其短小精悍的特点很适合那些没有真正的阅读习惯而仅仅偶然翻阅的读者。(《牧羊人万宝通历》，巴黎，国家图书馆)

对哪个行当都是大有用处的"。学校文化处于三大关注点的交叉路口上：教会关注的教理教育，精英关注的道德教育，学习者关注的实用性。

7

落后、对抗和适应

书籍，扫盲，学校，17世纪末时，所有因素都显示了城市与农村之间越来越大的文化差距。差异也体现在观念上：正如巴黎人对外省的轻蔑态度与日俱增一样——莫里哀笔下的《德·猪猡尼亚克①先生》便是其受害者之一，城市的优越感也开始出现并逐渐加强，替代了贵族对农民的优越感。塞维涅夫人还断言说"枯败乃世间最令人愉悦之事"……但我们怀疑她是否亲身经受过这种历练。渐渐地，世风的文明化和观念的文明化一样使城里人觉得，他们从农民那里没有什么可学的。城市大众阶层中的很多人并不比农民识更多的字。但他们比农民更多地意识到教育的益处，因为他们可以更清楚地看到教育的效果。文字在他们眼里已经是司空见惯的、身价倍增的、不再神秘的东西了。即便是文盲，他们也比乡下人更早从天主教改革的宣传教育中，从教理知识和布道中获益；他们能较快获得外面世界的信息；民间散发的檄文，小册子被人们高声朗读，添枝加叶地四处传播，城市人口高密度的接触更加快了传播速度。街巷是个常年开场的大舞台，社会各色人等不论高低贵贱，纷纷粉墨登场，以行头、车马随从和谈吐张显个人或群体，意欲以形象的象征展现于他人。城市同时还上演着一幕幕行列、游街仪式，各修会、各行业在公众面前展示着一幅幅具有教育功效的公民意识全景图。在乡村，除大量流传的图画以外，唯一的绘画参照就是教堂的油画或名人显要家中的几幅藏画了，而城里人却有更多的选择余地，他们可以轻而易举地获得各类肖像画或建筑物画，这些绘画本身便构成了人们对精英艺术和建筑的文化适应，在这块领地，乡下人将永远是擅入者，局外人。

书在农村的大部分地区还极少见到，显要人家中虽属例外，但其藏书一般也很有限。在大多数地区，学习基础文化知识只对少数人有用。尽管扫盲在步步推进，尽管出现了教士等文化媒介，但信息的交流仍主要依靠间断性的渠道，如交易会、集市、小酒馆或其他社交场所，还有过往的行人。除神职人员、贵族乡绅或几个要人以外，普通农民若不是去城里或附近乡镇，平日就只能接触到与他们有共同文化背景的另一些农民了，他们当中只有少数人有经济能力和愿望脱离农村。在18世纪下半叶之前，农民的服装几无区别；食物在同一个地区也是

---

① 粗俗的词根，冠冕的词尾，加上表示贵族出身的"德"字，揶揄之趣尽在不言中。

大同小异;人们根据各自的条件,尽量满足着基本相同的饮食口味。他们使用相同的语汇,操着相同的地方口音,以至住得稍远一些的人就已经很难与他们沟通了。他们关注着同样的事情,天气、土地、收成、口头传承的家谱和家庭联姻关系,这些主题经年不变,在他们的谈话中反反复复出现。总之,他们同享共有的文化,拥有丰富而具体的、接近于大自然的语汇。但是,唯有 20 世纪适应了别样文明的人们关于社会学和人种学的观念才使我们得出这样的评价,而这种评价是定会被古典主义时期的精英们所摒弃的,因为在他们眼里,只存在一个文化样板,即他们通过自己的遗传、教育和品位所体现的样板。

然而,还存在一个不甚明显的现象,不论这是否由于这里的人们不习惯书面语言,即过去几乎在全社会非常普遍的行为态度,现在却越来越滞留在农村,在这里,面对来自博学世界的文化攻势,教士和虔信精英所传授的宗教在勉强被接受时难免已变形、断裂,遇到抵抗。传教带来的冲击还不足以持久地改变人们的行为,尤其难以长久改变他们的精神状态。17 世纪末圣灵降临节的星期一那天,在神职者眼里耸人听闻的游行仪式照旧在福热尔地区的好几个堂区进行,而福热尔还是莫努瓦神父曾四次派人前往传教并似乎成绩斐然的地区。尽管教会采取各种措施努力使宗教教育适应大众——17 世纪末,拉罗歇尔主教建议为年轻仆人组织早场课,罗什福尔市则专门为少年见习水手开设教理课,但宗教教育遇到了和农村学校一样的麻烦:农活不能耽搁,很难找到一个大家都合适的时间,某些地区居住过于分散等。和学校一样,教理教育在最好的情况下也不过在冬季实施,也就是诸圣瞻礼节和圣体瞻礼节之间;但即便到旧制度末期,它实际上也还远没达到这么长时间。

不过最大的障碍来自心理上的冲突,主要在于很难在两个文化世界中找到一个聚合点。传教重心从原来习惯于内省的城市虔信群体转为农村的庶民百姓,于是产生了难以解决的适应的问题。忏悔告解对多数农村人来说还是个极少见的仪式,是除了复活节或重病缠身时以外,男人们绝少涉足的圣事。虔信者的良心反省与草草了事的复活节忏悔远不是一回事,17 世纪末索罗涅省塞纳利的本堂神甫做过如下的描述:

> 大家没有进行任何反省就朝教士走去……,当他们来到教士面前时……,什么准备都没有,没有忏悔,只知嬉笑,或讲述自己如何辛苦,如何贫穷,当教士指出他们犯过的过错时,他们便一边致歉,一边找借口为自己辩护……,他们总是在指责别人,却为自己开脱。总之,在告解仪式上,他们什么都做,唯独不做该做的事,不会真诚地、痛彻心扉地承认过错……,他们有时会在牙缝里低声咕哝着自己犯过的大错,生怕让教士听到。

这种走过场式的告解仪式所表现出的,与其说是皈依的真实愿望,不如说是一种竭力在对方面前掩盖其弱点的谈判意识:重要的是在形式上符合规定。不过这种行为不一定说明人们没有虔诚的信仰:塞纳利的神甫宣称他"确认只有极少数人真心忏悔",这只代表来自教会人士的正统观点。其实他也还提到,在封斋期,堂区的男人们甚至可能强制自己经受严酷的肉体惩罚以赎罪。这是一个重要的迹象,它表明,由于受过教育的城市虔信精英热衷于一字不落地、从思想观念上遵从教会的戒律,一个文化差距就这样逐渐拉开了。鉴于他们日常生活的特点,农村人更关注具体的规定,而不是内省。对不识字的人来说,宗教生活,虔信,其主要内容就是实施一系列的规定和行为,真正的思考却在其次……但这并不排除真诚信仰的事实。人们作祷告,尽可能多地牢记教理知识。人们知道要遵守戒律,知道罪孽会让他们下地狱,永世不得翻身,知道应该做弥撒。因此,神甫们这时抱怨的常是他们的参与质量;这也说明这些人难以把注意力集中在他们无法理解的抽象仪式上。

但我们不能由此认为他们是被动的。农村人会把法定的活动改头换面,以适应他们自己的文化,也就是他们日常生活的观念和习俗,适应他们自己的宗教需要。这些善男信女们继续借助神奇手法寻求灵魂和身体的康复——这对他们来说是万能之神在显灵,而不是通过智力和精神的苦刑,因为苦行意味着他们还颇为陌生的内省。他们继续求助于更加人性化的说情者,比如圣人、圣母等,甚至还会到某些专门的朝拜场所敬拜代表圣人的雕塑、画像,祈求他们的帮助。崇拜圣像、远途朝圣等成为大众阶层宗教非常有代表性的习俗。

344

在这个问题上,主教的训诫也给人们规定了种种条条框框,对教士的宗教教育是一种补充,但却与堂区居民的惯例、观念甚至信仰产生了冲突。比如,主教以整顿风纪为由规定,禁止组织与朝圣活动相关联的传统晚间聚会。为尽可能集中地控制信徒,教会把信仰活动集中在堂区的教堂举行,而避免在乡村礼拜堂,礼拜对象也限于上帝和圣母,而不会是当地居民习惯敬拜的本地圣人。这种对立在圣像方面尤为突出,可以说进行了一次真正意义上的清洗:先是主教,随后是或多或少出于虔诚之心的教士们,从此禁止在教堂摆放或悬挂与礼拜的得体性和教堂的庄严氛围相悖的雕像或画像。过于暴露或在他们看来太过平凡的圣像都在他们的禁止之列:比如,木工打扮的圣约瑟夫的画像这时被认为不符圣者尊严,唯一被他们接受的是他那凝固在永久的天国荣光之中的形象。

实际上,在所谓得体的背后掩藏着的,更多不是宗教标准,而是美学标准,它们反映出一种庄严的崇敬观念,一种对神圣事物的无私观念。这些新规则是精英们的规则,他们的文化,他们的审美品位从此大不相同了;这些标准构成了17世纪参照文化的审美和建设步入规范化的一个方面。但是,以圣像破旧、可笑或不够庄重为由而丢弃它们,这令乡村堂区居民颇为不快,因为他们多少视之为神圣之物；根据塞纳利的神甫的叙述，主教命人撤走并掩埋一座雕像，村民又把雕像挖出来并重新摆放在原位，还毫不客气地把主教称作"胡格诺"！类似事情在其他村子屡见不鲜。

风俗习惯也受到约束和规范。但神职人员的工作困难重重，居民的习惯、习俗和生活方式根深蒂固，很难改变，加之上一个时期教士们各行其道、让他们无所适从的情形，人人都还记忆犹新。这个时期的矛盾冲突尤为频繁和激烈，一面是主教同抵制改革的教士作斗争，一面是在农村堂区开展工作的新一代教士引起大家的强烈不满：在里昂教区，1660－1789 年期间，有 93 名教士被起诉到宗教裁判厅，其中 70% 的案例发生在 17 世纪的后 30 多年，而将近 1/4 的人是被诬告的。行为的教化，节假日的庆祝经常成为争论的焦点。

这时，教士已经不像过去那样与农民共享同一种文化了；随着圣职崇高而尊贵的地位得到确认，随着称职教士越来越普遍，现在反倒是世俗阶层逐渐向神职生活方式靠拢了，且其涉及范围远不止于宗教领域。经改革后的教徒们渴望被上帝预选，成为名副其实的选民，他们为此而积极表现，并自觉地监督个人行为。在这样的地区，天主教徒、最普通的农民以及教会中学学生被灌输的，是以上帝和教会两者的戒律、以教会层层下达的名目繁多的决定和宣传为依据的外部模式。

这个规范极力排斥游手好闲的行为，对肉体更是高度警觉。因此，业余时间成了神圣与世俗之间的文化赌注。神职人员针对游戏和一切在他们眼里可能腐化灵魂的娱乐活动展开了一场持久战。教士对一切拉近男女关系的事情都会迅速制止，舞会首当其冲。他们期望建立的是娱乐的一种真正圣化，是将集体庆典和家庭节日聚焦于宗教。他们对洗礼和婚礼上的哄闹和放纵之举感到痛惜。冲突也常发生在纪念本地守护圣人的时候，这些活动显露出堂区的地方主义，也在周边社区面前表明自己应有的身份地位。在神职者眼里，节日应该意味着做弥撒，做晚祷，或在可能的情况下阅读或聆听有益的著作，不应纵酒、放荡。

神职人员所竭力倡导的，不仅是美学和道德标准，还有符合教会当局定义的、更加正统的、更加精神化的宗教思想观念。教会反对"迷信"，关于这个问题，蒂埃尔神甫 1683 年在其《论迷信》(Traité des superstitions)中进行了探讨。在布列塔尼的那众所周知的一对——小教堂和泉水——之间，教会想方设法缩小着泉水的份额，甚至禁止在神圣场所周围或里面举行异教的仪式，倡导更加精神化的、与祈求保佑脱钩的敬神观念的内在化。第二步则是在人们企望得到宽恕或如愿以偿的还愿或朝圣活动期间，尽量突出必要的精神措施，特别是忏悔和领圣体等圣事。

这个由神职人员和少数虔信教徒领头的行动已经不是头一遭了。前面已经看到，这其实是早已开始实施的态度、行为和道德准则的延续，只不过在古典主义时期普及到了农村堂区的各个角落罢了。斗争显然是没有完结的，但其尖锐程度却随时间和地点的不同而有所不同。斗争最为激烈的，当属 18 世纪上半叶由城市出身的冉森派教士控制的教区和堂区了。这些教士不仅热衷于宗教和道德的协调一致性，也竭力追求它们同知识的一致性；他们态度严苛，处事理性，其思维多从原因而不是目的出发。他们认为，信徒的一切态度、信仰和宗教活动都应该从属于教会的教育，而他们正是教会教育在地方的代表。因此，他们与违背这个教育的传统行为展开不懈的、严酷的斗争。这种做法在一些地区得不到理解，可能还造成像香槟、上勃艮第等地区的过早分裂。布列塔尼的情况正好相反。那里大多数教士出身农民，乡村的教士很少有人接受过系统教育，上过大学的人更是凤毛麟角。他们在堂区的身份与其说是个知识分子，不如说是一个本地人更为贴切——一个熟悉这块土地的本地人。在这里，反对迷信的斗争不是试图阻止大家去泉水边，而是耐心地做说服工作。这就避免了香槟省那样的文化冲突，取而代之的是循序渐进的渗透和互补现象，使改革后的、认识到其局限性的天主教得以更强有力地在各地扎根。

一边是向信徒传授的遵循特伦托会议精神的天主教，一边是天主教试图攘除的习俗，这两者关系的问题被纳入另一个更加广泛的问题，即宗教在各地影响的不平衡问题，它也一样存在于路易十四时期，却又远远超出了这个时期。地方历史的研究成果通过列举一系列标准——新教士、兄弟会等团体和祭坛装饰屏的数量等——展示了宗教与地方文化之间相互渗透在各地的巨大差异。的确，几乎在各地都存在各种形式的、对这种教权主义天主教准则的文化适应，以及个人或家庭的皈依：农村精英反应灵敏，率先向城市的、博学的样板靠拢，他们还在神职界找到了相当可观的出路。但是，这个样板在乡村大众文化中的吸收、同化，却存在明显的差异。

成功与否取决于当地的经济条件和社会组织形式——特伦托式的虔信就不适合葡萄种植地区的社会环境，也取决于各地特殊的历史。在奥尼、圣东日和普瓦图等传统的新教地区，成功往往是表面的。香槟和勃艮第则长期受冉森派教士的控制，扫盲水平极高，工作很难开展。但在邻省洛林，天主教的势力非常雄厚，宗教团体很早就在这个地区办学，学校遍布大小村镇，很早便形成了密集的虔信协会网，从而与邻近的新教省份阿尔萨斯形成对峙。一些长期处于这种对立状态的地区，如鲁埃尔格，深受天主教的影响，一方面因为其宗教归属成为决定其身份地位的重要因素，另一方面也因为这些地区常常成为天主教强大传教攻势的重点目标。前面提到过，在布列塔尼，天主教之所以能够成功立足，恐怕得益于神职人员和信徒之间更大的文化默契，天主教的思想意图入乡随俗是关键。二次世界大战后绘制的法国宗教地图展现了旧时代的特色；其中某些特点正是在这个特伦托宗教攻势时期形成的，但其影响完全显露出来，则要等到全社会对宗教惯例的共识开始削弱的时候了。

第十四章　世纪之交:分化和质疑

　　保罗·阿扎尔①1935 年发表的《欧洲意识危机》(*La Crise de la conscience*)
是对 17 世纪 80 年代起发生的知识和文化变化所作分析的传统参照,作者认为,
没有这个变化,启蒙时代将不可理解。这个观点在近 20 年来受到质疑,理由是
17 世纪上半叶,在前面提到的自由空间中不乏具有延续性的思想和态度。的
确,一个个坐标足以指示反传统态度的延续性。莫里哀的《唐璜》施舍乞丐并非
出于基督徒的仁慈,而是出于人性的仁爱,这无疑将路易十三时期的自由思想派
和下个世纪的怀疑论者联系了起来。同样,拉封丹发表于 1665 年的《故事诗》也
与此流派颇有关联之处。甚至有人指出,典范的莫里哀在其某些作品中表现资
产者智慧的时候,并未反映那个时代所有精英的敏感性。我们谈到了拉辛戏剧
中情欲手法的模糊性,以及观众的模糊性,他们欣赏圣职演说者滔滔不绝的雄辩
之辞时,就像是来巴黎歌剧院听晚场歌剧——至少对那些富豪来说,也如同去修
道院聆听赞美歌,那抒情的、甚至充满性感的歌喉不仅感化听者的灵魂,也激荡
着他们的心扉。然而,紧随太阳王漫长的老年时代之后的知识和道德氛围和
1715—1723 年期间摄政时期的文化形势,毕竟同 17 世纪 90 年代的情形大为不
同。我们试图考量的,正是古典主义向启蒙时代过渡时期的危机的现实。

1

学院主义和虔信

　　17 世纪 80 年代,路易十四实施的文化政治的所有要素都各就其位了。无
论一些思想如何延续,在短短一代人的时间里,生产和监督场所及参照机构的集
权化,加上法国教会的影响力,不仅把所有追新求异的思想,也把其与之严密协

---

① 保罗·阿扎尔(Paul Hazard, 1878—1944),法国 18 世纪文学史家,法兰西学院院士(1940 年)。

调的言论,推向了远离权力的边缘化。确实存在着一个官方的参照文化,其代价是相关的精英阶层和社会其他部分之间产生了巨大的分化。这个断层到"世纪末"的那一代还没有丝毫弥合……但是,之所以提出"危机"的概念,的确是因为在思想观念的公开和严谨表达的层面上,重又出现了不同观点的争论,但这种争论当时也只涉及精英人士,并在古典主义文化虚假的一致性的外表上划开了一道裂痕。的确,古典主义的平衡并没有维持多久,而生产的成熟过程在时间上的差距更人为地强化了它的短暂性。当王室迁至凡尔赛时——不论大家如何众说不一,它终究是古典主义建筑和政治文化的体现,远离巴黎政权而造成的首一轮差距已经显现出来了,更何况凡尔赛的伟大计划早在60年代末就已经出台了。宫廷这个静止的布景和典礼与思想观念和生产的真实发展状况之间的差距将越来越明显。

这倒不是说,宫廷在经历了国王的衰老、军事失败和丧事的那最后五、六年之前不过是个单纯的机械的礼仪场所。凡尔赛其实是音乐和绘画的生产和消费的重要场所,我们可以想到拉朗德和沙尔庞捷,还有在勒布伦1690年去世后接替他所有工作的米尼亚尔。马利宫1686年才竣工,特里亚农宫(在小特里亚农宫建成后被称作大特里亚农宫)也于1687-1688年才告完工,在建筑中,芒萨尔和勒诺特成功实现了色彩的完美协和,使楼宇的优雅和花园的惬意交相辉映。1699年,礼拜堂开始动工,该建筑的设计图是由芒萨尔于两年前完成的,他同时还计划将宫殿的平台以顶楼覆盖,以便统一整个楼群的屋脊线条;芒萨尔1708年去世后,礼拜堂的建设工作由其妹夫罗贝尔·德·科特接替,于两年后完工。

但被认可的艺术生活、文学创作成了垄断和特许制度的俘虏。由政权所灌输的艺术和文学活动受到学院派的密切监视,在宫廷恪守虔信的强硬态度面前随时有可能被强制停止。在音乐方面,吕里大权独揽,其接任者们也小心翼翼地守护着、并继续利用着他的特权。莫里哀于1673年去世,高乃依于1684年去世。高乃依虽然在晚年多少又获得一些公众的青睐,但他的最后一部悲剧《叙蕾娜》(Suréna)完成于1674年,随后便辍笔了。拉辛于1677年便放弃了悲剧创作,而他晚年创作的那两部作品,则完全纳入了供教化机构(如圣一西尔修道院)使用的教育性戏剧的范畴,虽然作者的才华仍使作品超越了体裁的限制。1687年为孔代亲王起草的悼词是波舒哀最后几篇演说力作之一。拉封丹的最重要作品发表于1678年以后,唯一风格迥异的作品是发表于1694年的《寓言诗》第12卷,该卷一改过去的笔调,流露出回归宗教的情绪。这一代最后几位"传令官"在后期的守旧倾向,也体现了发展的保守性。

在这一点上,很具有代表性的是戏剧演出活动再度受到的威胁。1687年

6月28日，在四国"学院近邻"的敦促下，卢瓦①正式下令将法兰西剧院演员驱逐出盖内戈剧场；不少神甫找出充分的理由不让他们在这个堂区安家落户。国王之弟的第二任妻子帕拉蒂纳公主在她的书信中不无感伤地提到这件事："那名最优秀的演员也离开了剧院。虔信者恐吓他说所有演员都将被赶走"（1691年11月1日）；"自从教士对演员们发起猛烈攻势以来，好演员越来越少了"（1694年12月13日）。1702年11月2日，她以自己的方式概述了她耳闻目睹的变化："可怜的演员们，他们的不幸就在于，国王不再想看戏了。只要他去看，这就不是罪过；所有主教天天光顾，也不算什么；他们在剧场有专门的一排靠背长座席，过去总是座无虚席。莫市的先生（波舒哀）那时场场必到。自从国王不再去看戏了，看戏便成了罪过……"此外，从1699年开始，税额提高，使票价随之上涨；从1701年开始，任何剧目的上演都须事先经由警察总监批准。

此外，对悲剧，人们也逐渐失去了往日的热情，其创作数量直线下降：在1689—1700年期间上演的25出新戏中，最终出版的仅有12部，这些出版的剧本可以为其他剧团提供剧目。事实上，引起轰动的悲剧已经寥寥可数。1711年，克雷比永的《拉达米斯特与芝诺比阿②》(Rhadamiste et Zénobie)演出33场，1711—1718年期间又加演49场，此外还有一些私人演出，这被认为是极大的成功；但三年后，他的《薛西斯一世③》(Xerxès)只演出了两场。精英、国王和贵族改变了爱好，开始喜欢歌唱剧了。至于意大利喜剧院的演员，前面已经提到过，他们于1697年被驱逐出了法国。

这种紧缩的态势，这样吹毛求疵的监督，在文化生活的各个方面都广泛实施。对书店的监督，也就是说对图书生产和销售的监督，在世纪之交进一步强化，前面已经提到的关于1701年的调查证实了这一点。在王权的荣耀走向没落，而批评之声日渐尖锐之时，加强监管的目的正是为了压制这些不同的声音；1704年采取的措施矛头直指外省印刷出版重地，在此之前，由于监督不严，这些地区尤其是鲁昂，已经成为盗版和违禁出版物很活跃的交易场所。

对印刷作坊大刀阔斧的关停并没有彻底实施，且主要波及的是一些小印刷厂，并未产生巨大的文化后果；但这个举措使监管力度加强了，尽管仍未杜绝非法出版物。为逃避追查，从17世纪开始最常见的对策就是伪造出版地，比如在书上标明阿姆斯特丹、阿维尼翁或日内瓦出版。对外国图书也不断加强审查力度，最终于1723年出台了一个新规定，将准许进口外国图书的法国城市减至十个，以方便监管。这一规定表明，外国开始在法兰西文化中占有一席之地。

---

① 卢瓦(François-Michel Le Tellier Louvois，1639—1691)，路易十四时期陆军大臣。曾任国务大臣、建筑、艺术和手工艺总监等职。

② 芝诺比阿(Zénobie，？—274以后)，罗马属下帕尔米拉殖民地（今叙利亚）的女王。

③ 薛西斯一世(Xerxès，约公元前519—前465)，又称薛西斯大帝，波斯国王（公元前486—前465）。

2————

对外开放

　　对外开放并不是一件新鲜事：前面已经介绍了 16 世纪和 17 世纪法国艺术和知识生活首先得益于意大利和西班牙，其次得益于佛兰德的方方面面。但的确又有新鲜的一面，表现在三个方面：首先，仅几十年的时间，对法国的主要文化影响从天主教的南部国家转移到了新教的北部国家；其次，这时的影响主要涉及书面文字，而不是艺术；最后，法语在这个交流中起着举足轻重的作用。

　　许多事实表明，从 17 世纪中期开始，法语在国际上的作用逐渐扩大。原因有三。其一是其他交流语言的退出：托斯卡纳方言由于无人用来写作而遭淘汰；用拉丁语撰写的新书往往局限于哲学和学术性著作，但拉丁语在这类书籍中的垄断地位已然失去。其二，语法类书籍、法兰西学院的著作，以及首批词典的出版（1690 年出版菲勒蒂埃①编写的词典，1694 年出版法兰西学院编写的词典）规范了法语的用法，为那些没有讲法语习惯的人们提供了吸收学习的便利。最后，法语的发展不仅得益于武力和王权外交的胜利，也应归功于古典主义文学的辉煌。

　　从世纪末开始，法语的优势已无可置疑。培尔 1685 年 11 月在《文学共和国》杂志（La République des lettres）中这样写道："法语从此将成为欧洲各国人民交流的集合点。"1710 年，即在柏林文学院声援法语的普及性及里瓦罗尔②的论著大获成功之前的 3/4 个世纪，苏瓦松文学院已经请求其竞争对手们应对"法语的进步"了。法语逐渐替代了拉丁语作为国际交流语言的地位：自 1678 年尼迈格条约谈判起，法语开始被用于谈判场合，以弥补一些外交官员拉丁语的缺欠。其中利害也是政治性的：经反复磋商谈判终于 1714 年签署的拉施塔特条约③是第一个唯一用法语起草的条约；此后只用法语签约的惯例被广泛采纳。在其他领域，法语虽不是唯一用语，但也发展迅速，拉丁语的影响随之减小：莱布尼兹有时就会用法语写作。虽然历史文献显示这个时期有大量图书从北部国家进入法国，但法国的出版物，借助其语言的优势，也在国外，尤其在西班牙——虽

————————————

①　菲勒蒂埃（Antoine Furetière，1619—1688），法国作家，法兰西学院院士。1685 年完成独自编写的一部三卷本词典，为此被免去院士职务。

②　里瓦罗尔（Antoine Rivarol，1753—1801），法国政论家、新闻记者和讽刺诗诗人，《论法语的普遍性》（1784）的作者。

③　该条约结束了西班牙王位继承战争（1701—1713）。路易十四的孙子菲利浦五世继承西班牙王位，但放弃西班牙在荷兰和意大利的领地。

然有宗教裁判所的审查——及以法兰克福或莱比锡的集贸市场为轴心的中部和东部欧洲大受欢迎。

除了语言的影响之外，因凡尔赛和巴黎的工程而扬名海内外的法国艺术家，在晚些时候也开始施展他们的影响。路易十四的孙子菲利浦五世吸引他们来到西班牙。罗贝尔·德·科特①足不出户为他设计乡间住宅"雅闲居"，他为萨尔代涅②的国王或科隆的选帝侯工作也是这样。卡尔斯鲁厄③宫破土动工是在1715年，其都市规划率先借鉴了凡尔赛的设计。弗朗索瓦·布隆代尔在同一时期也完成了柏林兵工厂的建设。但德国北部地区更直接受到流亡于此地的新教派艺术家的影响，比如卡亚尔，他于1701—1705年期间以夏朗东新教教堂为样板在柏林修建了法兰西教堂；又比如在卡塞尔工作的保尔·迪·里，他是萨洛蒙·德·布罗斯的侄孙，其父也是建筑师，他是18世纪末之前祖孙三代同赴德国工作的首个代表，也反映了家庭、亲族关系在工艺行业内的重要性，这种情形在凡尔赛的工程中也能见到。

确实，在17世纪末年，流亡者成为法国广施影响的重要媒介。最强大的一只队伍正是由法国宗教迫害和1685年撤销"南特敕令"的情势下被迫逃亡的20万新教徒组成的，他们大批涌入英国和"联合省"即今天的荷兰。当然，北部国家也广泛接纳着因各种理由被迫或自愿离开法国的人们，比如1680年在当时属西班牙的布鲁塞尔避难的冉森派运动首领阿尔诺和尼科尔，还有因得罪了马萨林而避走伦敦、后于1661—1703年去世一直客居荷兰的圣一埃夫勒蒙④。避难者主要由有文化的中产阶级构成。他们的批评言论在不大赞同路易十四专制政策的国家或阶层颇受欢迎，从而更为法兰西语言和文化在国外的发扬光大做出了贡献。

此外，他们的文章著述也促进了那些在法国精英教育中还比较陌生的文化特色的传播。英国和荷兰显然对天主教大修会团体或路德中学式的教育模式尚不了解。宗教多样性是这些国家的特点；17世纪末，任何形式的新教都在事实上或理论上在这里受到包容，这些国家向来对引发煽动性宣传、硬性指令和文化禁令的专制主义抱敌对态度，反对在省或国家一级将教会和政府部门变成社会升迁的主要渠道的行政体系；在这里，行政和地方政府主要掌握在城市或地方贵族手中。同那些继承了拉丁文化中"闲暇"与"事务"之区别的社会不同，他们没

---

① 罗贝尔·德·科特（Robert de Cotte，1656—1735），法国建筑师，国王首席建筑师。凡尔赛宫的小教堂和里昂的贝尔库尔广场由他设计，是"摄政时期风格"的代表人物之一。

② Sardaigne，意大利岛屿。

③ Karlsruhe，位于今德国西部。

④ 圣一埃夫勒蒙（Charles de Marguetel de Saint-Denis de Saint-Evremond，1614或1615—1703），法国自由思想派作家，思想尖锐，文笔犀利。主要作品有《学院派们的喜剧》（1650年）和《书信集》（1705年）。

有经历过哲学与技术之间、文化与技能之间的明显断层。英国贵族从未经历过对从事商业活动的法国贵族实行的丧失贵族资格的处罚。这些国家的教育传统表现为更为多样化的过程,比起令法国商业界若即若离的人文主义式教育,它更加贴近现实生活和未来职业。在这里,科学和技术都是完整的学科。理论和实践,论证和经验互为补充,共同丰富:1662年成立于伦敦并不断壮大的皇家学会以畅所欲言、自由论辩为宗旨,广泛接纳包括商人、领航员在内的各行各业的专家入会。这种精神状态,这种文化氛围将在法国引起越来越大的反响。

荷兰传统上对销往外国的书籍比较宽容,英国自1689年以后也采取宽松政策,在这两个自1689年起至1713年几乎一直饱受路易十四战争侵扰的国家,反对路易十四专制政策的人受到政府特别的欢迎,他们的宽容态度带来的结果是绝无仅有的言论自由。图书的生产和发行主要依靠联合省(今荷兰)、西班牙属尼德兰(今比利时)和日内瓦在出版业的强大实力,而法国的审查制度迫使自由言论在境外或秘密印刷出版的同时,在很大程度上也保证了这些国家和地区的出版业的繁荣。阿姆斯特丹、莱顿、乌德勒支、鹿特丹和海牙都是出版业的中心城市,它们接纳了大量避难者,这些人把在法国完成的作品秘密带来出版,更繁荣了这里的出版业。

多家法国出版商移居荷兰,如夏尔·勒维耶、皮埃尔·戈斯和德博尔德一家;但出版活动仍然以荷兰出版商为主,如莱尔家族,他们有法文校对,聘请许多资深顾问,如皮埃尔·培尔、让·勒克莱尔。销往法国的图书一般都"散页"运输,海运时是装在木桶里的,到达目的地时再进行装订;需要时,在危险书页的上面覆盖其他书页以掩人耳目,蒙混过关。对这类图书进行评介的文学报刊或其他小报成为广告的主要载体,它们在荷兰所起的作用远比在法国出版的几家受到政府严格控制的报刊要积极得多,且在整个欧洲拥有大量读者。

法国避难者最重要的产品是一个期刊:1686年,从1682年起侨居阿姆斯特丹的法国出版商亨利·德博尔德与皮埃尔·培尔共同发起创办了《文学共和国》。德博尔德参与了当时所有的论战:他发表了《几位荷兰神学家关于里夏尔·西蒙神父撰写的"旧约考证史"的意见》(Les Sentiments de quelques théologiens de Hollande concernant L'Histoire critique du Vieux Testament composée par la Père Richard Simon)——关于这篇文章后面还将提及——和皮埃尔·朱里厄的《对教皇至上主义的合法偏见》(Les Préjugés légitimes contre le papisme)。鹿特丹的另一个出版商雷尼耶·莱尔出版了培尔的大部分著作以及法籍避难者的许多作品,其中培尔的《历史与批判词典》(Le Dictionnaire historique et critique)于1697年第一次出版后,又于1702年再版。

3

批判的一代

"批判"这个词常见于题目、书名中，这不是件偶然的事。在一个不断进步的知识氛围背景下，在一个人们越来越期待政治和决定建立在理性基础上的大环境中，检查和禁令流露出的恼羞成怒的态度越来越使人难以忍受。笛卡尔主义——60 年代还是一小部分人所持的进步观点——是通过逐渐的渗透，而不是靠惊天动地的入会发展起来的。除了自身已开始在学术领域壮大起来的精英分子之外，笛卡尔哲学也影响到教师阶层，并年复一年地通过他们影响到他们的大多数学生；而这种影响更多倚靠的是《思想录》的哲学思考，而不是较少再版的《方法谈》。

奥拉托利会会士在笛卡尔思想的传播和应用方面起了非常重要的作用。在笛卡尔思想的启发下，他们当中出现了他的竞争对手：最有名的是马勒伯朗士，从他的《人类论》(Traité de l'homme，1674)开始，他连续 40 多年著书立说，笔耕不辍。马勒伯朗士比笛卡尔更推进了一步，使基督教的上帝与笛卡尔的理性论证并存不悖：他不仅明确了人类的理性来自上帝永恒的理性，也断定上帝是不可能改变他自己创造的理性律法的。他隐含地淡化了个人的上帝会赐福于每个人的观念，淡化了超自然和神秘之力的地位，而主要展现了一个创世界的上帝，即主宰着世界运转机制的最高智慧。这样，他成为了拉近理性与信仰的主要链节，教会则指责他使两者相互感染，并于 1719 年将马勒伯朗士的书列为禁书。

这个时期被认为最严重的威胁不是来自于对宇宙的科学研究，而来自人文主义批判传统的翻新，来自一种以历史、哲学的博大精深为后盾的对宗教文本的全新关照。这是一种更加冒险的尝试意识，因为它直接涉及神启的文本本身，而不再是奥拉托利会的另一名会士里夏尔·西蒙①所做的对上帝本质的抽象的、不完整的思辨——他于 1678 年发表《旧约考证史》(Histoire critique de l'Ancien Testament)，随后于 1689 年发表《新约文本考证史》(Histoire critique du texte du Nouveau Testament)。

里夏尔·西蒙学识广博，他试图将理性的批判方法应用于这些宗教文本，借助理性来解决自伽利略以来似乎把科学与信仰更进一步对立起来的文本的解释

---

① 里夏尔·西蒙(Richard Simon，1638—1712)，法国历史学家，奥拉托利会成员。他的《旧约考证史》(1678 年)使其成为对圣经进行科学研究的奠基人。

问题。他特别强调,有些文字相当难懂,如罗列在一起的叙述和前后不一致的段落,它们由无名书记员记录,根本无从知道出自哪个具体的人物,对这些文字进行字面上的解释是虚浮的、不够扎实的;他甚至猜测,一些书可能是在事件发生之后很久由多个作者撰写的。他还提醒,这些文本包含了多种文学体裁,因而有可能把说教性的、助记的寓言同历史叙述混为一谈。但他认为,神启在总体上的神圣启迪作用不会因为对文本内在和外在的考证工作而受到丝毫怀疑,考证、批判的唯一目的是保证对文本的更好理解,进而缩小理性和信仰之间的差距。

这一尝试在当时遭到了神职当局的责难;尽管里夏尔·西蒙以正统教义据理力争,但他最终还是被奥拉托利会开除。他的主要对头不是别人,正是波舒哀。波舒哀批评他推翻了信仰的根基,甚至指责他同情新教。如果夏尔·西蒙没有选择用法语来论证他的观点,也许问题还不至这么严重:这一选择使那些没有资格对此论点评头论足的人们接触到了这些观点,波舒哀为此大为恼火,指责他"把如此之多的亵渎神明的言论交到群氓手里,女人因此而生出事端,乱嚼舌头,引发种种和他们不相干的、他们解答不了的问题","把单纯的信仰变成了论证和技巧"。

波舒哀也曾经这样尖刻地批评当时还被称作盖斯耐尔主义的第二代冉森主义。这个名称源自另一位奥拉托利会会士帕基耶·盖斯耐尔①,他于1692年发表《新约法文版附关于各节道德问题的反思》(*Nouveau Testament en français avec des réflexions morales sur chaque verset*)(常简称《道德思考》)。自1668年起,"教会和平"促成了各方在思想上有所保留(所谓"敬而缄口")的情况下签署了谴责五条建议的教会法规,而冉森派否认《奥古斯丁书》中存在五条建议的思想。对于教皇和国王的权势而言,这个司法屏障在事实上鼓励了个人意识和思想自决的权利。盖斯耐尔主义则走得更远,它将这一流派的一般论证同埃德蒙·里歇尔②的论点(后称里歇尔主义)结合在一起:通过对天主教传统认定的所谓主教与教士之间关系的神圣渊源提出质疑,从而断定,任何信仰和权力的委托都应该属于全体神职人员,甚至属于全体信徒。

这里涉及的无疑是文化问题。受这一观点影响最大的教士一般都是受教育程度比较高的人。他们大多有大学文凭;很多人或住在城市,或保持着与城市的联系;他们有非常丰富的藏书。与前辈相比,他们更多接受的是首先建立在对宗教文本及其权威等级的分析基础之上的实证神学教育,而不是一开始就把自己的信念建立在缺乏圣经或圣师著作根据的抽象推究或传统之上。根据教会法规,主教代表完整的圣职,而教士、神甫只是主教的代表;但这些教士在其主教身上看不出任何文化或精神上的优势,因此他们把主教的圣职缩减为职能性的差

---

① 帕基耶·盖斯耐尔(Pasquier Quesnel, 1634—1719),法国神学家,在路易十四的迫害下领导冉森派。
② 埃德蒙·里歇尔(Edmond Richer, 1559—1631),法国天主教神学家,法国加利主义强硬派的理论家。

事，而不是等级的或圣事的职务。

　　第一代冉森主义是追求绝对的、虔信的冉森主义；第二代则是基督徒式的、追求承认的有文化教士的冉森主义——冉森派到 1730 年又有新的转向，是由副祭帕里斯①墓前的痉挛和圣迹衍生出的流派。第二代冉森派教士在道德上采取强硬态度，比其他派别更多地实施赦罪期限，也就是说，在教徒忏悔时，拒绝为那些他们认为悔罪态度不够好的教徒举行赦罪圣事，这既是考虑到理性的一致性，也是出于对完美的追求。同样还是这个一致性促使他们呼唤对在俗教徒的责任心，以便把这些人培养为特伦托教会的积极分子，而那时，在俗教徒对日常信仰活动的态度大多是消极的。在典礼方面取得暂时的、局部的进展是微不足道的，但它们至少象征着部分神职人员，面对有相当信仰修养的信徒阶层明显扩大之趋势所作的传教活动的思考。

　　在这一长期的、深刻的危机中，教会和国家的关系达到了这样一种状况，使政治势力不可避免地从中干预。路易十四变本加厉，实施越来越强硬的政策。356他视冉森派如先前的新教，从中看到了一股强大的反叛力量，无法忍受冉森主义关于意识自由的要求。1705 年，加利主义的君主路易十四竟亲自请求教皇谴责"敬而缄口"；1709 年，国王在遣散了波尔罗亚尔修道院的修女——这成为了自由意识受到压迫的象征——并将修道院夷为平地之后，终于再次如愿以偿：1713 年教皇诏书谴责从盖斯耐尔书中摘录的 101 条建议，这些建议包含了冉森主义的所有论点，也掺杂着里歇尔主义的观点。于是，加利主义和冉森主义观点的联合在神职人员和法国天主教内部引发了力量的较量，这是从宗教改革以来从未有过的：1717－1728 年期间，十多名主教和 6500－7000 名教士要求召开主教会议，以便在大会上对教皇决定提出上诉。这个人数最多只占法国神职人员的 5％；但他们中的知识精英却占相当大的比例。冉森派"异端"在经受了前所未有的打击之后，一如既往地发扬着这种严谨的、意识独立的精神，它将同启蒙思想的某些重要主题不谋而合。

　　前面提到的论争并不表明任何针对教会或基督教的原则上的敌对或保留态度，其目的主要是在科学和文化进步的大趋势下，完善基督教的真实性和可信性。这次论战时而会反映出另一些时代的影子，那时也有一些人凭借自己的学识拒绝不求甚解的信仰和对神职机构的盲目信任。不过，另一些著述则属于与传统教育、甚至与信仰不相容的批评言论。

　　在科学理论和宗教论点之间，天平更多向前者倾斜：鲁昂人、高乃依的侄子丰特内勒②的《宇宙万象对话录》(*Entretien sur la pluralité des mondes*，1686)

---

① 帕里斯(François de Pâris，1690－1727)：冉森派副祭。其墓地后成为狂热冉森派教徒的聚会场所。
② 丰特内勒(le Bovier de Bernard Fontenelle，1657－1757)，法国作家，高乃依的侄子，以科普论著而著名。

（一译《论宇宙之多元性》）以诙谐的笔调论述了宇宙的整体运行体系，比起枯燥沉闷的论文，接受起来更加迅速，更易推广。他用读者比较熟悉的歌剧院的机关布景打比方，通过古代哲学家观看《法厄同》（*Phaéton*）——基诺和吕里于1683年创作的歌剧——的故事，巧妙地展示了古代纯理论的、深奥的定性哲学与现代机械论科学的根本区别：

> 请你们想象所有哲人都来歌剧院看戏，毕达格拉斯们、柏拉图们、亚里士多德们，还有所有那些名字让我们听来如雷贯耳的人们；我们可以想象他们看到法厄同被风吹得飞了起来，却看不到线绳……，便有人说道："那是某种神秘的美德将他带走了。"另一位说："法厄同由一些数量组成，是这些数量使他上升。"又一位说："法厄同对舞台的高层有好感。"还有一位道："法厄同本来不会飞，但他宁愿飞，而不愿让剧场空无一人"；还有无数的异想天开……。最后，笛卡尔和几位现代人士来到剧场，说道："法厄同升高是因为有一根绳子吊着他，而一个比他更重的重量在下沉。"这样，人们便明白了，一个物体如果没有另一个物体的牵拉或推动，是不会移动的。

357

在写于1682－1683年期间的《关于彗星的种种看法》（*Pensées sur la comète*）中，皮埃尔·培尔已经证明，彗星属于自然现象，既不会预示奇迹，也不会预兆灾难；我们可以回忆一下，就在一个世纪前，人们解释天上的征兆，还只会借助星象学或视之为奇迹。自1699年起成为科学院秘书之后，丰特内勒以极大的热情——以职务的理由很难解释这份热情——支持整个宇宙都服从于科学法则的论断。丰特内勒通过他的《博学者的颂词》（*Eloges de savants*）、《学院回忆录》（*Mémoire de l'Académie*）及其序言，向那些对笛卡尔、马勒伯朗士、雷布尼兹或牛顿的冗长论著感到厌倦的读者们普及知识。

一个领域真相大白带动了其他领域破除迷信。科学的热情引导人们对神奇的超自然产生了怀疑。首先受到攻击的自然是异端邪教：丰特内勒1686年发表的《神谕的历史》（*Histoire des oracles*）揭露了古代异端教士的骗局，指出这些神谕场面的作者实际上就是他们自己。但这些论证也直指5世纪之前一些把神谕视为魔鬼作祟的基督徒，这不仅置他们于滑稽可笑的境地，而且也对纪元初年的传统并进而对他们的部分信仰提出了质疑。丰特内勒已经开始使用后来伏尔泰惯用的高招，假崇敬——"这里没有丝毫贬低这些伟大人物的权威性或抹煞其功绩的意思……。如果说他们使用我们宗教的真实名义而给我们留下的却是其他一些可能靠不住的东西的话，那么应该由我们自己去伪存真，只接受合理的部分"——增加了追查的难度。逗趣的滑稽轻快的形式不仅吸引知识阶层，更远远超出了这个范围，征服了喜欢插科打诨的人们：金牙的故事就以这种形式说明了经验高于对假奇迹的经院式解说的道理。启蒙思想的基调和主题已经开始散播了："无知者听之，饱学者赏之"；这种理解是伏尔泰式的，他是精于此道的大师。

培尔在 1695—1697 年期间发表的《历史与批判词典》中以更武断的方式表达这种怀疑主义态度。这部对历史、地理等专有名词进行注释的辞书，其真正目的是列举老词典当中的谬误和疑点，其宗旨是只承认"真理和理性的帝国"。每个条目都旁征博引，颇有些迂回曲折，似乎在有意兜圈子，以掩饰其思想的大胆性；读者被引入近乎普遍的怀疑论，但"怀疑的理由本身也值得怀疑"的观点又缓和了这种大胆的怀疑。在这些著作中，以经验和理性的名义将宗教从迷信的困扰中解救出来的表面愿望，再一次遇到无论哪一方一般都无法接受的难题。理性的上帝俨然已是与超自然力不共戴天的宇宙设计师的形象。英国人洛克①写的《基督教的合理性》(*Le Christianisme raisonnable*，1695)的确认为基督教的教育是可以与理性相容的，但他事先已经将所有不相容的因素排除在外了。

于是，自由派思想的各种变体再次得以浮出水面，但这次是以实实在在的科学和方法论为依据了，"以便很好地引导理性"。其道德的、或打趣式非道德的方式难道已经永久消失了？通过拉封丹的《故事集》和圣—埃夫勒蒙作品体现出来的这种形式，这时在考察美德与宗教之关系的时候又呈现出另外的特点。培尔在《关于彗星的种种看法》中断言，"一个无神论者的社会和其他社会一样能够很好地实施公民和道德的行为"，因此道德是独立于基督教的。不过，培尔或丰特内勒并未即刻产生影响。虽然丰特内勒惯用的装模作样的插科打诨为他撑开了一把保护伞，但作为理论家的培尔却因其大胆的论证而遭到攻击，其中甚至包括海外避难的新教徒：1693 年，培尔以亵渎神明和宣扬无神论的罪名被撤销了他在鹿特丹的教授职位。

确实，这些作者初期的影响是有限的。根据财产清单记载，17 世纪末在雷恩、鲁昂和南特等城市的书橱里，还未见丰特内勒和培尔的名字，甚至没有笛卡尔的著作，但却有圣—埃夫勒蒙。一代人之后，即 1730 年前不久，在一名奥拉托利会会士的家中发现笛卡尔、马勒伯朗士的作品和《宇宙万象对话录》，在圣—马洛的财务官、鲁昂市某资产者、昂热市某荷兰籍批发商及几名雷恩的高等法院法官家中发现了《历史与批判词典》，又在布雷斯特海军军需官的遗孀和鲁昂某呢绒商的家中见到丰特内勒的书。然而，首都精英和更加传统的外省精英之间还存在相当大的差距。

批判的转向也涉及对人的统治管理问题的思考。我们在此并不是要编写一部政治史，而是试图揭示出，一个确定或转变王亲贵族行为价值观的调整和修正

---

① 洛克(John Locke，1632—1704)，英国哲学家。主张政治宽容，认为社会建立在契约之上，君主应遵守律法。著有《关于宽容的信札》(1689 年)。

是如何实现的。纪念章、纪念性建筑、绘画，还有凡尔赛的恢宏项目，在路易十四统治的前半期，一切活动都围绕一个目的，光耀和扩大把自己的声名与法国的荣耀视为等同的国王的威名。贵族或高等法院与国王由来已久的对立行为被震慑住了，从此悄无声息。作家、艺术家们争相为王亲显贵歌功颂德，他们显赫一时，死后的殡葬仪式还不减生前气派。只有少数人，那些被剥夺言论自由的冉森派和不再敢轻举妄动的、或流亡国外的自由思想家们，身居政权左右而不为所动，规避着辉煌成功的诱惑。

从 17 世纪 80 年代起，变化更为明显了。原因有三：其一是路易十四时期的最后两次战争。战争期间，国王及其军队的荣耀不仅没有得到显扬，反倒越发暗淡下去；其二，战争带来了越来越多的苛捐杂税；其三，1693—1694 年和 1709—1710 年发生了席卷法国的严重危机。不过，其他原因更主要是文化方面的。对新教徒及随后对冉森派的迫害，直接向大部分人——废除南特敕令后的情形是一些主教有目共睹的——提出了意识自由的问题。迫害让新教徒经历了责任的内心冲突，选择自由还是服从上帝选择的君主，这个冲突是具体而实在的。这里有必要提到政治意识的扩大趋势。17 世纪 50 年代至 18 世纪初叶，知识活动也在法国有所发展。读书和购书、购买更多的书的人越来越多。这里还谈不上什么革命性的举动；但最终，许多教士、贵族和资产者在阅读中开阔了眼界，不再局限于地方利益和眼前的关系了。

在文人读者中占上风的价值观念的标志，是费奈隆大获成功且经久不衰的《泰雷马克历险记》（*Télémaque*）。这部著作在巴黎和外省的成功极为迅速——在出版的当年，即 1699 年，在布雷斯特某高等法官家中就见到这本书，这在大多数外省人绝少拥有文学作品的当时是绝无仅有的；它的成功也是持久的，且影响不断扩大，该书在 18 世纪的印数可与最伟大的古典主义大师们相提并论。曾于1687 年发表了《论女子教育》（*Traité de l'éducation des filles*）的费奈隆，写这部新作是给路易十四之孙勃艮第公爵学习之用的。该书借助寓言故事——泰雷马克在教师蒙多尔的陪同下寻找父亲[①]的故事——为他的王族学生刻画了理想王子的画像。蒙多尔在回答泰雷马克何为国王权威的问题时，这样说道：

> 他可以对人民随心所欲；但是法律却可以对他为所欲为……。国王应该勤俭克己，不可优柔寡断，切忌铺张奢华，妄自尊大。他不应比其他人拥有更多的财富和享乐，但应该比他们拥有更多的智慧、美德和光荣……忘记自我，他才可以无愧于王国。

当危机仍肆虐法国之时，写于 1695 年的这本书是否在描写一个理想的国

---

① 指尤利西斯。

359

度？关于这一点，蒙多尔提出了政治和道德价值观的等级，这本书之所以受欢迎，表明这个提议在读者中产生了某种共鸣：

> 哪一个更好？一个由大理石和金银修建起来的漂亮城市加上一个破败、贫瘠的农村，还是一个土地肥沃、地产丰富的农村加上一个世风平庸的城市？……王国真正的力量和财富正是众多的人民和富足的生活。

尽管凡尔赛继续恪守着一成不变的礼仪，尽管王族显贵照样挥霍无度，但贤明已经趋向于替代荣耀，而成为被逐渐扩大的、关心政治的社会和知识阶层认可的价值。正是从这个角度出发，布瓦吉贝尔①在 1699 年发表的《法国明细》（*Détail de la France*）中、沃邦②在 1707 年发表的《王国十一税设想》（*Projet d'une dîme royale*）中提出了他们的设想，两人都建议实行更加合理有效的财政改革。这些作品也表明数字在文化领域受到越来越多的重视。"政治数论"即统计学的概念出现在了《调查报告》中，这是一份对外省的系列调查报告，调查既是数量的，也是质量的，1697 年由负责勃艮第公爵教育事务的监督官们完成。从某种意义上说，管理的概念通过这个渠道悄然进入了王族教育中。

360

4

品位的解放

不必夸大其词：1700 年时，只有一小部分耶稣会学校可以保证轮换教授物理和逻辑课，且是隔年上课，这时，科学还远没有在法国普及。应该指出，18 世纪初影响法国文化的种种变化仍受到地理和社会的限制。当堂区的宗教和道德教育达到空前质量的时候，让人们太久忘记了质量为何物的无道昏君摄政王③，却代表着一个远离宗教甚至不信上帝的、荒淫放荡的阶层，但这个阶层人数有限。最深刻的变化并不总是最明显的。17 世纪的最后一代人，与文字的关系进一步深化了：在法国西部大大小小的城市中，书籍在逝世后的财产清单中的比例在 1695—1700 年和 1725—1730 年增长了 1/3（约 25—34%），而此后到旧制度

---

① 布瓦吉贝尔（Pierre Le Pesant Boisguillebert，1646—1714），法国经济学家，重农学派的先驱，财政改革的鼓吹者。
② 沃邦（Sébastian le Prestre de Vauban，1633—1707），法国军事工程师。晚年因将反映法国国情状况的《调查报告》呈与国王御览而几乎失宠。《王国十一税设想》亦在刚一出版时即遭到查封。
③ 1715—1723 年的摄政王，即奥尔良公爵。

末期,即随后两代人的时间里,却只增长了 10%。

如果说进入家庭的第一本书常是宗教图书的话,那么,藏书量增加速度最快的也是神职人员、贵族和外省法官。书橱的扩大明显促进了人们将兴趣点扩展到历史,随后是文学领域;人们对英国和联合省的历史尤其感兴趣,因为这两个国家从未受到过专治政治的长期控制。品味、好奇心刺激购书欲,购书深化知识,但同时也容易使人拉开批判的距离,关于这一点,我们已经在前面看到了些许尝试性的表现。勇气尚显不足,但反映了在古典主义文化之外拓展更大知识空间的渴望。

推动力、新鲜事物,这些自然都来自首都;文化的进步,社会的进步本身正是最先从巴黎开始对古老的拉丁人文主义提出质疑的,但其目的在于更好地激发法兰西语言,促进法语的生产。当断言今人无法超越古代作家的布瓦洛和拉布鲁耶尔等作家,与较为客观地评价他们的丰特内勒和佩罗等人之间展开"古今之争"的时候,他们的论战其实在此前早已开始了。这个学院式的论战,其最突出的时期是 1688－1694 年,它多少被传统的文学史夸大了一些:从路易十四统治初期开始,德马雷斯·德圣—索兰①便在他的戏剧中以神奇的基督徒的名义对神奇的古代多神异教徒恶语相加;笛卡尔则为自己忘记了希腊语——据他自己所言——而引以为荣。当然,现代主义也并非总是纯粹的文学或哲学情感:夏尔·佩罗 1687 年在法兰西学院朗诵的长诗《路易大帝的时代》(*Le siècle de Louis le Grand*),就是借对奥古斯丁时代和路易十四时代进行比较之名,对君王行阿谀恭维之实的手段。

不过,这一论争之所以成为颇有意义的征象,是因为它触及官方的文学群体——1691 年丰特内勒当选法兰西学院院士则被认为是"现代派"的伟大胜利,亦即古典主义和规则的卫道士们。从此以后,人们敢说了;人们敢说某某古代作家枯燥乏味,而不必被当作没文化没品位的人了,也不怕像布瓦洛挖苦其对手那样被斥为"休伦②蛮人"或"老土"了。同哥白尼和伽利略推翻了关于宇宙空间的希腊权威观念一样,作家也可以拒绝权威原则。的确,直到旧制度末期,古代医学和罗马律法都是大学课程的主要内容,因而减少了科学现代主义的传播机会;但进步这一概念——建立在理性基础之上的进步的概念,人类精神的概念……也就是作为整个启蒙时代根基的基本概念,都是通过文字确立下来的。

在把冲突理论化了的文学世界背后,逐渐出现一种意欲打破古典主义桎梏的观点。也许王室迁往凡尔赛的举动为此开了绿灯,因为政治中心从此远离了

---

① 德马雷斯·德圣—索兰(Jean Desmarets de Saint-Sorlin,1595－1676),法国作家,法兰西学院院士。他的喜剧《幻象者》表达了与冉森主义的对立态度。

② 北美印第安人一族,在法语中亦指无教养的人。

日常的演出活动：国王有他自己的剧场，一个在宫殿内，不太舒适，另一个在大特里亚农宫，1703 年后，因路易十四彻底放弃观看文艺表演而拆毁。宫廷再也无法成为各种艺术形式的灵感来源了。这个起激励作用的功能，在路易十四统治末期分散为许多更加多样化的影响和品味的中心。

1699 年，迈内公爵夫人——蒙特斯庞夫人被承认合法的儿子之妻——开始在索市组织文学聚会，来宾主要是"现代派"的拥护者、法兰西学院院士如丰特内勒，以及大贵族；十年后，朗贝尔夫人（Lambert）在巴黎开设了 18 世纪最大的文学沙龙之一。索市也从 1700 年开始成为节日狂欢的舞台，音乐家让—约瑟夫·穆雷（Jean-Josephe Mouret）是这些活动的主要组织者；最精彩的狂欢是在 1714 年的 4—9 月举行的索市的那 16 个"伟大之夜"。一边是披麻戴孝的、老迈的凡尔赛，一边是欢声笑语的索市——它让人回想起当年的王家大型表演，这个反差实在令人揪心地痛苦。

通过初期的创建学院运动，或通过音乐团体的创建，一些外省的大城市也显现出娱乐活动的需求，它们把精英分子聚集在了一起。1685 年，一家歌剧团在马赛组建起来，但终因经费不足而倒闭，这表明仅仅依靠外省精英——他们人数不多，无力支撑如此庞大的经营规模——来平衡高额的演出经费是十分困难的；但 1717 年，一家乐团又在这里建立起来，这家乐团在 1728 年时招徕包季观众 350 人，他们可以在演出季每周观看两次演出。1688 年，里昂歌剧院成立，主要演出吕里的剧目，如 1701 年 4 月 9 日路易十四之孙勃艮第公爵和贝里公爵路经此地时上演了《法厄同》。1713 年，一个定期演出的乐团在这里成立。在波尔多，第一批歌剧团体出现于 17 世纪末，1707 年也成立了一个定期演出乐团。这些团体的稳定性很不均衡：其中一些"乐团"难以抵御创建学院运动的继续发展所带来的冲击；它们的复苏或后来建立的团体到 18 世纪时越来越走向专业化，业余爱好者渐渐地完全变成了观众。

里尔的例子说明了一座外省大城市——1677 年有 45000 居民，1740 年增至 63000——在音乐演出方面的可能性和局限。在这方面，里尔市多少得益于具有佛兰德地区城市特色的古老的市长长官式的文化：里尔市有自己的五名乐师，在城市档案中保存着大量乐谱，第一批乐团便是从这些资料中查找曲目、汲取灵感的。在帕斯卡尔·科拉斯的努力下，经过 1689 年和 1697 年两次尝试，一个乐团终于于 1699 年在市政府内新建的一个大厅内成立了。科拉斯是吕里的前助理，他曾想方设法从吕里接班人在外省多个城市的演出垄断中分得一部分特权。1700 年 11 月，马克—安托万·沙尔庞捷的《梅黛》（Médée）上演后，一场大火烧毁了剧场。新剧场于 1702 年竣工，在 18 世纪期间兼演戏剧和歌剧，其设备之完善在当时的外省大城市中是首屈一指的，今天的"古剧院街"即由此而得名。

上面提到的是最重要的一些城市，但它们不像某些城市如雷恩或第戎那样，受到一批有修养的法学家、司法官的影响，并由他们确定城市的文化基调。里昂是受意大利影响的古老的人文主义中心，17 世纪中叶以其出版业著称于世；但是，商业的大转盘，无力在这里建成一个忠实于以书籍和古典教育为根基的文化传统的长久的家族核心。在波尔多，这个因蒙田和后来的孟德斯鸠而享有盛誉的核心，这时却面临其他一些社会成分的竞争，这些发财致富的人们有了足够的实力进入精英阶层。马赛则首先就是一座贸易城市。总之，在大城市，一整套娱乐性社交系统配备了相应的机构，用来满足更加鱼龙混杂的精英群体的品位，以及他们效仿巴黎的愿望。

首都公众的品味更加多样化，没有那么形式主义，受官方品位的束缚也少一些，他们设法规避着行政的羁绊。1697 年，意大利喜剧院的禁演使一部分观众——他们的成分比巴黎歌剧院甚至比法兰西喜剧院的观众要复杂一些——失去了喜欢的节目，但反而使交易集市的戏剧形式获得了保障。交易会戏剧演员帕尔费 1743 年发表的《回忆录》介绍了后来被意大利人放弃的体裁和观众是如何适应新环境发展起来的；演员们不断发展身体、动作和杂技方面的技艺，以便迎合对那费解的台词一窍不通的观众。为维护其垄断地位，法兰西剧院接二连三对他们实施种种限制，这些限制一直伴随、影响着他们剧目的发展：1703 年，禁止演出完整剧目，只准许上演折子戏；1707 年，禁止有对话。这个禁令之后，集市舞台上便出现了独白剧，它通过各种花招巧妙避开当局的盘查：使用平行式独白——即在对话人下到后台时，留在台上的演员同时说两个人的台词，或把对话写在纸板上，或在歌唱的部分，让观众一齐唱出台词。

这些法律的束缚没有减慢他们成功的脚步：1706 年，圣—日尔曼交易会已经拥有七家剧院。勒萨热本人就亲自为这一摆脱了古典主义喜剧金科玉律的剧种写剧本；每当新的演出季来临时，应对当时禁令的新剧便已破壳而出：有招贴式剧，有伴唱或无伴唱诗歌剧或散文剧，或诗歌散文剧等。交易会戏剧的发展使学院派们时时窥视的戏剧体裁获得了新生和成功。它以大众化的灵感、依靠久违了的却一直关注其发展的大众、借助不断改进质量的剧目，终于重振旗鼓。他们甚至会改编古典剧目，一边不忘应付审查和禁令：1716 年，圣洛朗交易会的一个流动剧团就因演出《熙德》和《屈打成医》(Le Médecin malgré lui) 而遭禁演。正是在这个剧目中，出现了集乐曲、歌曲段落、道白于一体的歌喜剧形式，这种形式在 18 世纪特别流行，在社会各阶层广受欢迎。在这种被演出团体、演出场所的发展所改变了的传播条件之下，轻喜剧中比较受欢迎的歌曲由社会精英推出，并将广泛传播，远及农村各地。

这些发展变化不仅来自于观众的扩大，也源于精英分子及其文化的价值观和表现形式的缓慢变化。一些文字中流露出的怀疑论的观点是一个信号，这个信号也同时影响着读者。这是一种指向晚年不再令人仰慕却使人畏惧的国王的怀疑论:路易十四不再是恩泽万民的慈父,也不再是荣耀四射的国王形象,这个随心所欲、心血来潮的角色从此与他专治君主的身份画上了等号。"我们在凡尔赛的父啊,您的名字不再被赞美,您的统治完结了……":这个匿名的传单和许许多多类似的文字在四处散播着。这也是宗教的怀疑论:对新教徒的迫害、显然出于被迫的改宗、为在政治上让对手就范而倚仗教皇对路易十四的支持与冉森派展开的斗争,这一切都难辞其咎。一个钟表匠般的上帝式的形象,使他可望不可及,没有人再去关注他会不会深入百姓,体察民情。

古老的价值过时了,因为不再有一个精英群体用信仰和热情去弘扬它;因为这些古老的价值不再征服,它们退避了。怀疑论在民风习俗方面改变了宽容的门槛:新事物不再是巴黎高层社会一小撮人的行为专利,它从此带有了公共的特色。新的行为举止在1715—1723年的摄政时期尤其令人瞩目,这个时期统治法国的君主是路易十四的侄儿、被其国王叔父称为"吹嘘邪恶的自大狂"的菲利浦·德·奥尔良。此人勤勉,多疑,他标榜的更多是其先祖亨利四世,而不是太阳王。随着数字概念和经济的发展,金钱的作用在社会中显得更加突出。在1688年发表的《品格论》(*Caractère*)中,拉布鲁耶尔[1]以少见的激烈态度抨击"那些肮脏的灵魂,他们唯利是图,浑身上下沾满污垢和垃圾,正像那些美好的灵魂充盈着荣光与美德",这部作品也构成了批判文学发展过程中的一个里程碑。

拉布鲁耶尔的视角仍然停留在道德和个人的层面。但文学种类的发展变化是时代氛围更具说服力的征象。正因为莫里哀笔下那类发财致富的资产者朝思暮想要做"贵族绅士",才在1670年上演的一出娱乐性很强的芭蕾喜剧中成为骗子的猎物。1709年,《蒂尔卡雷》(*Turcaret*)展现了一幅更具辛辣意味的图画:勒萨热笔下的主角不再是资产者,而是靠投机行骗的营生发财致富的、心狠手辣、令人鄙夷的老仆从,此人混迹于投机者之中,遭他们取笑戏弄,最终被逼到破产的境地;但道德并没有因此就毫发无损,座收渔人之利的,恰恰是蒂尔卡雷的跟班,蒂尔卡雷的不义之财最后都装进了此人的腰包。不过,勒萨热不是在舞台上表现金钱世界的唯一者。1696年就上演了雷尼亚的《赌徒》(*Le Joueur*)。当库尔[2]在1683—1724年期间完成了大约90部剧作,戏中不乏不择手段、厚颜无耻之徒,这些人无恶不作:《女赌徒的忧伤》(*La désolation des joueuses*,1687)、《彩票》(*La loterie*,1697)、《公债投机商》(*Les Agioteurs*,1710)或《法老的溃败》(*La défaite du pharaon*,1718)——这是当时十分流行的赌博游戏,这些戏名本身已经说明了一切。

生意人一般都是反面人物;但我们不妨比较一下《达尔杜夫》和《蒂尔卡雷》

----

① 拉布鲁耶尔(Jean de La Bruyère,1645—1696),法国作家,大孔代之子的家庭教师和秘书。其《品格论》隐讳的文风使该作成为细腻、有效的风格典范。
② 当库尔(Florent Dancourt,1661—1725),法国戏剧家,演员。

这两部作品:前者的结尾是,一位由国王派遣的救星——"与走私势不两立的亲王"——把被骗子逼上绝路、几近破产的奥尔贡解救出来;而后者的结局则是一个骗子战胜了另一个骗子。这已经离普雷沃发表于 1731 年的《曼侬·莱斯科》(Manon Lescaut)中描写的走私者们,以及马里沃发表于 1735 年的《暴富的农夫》(Paysan parvenu)中的暴发户们的反道德主义相去不远了。在后一部小说中,年纪轻轻的男主人公一副英俊的相貌便确保了他在贵妇人们中间财运亨通,顺利致富。

比起从前,商人更觉如鱼得水。法国财政体制的因循守旧,货币匮乏,加之路易十四在其最后 25 年统治期间,采取的对军事拨款的绝对优先政策,更使这些人的地位迅速攀升,并大敛其财。在很大程度上相互依存的集团、公司借助海运、军需供给或向国王贷款等方式大发横财。国王的银行家萨米埃尔·贝尔纳,还有克鲁瓦扎大家族和孔代家族构成了王国的三大首富,成为在全国有数万人之多的商业界的巨头形象,其政治和社会影响也越来越显著。在南特、圣-马洛和马赛等城市,大量财富的聚敛已经不再首先依靠传统的社会升迁方式,即购买国债或投资地产了。海上交易比土地买卖更成为使财富大起大落的营生,只有深谋远虑者才可稳操胜券。1716—1720 年间,拉奥推行的制度经历了攀升与崩坍的大起伏:财产清算中的破产申报达 500,000 份之多,牵涉到全国 10% 的家庭;与此相伴而行的投机热潮,以及这一热潮在中高层财富家庭引起的动荡,证明了这种不稳定性,快速致富的观念超越了其他价值观而跃居上风。

这个阶层从此开始扮演一个不可小视的文化和艺术角色。金融家们在凯旋广场或蒙马特尔区临近街巷建造他们的公馆,这些地方成为上层社会的新居住区,而沼地和圣·安托万区则人去街空。皮埃尔·克鲁瓦扎在黎世留大街的公馆招待过好几位画家,比如瓦托[①],此人多次在这里居住,以四季为主题为主人的餐厅绘制系列油画。这位于 1721 年 37 岁便谢世的画家名正言顺地成为这个摄政时期社会的象征人物。

> 应该说,从来没有一个画家像他一样在生前和身后都获得如此声望。他的油画价格不菲,至今还有不少人趋之若鹜。他的画在西班牙、英国、德国、普鲁士、意大利和法国许多地方尤其是巴黎都能见到。

这是传记作家朱利埃纳在画家去世后五年写的一段话。这段话在不经意中揭示了艺术品交易日渐扩大的趋势,艺术品已经成为投机的目标,瓦托本人也只是在其生命的最后几年才意识到这一点,他的佳作之一《热尔森的招牌》

---

① 瓦托(Antoine Watteau, 1684—1721),法国画家。深受鲁本斯和威尼斯画派影响,独创其喜剧舞台和"风雅欢庆"之艺术。代表作有《法兰西戏剧之爱》和《西泰尔岛的朝圣》等。

图 **41** 这幅油画表现了意大利喜剧中的一些典型形象：左边的疯子，
书持点缀着玫瑰花的人头杖，象征爱情；吉他手与之行影相随，必不可缺；
后面的小丑，露出半张传统中的黑脸。中间站着的就是主人公。（瓦托作，
《意大利喜剧演员》，华盛顿国家艺术中心，Samuel H. Kress 收藏）

（*L'Enseigne de Gersaint*）（现有两种版本）便展现了他的某位画商朋友的画廊，反映了日益兴旺的艺术品交易。当长他 25 岁的亚辛特·里戈继续着"大人物画家"的生涯、恪守着古老的大事铺陈的盛大传统之时——此人尤以绘制路易十四和路易十五的肖像著称，瓦托则迎合了公众审美中不那么主流的趣味。《乡间婚礼》（*Noces champêtre*）、《舞会》（*Bals*）、《假面舞会》（*Mascarades*）、《风情狂欢图》（*Compositions et fêtes galantes*），诸如此类的主题，即便没有涵盖他的全部作品，也时常重现于同时代作者的笔端，描绘着这种后来很快便被模仿的艺术的主要特点。音乐和面具常在这类表演中使用：演员、人物身穿与农民装束相去甚远的服装，在秀丽的风景中娱乐欢畅。

人们经常提到瓦托艺术与他喜欢表现的意大利喜剧演员之间互为应和的关系。两者全面引发了艺术功用的演变。在 17 世纪，隐名合伙人试图通过艺术来得到证明和展示，这些艺术品可以大至一座城堡，小到一幅油画或一首短诗。艺术生产大量用于建筑——从中可见宗教的重要地位——或用于其他形式的、个人或政治的确认。对排场的追求、个人和权势的粉墨出场，这些都使得艺术成为人们在公共场合抛头露面的一种方式。通过图像或象征的陪衬，获得应有体面而带来的满足感胜过了美学愉悦——虽然美学享受依然存在——并且在戏剧、芭蕾和歌剧中都有所表现。

瓦托的作品、意大利喜剧和交易市场戏剧也表现出不加掩饰的夸耀张扬的风格，但他们这时炫耀的已经是财富，而不再是权势。奢华开始占了排场的上风。17 世纪期间曾多次颁布限制铺张奢侈法，试图限制财富的外露，特别是在衣着方面，规定着装必须与本人的社会地位相符，此法令在 1720 年后终被取缔，这并非偶然；达尼埃尔·罗什所揭示的，外表成为在社会中一种存在手段的"外表义化"，确实已露出了端倪。但艺术还首先变成了一种消遣，变成了规避现实的手段，其表现是，从 17 世纪 20 年代开始，游记文学越来越受到广泛欢迎。乡间风情的欢庆场面替代了城市生活的种种烦恼，成为戏剧和绘画的主题；音乐是一味的轻松休闲，而面具则巧妙地掩饰着身份，有时甚至有些刻意地引起张冠李戴。人们一改设计编排的造作情感，转而崇尚享乐的原则，比如追求舒适，这一点后来在反应比较迟缓的建筑风格的发展变化中是有所表现的。舒适、享受、娱乐、消遣：这些词汇从此被赋予了正面的内涵，它们反映的与其说是一种危机，不如说是仍然有限的某些阶层的敏感性、甚至是其文化赖以构建的原则和表现形式的深刻演变。

结束语

在对这漫漫两个世纪的回顾当中,我们更多侧重了变化,这也正是历史学家的任务;不过在本卷即将结束之时,必须指出这种变化的局限性;实际上,在这段漫长的时期,使人类得以掌控其自然环境、联络、出行和抵御疾患的任何技术,都不曾发生根本的变化。不论是生命的不同时期,是标志着这些时期各阶段始末的个人或社会的仪式活动,还是人与自然的关系,从表面上看,什么都没有发生变化。不过应该警惕一种结构性的观点,这一观点强调历史持久的不变性,认为农村社会的稳定性几乎是绝对的,而事实上,农村始终都在吸纳着来往过路的元素,传送信息者,那些捎信儿的人们来来往往,不断给乡村带来外界的新消息,新知识。

什么都没变,但是……再小的村子,再小的组织都比过去受到更多的控制、行政管辖和统治。再普通的农民从此也不得不应对书面文字:详细记录居民姓名使他们的身份更易核查的堂区记录簿、将堂区须缴税款分摊给各家各户的纳税人名册、大多数家庭出于虔信或祈求护佑的目的在家中张贴的虔诚图画等,都涉及文字。他是不是想以堂区为家? 那么,在管理社区财产的教堂财产管委会或总代表这里,他哪怕只是在决议上画上个叉,就可以成为与其相关的各种事务和诉讼的参与人。书面文字还是大多数信徒以集体形式或通过神职人员的帮助而开始学习其基本知识的教理问答书,或是在主日讲道中宣读的通告或律令。除了拉丁文书籍外,书已不再是可能具有神奇之力的神秘东西了。几乎每个人都会认识一些有文化的人,可以是本堂神甫或贵族老爷,也可以是他们周遭抄抄写写的小人物:小法官、小公证员,诉讼代理人和律师等。

但除了这点点滴滴之外,这个以其全新的面貌及其引发的深远影响而显得十分重要的变化却是不平衡的,这种不平衡反映在地理、社会和性别三个层面。无论是在虔信阶层或是风雅才女的圈子,我们都能看到资产阶级和贵族阶级妇女为促进其时代的伟大文化运动而起到的积极的推动作用。但这些例证掩盖不了性别之间的根本的不平等,男尊女卑反映的实际上是"天职"的不同。已婚妇女在司法上处于劣势,她们必须恪守妇道,作贤妻良母,并尽自己所能以基督徒的方式养育儿女和料理家务,她们必须是理家的行家里手,好给丈夫增光添彩。这个角色仍未改变,是社会的演变而非男女角色的什么变化迫使上层社会的妇女开始受教育了。

当然我们没有必要抓住社会差别不放。书面文化的不同水平打破了在中世纪末占统治地位的文化、表现形式和论证推理的陈旧的统一体。学校特别是教会中学的发展,图书馆的发展,世风的文明化引起了新的更深层的划分。17世纪出现了一个新的社会阶层,它在论证方式、举止态度及其对世界、人类和上帝的描述等方面都与渐渐向大众转移的传统知识截然不同:这个新的文化是科学家、当权者和生意人的文化;这一文化也因此而开始成为社会攀升的参照和必经之路。

各省之间在宗教行为和扫盲水平方面,存在着重大的差异和明显的年代差距,而城市自然是这些发展变化的领路先锋,当然,这些变化所涉及的社会阶层,也恰好主要都是城市居民。从农村到城市,从城市到巴黎,年代的差距始终如一:当农村的宗教活动比过去任何时期都更加有规律地进行的时候,巴黎却已经显露出些许懈怠的迹象。在城市,一方面,人们与文化传统和原社会群体规范的联系越来越松散,甚至导致分裂,另一方面,某些人则得以适应城市精英的文化规范。城市尤其是巴黎的下层民众比农村的百姓要活跃得多:原因首先是其平均扫盲水平明显高于后者,但更重要的原因是,新闻和时尚最先问世于城市,在这里,同有文化的人们交往,或在街头观看表演都是最为便利、也最有收益的。庶民百姓会从富人文化中拾取一些残渣碎片;比如家佣就真正可算得上是文化的媒介,他们常把一些只言片语、零碎信息传达给家乡,乡亲们视他们为新事物的传送者。

这一参照文化,借助人文主义的教育,发展着一个集价值观、行为规范和建立在推断、因果紧密相连的确据概念基础上的论证推理艺术为一体的体制;数字和计量概念也将逐渐地引入这个文化。这是个远离一切具体的、与手艺相关的事物的文化,它同从此以后被视为粗俗、肮脏或滑稽可笑的事物——"失当"是对其极为恰当的概括——拉开了距离,而在路易十四时期确立的中央集权国家,正是基于此文化的一致性和抽象性而在其基础之上建立起来的。

无论在民风习俗、权力的运作方式,还是文学艺术生产方面,凡尔赛和巴黎都并为这一古典主义时期的象征。而外省的活力和独创性在以上所有这些方面都大打折扣。新作品的印刷、革新、时尚、品位和举止风度的规范都统统来自中央核心,或来自外国。而外省核心之所以得以生存,则全赖其精英对这一等级制度的屈从:实际上作者们在承认这个等级制度的同时,自己也变得越来越巴黎化。从餐桌礼仪到绘画手法、从凡尔赛或王家广场的城市规划到语言和书面文字的规范,文化的政治和发号施令者们的集权化调控着一切。

古典主义是主流,这是毫无疑问的。如此异彩斑斓、自由奔放的巴洛克风格虽喧嚣一时,最终还是让位于古典主义一代的杰作。各类体裁百花齐放的态势消失了,取而代之的是符合高尚品位的体裁以及压抑的情感和情欲的表达形式。人类还必须成为自然的"主人和拥有者",从某种意义上说,凡尔赛宫的花园正是这一愿望的象征。认真思考一下,古典主义难道真的就是最美的、唯一值得保留的根?且非清除艺术和文学的其他所有枝丫便无法生存发展的根?抑或相反,如近期重新对巴罗克进行探究的人们所言,古典主义使文化贫瘠了?不过无论如何,应该注意到,古典主义的制度化的特点,的确使那些响应这一模式的艺术家和作家得以进一步地发挥自己;作为这一参照文化绝好的表达方式,古典主义先是满足了那些在中学接受过统一教育的精英们的审美趣味,随后才被书本,被学校颂扬为放之四海而皆准的典范。

是的,这一样板的确该是永恒的,因为它就是此后被视为与人性同一的理性的准确表达。然而,这种神圣化不能使我们忘记确保了其存在的作家们的多样性——莫里哀和拉辛有什么共同之处吗?——,也不可使我们忘记规避了所有规范化意图的流派和个人的持久不衰,其中拉封丹的生平和作品是颇有意味的,冉森派及宗教迫害之后只是表面改宗的胡格诺派的执著追求也都是很好的象征。古典主义的一代短暂而多样,随后很快便有两股潮流合而为一,一个是拒绝屈从于政治、宗教、道德和文化共识的人们,一个是以其宣扬的理性为名义对古典主义的规则及其树立者提出质疑的人们。古典主义的一代很快便让位给了批判的一代。

古典主义是否因此只是作家和艺术家们短暂的会合,而其中最才华横溢的那些人实际上却回避了似乎由他们体现的规则?它难道只不过是个错觉,一个由强加于知识和艺术生活的制度框架所产生的幻象?甚至是学派的建构?实际上,在我们文学艺术史中某个短暂瞬间的大杂烩之外,最终留下的还是精华。经过变化多端的发展过程——其发端可追溯到16世纪,这一代确立了一个高度集权化的严密一致的文化样板,从广义来说,它既涉及政治行为,也涉及道德、举止规范和知识生活。路易十四已然故去,但当时固定下来的中央集权、组织机构和语言规则却作为社会应该达到的目标而成为了参照,这个社会此时还有3/4的人是文盲。

但是,在一些人看来,运用理性从此要有理有据了,即那些被1721年大受欢迎的《波斯人信札》(Lettres persanes)中的两位观光者百般揶揄的理由依据。从此,规范和规则只有在引导进步或带领人类走向幸福的条件下才具有意义:瓦托代替了勒布伦,马里沃不消几年也取代了拉辛。在《热尔森的招牌》中,路易十四的肖像被打包装箱,凄惨地远离了人们的视野:时代真的变了,虽然这变化还只是对少数人而言。

图 **43**

画中，拿手杖的人带着几分嘲弄的目光，
注视着正和其他油画一起被装箱打包的路
易十四的肖像。当年的太阳王的命运与他
人无异，从前的那个时代也已一去不复
返。（瓦托作，《热尔森的招牌》，柏林，夏
洛腾堡宫）

人名、地名和著作名索引

Acarie，Barbe 阿卡里（芭布），170，187，206，266.

Acarie，sainte（圣女）阿卡里，72.

Acis et Galatée 阿喀斯和伽拉忒亚，316.

Aiguës，pays d'埃格，255.

Aix-en-Provence 埃克斯昂普罗旺斯，50，239，258，325.

Aix-la-Chapelle 埃克斯—拉—沙佩勒，293.

Alaux，Jean 让·阿洛，68.

Albi 阿尔比，112.

Albret，Jeanne d'让娜·德·阿尔布莱特，258.

Alcazar，Luis de 路易·德·阿尔卡扎，183.

Alciat，André 阿尔西亚特·安德烈，125，147.

Alençon 阿朗松，83.

Alet 阿莱特，222，233.

Alexandre le Grand 亚历山大大帝，303.

Allant，saint（圣）阿朗，72.

Allemagne 德国，21，30，81，105，178，183，219，236，352，366.

Alsace 阿尔萨斯，13，14，30，96，145，211—213，326，334，347.

Amadis des Gaules《高卢的阿马蒂斯》，125.

Amboise，Georges d'安布瓦兹（乔治·德），109，114.

Amboise，Louis d'安布瓦兹（路易·德），112.

Amérique 美洲，7，13，54，83，105，106，107，110，141.

Amiens 亚眠，89，104.

Amours de Cassandre《给卡桑德拉的情歌》，127.

Amsterdam 阿姆斯特丹，317，329，350，353.

Amyot，Jacques 阿米约·雅克，128.

Ancenis 昂塞尼，60.

Ancy-le-Franc 安西—勒—弗兰克，133—135，135.

Andromaque《昂朵马格》，305.

Androuet du Cerceau，Jacques 安德鲁埃·迪·塞尔索，雅克，116，118，122，124，126，137.

Anet 阿内，122—124，137，316.

Angennes，Charles d'安热纳（夏尔·德），266.

Angennes，Julie d'安热纳（朱莉·德），266，302，324.

Angers 安茹，130，131，359.

Angleterre 英国，59，81，114，129，181，284，285，352，353，361，366.

Ango，Jean 让·安戈，105，110.

Angoulême 昂古莱姆，94，148，182，324—326.

Angoumois 昂古穆瓦，69，324.

Anguier，François 昂吉埃（弗朗索瓦），273.

Anguier，Michel 昂吉埃（米歇尔），273.

Anjou 昂儒，34，231.

Annecy 昂西，170，185.

Anne d'Autriche 安娜·德·奥地利，235，

250.

Anne de Bretagne 安娜·德·布列塔尼，110，113，114.

Anne，sainte（圣女）安娜，72，254.

Anshelm，Thomas 安塞尔姆（托马），87.

Antrain 昂坦，49.

Anvers 安特卫普，53，121，314，332.

Appoline，sainte（圣女）阿波莉娜，70.

Aquitaine 阿基坦，45.

Arabie 阿拉比，59.

Aragon，Louis d' 阿拉贡（路易·德），114.

Arimène《阿里梅纳》，256，293，305.

Arioste 阿里奥斯特，256，293，305.

Aristote 亚里士多德，85，101－103，106，158，163，276.

Arithmétiques《算数》，339.

Arles 阿尔，326，327，357.

Armagnac，Georges d' 阿马尼亚克（乔治·德），79，97，113.

Arnauld，Agnès 阿尔诺（阿涅丝），189，191.

Arnauld，Angélique 阿尔诺（安热莉克），172，186，191，207.

Arnauld，Antoine 阿尔诺（安托万），189，352.

Arnauld d'Andilly 阿尔诺·德·昂迪伊，187.

Arradon 阿拉东，31.

Arras 阿拉斯，52.

Arrée，monts d' 阿雷山，254.

Ars moriendi《死亡的艺术》，26，95.

Ars moriendi beneque vivendi《死亡与幸福生活之艺术》，95.

Art de plaire à la cour《宫廷取悦之艺术》，243.

Artagnan，Charles du Batz，sieur d' 阿尔塔尼昂，258.

Artamène《阿塔梅纳》，263.

Artisan，François 阿尔蒂桑（弗朗索瓦），312.

Artois 阿图瓦，43，48，49，61，68，146，158，333.

Art poétique《诗艺》，130.

Art poétique《诗歌艺术》，125.

Astrée《阿斯特蕾》，39.

Athalie《阿达莉》，305.

Aubigné，Agrippa d' 阿格里巴·多比涅，163，167.

Aubusson 奥比松，309.

Auch 奥什，200.

Audierne 奥迪耶尔纳，52.

Auger，Edmond 奥热（埃德蒙），217.

Augustin，saint（圣）奥古斯丁，188，313.

Augustinus《奥古斯丁书》，188.

Aulnoy，comtesse d' 奥努瓦伯爵夫人，323.

Aunis 奥尼，334，347.

Auray 欧莱，72.

Au sang qu'un Dieu va répandre《为了神将流淌的热血》，330.

Autunois 奥图努瓦，45.

Auvergne 奥弗涅省，19，31，45，56，61，71，72，255.

Auvray 奥夫雷，249.

Avignon 阿维尼翁，56，69，74，149，154，158，170，237，327，330，350.

Avila 阿维拉，187.

Avoye，sainte（圣女）阿瓦，72.

Bachelier，Nicolas 尼古拉·巴谢利耶，135.

Bade，Henri 巴德（亨利），87.

Bade，Josse 巴德（若斯），87，91.

Bade，Perrette 巴德（佩雷特），87.

Baïf，Jean-Antoine de 让－安托万·德·巴伊夫，126，149，151.

Bal du duc de Joyeuse《茹瓦耶兹公爵的舞会》，234.

Bâle 巴塞尔，23，94.

Bals《舞会》，366.

Balet comique de la reyne《王后的滑稽舞会》，150，151.

Ballet de la nuit《夜之舞》，245，246.

Banquet des muses《诗神的盛宴》，249.

Ballet de la prospérité des armes de France《法兰西军威之舞》，245.

Ballet royal du grand bal de la douairière

de Billebahaut《比尔巴昂公爵夫人盛大舞会之王室芭蕾》，245，246.

Barbarie 柏柏尔，53.

Barbe, sainte（圣女）巴布，70.

Barbezières, Charles, marquis de 巴伯奇耶侯爵，309.

Barbier (famille) 巴尔比耶（家族），137.

Barentin, Jacques-Honoré 巴朗坦（雅克·奥诺雷），308.

Barzaz Breiz《布列塔尼诗歌集》，14.

Basque, Pays 巴斯克，21，46，50，237.

Bataille de Marignan《马里尼安之战》，149.

Batencour, Jacques de 巴当库尔（雅克·德），343.

Baussaine (La) 博塞恩，53.

Bavière 巴伐利亚州，210.

Bayard, Pierre Terrail, chevalier de 巴亚尔骑士，59.

Bayle, Pierre 培尔（皮埃尔），262，268，269，351，353，358，359.

Bayonne 巴荣纳，148，149，199.

Béarn 贝亚恩，50，258，334.

Beauce 博斯，52，100.

Beaufort, Antoine de 博福尔（安托万·德），61.

Beaufort (famille) 博福尔（家族），61.

Beaufort, Pierre de 博福尔（皮埃尔·德），61.

Beaumes, Esprit de 埃斯普里·德·博姆，216.

Beauvais 博韦，180，227，228，296，309.

Beauvaisis 博韦奇省，230，231，255.

Beauvoir 博瓦，182.

Béjart (famille) 贝雅尔（家族），329.

Belgiojoso, Balthasar da 巴尔塔扎·达·贝尔乔约索，151.

Bellange, Jacques 贝朗热（雅克），178.

Bellarmin, Robert 贝拉尔曼（罗贝尔），217.

Bellay, Joachim du 杜贝莱，79，126，127，129，131，153，258，312.

Belleforest, François de 弗朗索瓦·德·贝

尔福莱斯特，45.

Bellone 贝洛纳，257.

Benedict, messire 贝内迪克特，111.

Benjamin 邦雅曼，264.

Berlin 柏林，351，352.

Bernard, Samuel 萨米埃尔·贝尔纳，366.

Bernier, François 贝尼耶（弗朗索瓦），268.

Bernin(Le) 贝尔南（勒），297，301.

Berry 贝里，178.

Berry, Charles, duc de 贝里公爵，363.

Bérulle, Pierre de 贝吕勒（皮埃尔·德），170，187，188，238.

Besançon 贝桑松，326.

Beslé 贝斯莱，38.

Béthune 贝顿，215.

Bèze, Théodore de 泰奥多尔·德·贝兹，97，155，219.

Béziers 贝齐埃，233.

Bigorre, pays de 比戈尔地区，50.

Billom 比永，143.

Blanchard, Jacques 布朗沙尔（雅克），177.

Blois 布卢瓦，23，116，155，180.

Blondel, François 布隆代尔（弗朗索瓦），273，352.

Boaistuau, Pierre 博埃斯蒂奥（皮埃尔），91.

Boccace, Giovanni 薄伽丘（乔万尼），305.

Bodin, jean 让·博丹，128，130，157，158，237.

Boemius 贝海姆，105.

Boesset, Antoine 博埃塞（安托万），180，182，305.

Boguet, Henri 博盖（亨利），237，238.

Bohier, Antoine 博耶（安托万），112.

Bohier, Thomas 博耶（托马），116.

Boileau, Nicolas 布瓦洛（尼古拉），297，305，306，328，361，362.

Boisguilbert, Pierre Le Pesant, sieur de 布瓦吉贝尔，360.

Bois, Marie du 玛莉·迪·布瓦，59.

Bolcier, Antoinette 安托瓦妮特·博尔希耶，97.

Bolliers de Cental, baron 博利埃，137.

Bologne 博洛涅，103，112.

Bonal，Raymond 博纳尔（雷蒙），279.

Bonaparte，Louis-Napoléon 波拿巴（路易·拿破仑），128.

Bonnart，Jean-Baptiste 让—巴蒂斯特·博纳尔，241，244.

Bonvisi (famille) 邦维西（家族），110.

Bordeaux 波尔多，50，83，138，142，193，327，363.

Bordeaux，Claude 克洛德·波尔多，104.

Brief discours《闲话集》，170.

Borromée，Charles 夏尔·博罗梅，221，222.

Boschet，Antoine 安托万·博谢，216.

Bosse，Abraham 亚伯拉罕·博斯，235，241，244，308，310.

Bossuet，Jacques-Bénigne 雅克—贝尼涅·波舒哀，252，266，279，283，286，305，306，328，349，350，355，356.

Botzheim 博泽姆?，153.

Bouchain 布尚，238.

Boucher，François 布歇（弗朗索瓦），256.

Boucher，Jean 布歇（让），178.

Bouchet，Guillaume 布歇（纪尧姆），106，141.

Bouchet，Jean 布歇（让），130.

Boucoiran 布夸朗，65.

Bouin 布安，70.

Boulogne 布洛涅，116，117，129.

Boulonnais 布洛奈，70，99.

Bourbon-Montpensier，Marie de 玛丽·德·波旁—蒙庞西埃，247.

Bourdaloue，Louis 路易·布尔达鲁，304.

Bourdoise，Adrien 阿德里安·布尔杜瓦兹，209，221.

Bourdon，Sébastien 塞巴斯蒂安·布尔东，311.

Bourg，Anne du 阿纳·迪布尔格，95.

Bourgeois，Louise 路易丝·布儒瓦，17.

Bourgeois gentilhomme(le)《贵人迷》，265.

Bourges 布尔日，53，83，182，222.

Bourgogne 勃艮第，34，52，58，109，111，213，219；

— Haute 上勃艮第，346，347.

Bourgogne，Louis，duc de 勃艮第公爵，360，361，363.

Bouzignac，Guillaume 布奇尼亚克（纪尧姆），180，182.

Bradamante《布拉塔芒特》，256.

Branle des folles (Le)《疯狂女人的晃脚舞》，139—141.

Brantes 布朗特，65.

Brantôme，Pierre de 皮埃尔·德·布朗托姆，60.

Brébiette，Pierre 皮埃尔·布雷比耶特，241，244.

Brève Doctrine chrétienne《基督教教义要义》，217.

Bréhat 布雷阿，138.

Brésil 巴西，104，106，107，141.

Brest 布雷斯特，240，254，359，360.

Bretagne 布列塔尼，7，13，18，21，22，26，30，33—35，43，48，49，51，52，55，57，58，65，70，72，98，99，107，110，134，135，137，139，141，170，172，181，206，208，212，213，221，230，231，252，267，326，332；

— Basse 下布列塔尼，26，50，63，134，135，192，212，334，346，347；— Haute，24，31，134，252.

Breteuil 布勒特伊，227.

Briçonnet，Guillaume 布里索内（纪尧姆），85，93，94，99，100.

Brie 布里，52，72，182，335.

Britannicus《布里塔尼居斯》，305.

Brosse，Salomon de 萨洛蒙·德·布罗斯，176，252，332，352.

Brossier，Marthe 玛尔特·布罗西耶，238.

Brou 布鲁，113，114.

Bruant，Libéral 利贝拉尔·布律昂，299.

Bruegel，Pierre 皮埃尔·勃鲁盖尔，30，41，42，152，153.

Bruno，Giordano 乔达诺·布律诺，260.

Bruxelles 布鲁塞尔，103，121，153，287，352.

Bucer，Martin 马丁·比塞，99，100.

Bucquoy 比夸，61.

Budé，Guillaume 纪尧姆·比代，46，79，83—87，101.

Buis-les-Baronnies 比伊－莱－巴罗尼耶，98.

Bulligny 比利尼，90.

Bunel，François 弗朗索瓦·比内尔，156.

Burel，jean 让·比雷尔，35，36，89，97，107，144，153，156.

Burgos 布尔戈斯，187.

Cabassut，Jean 让·卡巴叙，279.

Caen 冈市，52，168，327，333,339.

Cahors 卡奥尔，210，266.

Callières，Louis Hector de 路易－埃克托尔·德·卡利埃，322.

Callot，Jacques 雅克·卡洛，31，241，250.

Calvin，Jean 加尔文，57，79,94，100,101，129，130，142,155,209,217.

Cambrai 康布雷，36，41，228.

Cambrésis 康布雷奇，145，152,237.

Campbon 康邦，56.

Campra，André 康普拉(安德烈)，323.

Canada 加拿大，105.

Canfeld，Benoît de 伯努瓦·德·康费尔德，170，185.

Canisius，Pierre 卡尼修斯，217.

Canterbury 康特布里，181.

Capelle-Viaur (La) 卡佩勒维奥，68.

Caquet des femmes 《嚼舌女人》，139，140.

Caractère 《品格论》，365.

Caravage (Le) 卡拉瓦日(勒)，315.

Carhaix 卡埃克斯，52.

Carloix，Vincent 樊尚·卡卢瓦，129.

Caroli，Pierre 皮埃尔·卡罗利，97.

Caron，Antoine 安托万·卡龙，148，151.

Carpentras 卡尔庞特拉，94.

Carrache，Annibal 阿尼巴尔·卡拉什，296.

Carrât，Huc 于克·卡拉，75.

Cartier，Jacques 雅克·卡蒂埃，104，105.

Cassandre et Cléopatre 《卡桑德拉和克莱奥帕特》，262.

Cassini，Jean-Dominique 让多米尼克·卡西尼，302.

Castiglione，Baldassar 卡斯蒂利奥内，110，111.

Catalogne 加泰罗尼亚，54.

Catéchisme 《教理问答》，217.

Catechismus minimus 《袖珍教理问答》，217.

Catechismus parvus (minor) 《小教理问答》，217.

Cateau-Cambrésis 卡托－康布雷奇，147.

Catéchisme du concile de Trente 《特伦托会议教理问答》，183,210,216，217.

Catéchisme historique 《历史教理问答》，280.

Catherine-de-Sainte-Suzanne 卡特琳－德－圣苏珊，191.

Catherine de Sienne，sainte (圣女)卡特琳·德·西埃纳，214.

Catholicisme de Luther à Voltaire 《从路德到伏尔泰的基督教》，67.

Catulle 卡图卢斯，127.

Caulet，François-Etienne de 艾蒂安·德·科莱，233.

Caurroy，Eustache du 厄斯塔什·迪·科鲁瓦，180.

Cavaillon 卡瓦永，158.

Cayart，Jean 让·卡亚尔，352.

Cellini，Benvenuto 塞利尼，123.

Cervières 塞尔维埃山，39.

César，Jules 凯撒(于勒)，56，101.

Cévennes 塞文，334.

Chalais，Henri de Talleyrand，comte de 沙莱伯爵，245，247.

Châlons-sur-Marne 夏隆－絮尔－马恩，233.

Chalmasel 夏玛泽尔山，39.

Chambord 香波城堡，112，114，116,117，291.

Champagne 香槟，13，34，58，152，153，200,213,333,346,347.

Champaigne，Philippe de 菲利浦·德·尚佩涅，177，189，191，252，281.

Champier，Symphorien 桑福里安·尚皮耶，145.

Champmeslé，Marie Desmares，dame 玛丽·德马尔·尚梅莱，320.

Chantal，Jeanne-Françoise Frémiot，baronne de 让娜·德·尚塔尔，170，206，212.

Chapelain，Jean 让·沙普兰，298，302，327.

Chapelle-Chaussée (La) 拉夏贝尔肖塞，50.

Charente 夏朗德，36.

Charenton 夏朗东，352.

Charlemagne 查理曼，256.

Charles le Téméraire 夏尔·勒泰梅雷尔，35.

Charles Quint 查理五世，32，52，88.

Charles VIII 查理八世，109，110，114.

Charles IX 查理九世，148，149.

Charleville 夏尔维尔，240.

Charpentier，Marc-Antoine 马克－安托万·沙尔庞捷，318，323，349，363.

Chartres 夏尔特尔，29，135.

Chasse de la bête romaine(La) 《围剿罗马禽兽》，168.

Chassignet，Jean-Baptiste 让－巴蒂斯特·沙西涅，249.

Chastel，Claude du 克洛德·迪·沙泰尔，170.

Châteaubriant 夏托布里昂，96.

Châteaudun 夏托顿，180.

Château-Gontier 夏托贡蒂埃，37.

Châteauneuf-de-Gadagne 夏托纳夫－德－加达涅，69.

Châteauneuf-du-Pape 夏托纳夫－迪－帕普，74.

Château-Thierry 夏托－蒂埃里，328.

Châtenay-en-France 沙特奈－昂－法兰西，141.

Châtenois 夏特努瓦，90.

Châtillon，Odet de Coligny，cardinal de 沙蒂荣红衣主教，126.

Chauchet，Benoît 伯努瓦·肖谢，65.

Chaumes-en-Brie 肖姆－昂－布里，182.

Chauvin de La Muce，Bonaventure 肖万·德·拉米斯，139.

Chenonceaux 舍农索，116.

Cherbourg 瑟堡，52.

Chine 中国，268.

Christophe，saint（圣）克里斯托夫，70.

Chute des anges(La) 《天使下凡》，254.

Cicéron 西塞罗，105，142，205.

Cinna 《西拿》，320.

Circé 喀耳刻，150，151.

Civilisation des moeurs 《世风之文明化》，225.

Civilité puérile(La) 《儿童礼仪》，225.

Claire，sainte（圣女）克莱尔，195.

Cléden-Cap-Sizun 克莱当－卡普－齐藏，230.

Clélie 《克雷莉娅》，262.

Clément，Jacques 雅克·克莱芒，155.

Cléopatre captive 《女俘克莱奥帕特》，128.

Clermont-Ferrand 克莱蒙费朗，182，266，330.

Clermont-Tonnerre，Antoine III de 克雷蒙－托内尔，133.

Cleve，Joos van 若斯·范·克莱维，121.

Cloud，saint（圣）克卢，195.

Clouet，Jean 让·克卢埃，121.

Coëtanlem，Nicolas 尼古拉·科埃唐莱姆，135.

Colasse，Pascal 帕斯卡尔·科拉斯，318，363.

Coligny，Gaspard de 科利尼，105，155，156.

Colin，Jacques 雅克·科兰，91.

Colbert，Jean-Baptiste 让－巴蒂斯特·科尔贝，233，277，288，289，291，296，298－300，302，303，312，328.

Cologne 科隆，352.

Colomb，Christophe 哥伦布，105.

Colombe，Michel 米歇尔·科隆布，113－116.

Combat de Carnaval et de carême 《狂欢节和

封斋期之战》，62.

Commana 科马纳，254.

Commentarii lingnae grecae《希腊语言评注》，83.

Comminges 科曼日，48.

Compositions et fêtes galantes《风情狂欢图》，366.

Comparaison de la musique italienne et de la musique française《意大利音乐与法兰西音乐之比较》，318.

Comtat Venaissin 孔塔—弗内森，37，154，172.

Concini，Concino 孔契尼，242.

Condé (les) 孔代(家族)，266，366.

Condé，Louis de 孔代(路易·德)，155，252，262—264，287，349，355.

Conférences ecclésiastiques《圣职者会议》，279.

Conrart，Valentin 孔拉尔，302.

Considérations chrétiennes pour tous les jours de l'année《每日基督徒自省》，279.

Constance 康斯坦茨，53.

Constant 康斯坦，96.

Constantinople 君士坦丁堡，85.

Contes de fées《童话故事》，323.

Contes de ma mère l'Oye《我的鹅妈妈的童话》，323.

Conti，Armand de Bourbon，prince de 孔蒂亲王，329.

Contr'un ou Discours de la servitude volontaire《反对一个或论自愿的奴隶》，128.

Copernic，Nicolas 哥白尼，106，202，277，362.

Cop，Guillaume 科普(纪尧姆)，94.

Cop，Nicolas 科普(尼古拉)，94.

Corbeil 科贝尔，72.

Corbineau，Jacques 雅克·科尔比诺，252.

Cordouan，phare de 科尔杜昂(岩礁上的灯塔)，240.

Corneille，Pierre 高乃依，7，248，256，257，262—264，266，293，304，306，320，328，349，357，364.

Cornouaille，Jeanne 让娜·科尔努阿伊，53.

Cosmographie universelle de tout le monde《世界通用宇宙志》，45.

Cosroès《科斯罗埃斯》，263.

Cotentin 科唐坦，52.

Coton，Pierre 科东(皮埃尔)，158.

Cotte，Robert de 罗贝尔·德·科特，349，352.

Coulier，Antoine 安托万·库利耶，311.

Couperin (famille) 库伯兰(家族)，182，323.

Cours de théologie de morale《道德神学教程》，279.

Courlon-sur-Yonne 库龙—苏尔—荣纳，70.

Cousin，Jean 让·古尚，177.

Coutances 库汤斯，52.

Coypel，Noël 诺埃尔·夸佩尔，332.

Coysevox，Antoine 安托万·夸瑟沃，296.

Cramoisy，Sébastien 塞巴斯蒂安·克拉穆瓦西，300.

Crasset，Jean 让·克拉塞，279，338.

Crébillon 克雷比永，350.

Crespin，Jean 让·克雷斯潘，96.

Cris de Paris《巴黎的呐喊》，241，242，323.

Crise de la conscience européenne《欧洲意识危机》，348.

L'Ecole des femmes《"太太学堂"的批评》，321.

Croiset，Jean 让·克鲁瓦塞，279.

Crozat (famille) 克鲁瓦扎家族，366.

Crozat，Pierre 克鲁瓦扎(皮埃尔)，366.

Cyrano de Bergerac，Hector-Savinien 西拉诺·德·贝热拉克，9，247，248，261，262，278，320.

Dallam，Robert 罗贝尔·达拉姆，181.

Dame à sa toilette《梳妆的贵妇》，123，124.

Dancourt，Florent 弗洛朗·当库尔，365.

Dante 但丁，129.

Daphné《达夫内》，305.

Dauphiné 多菲内，52，152，247，334.

Decordes，Jean 让·德科尔德，192，193.

De ecclesiastica et politica potestate《论教会和政治的权限》，191.

Défense et Illustration de la langue française《保卫和发扬法兰西语言》，126.

De humani corporis fabrica《人体的构造》，103.

Delaleu，Anne 安娜·德拉勒，314.

Delamare，Simon 德拉马尔，228.

De la révolution des corps célestes《天体运行论》，106.

De la souveraineté des rois《论王权》，287.

Délia Porta，Giacomo 贾科莫·德拉·波尔塔，176.

Délia Rovere，Giuliano 德拉·罗维雷，114.

Délices satyriques《讽刺的欢愉》，249.

Delorme，Philibert 菲利贝尔·德洛姆，122—124，126，137，139.

Demia，Charles 夏尔·德米亚，340.

Démonomanie des sorciers《巫师的变魔妄想》，158.

Desbordes，Henry 德博尔德，353.

Descartes inutile et incertain《无用而疑惑的笛卡尔》，275.

Descartes，René 笛卡尔，7，8，103，262，275—278，289，354，357，358，359，362.

Deschamps，Claude，dit de Villiers 克罗德·德尚，260.

Désiré，Artus 阿蒂斯·德西雷，154，155.

Desmarets de Saint-Sorlin，Jean 德马雷斯·德·圣—索兰，362.

Despautère《德斯保岱尔》，197.

Desportes，François 弗朗索瓦·德波尔特，151.

De transitu hellenismi ad christianismum《从古希腊文明到基督教》，83.

Destruction de Jérusalem (La)《耶路撒冷的毁灭》，7，56.

Détail de la France《法国明细》，360.

Deux Corps du roi《国王的两个躯体》，291.

Dialogues sur la pluralité des mondes《关于世界之多样性的对话》，268.

Diane［罗马神话］狄安娜［月神］，54.

Diboan，saint（圣）迪博安，72.

Dictionnaire《词典》，302.

Dictionnaire historique et critique《历史与批判词典》，262.

Die 迪埃，203，209.

Dieppe 迪埃普，105.

Digne 迪涅，60，209.

Dijon 第戎，233，266，325，328，330，363.

Dionysos［希腊神话］狄俄尼索斯［酒神］，242.

Discours admirable de l'art de terre，de son utilité，des esmanx et du feu《关于粘土及其功用、釉和火之技艺的令人惊羡的论述》，102.

Discours de la méthode《方法谈》，275.

Discours des misères de ce temps《论这个时代的悲惨》，128.

Discours sur l'histoire universelle《世界通史论》，286.

Doctrine chrétienne《基督教义》，217.

Discours miraculeux，inouy et espouventable《惊世骇俗奇谈录》，64.

Dolet，Etienne 艾蒂安·多雷，84—87.

Dombes 东布，14.

Dominicy，Marc-Antoine 马克—安托万·多米尼西，266.

Dominique，saint（圣）多米尼克，214.

Dom Juan《唐璜》，260.

Don Quichotte《堂吉诃德》，262.

Dorât，Jean 让·多拉，125，129，151.

Dordogne《多尔多涅》，127.

Dorimond，Nicolas 尼古拉·多里蒙，260.

Douai 杜埃，229.

Drelincourt，pasteur 德雷林库尔，169.

Duchemin，Guillaume 纪尧姆·迪舍曼，57.

Du Mont，Henri 亨利·迪蒙，318，323.

Duplessis-Mornay，Philippe 迪普莱西—莫尔奈，155，260.

Dupuy，Jacques 迪皮伊（雅克），193.

Dupuy，Pierre 迪皮伊（皮埃尔），193，261.

Durer，Albrecht 丢勒，121. **Durham** 达勒姆 ［英、加、美］，181.

Duval，Jacques 雅克·迪瓦尔，20.

Duvergier de Hauranne，Jean-Ambroise，*voir-Saxnt*-Cyran，abbé de. 杜维吉埃·德·奥拉纳（见 Saint-Cyran）

Dumas，Alexandre 大仲马，9.

Écouen 埃库昂，123，137.

Suréna《叙蕾娜》，349.

Éloi，saint （圣）埃卢瓦，73.

Emblèmes《徽章》，125.

Encyclopédie《百科全书》，7，278.

Enéide《奥德赛》，128.

Enfer《地狱》，125.

Enseigne de Gersaint《热尔森的招牌》，366.

Entretien sur la pluralité des mondes《宇宙万象对话录》，357.

Entretiens sur la vie et les ouvrages des plus excellents peintres anciens et modernes（简称 *Entretiens*）《古今杰出画家生平及作品谈话录》（简称，《谈话录》），178.

Épernon，Bernard de Nogaret de La Valette，duc d' 埃佩尔农公爵（贝尔纳），329.

Epernon，Jean-Louis de Nogaret de La Valette，duc d' 埃佩尔农公爵（让—路易），47.

Érasme，Didier 伊拉斯谟，34，70，72，94，97，104，121，142，225，232，236，341.

Errard，Charles 埃拉尔，332.

Espagne 西班牙，41，81，103，105，114，167，183，187，191，199，212，263，282，290，351，352，366.

Essais《随笔集》，91.

Espinay (famille d') 埃斯皮内家族，66.

Esserteune 埃塞尔特恩，45.

Estaing，François d' 弗朗索瓦·德·埃斯坦，94，97.

Estats et Empires de la Lune（*ou*：*L'Autre Monde*)《月球诸王国与诸帝国》（又名，《另外的世界》），248.

Estats et Empires du Soleil《太阳诸王国与诸帝国》，260.

Esther《爱丝苔儿》，305.

Estienne，Henri 埃蒂安纳（亨利），130.

Estienne，Robert 埃蒂安纳（罗贝尔），76，91.

Étampes 埃当普，72.

Étampes，Anne de Pisseleu，duchesse d' 埃当普（安娜·德·皮斯勒），119.

Étampes，Jean de Brosses，comte de Penthièvre，duc d' 埃当普（让·德·布罗斯），58.

États-Unis 美国，104.

Euzen，Jan 厄赞，137.

Evreux 埃夫勒，54.

Exercices de piété pour tous les jours de l'année（*L'année chrétienne*)《每日虔信修炼》（《基督徒的一年》），279.

Exercices de retraite《退省习练》，222.

Fâcheux(les)《讨厌鬼》，245，257，293.

Fail，Noël du 诺埃尔·迪法伊，21，30，49，58，74，75，79，89，141，149.

Famille de la Vierge(la)《圣母的家庭》，178.

Faret，Nicolas 尼古拉·法雷，243.

Faucon 福孔，74.

Fécamp 费康，112.

Félibien，André 费里比安，177，178.

Femmes savantes《博学的女人们》，268.

Fénelon，François 费奈隆，280，283，314，330，360.

Ferrare 弗拉拉，110.

Ferté-Milon (La) 拉费泰—米隆，328.

Festin de pierre ou le Fils criminel《石宴或罪犯儿子》，260.

Feurs 弗尔，39.

Fichet，Guillaume 纪尧姆·菲谢，86.

Fine，Oronce 奥龙斯·菲纳，101.

Flandre 佛兰德，33，34，42，49，61，72，97，105，113，114，120，121，135，141，142，145，146，152，168，177，178，

183，185，204，251，255，259，309，334，351，363.

Fléchier, Esprit 弗莱希耶，304.

Fleury, Claude 克洛德·弗勒里，279，280，314.

Florence 佛罗伦萨，109，111，114，178，210.

Foix 富瓦，233.

Foix, Françoise de 弗朗索瓦丝·德·富瓦，172.

Fontainebleau 枫丹白露，7，117 — 121，123，124，133，137，177，256，292.

Fontenay 丰特内，141.

Fontenelle, Bernard 丰特内勒，262，268，269，357—359，362.

Fontevraud 丰特弗罗，172.

Forbin, Claude, comte de 福尔班伯爵，30.

Forez 福雷，39，135，266.

Formulaire《教义汇编》，217.

Fougères 富热尔，343.

Foulon, Pierre 皮埃尔·富隆，62.

Fouquet, Nicolas 富凯，109，245，257 — 259，263，267，291，298.

France — de l'Est 法国东部，40，218；

— de l'Ouest 法国西部，37，49，58，209，252；

— du Centre 中部，45；

— du Midi 南方，14，44，48，50，94，135，212，214，231，325，331；

— -du Nord 北部，40，135，218，231，238，333，337；

— -du Sud-Est 东南部，333；

— -du Sud-Ouest 西南部，48.

Francfort 法兰克福，352.

Franche-Comté 弗朗什－孔泰，155，210，237，249.

Franciade《法兰西亚德》，128.

Francken, Jérôme 热罗姆·弗兰肯，177.

François de Paule 弗朗索瓦·德·保罗，74.

François de Sales, saint（圣）弗朗索瓦·德·萨勒，68，168，170，185，229，262.

François, Guy 弗朗索瓦（居伊），178，252.

François Ier 弗朗索瓦一世，37，57，59，60，69，79，80，88，89，100，109—112，116，117，119，121，130，149.

François II, duc de Bretagne 弗朗索瓦二世，113.

Fréquente Communion (la)《论常领圣体》，189.

Freminet, Martin 马丁·弗雷米内，177.

Froideval, François de 弗朗索瓦·德·弗鲁瓦德瓦尔，62.

Froissart, Jean 让·弗鲁瓦萨尔，12.

Frou, saint（圣）弗鲁，179.

Fuite en Egypte (la)《逃亡埃及》，311.

Furetière, Antoine 安托万菲勒蒂埃，302，351.

Exercices spirituels《灵修练习》，184.

Gaillon 加永，109，114，116.

Gainsborough, Thomas 托马·甘斯博鲁，39.

Galien 盖仑，103，201，202.

Galilée 伽利略，202，275—277，354，362.

Galle, Cornelis 加尔，255.

Gannat 甘纳，72.

Garamond, Claude 加拉蒙，87.

Garnier, Robert 罗贝尔·加尼耶，256.

Gascogne 加斯科涅，34，153，258.

Gassendi, Pierre 皮埃尔·伽桑狄，261，278.

Gâtine, forêt de 加蒂纳森林，16.

Gaufridy, Louis 路易·戈夫里迪，239.

Gaultier, Germain 热尔曼·戈尔杰，252.

Gênes 热那亚，112.

Genève 日内瓦，82，97，103，110，143，155，209，329，333，350，353.

Geneviève, sainte（圣女）热娜维埃夫，311.

Géographie《地理学》，105.

Georges Dandin《乔治·当丹》，265.

Géorgiques《农事诗集》，129.

Georges, saint（圣）乔治，70，115.

Gersaint, Edme-François 热尔森，366，368，372.

Gerson, Jean 热尔松，92.

Gévaudan 热沃当，35.

Girard de La Cour des Bois，Louis 吉拉·德·拉库尔德布瓦，308.

Girard de Saint-Amant，Marc-Antoine 吉拉尔·德·圣阿芒，261.

Girardon，François 吉拉尔东，232，273.

Giroust，Jacques 吉鲁，279.

Gissey，Henri 日塞，246，247.

Godefroy，Etienne 戈德夫鲁瓦，259.

Goltzius，Hendrik 戈尔奇于斯，255.

Gondi，cardinal de 贡迪，170.

Gondi (famille de) 贡迪（家族），211.

Gondreville 贡德维尔，90.

Gosse，Pierre 皮埃尔·戈斯，353.

Gouberville，Gilles de 吉勒·德·古贝尔维尔，30，52，58，60，88，89，133，135.

Goudimel，Claude 古迪梅尔，164.

Goujon，Jean 让·古戎，122—124.

Goulaine 古莱纳，259.

Goulaine，marquise de 古莱纳侯爵夫人，259.

Goussainville 古森维尔，141.

Gouyon，Charles 夏尔·古永，170.

Grammaire《语法》，302.

Grand Cyrus《居鲁士大帝》，262.

Grandier，Urbain 格朗迪耶，239.

Grant Kalendrier et Compost des bergiers《牧羊人万宝通历》，40，59，63，339.

Granvelle，cardinal de 格朗韦尔，42，155.

Gratien 格拉蒂安，201.

Grèce 希腊，52，100.

Grégoire IX 格雷瓜九世，201.

Grenade，Louis de 路易·德·格雷纳德，185.

Grenoble 格勒诺布尔，182，193，286.

Grignion de Montfort，Louis-Marie 格里尼翁·德·蒙福尔，336.

Grotius 格劳秀斯，193.

Gryphe，Sébastien 格里夫，84，87，91.

Gué de Bagnols，Guillaume du 盖·德·巴尼奥尔，188.

Guédron，Pierre 皮埃尔·盖德隆，180，182.

Guégon 盖贡，214.

Guéraud，Jean 让·盖罗，111，147.

Guerre，Martin 马丁·盖尔，46，52.

Guez de Balzac，Jean-Louis 盖·德·巴尔扎克，324.

Guézennec，Alain 阿兰·盖泽内克，95.

Guibray 吉布莱，96.

Guichard，docteur 吉夏尔博士，103.

Guillet，Pernette du 贝尔纳·吉耶，125.

Guimiliau 吉米利奥，181.

Guinefort，saint （圣）吉纳福尔，14.

Guingamp 甘冈，57.

Guise，Charles de Lorraine，duc de 吉斯（夏尔），151.

Guise，François de Lorraine，duc de 吉斯（弗朗索瓦），155.

Guise，Henri de Lorraine，duc de 吉斯（亨利），155.

Gutenberg 谷登堡，55，87.

Guyenne 吉雅恩，48.

Guyon，Jeanne-Marie 居永夫人，283.

Habert，Louis 路易·阿贝尔，279.

Habsbourg (famille de) 哈布斯堡家族，167.

Haguenau 哈格诺，87.

Hainaut 埃诺，145.

Halle，Noël 阿尔，170.

Hariel 阿里埃尔，228.

Harvey，William 哈维，103，202，276.

Haton，Claude 克洛德·阿东，20，35，42，43，A7，65，70，74，97，98，106，107，144.

Haye (La) 海牙，353.

Hector 埃克托尔，128.

Heinsius，Daniel 海因修斯，298.

Hénin-Liétard 埃南—利埃塔尔，68.

Henri II 亨利二世，18，54，80，93，106，119，121，123，124，129，147—149.

Henri III 亨利三世，47，146，150，151，155，158，163，233，236，243，266.

Henri IV 亨利四世，147，155—158，167，

177，185，192，194，203，224，256，257，283，298，365.

Henri VIII 亨利八世，60.

Henriette d'Angleterre 亨丽埃特·德·英格兰，287.

Henriette de France 亨丽埃特·德·法兰西，287.

Heptaméron《七日谈》，125.

Hercule 赫丘利斯（或：赫拉克勒斯），72，147，257.

Héritière de Keroulas（L'）《克卢拉的女继承人》，57.

Hinckange 安康热，73.

Hippocrate 希波克拉底，201.

Histoire comique de Francion《弗朗西永的滑稽故事》，259，261.

Histoire critique de l'Ancien Testament《旧约考证史》，354.

Histoire critique du texte du Nouveau Testament《新约文本考证史》，354.

Histoire de l'Enfant prodigue《浪子回头的故事》，56.

Histoire de France《法国历史》，159.

Histoire des oracles《神谕的历史》，262.

Histoire des quatre fils Aymon《艾蒙家四个儿子的故事》，338.

Histoire d'un voyage fait en la terre de Brésil《巴西纪行》，106.

Histoire ecclésiastique《神职历史》，280.

Histoires prodigieuses《神奇故事集》，91.

Histoire universelle《世界通史》，279.

Hollande 荷兰，252，273，284，285，297，352，353，359.

Hollar, Wenceslas 旺塞拉·奥拉尔，235.

Homère 荷马，127，128.

Homez, Pierre 奥梅兹，312.

Honfleur 翁弗勒，106.

Horace 贺拉斯，127，130.

Hotman, François 弗朗索瓦·奥特芒，155.

Huby, Vincent 樊尚·于比，215—

Humbert，saint （圣）恩贝尔，73.

Hunawihr 乌纳维尔，96.

Ignorance chassée《无知被逐》，120.

Ile-de-France 巴黎大区，39，131，141，198.

Imitation de Jésus-Christ《效仿耶稣基督》，185.

Inde 印度，268.

Institoris，Henri 亨利·英斯第托里斯，75，237，238.

Instructions《指示》，222.

Instructions destinées au Dauphin《致王储训言》，316.

Introduction à la vie dévote《虔信生活导引》，185.

Institution de la religion chrétienne《基督教原理》，94，129.

Intérieur paysan《农民屋内》，241.

Italie 意大利，8，13，30，69，79，81，82，85，86，102，106，109—118，120，121，124，129，149，176—178，183，209，217，251，252，259，298，301，302，306，317，319，322，323，325，350，351，363，364，366，367；—du Nord，210.

Jacob，Louis 雅各布（路易），192.

Jacob，saint （圣）雅各布，228.

Jacques，saint （圣）雅克，72.

Jamerey-Duval，Valentin 雅姆雷—迪瓦尔，340.

Janequin，Clément 克莱芒·雅内坎，57，149.

Jansen，Corneille 冉森，188，281.

Janzé 上泽，24.

Jardin de rosés des femmes enceintes《孕妇的玫瑰花园》，92.

Jason 伊阿宋，105.

Jean-Baptiste，saint （圣）约翰—巴蒂斯特，57，152，153，255.

Jean de la Croix，saint （圣）让·德·拉克鲁瓦，185，187.

Jean，saint （圣）约翰311.

Job 若布，72.

Jodelle，Etienne 艾蒂安·若代尔，105，

126,128.

Joseph，saint（圣）约瑟夫，228，345.

Josquin *des* Prés 若斯坎·德·普雷，57.

Joubert，Laurent 洛朗·茹贝尔，20，102.

Journal des savants《学者报》，299.

Jouvenet，Jean 茹夫内，332.

Jouvin de Rochefort，Jean 儒万·德·罗什福尔，36.

Joyeuse，duc de 茹瓦耶兹公爵，47，150，151，234，245.

Jugement dernier(le)《最后的审判》，177.

Julien，saint（圣）朱利安，58

Jullienne，Jean de 朱利埃纳，366.

Junius，Jean 朱尼于斯，98.

Jupiter 朱庇特，151，257.

Jurieu，Pierre 皮埃尔·朱里厄，353.

Juste，Jean 让·朱斯特，114.

Justinien 朱斯蒂尼安，201.

Karlsruhe 卡尔斯鲁厄，352.

Kassel 卡塞尔，352.

Kerjean 凯尔让，137.

Kerlivio，Eudes de 厄德·德·凯尔里维奥，215.

Labé，Louise 路易斯·拉贝，125.

La Béraudière，Marc de 马克·德·拉贝罗迪埃，264.

La Boétie，Etienne de 艾蒂安·德·拉·波埃西，47，127，128.

La Bruyère，Jean de 拉布鲁耶尔，306，361，365.

La Calprenède，Gautier de Costes，sieur de 拉卡尔普勒内德，262.

La Chesnaye，sieur de 拉谢斯内，31.

La Fayette，Marie-Madeleine Pioche de La Vergne，comtesse de 拉法耶特夫人，266-268.

La Feuillade，François d'Aubusson，duc de 拉·弗亚德，298.

La Fontaine，Jean de 拉封丹，240，305，306，315，328，348，349，359，371.

Lagniet，Jacques 拉尼耶，241.

La Grange，sieur de 拉·格朗日，321.

La Hyre，Laurent de 洛朗·德·拉伊尔，177.

Lalande，Michel Richard de 拉朗德米歇尔·里夏尔·德，316，318，349.

Lallemant，Georges 拉勒曼，177.

Lambert，Anne-Thérèse de Marguenat de Courcelles，marquise de 朗贝尔夫人，362.

Méthode d'oraison《祷告方法》，279.

Lamennais，Félicité de 拉梅内，128.

La Mothe Le Vayer，François de 弗朗索瓦·德·拉莫特·勒韦耶，261.

Lampaul-Guimiliau 朗波尔－吉米里奥，254-256.

Lamy，Bernard 拉米，278.

Lancelot du Lac《朗斯洛·迪·拉克》，91.

Lancre，Pierre de 彼埃尔·德·朗克尔，237，238.

Landerneau 朗德诺，58.

Langonesse，Antoine 安托万·朗戈内斯，52.

Langres 朗格勒，59，331.

Languedoc 朗格多克，24，45，48，98，135，142，143，152，156，178，180，182，247；-Bas 下朗格多克，334.

Languet，Hubert 朗盖，155.

La Noue，François de 弗朗索瓦·德·拉努，264.

Lantin，Jean-Baptiste 朗坦，266.

Lanvellec 朗夫莱克，181.

Laon 拉昂，53.

Laonnois 拉昂努阿，39.

La Reynie，Nicolas de 拉雷尼，240.

La Rochelle 拉罗歇尔，245.

La Sablière，Marguerite Hessein，dame de 马格丽特·德·拉萨布利埃，268，305.

La Salle，Jean-Baptiste de 让－巴蒂斯特·德·拉萨勒，337.

Lassus，Roland de 罗兰·德·拉叙斯，163.

Lastre，Jean de 让·德·拉斯特，142.

La Tour，Georges de 乔治·德·拉图尔，

163,178,240,241,243,250,257,315.

Lausanne 洛桑，98.

Laval 拉瓦尔，37，252.

Lavardin, Jean de Beaumanoir, marquis de 拉瓦尔丹(侯爵)，259.

La Villemarqué, Théodore Hersartde 泰奥多尔·埃萨尔·德·拉维尔马凯子爵，14.

Law, John 琼·拉奥.

Laymann, Paul 莱曼，183.

Le Bé, Guillaume 纪尧姆·勒贝，12，20.

Le Blanc, Horace 奥拉斯·勒布朗，178.

Le Bret, Cardin 卡丹·勒布雷，287.

Le Breton, Gilles 吉勒·勒布雷东，120.

Le Brun, Charles 勒布伦(夏尔)，181，252，258，259，295，296，297，298，300，332，349，372.

Le Brun, Claude 勒布伦(克洛德)，240.

Le Camus, Etienne 勒加缪，286.

Lecerf de La Viéville, Jean-Laurent 勒塞尔夫·德·拉维耶尔，318.

Leclerc, Jean 让·勒克莱尔，353.

Le Clerc, Sébastien 塞巴斯蒂安·勒克莱尔，279.

Ledesma, Jacques 雅克·勒代斯马，217.

Ledoux 勒杜，239.

Le Duc, Gabriel 勒迪克，176.

Leduc, chanoine 勒迪克，239.

Leers (famille) 莱尔(家族)，353.

Leers, Reinier 雷尼埃·莱尔，353.

Lefèvre, Jacques 雅克·勒菲弗尔，84，85，93，94.

Le Gouverneur, Guillaume 纪尧姆·勒古弗纳尔，227.

Leibniz, Gottfried-Wilhelm 莱布尼兹，351，358.

Leipzig 莱比锡，352.

Le Jeune, Claude 克洛德·勒热纳，151，164，180.

Le Lorrain, Robert 勒洛，178.

Le Maître, Antoine 勒麦特尔，188.

Le Maître de Sacy, Louis-Isaac 勒梅特尔·德·萨西，188.

Lemercier, Jacques 雅克·勒梅西埃，174，176，292.

Le Muet, Pierre 皮埃尔·勒米埃，176.

Le Nain, Antoine 勒南(安托万)，240，241，242，323.

Le Nain, frères 勒南(三兄弟)，39，175，177，241，242，323.

Le Nain, Louis 勒南(路易)，39，240，241，242，323.

Le Nain, Mathieu 勒南(马蒂厄)，240，241，242.

Lendos, Ninon de 朗克洛，267.

Le Nobletz, Michel 勒诺布莱兹，212，218，267，269.

Le Nôtre, André 勒诺特，258，259，292，293，298，349.

Léon 莱昂，70，137，335.

LéonX 莱昂十世(教皇)，112.

Léonard, saint (圣)莱奥纳尔，179.

Le Pautre, Jean 勒波特，293，319.

Lequel de La Marre, Nicolas 勒凯尔·德·拉马尔，313.

Léry, jean de 让·德·莱里，106，141.

Lesage, Alain 勒萨热，364，365.

Lescot, Pierre 比埃尔·莱斯科，79，120—123，134.

L'Estoile, Pierre de 皮埃尔·德·莱斯图瓦勒，151，238.

Lestonnac, Jeanne de 让娜·德·莱斯托纳克，170.

Lestrem 雷特莱姆，61.

Le Sueur, Eustache 勒叙厄尔，178.

Lettres à un provincial《致外省人的信札》，184.

Lettres persanes《波斯人信札》，372.

Le Vau, Louis 路易·勒沃，258，259，292—294，298.

Levier, Charles 夏尔·勒维耶，353.

Leyde 莱顿，204，324，353.

L'Hospital, Michel de 洛斯皮塔尔，93，156.

Liaucous 里奥库尔，68.

Lignon (le) 利尼翁河，39.

Lihus 里于斯，230.

Lille 里尔，146，172，199，229，230，232，239，273，297，325，326，332，363.

Limoges，120，192.

Limousin 利穆赞，45，48，52，131，148.

Lippomano，Jérôme 热罗姆·利波马诺，112.

Lire 利雷，130.

Livre d'architecture《建筑初集》，124.

Livre d'architecture《建筑论》，124.

Livre des arcs《拱》，124.

Livre des martyrs《殉教者名录》，96.

Livre des temples《神庙》，124.

Livre du courtisan《侍臣论》，110.

Locke，John 洛克，358.

Locronan 洛克罗南，50.

Loir (le) 卢瓦尔，72.

Loire (la) 卢瓦尔河，39.

Londres 伦敦，82，181，300，317，329，352，353.

Lorient 洛里昂，240.

Lorraine 洛林，13，22，30，53，89，90，152，158，172，178，180，185，200，204，210，211，213，223，237，241，258，333，336，340，347.

Lorraine，Charles，cardinal de 洛林，126.

Loudun 鲁登，239.

Louis XI 路易十一，72，81.

Louis XII 路易十二，81，109，110，113，114.

Louis XIII 路易十三，9，19，173，177，185，187，191—194，209—211，222，224，232，236，243，245—247，257，269，275，292，294，300，303，313，325，329，348.

Louis XIV 路易十四，9，39，120，147，174，175，186，190，204，209，236，240，243，245，246，248，258，259，261—263，265，273，277—279，283，284，286—291，293，294，296—303，306—308，310—317，320，322，326，328—330，335，337，347，348，352，353，356，357，360，362—366，371，372.

Louis XV 路易十五，366.

Louvain 卢万，103.

Louvigné-de-Bais 卢维尼埃—德—贝，66.

Louvois，François-Michel Le Tellier，marquis de 卢瓦侯爵，350.

Louys，Thomas 托马斯·鲁伊斯，24.

Loyola，Ignace de 依纳爵，142，184，215，228.

Lubéron(le) 勒吕贝隆，89，154.

Lucas de Leyde 路加斯·范·莱登，121.

Luçon 吕松，192.

Lucquois 吕夸，110，147.

Lully，Jean-Baptiste 吕里，245，258，259，293，300，304，304，316—319，322，332，349，357，363.

Luther，Martin 路德，67，85，87，94，96，106，121，206.

Luyken，Jan 吕伊肯，168.

Luynes，Charles-Honoré d'Albert，duc de Chevreuse et de 吕伊纳公爵，308.

Luzel，François-Marie 弗朗索瓦—马里·吕泽尔，14.

Lyon 里昂，39，50，52，53，81，82，84，87，98，110，111，114，125，126，141，142，144—149，154，176，178，183，193，216，227，240，258，296，325，327—330，337，340，345，363.

Lys (la) 利斯河，61.

Maastricht 马斯特里赫特[荷]，273.

Machiavel，Nicolas 马西阿韦尔，261.

Madeleine pénitente《苦修的马德莱娜》，241，250—252.

Maggiolo，Louis 马乔罗，333.

Magny，Olivier de 奥利维耶·德·马尼，125.

Maine 曼恩，252，259.

Maine，nne-Louise-Bénédicte de Bourbon-Condé，duchesse du 迈内公爵夫人，355，362.

Maintenon，madame de 曼特农夫人，316，318，322.

Malade imaginaire《没病找病》, 278.

Maldonado, Jean 马尔多纳多, 183.

Malebranche, Nicolas 马勒伯朗士, 278, 354, 358, 359.

Malestroit 马莱斯特鲁瓦, 60.

Malherbe, François de 马勒布, 163, 226, 257, 266.

Mammard, saint（圣）玛妈, 72.

Mandé, saint（圣）芒代, 229.

Mandeville, Jean de 曼德维尔, 105.

Manfredi, Bartolomeo 芒夫勒迪, 242.

Mangin, Jean 芒然, 130.

Manon Lescaut《曼侬·莱斯科》, 365.

Mansart, François 芒萨尔（弗朗索瓦）, 176, 240.

Mansart, Jules-Hardouin 芒萨尔（朱勒—阿杜安）, 293, 299, 349, 349.

Mans (Le) 芒斯, 130, 131, 256, 331.

Mantoue 曼图亚, 178.

Marais, Marin 马雷, 315.

Marchant, Ch. 马尔尚, 236.

Mareschal, André 马雷沙尔, 256.

Marguerite d'Angoulême, *voir* **Marguerite de Navarre.** 玛格丽特·德·昂古莱姆（见 Marguerite de Navarre）

Marguerite de Lorraine, *voir* **Vaudémont, Marguerite de.** 玛格丽特·德·洛林（见 Vaudémont）

Marguerite de Navarre 玛格丽特·德·纳瓦尔, 56, 69, 79, 84, 85, 125, 141, 206.

Marguerite, sainte（圣女）玛格丽特, 65.

Mariana, Jean de 马利安纳, 191.

Marie de l'Incarnation, *voir* **Acarie, Barbe.** 道成肉身的玛丽（见 Acarie）

Marie-Madeleine, sainte（圣女）玛丽—马德莱娜, 311.

Marie-Thérèse d'Autriche 玛丽—泰莱兹·德·奥地利, 287, 322.

Mariette, Jean 马里埃, 174.

Marignan 马里尼亚诺, 109, 149.

Marillac, Michel de 米歇尔·德·马里亚克, 170, 191.

Mariotte, Edme 马里奥特, 300.

Marivaux, Pierre Carlet de Chamblain de 马里沃, 365, 372.

Marly 马利宫, 299, 349.

Maroilles 马鲁阿耶, 73.

Marot, Clément 克莱芒·马罗, 97, 125, 130, 219.

Marseille 马赛, 31, 69, 149, 151, 232, 280, 362, 366.

Marteau des sorcières(le)《女巫们的榔头》, 75.

Martellange, Etienne 马尔泰朗, 176.

Martin, Pierre-Denis 马丁, 299.

Mascarades《假面舞会》, 366.

Maunoir, Julien 莫努瓦, 18, 212, 216, 218, 230, 343.

Mayenne (la) 马延河, 37.

Mazarin, Jules 马萨林, 176, 193, 259, 265, 273, 281, 313, 314, 317, 352.

Meaux 莫市, 85, 93, 94, 98, 335, 350.

Medici (famille de) 美第奇（家族）, 110.

Medici, Laurent de 美第奇（洛朗·德）, 112.

Médicis, Catherine de 美第奇（卡特琳·德）, 63, 150, 151, 154.

Médicis, Marie de 美第奇（玛丽·德）, 17, 256, 257.

Méditations métaphysiques《形而上学思考》, 275.

Meignelay, arguerite-Claude de Gondi, marquise de Meignelais ou 德·梅尼莱侯爵夫人, 170.

Meigret, Louis 梅格雷, 130.

Melanchthon, Philipp 梅兰希顿, 87, 106.

Mémoires《回忆录》, 201.

Menou, René de 勒内·德·梅努, 264.

Mercure 墨丘利, 151.

Merri, saint（圣）梅里, 179.

Mersenne, Marin 梅森, 276, 277.

Meslin 梅兰, 36.

Mesmes, Henri de 亨利·德·梅姆, 261.

Métezeau, Clément II 小克莱芒·梅特佐,

176.

Méthode familière pour les petites écoles《小规模学校通俗教程》，336.

Metz 梅斯，73，98.

Michel-Ange 米开朗琪罗，104.

Michelet，Jules 米舍莱，159，237.

Michel，saint（圣）米歇尔，48，65，69，72.

Mignard，Pierre 皮埃尔·米尼亚尔，178，296，349.

Millau 米洛，97，203.

Minerve 米内夫，151，257.

Mirande，comte de 米兰德公爵，129.

Miroir de l'ame pécheresse《罪孽灵魂的镜子》，125.

Miroir du pécheur《罪人的镜子》，218.

Misères et Malheurs de la guerre《战争的悲惨与不幸》，241.

Mithridate《米特里达特》，305.

Moeurs des Chrétiens《基督徒之风纪》，280.

Molière 莫里哀，9，197，236，245，256—260，265—268，278，279，292，293，304—306，309，312，317，319—324，328，329，341，348，349，364，365，371.

Molin，Georges 莫兰，158.

Molinos，Michel de 莫利诺斯，282.

Moluques（les）摩鹿加群岛，105.

Momelin，saint（圣）莫姆兰，72.

Monophile《单相思》，139.

Montaigne，Michel de 蒙田，9，30，37，47，50，55，79，91，101，105，106，128，157，170，236，312，363.

Montaillou 蒙塔尤，44.

Montauban 蒙托邦，203.

Montausier，Charles de Sainte-Maure，marquis puis duc de 蒙托西耶（侯爵，伯爵），267，324.

Montausier（famille de） 蒙托西耶（家族），326.

Montbéliard 蒙贝利亚尔，21，97，242.

Montbrison 蒙布里松，135.

Montefeltre（famille de） 蒙特费尔特，110.

Montélimar 蒙特利马尔，152.

Montespan，rançoise-Athénaïs de Rochechouart，marquise de 蒙特斯庞夫人，293，362.

Montesquieu，Charles de Secondât，baron de 孟德斯鸠，363，372.

Montfleury 蒙夫勒里，320.

Montivilliers 蒙蒂维利埃，260.

Montmorency，Anne，duc de 蒙莫朗西（安娜），123.

Montmorency，Henri，duc de 蒙莫朗西（亨利），156.

Montmorency-Bouteville，François de 弗朗索瓦·德·蒙莫朗西-布特维尔，264.

Montpellier 蒙彼利埃，102，103，201，236，327，335.

Montpensier，Anne-Marie-Louise d'Orléans，duchesse de 蒙庞西耶，266.

Montreux，Nicolas de 尼古拉·德·蒙特勒，57.

Mont-Saint-Michel 蒙圣米歇尔，54，231.

Moreau，Jean 莫罗，35，36.

Morlaix 莫尔莱，95，135，254.

Mouchy，Antoine de 安托万·德·穆希，154.

Moulinié，Antoine 穆利涅（安托万），180.

Moulinié，Etienne 穆利涅（埃蒂安纳），180，182.

Mouret，Jean-Joseph 让-约瑟夫·穆雷，362.

Mouvaux 穆沃，57.

Mouy 姆伊，231.

Moysan，Olivier 奥利维耶·穆瓦桑，75.

Mûr-de-Bretagne 米尔-德-布列塔尼，212.

Musiciens et soldats《音乐家和士兵》，241.

Nancy 南希，35，180，239，258，332.

Nantes 南特，35，36，53，55，57，99，100，103，113，167，190，199，203，209，222，231，256，260，283，284，286，291，298，336，339，352，359，366.

Naples 那不勒斯，82，109，114.

Narbonne 纳尔榜，182.

Nativité de la vierge（la）《圣母的诞生》，177.

Naudé，Gabriel 诺代，193，261.

Neptune 尼普顿，54，72，148.

Nérac 内拉克，85，325.

Nevers，Charles de Gonzague，duc de 内韦尔（公爵），240.

Newton，Isaac 牛顿，358.

Nice 尼斯，146.

Nicole，Pierre 尼科尔，352.

Nigra，Ercole 尼格拉，137.

Nimègue，351.

Nîmes 尼姆，142，143，167，203.

Ninive 尼尼微，167.

Noces champêtre《乡间婚礼》，366.

Noces de Thétis et de Pélée《泰提斯和佩蕾的婚礼》，311.

Nogent 诺让，72.

Norbert，saint（圣）诺贝尔，178.

Normandie 诺曼底，30，34，53，135，215，249，333；

-Basse 下诺曼底，333，335.

Nostradamus 诺斯特拉达穆斯，63.

Notre-Dame-de-Banelle 巴内勒圣母，72.

Notre-Dame-de-Liesse 列斯圣母院，53，152，153.

Notre-Dame-de-Montserrat 蒙特塞拉圣母院，54.

Nouveau Testament en français avec des réflexions morales sur chaque verset《新约法文版附关于各节道德问题的反思》，356.

Nouveau Testament en français avec des réflexions morales sur chaque verset《新约法文版附关于各节道德问题的反思》，356.

Nuremberg 纽伦堡，106.

Nynost，Jean 让·尼诺，98.

Odyssée《奥德赛》，128.

Ogmios 俄格米俄斯，高卢神话中的大力神，147.

Oisans 瓦让，32.

Olier，Jean-Jacques 奥列尔，173，209，221.

Olive《橄榄集》，126.

Opéras《歌剧》，322.

Orange 奥朗日，137，143.

Orange，prince d' 奥朗热亲王，329.

Orbay，François d' 弗朗索瓦·德·奥尔贝，293，320.

Orchésographie《舞蹈记谱》，59.

Orénoque（F）奥里诺科河，105.

Orient 东方，81，100；

-Extrême 远东，105.

Origny，Pierre d' 皮埃尔·德·奥里尼，264.

Orléanais 奥尔良内，34，153.

Orléans 奥尔良，201.

Orléans，Gaston d' 奥尔良（加斯通·德），182，245，247，262.

Orléans，Marguerite de Lorraine，duchesse d' 奥尔良（玛格丽特·德·洛林），305.

Orléans，Philippe d' 奥尔良（菲利浦·德），361，365.

Ormesson，André d' 奥尔梅松，265.

Orphée［希腊神话］俄尔甫斯，54.

Orthez 奥泰兹，143.

Ossau，vallée d' 奥索，50.

Ourches 乌尔施，90.

Oxford 牛津，181.

Padoue 帕多瓦，84，103，110.

Palatine，Anne de Gonzague，dite princesse 帕拉蒂纳公主，350.

Palissy，Bernard 贝尔纳·帕利西，102.

Palmerin d'Olive《橄榄林》，130.

Pamiers 帕米埃，233.

Pantagruel《巨人传》，35，58，86，87，88，101，102.

Paracelse 帕拉塞尔斯，142.

Paré，Ambroise 安布鲁瓦兹·帕雷，17，36，37，58，60，103，104.

Parfait 帕尔费，364.

Paris 巴黎，30—34，42，46，50，53，56—58，64，65，72，81，83，85—87，89，92—95，100，116，120—124，131，133—135，137，139，141，142，144，147，152—154，156，166，170，172，174—180，182—184，186—188，191—193，196，197，201，203，209，210，217，222，234，236，238—241，245，247，249，251，252，256—259，261，264，266，273，279，280，292，296—302，304，307—309，311—320，322—333，337，341，343，349，352，360—363，366，370，371.

Paris, François de 帕里斯，356.

Parisien, Bassin 巴黎盆地，210，212，333.

Parmentier, Jean 帕尔芒捷(让)，105.

Parmentier, Raoul 帕尔芒捷(拉乌尔)，105.

Pascal, Blaise 布莱斯·帕斯卡尔，184，266，275—277，281，282，305，306.

Pascal, Etienne 帕斯卡尔(艾蒂安)，266.

Paschal, Pierre de 皮埃尔·德·帕沙尔，153.

Pasquier, Etienne 帕基耶，125—128，130，139.

Patel, Pierre 帕泰尔，294.

Patin, Gui 帕坦(居伊)，261，263.

Patin, Jacques 帕坦(雅克)，150.

Pau 波，50，325.

Pavillon, Nicolas 尼古拉·帕维永，222，233.

Paysan parvenu《暴富的农夫》，365.

Pays-Bas 尼德兰，42，51，153，155，230，231，287，352，353.

Peiresc, Nicolas 尼古拉·佩雷，325.

Pèlerins d'Emmaüs《埃莫的朝圣者》，178.

Peletier, Jacques 雅克·佩尔捷，130.

Pellisson, Paul 保罗·佩利松，267.

Pencran 彭克朗，137，139.

Pensées《思想录》，277.

Pensées sur la comète《关于彗星的种种看法》，358.

Périers, Bonaventure des 戴佩里埃，69.

Perpignan 佩尔皮尼昂，326.

Perrault, Charles 佩罗(夏尔)，201，306，317，323，362.

Perrault, Claude 佩罗(克洛德)，297，298.

Perréal, Jean 让·佩雷阿尔，114.

Perrin, Pierre 皮埃尔·佩兰，317.

Perron, Jacques Davy, cardinal du 枢区主教佩龙，47.

Petit Chaperon rouge (Le)《小红帽》，35.

Petit Poucet (Le)《小拇指》，19.

Pétrarque 彼特拉克，110，125，127，129.

Pévèle(le) 勒佩维尔，89.

Phèdre《菲德拉》，305.

Philandrier, Guillaume 菲朗德里埃，79.

Philippe II 菲利浦二世，52，228.

Philippe V 菲利浦五世，352.

Picardie 庇卡底，152.

Piémont 皮埃蒙，137.

Pierre, saint (圣)彼得，72，74，179，311.

Pilon, Germain 热尔曼·皮隆，124，163.

Pindare 品达罗斯，127.

Pise 比萨，109.

Pithou, Nicolas 皮图，96.

Plaisirs de l'Lsle enchantée《迷人岛的欢娱》，303.

Plancoët 普朗格埃，72.

Platon 柏拉图，357.

Platter, Félix 普拉特(费利克斯)，33，37，103.

Platter, Thomas 普拉特(托马)，23，31，37，69，97，102，151，236，260.

Pleine-Fougères 普莱恩—富热尔，231.

Plessis-Guénégaud, madame du 普莱西—盖内戈夫人，266.

Plestin 普莱斯坦，65.

Pline l'Ancien 老普林尼，88.

Plouasne 普鲁恩，230.

Plutarque 普卢塔克，128，193.

Pluvinel, Antoine de 安托万·德·普吕维奈尔，264.

Pluyette (famille) 普吕耶特(家族)，141.

Poirot 普瓦罗，239.

Poitiers 普瓦捷，53，73.

Poitiers，Diane de 迪亚妮·德·普瓦捷，122，123，133.

Poitou 普瓦图，30，45，59，141，211，247，347.

Politique tirée de l'Ecriture sainte(*la*)《根据圣经论政治》，286.

Pologne 波兰，34，106.

Pompée《庞贝之死》，263.

Pomponazzi，Pietro 彭波那奇，110，260.

Ponceau，Jehan du 让·迪·蓬索，47.

Pontas，Jean 蓬塔斯，279.

Pontoise 蓬图瓦兹，98.

Pontus de Tyard 蓬蒂斯·德·蒂亚尔，126.

Poquelin，Jean-Baptiste，*voir* Molière. 波克兰（见 Molière）

Port-Louis 路易港，231.

Postel，Guillaume 纪尧姆·波斯特尔，100，101.

Poulain，Nicolas 尼古拉·普兰，154.

Poussin，Nicolas 普桑，243，298.

Pratique du cavalier(*la*)《骑士守则》，264.

Précellence du langage français《法兰西语言的优越性》，130.

Précieuses ridicules(*les*)《可笑的才女》，304.

Préparation à la mort《迎接死亡》，279，339.

Prédication de Saint Jean－Baptiste《圣约翰－巴蒂斯特的布道》，152.

Prévost，abbé 普雷沃，365.

Prioul，Julien 朱利安·普里乌，59.

Primatice (Le) 普利马蒂乔，119，120，123，124，135.

Procès civil et criminel《民事和刑事诉讼》，240.

Projet d'ine dîme royale《王国十一税设想》，360.

Prosper，saint （圣）普罗斯佩，229.

Provence 普罗旺斯，69，109，135，137，151，152，258，261.

Provinces-Unies 联合省，285，352，353，361.

Provinciales《外省人》，266.

Provins 普罗万，20，35，42，47，54，65，97，98，106，107，144，145，152.

Prusse 普鲁士，366.

Psyché《普赛克》，304.

Ptolémée 托勒密，101，105，106，277.

Puiseux 皮色，141.

Puy-de-Dôme 多姆山，276.

Puy (Le) 勒普伊，36，97，107，144，153，157，158，178，229，336.

Pyrame et Thisbé《比拉莫与蒂斯贝》，7.

Pyrénées 比利牛斯，46，50.

Pythagore 毕达格拉斯，357.

Quatre Fils Aymon (*Les*)《艾蒙四兄弟》，91.

Quatrelivres，Marie 玛莉·卡特利弗尔，46.

Quentin，Jean 让·康坦，130.

Quesnel，Pasquier 帕基耶·盖斯耐尔，356，357.

Quimper 坎佩尔，35，67.

Quinault，Philippe 基诺，306，319，357.

Quistède 基斯泰德，62.

Rabelais，François 拉伯雷，9，12，35，37，52，55，56，58－60，79，86－89，100－102，111，112，124，125，130，131，133，135，142，149.

Rabel，Daniel 达尼埃尔·拉贝勒，245，246.

Racine，Jean 拉辛，256，297，298，305，306，320，322，328，348，349，371，372.

Raconis，Ange de 安热·德·拉科尼，168.

Rainvillers 兰维热，231.

Rambouillet，Antoine de 朗布耶（安托万），268.

Rambouillet，Julie de，*voir* ngennes，Julie d'. 朗布耶（朱莉·德，见 Angennes）

Rambouillet，Catherine de Vivonne，marquise de 朗布耶（卡特琳·德·维沃纳），206，266，268，302，324.

Rameau，Jean-Philippe 拉莫，330.

Raphaël 拉斐尔，112，303.

Rastadt 拉施塔特，351.

Ratio studiorum《教育准则》，196.

Recherches de la France《法兰西研究》，128.

Redon 雷东，37.

Redon (famille) 雷东（家族），61.

Règle de perfection《完善之法则》，185.

Redon，Gilbert 雷东（吉尔贝），61.

Regnard，Jean-François 雷尼亚，365.

Régnier，Mathurin 马蒂兰·雷尼耶，257.

Remarques sur la langue française《法语刍议》，302.

Regrets《追思集》，126.

Reims 兰斯，53，239，245.

Rémy，Nicolas 尼古拉·雷米，237，238.

Réunion de buveurs《饮者的聚会》，241.

Renard de Saint-André，Simon 勒纳尔·德·圣安德烈，250，251.

Renaudot，Théophraste 勒诺多，193，299.

Rennes 雷恩，37，48，67，68，74，104，141，144，252，332，339，359，363.

République(la)《共和国》，128.

République des lettres (la)《文学共和国》，351.

Resveil matin catholique aux desvoyés de la foi《对信仰误入歧途者的天主教叫醒钟》，168.

Retraite spirituelle pour un jour de chaque mois《每日一次的精神退省》，279.

Retz，Claude-Catherine de Clermont，maréchale de 雷兹，266.

Retz，pays de 雷特兹地区，23.

Rhin (le) 莱茵河，87，158，178，185，273.

Rhône (le) 罗纳河，334.

Richelieu 黎世留，174.

Richelieu，Armand-Jean du Plessis，cardinal de 黎世留，167，174，176，178，191，192，199，239，240，243，245，247，259，261，263，264，66，281，299，319，326.

Rhétorique《修辞学》，302.

Richer，Edmond 里歇尔，191，356.

Rigaud，Hyacinthe 里戈（亚辛特），366.

Rigaud，Jacques 里戈（雅克），137.

Rigny-la-Salle 里尼－拉－萨尔，90.

Rivarol，Antoine，comte de 里瓦罗尔，351.

Robbia，Girolamo délia 罗比亚，117.

Robert，Pierre 皮埃尔·罗贝尔，318.

Roberval，Gilles Personne de 罗贝瓦尔，268，300.

Rochechouard，Gabrielle de 罗什舒阿尔，172.

Rochefort-en-Terre 地上罗什福尔，73.

Rochelle (La) 拉罗歇尔，143，343.

Roch，saint（圣）罗克，70.

Rocroi 罗克鲁瓦，245，262，263.

Rodez 罗德兹，79，94，113，182.

Rohan，Pierre，maréchal de 罗昂，72，114.

Rois，Bertrande de 罗尔，46.

Roland furieux《愤怒的罗兰》，256.

Romans 罗芒，41，146.

Bradamante《布拉塔芒特》，256.

Rome 罗马，54，82，106，109，110，126，167，176－178，191，243，296，298.

Romorantin 罗莫朗坦，238.

Rondelet，Guillaume 龙德莱，102.

Ronsard，Pierre de 龙萨，16，37，55，56，59，60，105，125－128，151，153.

Rosso 罗索，7，119，120.

Rostand，Edmond 罗斯坦，261.

Rôti cochon《烤全猪或简易教程》，341.

Rotterdam 鹿特丹，121，353，359.

Rouen 鲁昂，52－54，68，73，81，106，109，114，126，144，182，193，249，258，327，328，331－333，337，339，350，357，359.

Rouergue 鲁埃格，68，75，97，347.

Roussillon 鲁西荣，334.

Rousseau，Jean-Jacques 卢梭，128.

Roxane 罗萨纳，303.

Rubens，Pierre-Paul 鲁本斯，177，178，254－257，368.

Ruffi，Antoine de 安托万·德·吕菲，232.

Ruysdael，Jacob van 吕斯代尔，368.

Ry，Paul du 保尔·迪·里，352.

Sablé，Madeleine de Souvré，arquise de 萨布莱夫人，266.

Sadolet，Jacques 雅克·萨多莱，94，97.

Saguenay 萨格奈，105.

Sains 森市，227.

Saint-Amant，Marc-Antoine，*voir* Girard de Saint-Amant. 圣阿芒（见 Girard de Saint-Amant）

Saint-André-des-Alpes 圣昂德雷一代一阿尔卑斯，45.

Saint-André-Treize-Voies 圣安德烈特雷兹乌阿，68.

Saint-Androny 圣一安德罗尼，138.

Sainte Anne《圣安娜》，178.

Sainte-Anne d'Auray 圣一安娜一德欧雷，74.

Saint-Brieuc 圣一布里厄，24.

Saint-Célerin 圣一塞勒兰，259.

Saint-Claude 圣一克劳德，53.

Saint-Cyr 圣一西尔，305，318，349.

Saint-Cyran，abbé de 圣西朗（修道院长），187，188，281.

Saint-Denis 圣一德尼，113—115.

Saint-Dolay 圣一多莱，70.

Sainte-Beuve，madame de 圣伯夫（夫人），170.

Sainte-Colombe，monsieur de 圣科隆布，315.

Saintes 圣女修女院，172.

Saint-Évremond，Charles de 夏尔·德·圣埃夫勒蒙，263，322，352，359.

Sainte Famille avec saint Jean — Baptiste enfant(la)《圣家庭与儿时的圣约翰一巴蒂斯特》，255.

Saint-Georges，Claude de 克洛德·德·圣乔治，227.

Saint-Germain 圣一日耳曼，292.

Saint-Hilaire-des-Landes 富热尔，59.

Saint-Jacques-de-Compostelle 孔波斯泰尔的圣雅克教堂，54.

Saint-Léons 圣一莱昂，75.

Saint-Malo 圣一马洛，53，227，333，359，366.

Saint-Mansuy 圣一芒絮伊，90.

Saint-Nicolas-du-Port 圣尼古拉迪波尔，53，152.

Saint-Omer 圣一奥梅尔，61，62，73，180.

Saintonge 圣东日，334，347.

Saint-Père-en-Retz 圣佩尔昂雷兹，68.

Saint-Simon，Louis de ouvroy，duc de 圣西蒙，268，291，318.

Saint-Thégonnec 圣一泰戈内克，137.

Salamanque 萨拉曼卡，187.

Salluste 萨卢斯特，105.

Sanchez，Thomas 托马·桑切斯，183.

Sangallo，Giuliano da 乔里亚诺·达·桑加罗，114.

Sardaigne 萨尔代涅，352.

Sarlat 萨尔拉，128.

Sarto，Andréa del 安德雷阿·德尔·萨尔托，179.

Satire Ménippée《迈克拜的讽刺》，156.

Satires《讽刺诗集》，306.

Saturne［罗马神话］萨图尔纳［农神］，257.

Saumur 索米尔，209.

Sauval，Henri 索瓦尔，174.

Savoie 萨瓦省，7，50，81，137，151，168，255.

Savoie，Louise de 萨瓦（路易丝·德），148.

Savoie，Philibert II，duc de 萨瓦（菲利贝尔·德），113，114.

Scarron，Paul 保尔·斯卡龙，256，259，261，266，322，329，330.

Sceaux 索市，355，362.

Scève，Maurice 莫里斯·塞夫，125.

Schurer，Mathias 马蒂亚斯·许雷尔，91.

Scudéry，Georges de 斯屈代里（乔治·德），257，266.

Scudéry，Madeleine de 斯屈代里（马德莱娜·德），262，263，265—268，269，293.

Scupoli，Laurent 斯库波利，184.

Sébillet，Thomas 塞比耶，126.

Seclin 塞克兰，73.

Sedan 色当，209.

Séguier，Madeleine 塞吉耶（马德莱娜），311.

Séguier，Pierre 塞吉耶（皮埃尔），252.

Seiches-sur-Loir 卢瓦尔河沿岸的塞什，72，114.

Seine（la）塞纳河，126，151.

Sein，ile de 桑岛，137，138.

Semblançay，Jacques de Beaune，baron de 桑布朗塞男爵，46.

Sénèque 塞内加，193，205.

Senlis（en Artois）桑利（阿图瓦的），68.

Sennely 塞恩利，217，344，345.

Sentiments de l'Académie sur le Cid《法兰西学院关于"熙德"的感想》，301.

Sept Trompettes spirituelles pour réveiller les pécheurs《唤醒罪人的七声精神鸣号》，338.

Serées《夜谈》，106.

Serlio，Sebastiano 塞里奥，79，113，123，124，134，135.

Sermisy，Claude de 塞尔米奇，149.

Sertorius《塞尔多里乌斯》，293.

Servet，Michel 米歇尔·塞尔维特，103，201.

Sévigné，Marie de Rabutin-Chantal，marquise de 塞维涅夫人，170，266，317，341.

Seyssel，Claude de 克洛德·德·塞塞尔，81，82，91.

Siège de Guingamp（Le）《甘冈围城》，57.

Sigogne，Charles-Timoléon de 夏尔-蒂莫莱翁·德·西戈涅，249.

Simon，Richard 西蒙，353－355.

Singularitéz de la France Antarctique《南极法国的独特性》，105.

Sizun 西赞，137，139.

Soeur valeureuse《英勇的修女》，256.

Soissons 苏瓦松，351.

Soliman le Magnifique 苏莱曼（一世），100.

Sologne 索洛涅，217，344.

Songeons 松戎，230.

Sorel，Charles 索雷尔，259，261，262.

Speroni，Sperone 斯佩罗尼，129.

Spranger，Barthélémy 巴泰勒米·施普兰格，255.

Sprenger，Jacques 雅克·施普伦格，75，237，238.

Stockholm 斯德哥尔摩，275.

Stoskopff，Sébastien 塞巴斯蒂安·施托斯科普夫，250，251.

Strabon 斯特拉波，101.

Strasbourg 斯特拉斯堡，87，91，92，98，99，142，202，250，251，326，334.

Sturmjean 让·斯蒂尔姆，142，202.

Suarez，Francisco 絮阿雷兹，183.

Suisse 瑞士，53，98.

Summa doctrinae christianae《基督教教义总论》（一译，《三重教理问答》），216.

Suréna《叙蕾娜》，349.

Sylvestre，Isaac 依萨克·西尔韦斯特，292.

Sylvestre，Michel 米歇尔·西尔韦斯特，180.

Syrie 叙利亚，100.

Tabouret，Jean 让·塔布雷，59.

Tahureau，Jacques 雅克·塔于罗，130.

Talpin，Jean 让·塔尔潘，154.

Tarascon 塔拉斯孔，73.

Télémaque《泰雷马克历险记》，360.

Teniers，David 大卫·特尼埃，368.

Testament politique《政治遗言》，199.

Testelin，Henri 代特兰，302.

Titien 提香，79.

The fabrication of Louis XIV《路易十四的制造》，290.

Théocrite 忒奥克里托，127.

Theologia dogmatica et moralis《教义和道德神学》，279.

Thérèse d'Avila，sainte（圣）泰蕾兹·德·阿维拉，185，187，228.

Thévet，André 安德烈·泰韦，105，106.

Thiers，Jean-Baptiste 蒂埃尔，65，346.

Thomas d'Aquin，saint（圣）托马斯·阿奎那，196.

Thou，Jacques-Auguste de 克-奥古斯特·图，261.

Thucydide 修昔底德，91.

Tinténiac 坦泰尼亚克，53.

Titelouze，Jehan 让·蒂特卢兹，180，182.

Toledo，Francesco de 弗朗奇斯科·德·托莱多，183.

Torelli，Giacomo 齐亚科莫·托雷利，257.

Tory，Geoffroy 若弗鲁瓦·托里托里，131.

Toul 图勒，90，112，113.

Toulouse 图卢兹，53，126，135，146，178，179，201，233，261，264，327，331.

Touraine 都兰，34.

Tour d'Aiguës（La）埃格塔城堡，135，137.

Tournai 图尔内，230，238.

Tournier，Nicolas 尼古拉·图尼耶，178，179，241，242.

Tournon，Claude de 克洛德·德·图尔农，135.

Tours 图尔，53，74，83，172，182，193，296.

Tragiques《惨景集》，163.

Traité de l'éducation des filles《论女子教育》，314.

Traité de l'homme《人类论》，354.

Traité des moyens pour empecher les duels《制止决斗办法之公约》，264.

Traité des plus belles bibliothèques《论最美的图书馆》，192.

Traité du choix et de la méthode des études《论学习之选择及方法》，314.

Trechsel 特莱塞尔，87.

Trégor 特雷格尔，65.

Tréguier 特雷吉埃，53.

Trente 特伦托，67，133，143，159，170，183，184，189，208，216，217，226，252，331.

Tricheur（Le）《作弊者》，241.

Troyes 特鲁瓦，32，53，65，72，74，96，97，144，199，232，337.

Troy，François de 弗朗索瓦·德·特鲁瓦，355.

Tunisie 突尼斯，52.

Turcaret《蒂尔卡雷》，365.

Turquie 土耳其，85，100，105.

Ulysse 奥德修斯，105.

Une foi，une loi，un roi? La révocation de l'édit de Nantes《一个信仰，一个法律，一个国王？——论南特敕令的废除》，283.

Urbino 乌尔比诺，111，112.

Urfé，Honoré d' 奥诺雷·德·于尔费，39，266.

Utrecht 乌德勒支，353.

Uzès 于泽斯，23.

Val de Loire 卢瓦尔河流域，93，109，114，131，238，325.

Valenciennes 瓦朗西安，180.

Valentin de Boulogne 瓦朗坦·德·布洛尼，241，243.

Vallière，Jean 让·瓦利埃，95.

Valloire 瓦卢瓦，255.

Valognes 瓦洛涅，52.

Van den Steene，Cornélius 范·登·斯丁，183.

Van Dyck，Antoine 范·迪克，178，368.

Vanini，Lucilio 鲁奇里奥·瓦尼尼，260，261.

Vanités《万物虚空》，250—252.

Vannes 瓦恩，65，112，208，215，231.

Van Ostade，Adriaen 阿德里安·范·奥斯塔德，368.

Vaux-le-Vicomte 沃—勒—维孔特，258，259，292，296，298.

Vauban，Sébastien Le Prestre，seigneur de 沃邦，360.

Vaudémont，Marguerite de 沃代蒙，150，151.

Vaugelas，Claude Favre，seigneur de 沃日拉，302，303.

Vazquez，Gabriel 瓦兹盖兹，183.

Velay 维莱，158.

Venant，saint（圣）弗南，72.

Vendée 旺代，70.

Vendeville，Jean 让·旺德维尔，238.

Vendôme，César，duc de 旺多姆（凯撒），308.

Vendôme, Louis-Joseph de Bourbon, duc de 旺多姆(路易—约瑟夫·德·波旁），316.

Venise 威尼斯，79，112，257.

Ventadour, Henri de Lévis, duc de 旺塔杜尔，173.

Verjus, Antoine 韦尔瑞，63.

Véronèse 韦罗内塞，179.

Verrazano, Giovanni 韦拉扎诺，104，110.

Versailles 凡尔赛，120，181，240，258，273，290—295—297，299，301，308，310，318，319，322，323，325，326，329，331，333，349，352，355，359，360，362，364，371.

Vers lyriques《抒情诗》，130.

Versoris, Nicolas 尼古拉·韦尔索雷，32，46.

Vertou 韦尔杜，68.

Vésale, André 安德烈·维萨里，103，106.

Viard, Claude 克洛德·维亚尔，103.

Viau, Théophile de 维奥，7，256，257，260—262.

Vie des musiciens de Paris au temps de Mazarin《马萨林时期巴黎音乐家的生活》，313.

Vieilleville, François de Scépeaux, seigneur de 维埃耶维尔，129.

Vielleur (Le)《手摇弦琴演奏者》，241.

Vierge de douleur《痛苦的圣母》，163.

Vies《希腊罗马名人比较列传》，128.

Viète, François 弗朗索瓦·维耶特，101.

Vigarani, Charles 维加拉尼，293.

Vigean, Marguerite du 玛格丽特·迪·维让，263.

Vignole 维尼奥勒，123.

Vilaine (la) 维莱恩河，37，38.

Villar-d'Arène 维拉达莱恩，32.

Villefranche-de-Rouergue 维尔弗朗什—德—鲁埃尔格，98.

Villegagnon, Nicolas Durand de 维尔加尼翁，107.

Villers-Cotterêts 维莱—科特雷，88，129.

Vincent de Paul, saint（圣）樊尚·德·保罗，163，172，173，189，209，211，212.

Vinci, Léonard de 达·芬奇，37，38，101，104，179.

Virgile 维吉尔，127—129.

Viscardi, Girolamo 吉罗拉莫·维斯卡尔蒂，112.

Vitré 维特雷，66.

Vitruve 维特鲁福，79，124.

Vivarais 维瓦赖，334.

Vivonne, Catherine de, *voir* **Rambouillet, marquise de.** 维沃纳（见 Rambouillet）

Void 瓦德，90.

Voiture, Vincent 瓦蒂尔，266，302，303.

Voltaire 伏尔泰，9，67，358.

Vouet, Simon 西蒙·武埃，177，178，179，296.

Vrai Théatre d'honneur et de chevalerie, ou le Miroire historique de la noblesse《荣誉与骑士的真正戏剧或贵族的历史镜子》，263.

Vulson de La Colombière, Marc 维尔松·德·拉科隆比埃尔，263.

Wallers 瓦雷尔，47.

Wassy 瓦西，122.

Watteau, Antoine 瓦托，256，366—368，372.

Wier, Jean 让·维耶，58，163，237.

Xerxès《薛西斯一世》，350.

Yonne (1') 荣纳河，70.

Ypres 伊普尔，188.

Yves, saint（圣)伊夫，48.

参考书目

Le classement de cette bibliographie en grands domaines thématiques, commode pour le lecteur, se veut une simple orientation, dans la mesure où de nombreux ouvrages abordent plusieurs domaines.

L'immensité de la production nous a contraints à choisir, en renonçant en particulier à mentionner bien des ouvrages généraux et facilement accessibles, ainsi que, à l'inverse, beaucoup d'apports érudits parfois très précieux mais très spécialisés ; nous avons renoncé dans le même esprit à toute mention d'article.

Nous soulignons, aussi, que nous avons été tributaires de cette bibliographie dans le domaine très précis de la citation de documents anciens : lorsqu'il n'a pas été possible de nous reporter à l'original (dans le cas de documents d'archives en particulier), nous avons évidemment cité en reprenant l'orthographe donnée par l'auteur de la publication utilisée. Et nous avons voulu tenter de faire partager notre amour du « beau » document en proposant quelques références de textes, littéraires ou non, remarquables par leur qualité... ou leur facilité d'accès.

[NB : Lorsqu'un ouvrage a fait l'objet d'une réédition, nous mentionnons la première édition, dans la mesure où la date de conception nous semble essentielle dans un domaine qui évolue très vite. Nous dérogeons naturellement à cette règle lorsque la réédition porte sur un ouvrage notablement transformé. Lorsqu'il s'agit d'un titre traduit en français, le souci de faciliter l'accès nous conduit cependant à mentionner l'édition française, en faisant référence à l'édition originale si celle-ci est sensiblement antérieure.]

OUVRAGES GÉNÉRAUX

Angiolini, Franco, et Roche, Daniel (éd.), *Cultures et Formations négociantes dans l'Europe moderne*, Paris, EHESS, 1995.
Audisio, Gabriel, *Les Français d'hier (XVe-XIXe siècle)*, 2 vol., Armand Colin, Paris, 1993-1996.
Babelon, Jean-Pierre, *Henri IV*, Paris, Fayard, 1982.
Bercé, Yves-Marie, *La Naissance dramatique de l'absolutisme (1598-1661)*, Paris, Éd. du Seuil, 1992.

Berriot-Salvadore, Évelyne, *Les Femmes dans la société française de la Renaissance*, Genève, Droz, 1990.

Bluche, François (dir.), *Dictionnaire du Grand Siècle*, Paris, Fayard, 1990.

Blumenkranz, Bernard (dir.), *Histoire des juifs en France*, Toulouse, Privat, 1972.

Bois, Jean-Pierre, *Histoire de la vieillesse*, Paris, PUF, 1994.

Bottin, Jacques, *Seigneurs et Paysans dans l'Ouest du pays de Caux (1540-1650)*, Paris, Le Sycomore, 1983.

Boucher, Jacqueline, *La Cour de Henri III*, Rennes, Ouest-France, 1985.

Bourquin, Laurent, *Noblesse seconde et Pouvoir en Champagne aux XVIe et XVIIe siècles*, Paris, Publications de la Sorbonne, 1994.

Briggs, Robin, *Early Modern France (1560-1715)*, Oxford University Press, 1977.

—, *Communities of Belief. Cultural and Social Tensions in Early Modern France*, Oxford, Clarendon, 1989.

Burguière, André, et Revel, Jacques (dir.), *Histoire de la France*, t. I, *L'Espace français*, t. II, *L'État et les Pouvoirs*, t. III, *L'État et les Conflits*, t. IV, *Les Formes de la culture*, Paris, Éd. du Seuil, 1989-1993.

Cabantous, Alain, *Les Côtes barbares. Pilleurs d'épaves et sociétés littorales en France (1680-1830)*, Paris, Fayard, 1993.

—, *Les Citoyens du large. Les identités maritimes en France (XVIIe-XIXe siècle)*, Paris, Aubier, 1995.

Cabourdin, Guy, *Terre et Hommes en Lorraine (1550-1635)*, 2 vol., Nancy, Annales de l'Est, 1977.

Carmona, Michel, *La France de Richelieu*, Paris, Fayard, 1984.

Carrier, Hubert, *La Presse de la Fronde (1648-1653)*, 2 vol., Genève, Droz, 1989-1991.

Cassan, Michel, *Le Temps des guerres de Religion. Le cas du Limousin (vers 1530-vers 1630)*, Paris, Publisud, 1996.

Charton-Le Clech, Sylvie, *Chancellerie et Culture au XVIe siècle. Les notaires et secrétaires du roi de 1515 à 1547*, Toulouse, Presses Universitaires du Mirail, 1993.

Collins, James B., *Classes, Estates and Order in Early Modern Brittany*, Cambridge, Cambridge University Press, 1994.

Collomp, Alain, *La Maison du père. Famille et village en haute Provence aux XVIIe et XVIIIe siècles*, Paris, PUF, 1983.

Constant, Jean-Marie, *La Vie quotidienne de la noblesse française aux XVIe et XVIIe siècles*, Paris, Hachette, 1985.

—, *La Ligue*, Paris, Fayard, 1996.

Cornette, Joël, *L'Affirmation de l'État absolu (1515-1652)*, Paris, Hachette, éd. revue, 1994.

Corvisier, André, *L'Armée française de la fin du XVIIe siècle au ministère de Choiseul. Le soldat*, Paris, PUF, 1964.

Croix, Alain, *La Bretagne aux XVIe et XVIIe siècles. La vie, la mort, la foi*, 2 vol., Paris, Maloine, 1981.

—, *Moi, Jean Martin, recteur de Plouvellec. Curés-« journalistes » de la Renaissance à la fin du XVIIe siècle*, Rennes, Apogée, 1993.

—, *L'Âge d'or de la Bretagne (1532-1675)*, Rennes, Ouest-France, 1993.

Davis, Natalie Zemon, *Les Cultures du peuple. Rituels, savoirs et résistances au XVIe siècle*, Paris, Aubier-Montaigne, 1979.

—, *Le Retour de Martin Guerre*, Paris, Robert Laffont, 1982.

—, *Pour sauver sa vie. Les récits de pardon au XVIe siècle*, Paris, Aubier, 1988.

Davis, Natalie Zemon, et Farge, Arlette (dir.), *Histoire des femmes en Occident*, t. III, *XVIe-XVIIIe siècle*, Paris, Plon, 1991.

Découvertes européennes et Nouvelles Visions du monde (1492-1992), Paris, Publications de la Sorbonne, 1994.

Delumeau, Jean, *La Civilisation de la Renaissance*, Paris, Arthaud, 1967.

– (dir.), *La Mort des pays de cocagne*, Paris, Publications de la Sorbonne, 1976.

Delumeau, Jean, et Lequin, Yves (dir.), *Les Malheurs des temps. Histoire des fléaux et des calamités en France*, Paris, Larousse, 1987.

Dethan, Georges, *Mazarin, un homme de paix à l'âge baroque (1607-1661)*, Paris, Imprimerie nationale, 1981.

Dewald, Jonathan, *Aristocratic Experience and the Origins of Modern culture. France, 1570-1715*, Berkeley, University of California Press, 1993.

Duby, Georges, et Mandrou, Robert, *Histoire de la civilisation française*, t. I, *Le Moyen Âge et le XVIe siècle*, Paris, Armand Colin, 1958.

Dulong, Claude, *La Vie quotidienne des femmes au Grand Siècle*, Paris, Hachette, 1984.

Dupâquier, Jacques (dir.), *Histoire de la population française*, t. II, *De la Renaissance à 1789*, Paris, PUF, 1988.

Elias, Norbert, *La Civilisation des mœurs*, Paris, Calmann-Lévy, 1991 [1re éd. allemande, 1939 ; 1re éd. française, 1973].

—, *La Société de Cour*, Paris, Flammarion, 1985 [éd. allemande, 1969].

Farr, James R., *Hands of Honor. Artisans and Their World in Dijon (1550-1650)*, Ithaca-Londres, Cornell University Press, 1988.

Foisil, Madeleine, *Le Sire de Gouberville. Un gentilhomme normand au XVIe siècle*, Paris, Aubier, 1981.

—, *Journal de Jean Héroard, médecin de Louis XIII*, Paris, Fayard, 1989.

—, *La Vie quotidienne au temps de Louis XIII*, Paris, Hachette, 1992.

—, *L'Enfant Louis XIII : l'éducation d'un roi (1601-1617)*, Paris, Perrin, 1996.

France d'Ancien Régime (La). Études réunies en l'honneur de Pierre Goubert, 2 vol., Toulouse, Privat, 1984.

Garnot, Benoît, *Société, Cultures et Genres de vie dans la France moderne, XVIe-XVIIIe siècle*, Paris, Hachette, 1991.

Garrisson, Janine, *Royaume, Renaissance et Réforme (1483-1559)*, Paris, Éd. du Seuil, 1991.

—, *Guerre civile et Compromis (1559-1598)*, Paris, Éd. du Seuil, 1991.

Goubert, Pierre, *Mazarin*, Paris, Fayard, 1990.

Goubert, Pierre, et Roche, Daniel, *Les Français sous l'Ancien Régime*, 2 vol., Paris, Armand Colin, 1984.

Gouberville [le sire de], *Journal*, 4 vol., Bricqueboscq, Éd. des Champs, 1993-1994.

Grafton, Anthony, et Blair, Ann (dir.), *The Transmission of Culture in Early Modern Europe*, Philadelphie, University of Pennsylvania Press, 1990.

Gutton, Jean-Pierre, *La Société et les Pauvres. L'exemple de la généralité de Lyon, 1534-1789*, Paris, Les Belles Lettres, 1971.

—, *La Sociabilité villageoise dans l'ancienne France*, Paris, Hachette, 1979.

—, *Domestiques et Serviteurs dans la France d'Ancien Régime*, Paris, Aubier, 1982.

—, *Naissance du vieillard*, Paris, Aubier, 1988.

Hanlon, Gregory, *L'Univers des gens de bien. Culture et comportements des élites urbaines en Agenais-Condomois au XVIIe siècle*, Bordeaux, Presses Universitaires de Bordeaux, 1989.

Hauser, Henri, *Ouvriers du temps passé*, Paris, Alcan, 1899.

Histoire sociale, Sensibilités collectives et Mentalités. Mélanges Robert Mandrou, Paris, PUF, 1985.

Jacquot, Jean (dir.), *Les Fêtes de la Renaissance*, 2 vol., Paris, CNRS, 1956-1960.

Jones-Davies, Marie-Thérèse (dir.), *Langues et Nations au temps de la Renaissance*, Paris, Klincksieck, 1991.

Jouanna, Arlette, *Ordre social, Mythes et Hiérarchies dans la France du XVIe siècle*, Paris, Hachette, 1977.

Jouhaud, Christian, *La Main de Richelieu ou le pouvoir cardinal*, Paris, Gallimard, 1991.

Labatut, Jean-Pierre, *Les Ducs et Pairs de France au XVIIe siècle*, Paris, PUF, 1972.

Lebrun, François, *La Vie conjugale sous l'Ancien régime*, Paris, Armand Colin, 1975.

Le Roy Ladurie, Emmanuel, *Le Carnaval de Romans. De la Chandeleur au mercredi des Cendres (1579-1580)*, Paris, Gallimard, 1979.

—, *L'État royal, de Louis XI à Henri IV (1460-1610)*, Paris, Hachette, 1987.

L'Estoile, Pierre de, *Mémoires-Journaux*, 12 vol., Paris, Tallandier, 1982.

Longeon, Claude, *Une province française à la Renaissance. La vie intellectuelle en Forez au XVIe siècle*, Saint-Étienne, Centre d'études foréziennes, 1975.

Lottin, Alain, *La Désunion du couple sous l'Ancien régime. L'exemple du Nord*, Lille, Université de Lille III, 1975.

Mandrou, Robert, *Introduction à la France moderne. Essai de psychologie historique*, Paris, Albin Michel, 1961.

—, *De la culture populaire en France aux XVIIe et XVIIIe siècles. La bibliothèque bleue de Troyes*, Paris, Stock, 1964.

—, *Magistrats et Sorciers en France au XVIIe siècle. Une analyse de psychologie historique*, Paris, Plon, 1968.

—, *Des humanistes aux hommes de science (XVIe et XVIIe siècle)*, Paris, Éd. du Seuil, 1973.

Margolin, Jean-Claude, *L'Avènement des Temps modernes*, Paris, PUF, 1977.

Matthews-Grieco, Sara F., *Ange ou Diablesse. La représentation de la femme au XVIe siècle*, Paris, Flammarion, 1991.

Meyer, Jean, *La Noblesse française à l'époque moderne, XVIe-XVIIIe siècle*, Paris, Hachette, 1991.

Minois, Georges, *Être ou ne pas être. Le suicide de la Renaissance aux Lumières*, Paris, Fayard, 1995.

Mousnier, Roland, *Paris capitale au temps de Richelieu et de Mazarin*, Paris, A. Pedone, 1978.

—, *L'Homme rouge ou la vie du cardinal de Richelieu (1585-1642)*, Paris, Robert Laffont, 1992.

Muchembled, Robert, *La Violence au village. Sociabilité et comportements populaires en Artois du XVe au XVIIe siècle*, Turnhout, Brepols, 1989.

—, *Société, Culture et Mentalités dans la France moderne, XVIe-XVIIIe siècle*, Paris, Armand Colin, 1990.

—, *Culture populaire et Culture des élites*, Paris, Flammarion, 1991 [1re éd., 1978].

—, *Le Temps des supplices. De l'obéissance sous les rois absolus, XVe-XVIIIe siècle*, Paris, Armand Colin, 1992.

—, *L'Invention de l'homme moderne. Culture et sensibilités en France du XVe au XVIIIe siècle*, Paris, Hachette, 1994.

Neuschel, Kristen B., *Word of Honor. Interpreting Noble Culture in Sixteenth-Century France*, Ithaca, Cornell University Press, 1989.

Nicolas, Jean (dir.), *Mouvements populaires et Conscience sociale, XVIe-XIXe siècles*, Paris, Maloine, 1985.

Noonan, John T., *Contraception et Mariage. Évolution ou contradiction dans la pensée chrétienne*, Paris, Éd. du Cerf, 1969.

Petitfils, Jean-Christian, *Louis XIV*, Paris, Perrin, 1995.

Pillorget, Suzanne, et Pillorget, René, *France baroque, France classique (1589-1715)*, Paris, Robert Laffont, 1996.

Populations et Cultures. Études réunies en l'honneur de François Lebrun, Rennes, AFL, 1989.

Pujo, Bernard, *Vauban*, Paris, Albin Michel, 1991.

Quéniart, Jean, *Culture et Société urbaines dans la France de l'Ouest au XVIIIe siècle*, Paris, Klincksieck, 1978.

Richelieu et la Culture, colloque, Paris, CNRS, 1987.

Richet, Denis, *La France moderne. L'esprit des institutions*, Paris, Flammarion, 1973.

—, *De la Réforme à la Révolution. Études sur la France moderne*, Paris, Aubier, 1991.

Roche, Daniel, *Le Siècle des Lumières en province. Académies et académiciens provinciaux, 1660-1789*, Paris-La Haye, Mouton, 1978.

Saint-Simon, duc de, *Mémoires*, Paris, Gallimard, coll. « Bibliothèque de la Pléiade », 1993. Morceaux choisis sous le titre *Saint-Simon, Louis XIV et sa Cour*, Bruxelles, Complexe, 1994.

Salmon, John H. M., *Renaissance and Revolt : Essays in the Intellectual and Social History of Early Modern France*, Cambridge University Press, 1987.

Sanchez, Jean-Pierre (dir.), *Dans le sillage de Colomb. L'Europe du Ponant et la découverte du Nouveau Monde (1450-1650)*, Rennes, PUR, 1995.

Sauzet, Robert (dir.), *Henri III et son temps*, Paris, Vrin, 1992.

Schalk, Ellery, *L'Épée et le Sang. Une histoire du concept de noblesse (vers 1500-vers 1650)*, Seyssel, Champ Vallon, 1996.

Ségalen, Martine, *Mari et Femme dans la France rurale traditionnelle*, catalogue de l'exposition, Paris, RMN, 1973.

—, *Amours et Mariages dans l'ancienne France*, Paris, Berger-Levrault, 1981.

Solnon, Jean-François, *La Cour de France*, Paris, Fayard, 1987.

Strong, Roy, *Les Fêtes de la Renaissance. Art et pouvoir*, Arles, Solin, 1991.

Sutherland, Nicola M., *Princes, Politics and Religion (1547-1589)*, Londres, Hambledon Press, 1984.

Tapié, Victor-Lucien, *La France de Louis XIII et de Richelieu*, Paris, Flammarion, 1952.

Thélamon, Françoise (dir.), *Sensibilité, Pouvoirs et Société. Actes du colloque de Rouen*, Rouen, Publications de l'Université de Rouen, 1987.

Truchet, Jacques (dir.), *Le XVII\e siècle*, Paris, Berger-Levrault, 1992.

Van Gennep, Arnold, *Manuel de folklore français contemporain*, 9 vol., Paris, Picard, 1937-1972.

Vauban, *La Dîme royale*, présenté par Emmanuel Le Roy Ladurie, Paris, Imprimerie nationale, 1993.

Velay-Vallentin, Catherine, *L'Histoire des contes*, Paris, Fayard, 1992.

Vogler, Bernard, *Histoire culturelle de l'Alsace*, Strasbourg, La Nuée bleue, 1993.

Vovelle, Michel, *Mourir autrefois. Attitudes collectives devant la mort aux XVII\e et XVIII\e siècles*, Paris, Gallimard, 1974.

—, *La Mort et l'Occident de 1300 à nos jours*, Paris, Gallimard, 1983.

Wilhelm, Jacques, *La Vie quotidienne au Marais au XVII\e siècle*, Paris, Hachette, 1977.

—, *La Vie quotidienne des Parisiens au temps du Roi-Soleil, 1660-1715*, Paris, Hachette, 1977.

Yates, Frances Amelia, *Les Académies en France au XVI\e siècle*, Paris, PUF, 1996 [1\re éd., 1947].

Aspects politiques de la culture

Apostolidès, Jean-Marie, *Le Roi-machine*, Paris, Éd. de Minuit, 1981.

Barnavi, Élie, *Le Parti de Dieu. Étude sociale et politique de la Ligue parisienne (1585-1594)*, Louvain, Nauwelaerts, 1980.

Bercé, Yves-Marie, *La Naissance dramatique de l'absolutisme (1598-1661)*, Paris, Éd. du Seuil, 1992.

Bergin, Joseph, *L'Ascension de Richelieu*, Paris, Payot, 1994.

Boureau, Alain, *Le Simple Corps du roi. L'impossible sacralité des souverains français (XV\e-XVIII\e siècle)*, Paris, Éd. de Paris, 1988.

Boutier, Jean, Dewerpe, Alain, et Nordman, Daniel, *Un tour de France royal. Le voyage de Charles IX (1564-1566)*, Paris, Aubier, 1984.

Bryant, Lawrence M., *The King and the City in the Parisian Royal Entry Ceremony : Politics, Ritual and Art in the Renaissance*, Genève, Droz, 1986.

Burke, Peter, *Louis XIV. Les stratégies de la gloire*, Paris, Éd. du Seuil, 1995.

Chevallier, Jean-Jacques, *Histoire de la pensée politique*, 3 vol., Paris, Payot, 1979-1984.

Constant, Jean-Marie, *Les Conjurateurs. Le premier libéralisme politique sous Richelieu*, Paris, Hachette, 1987.

Cornette, Joël, *Le Roi de guerre. Essai sur la souveraineté dans la France du Grand Siècle*, Paris, Payot, 1993.

Damien, Robert, *Bibliothèque et État. Naissance d'une raison politique dans la France du XVIIe siècle*, Paris, PUF, 1995.

Descimon, Robert, *Qui étaient les Seize ? Mythes et réalités de la Ligue parisienne (1585-1594)*, Paris, Fédération des sociétés historiques et archéologiques de Paris et de l'Ile-de-France, 1983.

Flandrois, Isabelle, *L'Institution du prince au début du XVIIe siècle*, Paris, PUF, 1992.

Fogel, Michèle, *Les Cérémonies de l'information dans la France du XVIe au XVIIIe siècle*, Paris, Fayard, 1989.

—, *L'État dans la France moderne, de la fin du XVe au milieu du XVIIIe siècle*, Paris, Hachette, 1992.

Giesey, Ralph E., *Cérémonial et Puissance souveraine. France, XVe-XVIIe siècle*, Paris, Armand Colin, 1987.

—, *Le roi ne meurt jamais. Les obsèques royales dans la France de la Renaissance*, Paris, Flammarion, 1987.

Goyard-Fabre, Simone, *Philosophie politique, XVIe-XVIIe siècles (modernité et humanisme)*, Paris, PUF, 1987.

Hickey, Daniel, *Le Dauphiné devant la monarchie absolue. Le procès des tailles et la perte des libertés provinciales (1540-1640)*, Grenoble, Presses Universitaires de Grenoble, 1993.

Hildesheimer, Françoise, *Richelieu. Une certaine idée de l'État*, Paris, Publisud, 1985.

Jouanna, Arlette, *Le Devoir de révolte. La noblesse française et la gestation de l'État moderne, 1559-1661*, Paris, Fayard, 1989.

Jouhaud, Christian, *Mazarinades : la Fronde des mots*, Paris, Aubier, 1985.

Kantorowicz, Ernst Hartwig, *Les Deux Corps du roi. Essai sur la théologie politique au Moyen Âge*, Paris, Gallimard, 1989.

Lecoq, Anne-Marie, *François Ier imaginaire : symbolique et politique à l'aube de la Renaissance française*, Paris, Macula, 1987.

Lloyd, Howell A., *The State, France and the Sixteenth Century*, Londres, G. Allen et Unwin, 1983.

Louis XIV, *Mémoires pour l'instruction du Dauphin*, Paris, Imprimerie nationale, 1993.

Méchoulan, Henry (dir.), *L'État baroque. Regards sur la pensée politique de la France du premier XVIIe siècle*, Paris, Vrin, 1985.

Mousnier, Roland, *L'Assassinat d'Henri IV*, Paris, Gallimard, 1964.

Néraudeau, Jean-Pierre, *L'Olympe du Roi-Soleil : mythologie et idéologie royale au Grand Siècle*, Paris, Les Belles Lettres, 1986.

Sawyer, Jeffrey K., *Printed Poison. Pamphlet Propaganda, Faction Politics and the Public Sphere in Early Seventeenth-Century France*, University of California Press, 1990.

Thuau, Étienne, *Raison d'État et Pensée politique à l'époque de Richelieu*, Paris, Armand Colin, 1966.

Yardeni, Myriam, *La Conscience nationale en France pendant les guerres de Religion (1559-1598)*, Paris-Louvain, Nauwelaerts, 1971.

ASPECTS RELIGIEUX ET ÉDUCATION

Armogathe, Jean-Robert, *Le Quiétisme*, Paris, PUF, 1973.

— (dir.), *Le Grand Siècle et la Bible*, Paris, Beauchesne, 1989.

Baumgartner, Frederic J., *Change and Continuity in the French Episcopate. The Bishops and the Wars of Religion, 1547-1610*, Durham, Duke University Press, 1986.

Bédouelle, Guy, Roussel, Bernard, *et al.*, *Le Temps des Réformes et la Bible*, Paris, Beauchesne, 1989.

Belmont, Nicole, *Mythes et Croyances dans l'ancienne France*, Paris, Flammarion, 1973.

Berriot, François, *Athéismes et Athéistes au XVIe siècle en France*, Paris, Éd. du Cerf, 1984.

Berthelot du Chesnay, Charles, *Les missions de saint Jean Eudes. Contribution à l'histoire des missions en France au XVIIe siècle*, Paris, Procure des eudistes, 1967.

Bérulle, Pierre de, *Œuvres complètes* (publication en cours), Paris, Éd. du Cerf, 1995-1996.

Blet, Pierre, *Le Clergé du Grand Siècle en ses assemblées*, Paris, Éd. du Cerf, 1995.

Boisset, Jean (dir.), *La Réforme et l'Éducation. Actes du colloque de Montpellier*, Toulouse, Privat, 1974.

Bonzon-Leizérovici, Anne, *Prêtres et Paroisses dans le diocèse de Beauvais (1535-1650)*, thèse, Paris, Université de Paris X, 1996.

Bourchenin, Daniel, *Études sur les académies protestantes en France au XVIe et au XVIIe siècle*, Paris, 1882 [réimpr., Genève, Droz, 1969].

Bouyssou, Marc, *Réforme catholique et Déchristianisation. Les testaments des ruraux du Blaisois et du Vendômois, XVIe-XVIIIe siècle*, thèse, Tours, 1994.

Brémond, Henri, *Histoire littéraire du sentiment religieux en France depuis la fin des guerres de religion*, 12 vol., Paris, Bloud et Gay, 1916-1931 [rééd., Armand Colin, 1968-1971].

Brodeur, Raymond, et Caulier, Brigitte (dir.), *Enseigner le catéchisme. Autorités et institutions (XVIe-XXe siècles)*, Québec, Presses de l'Université Laval, 1997.

Broutin, Paul, *La Réforme pastorale en France au XVIIe siècle*, 2 vol., Tournai, 1956.

Bugnion-Secrétan, Perle, *Mère Angélique Arnauld (1591-1661), abbesse et réformatrice de Port-Royal, d'après ses écrits*, Paris, Éd. du Cerf, 1991.

Bury, Emmanuel, et Meunier, Bernard (dir.), *Les Pères de l'Église au XVIIe siècle*, Paris, Éd. du Cerf/IRHT, 1994.

Busson, Henri, *La Religion des classiques, 1660-1685*, Paris, PUF, 1948.

Cabantous, Alain, *Le Ciel dans la mer. Christianisme et civilisation maritime*, Paris, Fayard, 1990.

Calvet, Jean-Antoine, *La Littérature religieuse de saint François de Sales à Fénelon*, Paris, De Gigord, 1938.

Caulier, Brigitte, *L'Eau et le Sacré. Les cultes thérapeutiques autour des fontaines en France, du Moyen Âge à nos jours*, Paris-Québec, Beauchesne et Presses de l'Université Laval, 1992.

Certeau, Michel de, *La Possession de Loudun*, Paris, Gallimard, 1970.

Chartier, Roger, Compère, Marie-Madeleine, et Julia, Dominique, *L'Éducation en France du XVIe au XVIIIe siècle*, Paris, SEDES, 1976.

Chartier, Roger, Julia, Dominique, et Revel, Jacques, *Les Universités européennes du XVIe au XVIIIe siècle. Histoire sociale des populations étudiantes*, Paris, EHESS, 1986.

Châtellier, Louis, *Tradition chrétienne et Renouveau catholique dans l'ancien diocèse de Strasbourg (1650-1770)*, Paris, Ophrys, 1981.

—, *L'Europe des dévots*, Paris, Flammarion, 1987.

—, *La Religion des pauvres. Les missions rurales en Europe et la formation du catholicisme moderne*, Paris, Aubier, 1993.

—, *Le Catholicisme en France, 1500-1650*, 2 vol., Paris, SEDES, 1995.

Chaunu, Pierre, *La Mort à Paris, XVIe, XVIIe et XVIIIe siècles*, Paris, Fayard, 1978.

Chedozeau, Bernard, *La Bible et la Liturgie en français : l'Église tridentine et les traductions bibliques et liturgiques (1600-1789)*, Paris, Éd. du Cerf, 1990.

Chevalier, Bernard, et Sauzet, Robert, *Les Réformes, enracinement socio-culturel*, Paris, La Maisnie, 1985.

Chevalier, Françoise, *Prêcher sous l'édit de Nantes : la prédication réformée au XVIIe siècle*, Paris, Labor et Fides, 1994.

Christin, Olivier, *Une révolution symbolique. L'iconoclasme huguenot et la reconstruction catholique*, Paris, Éd. de Minuit, 1991.

Cochois, Paul, *Bérulle et l'École française*, Paris, Éd. du Seuil, 1963.

Cognet, Louis, *Les Origines de la spiritualité française au XVIIe siècle*, Paris, La Colombe, 1949.

—, *De la dévotion moderne à la spiritualité française*, Paris, Fayard, 1962.

—, *La Spiritualité moderne. L'essor*, t. III-2 de L. Bouyer (dir.), *Histoire de la spiritualité chrétienne*, Paris, Aubier, 1966.

—, *Le Crépuscule des mystiques : Bossuet-Fénelon*, nouvelle éd. mise à jour par J.-R. Armogathe, Paris, Desclée de Brouwer, 1991.

—, *Le Jansénisme*, Paris, PUF, 6e éd., 1991.

Compère, Marie-Madeleine, *Du collège au lycée (1500-1850). Généalogie de l'enseignement secondaire français*, Paris, Gallimard, 1985.

—, *Performances scolaires de collégiens sous l'Ancien Régime : étude de six séries d'exercices latins rédigés au collège Louis-le-Grand vers 1726*, Paris, Publications de la Sorbonne, 1992.

Controverse religieuse (La) (XVIe-XIXe siècles). Actes du VIe colloque du Centre d'histoire de la Réforme et du protestantisme, Montpellier, s. d. (notamment les contributions d'É. Labrousse, J. Solé et B. Dompnier).

Conversion au XVIIe siècle (La). Actes du colloque, Marseille, Centre méridional de rencontres sur le XVIIe siècle, 1983.

Coste, Pierre, *Le Grand Saint du Grand Siècle. Monsieur Vincent*, 3 vol., Paris, Desclée de Brouwer, 1934.

Cottret, Bernard, *Le Christ des Lumières : Jésus de Newton à Voltaire, 1660-1760*, Paris, Éd. du Cerf, 1990.

Croix, Alain (dir.), *Les Bretons et Dieu. Atlas d'histoire religieuse (1300-1800)*, Rennes, PUR, 1985.

Crouzet, Denis, *Les Guerriers de Dieu. La violence au temps des troubles de religion, vers 1525-1610*, 2 vol., Seyssel, Champ Vallon, 1990.

—, *La Nuit de la Saint-Barthélemy. Un rêve perdu de la Renaissance*, Paris, Fayard, 1994.

Dagens, Jean, *Bérulle et les Origines de la restauration catholique*, Bruges, Desclée de Brouwer, 1952.

Dainville, François de, *Les Jésuites et l'Éducation de la société française. La géographie des humanistes*, Paris, Beauchesne, 1940.

—, *Les Jésuites et l'Éducation de la société française. La naissance de l'humanisme moderne*, Paris, Beauchesne, 1941.

—, *L'Éducation des jésuites (XVIe-XVIIIe siècles)*, Paris, Éd. de Minuit, 1978.

Degert, Antoine, *Histoire des séminaires français jusqu'à la Révolution*, 2 vol., Paris, 1912.

Delcambre, Étienne, *Le Concept de sorcellerie dans le duché de Lorraine au XVIe et au XVIIe siècle*, 3 vol., Nancy, Société d'archéologie lorraine, 1948-1951.

Delforge, Frédéric, *La Bible en France et dans la francophonie. Histoire, traduction, diffusion*, Paris, Publisud/Société biblique française, 1991.

Delumeau, Jean, *La Peur en Occident (XIVe-XVIIIe siècles)*, Paris, Fayard, 1978.

—, *Le Péché et la Peur. La culpabilisation en Occident (XIIIe-XVIIIe siècles)*, Paris, Fayard, 1983.

—, *Rassurer et protéger. Le sentiment de sécurité dans l'Occident d'autrefois*, Paris, Fayard, 1989.

—, *L'Aveu et le Pardon. Les difficultés de la confession (XIIIe-XVIIIe siècles)*, Paris, Fayard, 1990.

—, *Une histoire du paradis*, t. I, *Le Jardin des délices*, t. II, *Mille Ans de bonheur*, Paris, Fayard, 1992-1995.

— (dir.), *La Première Communion. Quatre siècles d'histoire*, Paris, Desclée de Brouwer, 1987.

— (dir.), *La Religion de ma mère. Le rôle des femmes dans la transmission de la foi*, Paris, Éd. du Cerf, 1992.

Delumeau, Jean, et Cottret, Monique, *Le Catholicisme entre Luther et Voltaire*, Paris, PUF, 1996.

Demerson, Geneviève, Dompnier, Bernard, et Regond, Annie (dir.), *Les Jésuites parmi les hommes aux XVIᵉ et XVIIᵉ siècles*, Clermont-Ferrand, Publications de la faculté des lettres, 1987.

Deregnaucourt, Gilles, et Poton, Didier, *La Vie religieuse en France aux XVIᵉ-XVIIᵉ-XVIIIᵉ siècles*, Gap-Paris, Ophrys, 1994.

Devos, Roger, *Saint François de Sales par les témoins de sa vie*, Annecy, Gardet, 1967.

Deyon, Solange, et Lottin, Alain, *Les Casseurs de l'été 1566*, Paris, Hachette, 1981.

Dhotel, Jean-Claude, *Les Origines du catéchisme moderne, d'après les premiers manuels imprimés en France*, Paris, Aubier, 1967.

Dodin, André, *Saint Vincent de Paul et la Charité*, Paris, Éd. du Seuil, 1960.

Dompnier, Bernard, *Le Venin de l'hérésie. Images du protestantisme et combat catholique au XVIIᵉ siècle*, Paris, Centurion, 1985.

—, *Enquête au pays des frères des anges. Les capucins de la province de Lyon aux XVIIᵉ et XVIIIᵉ siècles*, Saint-Étienne, Publications de l'Université de Saint-Étienne et du CERCOR, 1993.

Dupront, Alphonse, *Du sacré. Croisades et pèlerinages. Images et langages*, Paris, Gallimard, 1987.

Dupuy, Michel, *Bérulle et le sacerdoce. Étude historique et doctrinale. Textes inédits*, Paris, Lethielleux, 1969.

Duvignacq-Glessgen, Marie-Ange, *L'Ordre de la Visitation à Paris aux XVIIᵉ et XVIIIᵉ siècles*, Paris, Éd. du Cerf, 1994.

Fabre, Daniel, *Carnaval, la fête à l'envers*, Paris, Gallimard, 1992.

Favret-Saada, Jeanne, *Les Mots, la Mort, les Sorts. La sorcellerie dans le Bocage*, Paris, Gallimard, 1978.

Febvre, Lucien, *Au cœur religieux du XVIᵉ siècle*, Paris, SEVPEN, 1957.

—, *Le Problème de l'incroyance au XVIᵉ siècle. La religion de Rabelais*, Paris, Albin Michel, 1968 [1ʳᵉ éd., 1942].

Fouqueray, Henri, *Histoire de la compagnie de Jésus en France des origines à la suppression*, Paris, A. Picard et fils, 1910-1925 [les volumes effectivement parus couvrent la période 1528-1645].

François de Sales [saint], *Œuvres*, Paris, Gallimard, coll. « Bibliothèque de la Pléiade », textes présentés par André Ravier, nouvelle éd., 1992.

Frémyot de Chantal, *Correspondance*, établie par M. P. Burns, Paris, Éd. du Cerf, 1987-1989.

Froeschlé-Chopard, Marie-Hélène, *Espace et Sacré en Provence (XVIᵉ-XXᵉ siècle). Cultes, images, confréries*, Paris, Éd. du Cerf, 1994.

—, (dir.), *Les Confréries, l'Église et la Cité*, Grenoble, Centre alpin et rhodanien d'ethnologie, 1988.

Froeschlé-Chopard, Marie-Hélène, et Froeschlé-Chopard, Michel, *Atlas de la réforme pastorale en France de 1550 à 1790*, Paris, CNRS, 1986.

Furet, François, et Ozouf, Jacques, *Lire et écrire. L'alphabétisation des Français de Calvin à Jules Ferry*, 2 vol., Paris, Éd. de Minuit, 1977.

Garrisson-Estèbe, Janine, *Protestants du Midi (1559-1598)*, Toulouse, Privat, 1980.

Garrisson, Janine, *L'Édit de Nantes et sa Révocation. Histoire d'une intolérance*, Paris, Éd. du Seuil, 1985.

—, *Les Protestants au XVIe siècle*, Paris, Fayard, 1988.

Gastoue, Amédée, *Le Cantique populaire en France. Ses sources, son histoire*, Lyon, Janin frères, 1924.

Giard, Luce (dir.), *Les Jésuites à la Renaissance. Système éducatif et production du savoir*, Paris, PUF, 1995.

Grosperrin, François, *Les Petites Écoles en France sous l'Ancien Régime*, Rennes, Ouest-France, 1984.

Gueudre (Mère Marie de Chantal), *Histoire de l'ordre des ursulines en France*, 2 vol., Paris, Éd. Saint-Paul, 1958-1960.

Guggisberg, Hans R., Lestringant, Frank, et Margolin, Jean-Claude (dir.), *La Liberté de conscience (XVIe-XVIIe siècle)*, Genève, Droz, 1991.

Hanlon, Gregory, *Confession and Community in Seventeenth-Century France : Catholic and Protestant Coexistence in Aquitaine*, Philadelphie, University of Pennsylvania Press, 1993.

Higman, Francis, *La Diffusion de la Réforme en France (1520-1565)*, Genève, Labor et Fides, 1992.

Hildesheimer, Françoise, *Le Jansénisme*, Paris, Publisud, 1992.

Houdard, Sophie, *Les Sciences du diable. Quatre discours sur la sorcellerie (XVe-XVIIe siècle)*, Paris, Éd. du Cerf, 1992.

Huguenots (Les), catalogue de l'exposition, Paris, Archives nationales, 1985.

Institoris, Henry, et Sprenger, Jacques, *Le Marteau des sorcières*, présenté et traduit par Amand Danet, Paris, Plon, 1973.

Labrousse, Élisabeth, *Une foi, une loi, un roi ? La révocation de l'édit de Nantes*, Paris, Payot/Labor et Fides, 1985.

Lajeunie, Étienne-Marie, *Saint François de Sales et l'Esprit salésien*, Paris, Éd. du Seuil, 1962.

Lallemand, Paul, *Histoire de l'éducation dans l'ancien Oratoire de France*, Paris, 1888 [reprint, Genève, Slatkine, 1976].

Laplanche, François, *L'Écriture, le Sacré et l'Histoire. Érudits et politiques protestants devant la Bible en France au XVIIe siècle*, Amsterdam, APA éditeur, 1986.

—, *La Bible en France entre mythe et critique, XVIe-XIXe siècle*, Paris, Albin Michel, 1994.

Lebigre, Arlette, *La Révolution des curés. Paris, 1588-1594*, Paris, Albin Michel, 1980.

Lebrun, François, *Se soigner autrefois. Médecins, saints et sorciers aux XVIIe et XVIIIe siècles*, Paris, Éd. du Seuil, 1995 [1re éd., 1983].

—, (dir.), *Histoire des catholiques en France du XVe siècle à nos jours*, Toulouse, Privat, 1980.

Lebrun, François, et Antébi, Élisabeth, *Les Jésuites ou la gloire de Dieu*, Paris, Stock-Antébi, 1990.

Le Brun, Jacques, *La Spiritualité de Bossuet*, Paris, Klincksieck, 1972.

Le Goff, Jacques, et Rémond, René (dir.), *Histoire de la France religieuse*, t. II, XIVe-XVIIIe siècle, Paris, Éd. du Seuil, 1988.

Lemaître, Nicole, *Le Rouergue flamboyant. Le clergé et les paroisses du diocèse de Rodez (1417-1563)*, Paris, Éd. du Cerf, 1988.

Léonard, Émile G., *Histoire générale du protestantisme*, t. I, *La Réformation*, t. II, *L'Établissement*, Paris, PUF, 1961.

Levack, Brian P., *La Grande Chasse aux sorcières en Europe aux débuts des Temps modernes*, Seyssel, Champ Vallon, 1991.

Lottin, Alain, *Lille, citadelle de la Contre-Réforme? (1598-1668)*, Dunkerque, Éd. du Beffroi, 1984.

Mandrou, Robert, *Possession et Sorcellerie au XVIIe siècle*, Paris, Hachette, 1997 [1re éd., 1979].

Martimort, Aimé-Georges, *Le Gallicanisme*, Paris, PUF, 1973.

Martin, Victor, *Le Gallicanisme et la Réforme catholique, 1563-1615*, Paris, A. Picard, 1919.

—, *Le Gallicanisme politique et le Clergé de France*, Paris, 1929.

Ménard, Michèle, *Une histoire des mentalités religieuses aux XVIIe et XVIIIe siècles. Mille retables de l'ancien diocèse du Mans*, Paris, Beauchesne, 1980.

Meyer, Jean, *Bossuet*, Paris, Plon, 1993.

Mezzadri, Luigi, et Roman, José-Maria, *Histoire de la congrégation de la mission*, t. I, *De la fondation jusqu'à la fin du XVIIe siècle (1625-1697)*, Paris, Desclée de Brouwer, 1994.

Moisy, Pierre, *Les Églises des jésuites de l'ancienne Assistance de France*, Rome, Institutum Historicum, 1958.

Mours, Samuel, *Le Protestantisme en France au XVIe siècle*, Paris, Librairie protestante, 1959.

—, *Le Protestantisme en France au XVIIe siècle (1598-1685)*, Paris, Librairie protestante, 1967.

Muchembled, Robert, *La Sorcière au village*, Paris, Gallimard, 1979.

—, *Sorcières, Justice et Société aux XVIe et XVIIe siècles*, Paris, Imago, 1987.

Neveu, Bruno, *Érudition et Religion aux XVIIe et XVIIIe siècles*, Paris, Albin Michel, 1994.

Orcibal, Jean, *Saint-Cyran et le Jansénisme*, Paris, Éd. du Seuil, 1961.

Parias, Louis-Henri (dir.), *Histoire générale de l'enseignement et de l'éducation en France*, t. II, *De Gutenberg aux Lumières*, Paris, Nouvelle Librairie de France, 1981.

Pascal et Port-Royal (collectif), Paris, Fayard, 1962.

Pérouas, Louis, *Le Diocèse de La Rochelle, 1648-1724. Sociologie et pastorale*, Paris, SEVPEN, 1964.

Peyrous, Bernard, *La Réforme catholique à Bordeaux (1600-1719)*, 2 vol., Bordeaux, Fédération historique du Sud-Ouest, 1995.

Pidoux, Pierre, *Le Psautier huguenot du XVIe siècle. Mélodies et documents*, 2 vol., Bâle, Baerenreitel, 1962.

—, *Les Psaumes en vers français avec leurs mélodies traduits par C. Marot et T. de Bèze*, Paris, Droz, 1986.

Pierre Fourier [saint], *Correspondance, 1598-1640*, 5 vol., Nancy, Presses Universitaires de Nancy, 1986-1991.

Piété populaire au Moyen Âge (La). La piété populaire de 1610 à nos jours. Actes du 99ᵉ congrès des sociétés savantes, Besançon, 1974, 2 vol., Paris, Direction des bibliothèques et de la lecture publique, 1976-1977.

Plongeron, Bernard (dir.), *La Religion populaire dans l'Occident chrétien, approches historiques*, Paris, Beauchesne, 1976.

Poutet, Yves, *Le XVIIᵉ siècle et les Origines lasalliennes*, Rennes, Imprimeries réunies, 1970.

Prévot, Jacques, *La Première Institutrice de France : madame de Maintenon*, Paris, Belin, 1981.

Quéniart, Jean, *Les Hommes, l'Église et Dieu dans la France du XVIIIᵉ siècle*, Paris, Hachette, 1978.

—, *La Révocation de l'édit de Nantes. Protestants et catholiques français de 1598 à 1685*, Paris, Desclée de Brouwer, 1985.

Rancé, Armand de, *Correspondance*, éd. Alban John Krailsheimer, 4 vol., Paris, Éd. du Cerf/Cîteaux, 1993.

Rapp, Francis, *Réformes et Réformation à Strasbourg. Église et société dans le diocèse de Strasbourg (1450-1520)*, Paris, Ophrys, 1974.

Ravier, André, *Les Lettres d'amitié spirituelle. Correspondance de Jeanne Françoise Frémyot de Chantal*, Paris, Éd. du Cerf, 1979.

Ravier, André, et Devos, Roger, *Saint François de Sales*, Lyon, 1962.

Rohan-Chabot, Alix de, *Les Écoles de campagne en Lorraine au XVIIᵉ siècle*, Corbeil, Impr. Crete, 1969.

Roudaut, Fañch, Croix, Alain et Broudic, Fañch, *Les Chemins du paradis / Taolennou ar Baradoz*, Douarnenez, L'Estran, 1988.

Sainsaulieu, Jean, *Les Ermites français*, Paris, Éd. du Cerf, 1974.

Sainte-Beuve, Charles-Augustin, *Port-Royal*, 3 vol., Paris, Gallimard, coll. « Bibliothèque de la Pléiade », 1961-1964.

Sauzet, Robert, *Contre-Réforme et Réforme catholique en bas Languedoc. Le diocèse de Nîmes au XVIIᵉ siècle*, Paris, Publications de la Sorbonne, 1979.

— (dir.), *Les Frontières religieuses en Europe du XVᵉ au XVIIᵉ siècle*, Paris, Vrin, 1992.

Schmitt, Jean-Claude, *Le Saint Lévrier. Guinefort, guérisseur d'enfants depuis le XIIIᵉ siècle*, Paris, Flammarion, 1979.

Snyders, Georges, *La Pédagogie en France aux XVIIᵉ et XVIIIᵉ siècles*, Paris, PUF, 1965.

Soman, Alfred, *Sorcellerie et Justice criminelle : le Parlement de Paris (XVIᵉ-XVIIIᵉ siècle)*, Hampshire-Brookfield, Variorum, 1992.

Tallon, Alain, *La Compagnie du Saint-Sacrement (1629-1667)*, Paris, Éd. du Cerf, 1990.

Taveneaux, René, *Jansénisme et Politique*, Paris, Armand Colin, 1965.

—, *La Vie quotidienne des jansénistes*, Paris, Hachette, 1973.

—, *Jansénisme et Prêt à intérêt*, Paris, Vrin, 1977.

—, *Le Catholicisme dans la France classique, 1610-1715*, 2 vol., Paris, SEDES, 2ᵉ éd. (bibliographie mise à jour), 1994.

—, *La Pastorale, l'Éducation, l'Europe chrétienne*, textes choisis et commentés, Paris, Messène, 1995.

Triboulet, Raymond, *Gaston de Renty, 1611-1649. Un homme de ce monde. Un homme de Dieu*, Paris, Beauchesne, 1991.

Tuilier, André, *Histoire de l'Université de Paris et de la Sorbonne*, 2 vol., Paris, Nouvelle Librairie de France, 1994.

Veissière, Michel, *L'Évêque Guillaume Briçonnet (1470-1534). Contribution à la naissance de la réforme catholique à la veille du concile de Trente*, Provins, Société d'histoire et d'archéologie, 1986.

—, *Autour de Guillaume Briçonnet (1470-1534)*, Provins, Société d'histoire et d'archéologie, 1993.

Venard, Marc *Réforme protestante, Réforme catholique dans la province d'Avignon au XVIe siècle*, Paris, Éd. du Cerf, 1993.

—, (dir.), *Histoire du christianisme*, t. VII, *De la réforme à la réformation (1450-1530)*, t. VIII, *Le Temps des confessions (1530-1620)*, Paris, Desclée de Brouwer, 1992-1994.

Verger, Jacques (dir.), *Histoire des universités en France*, Toulouse, Privat, 1986.

Viguerie, Jean de, *Une œuvre d'éducation sous l'Ancien Régime. Les pères de la Doctrine chrétienne en France et en Italie*, Paris, La Nouvelle Aurore, 1976.

—, *L'Institution des enfants. L'éducation en France (XVIe-XVIIIe siècles)*, Paris, Calmann-Lévy, 1978. .

— (dir.), *La Vocation sacerdotale et religieuse en France, XVIIe-XIXe siècles*, Presses de l'Université d'Angers, 1979.

— (dir.), *Histoire de la messe, XVIIe-XIXe siècle*, Presses de l'Université d'Angers, 1980.

— (dir.), *Les Religieuses enseignantes, XVIe-XXe siècle*, Presses de l'Université d'Angers, 1981.

Vincent de Paul [saint], *Correspondance, Entretiens, Documents*, éd. Pierre Coste, 13 vol., Paris, 1920-1925.

Wanegffelen, Thierry, *Ni Rome, ni Genève. Des fidèles entre deux chaires en France au XVIe siècle*, Paris, Honoré Champion, 1997.

Weber, Max, *L'Éthique protestante et l'Esprit du capitalisme*, éd. française, Paris, Plon, 1964.

LITTÉRATURE ET LIVRE, HISTOIRE DES IDÉES (AUTRES QUE RELIGIEUSES)

Abraham, Pierre, et Desné, Roland (dir.), *Histoire littéraire de la France*, t. I, *Des origines à 1600*, t. II, *De 1600 à 1715*, Paris, Éd. Sociales, 1966-1971.

Adam, Antoine, *Histoire de la littérature française au XVIIe siècle*, 5 vol., Paris, Domat, 1953-1956.

—, *Les Libertins au XVIIe siècle*, Paris, Buchet-Chastel, 1964.

—, *L'Âge classique (c. 1624-1660)*, Paris, Arthaud, 1968.

Alquié, Ferdinand, *Le Cartésianisme de Malebranche*, Paris, Vrin, 1974.

Andriès, Lise, *Le Grand Livre des secrets. Le colportage en France aux XVIIe et XVIIIe siècles*, Paris, Imago, 1994.

Arbour, Roméo, *Un éditeur d'œuvres littéraires au XVIIe siècle : Toussaint Du Bray (1604-1636)*, Genève, Droz, 1992.

Aulotte, Robert, *Précis de littérature française du XVIe siècle*, Paris, PUF, 1991.

Bakhtine, Mikhaïl, *L'Œuvre de François Rabelais et la Culture populaire au Moyen Âge et sous la Renaissance*, Paris, Gallimard, 1970 [éd. russe, 1965].

Balmas, Enea, *La Renaissance (c. 1548-1570)*, Paris, Arthaud, 1974.

Béhar, Pierre, *Langues occultes de la Renaissance : essai sur la crise intellectuelle de l'Europe du XVIe siècle*, Paris, Desjonquères, 1996.

Bellanger, Claude, *Histoire générale de la presse française*, t. I, *Des origines à 1814*, Paris, PUF, 1969.

Billacois, François, *Le Duel dans la société française des XVIe-XVIIe siècles. Essai de psychosociologie historique*, Paris, EHESS, 1986.

Blum, Claude, *La Représentation de la mort dans la littérature française de la Renaissance*, 2 vol., Paris, Champion, 1989.

Bollème, Geneviève, *La Bibliothèque bleue. La littérature populaire en France du XVIe au XIXe siècle*, Paris, Julliard, 1971.

Boriaud, Jean-Yves, *La Littérature du XVIe siècle*, Paris, Armand Colin, 1995.

Bray, René, *La Formation de la doctrine classique*, Paris, Nizet, 1951.

Brunot, Ferdinand, *Histoire de la langue française des origines à 1900*, Paris, Armand Colin, 1925 [nouvelle éd., bibliographies par R. Lathuillière, Paris, Armand Colin, 1966].

Carrier, Hubert, *Les Muses guerrières. Les mazarinades et la vie littéraire au milieu du XVIIe siècle,* Paris, Klincksieck, 1996.

Chartier, Roger, *Le Pamphlet en France au XVIe siècle*, Paris, Presses de l'ENS, 1983.

—, *Lectures et Lecteurs dans la France de l'Ancien Régime*, Paris, Éd. du Seuil, 1987.

—, *L'Ordre des livres. Lecteurs, auteurs, bibliothèques en Europe entre XIVe et XVIIIe siècle*, Aix-en-Provence, Alinéa, 1992.

—, *Culture écrite et Société. L'ordre des livres (XIVe-XVIIIe siècle)*, Paris, Albin Michel, 1996.

— (dir.), *Les Usages de l'imprimé*, Paris, Fayard, 1987.

Chauveau, Jean-Pierre, *Anthologie de la poésie française du XVIIe siècle*, Paris, Gallimard, 1987.

Drévillon, Hervé, *Lire et Écrire l'avenir. L'astrologie dans la France du Grand Siècle (1610-1715),* Seyssel, Champ Vallon, 1996.

Duchêne, Roger, *Jean de La Fontaine*, Paris, Fayard, 1990.

Febvre, Lucien, *Amour sacré, Amour profane. Autour de l'Heptaméron*, Paris, Gallimard, 1944.

Febvre, Lucien, et Martin, Henri-Jean, *L'Apparition du livre*, Paris, Albin Michel, 1958.

Fontaine, Laurence, *Histoire du colportage en Europe aux XVe-XIXe siècles*, Paris, Albin Michel, 1993.

Fragonard, Marie-Madeleine, *La Plume et l'Épée. La littérature des guerres de Religion à la Fronde*, Paris, Gallimard, 1989.

—, *Les Dialogues du prince et du poète. Littérature française de la Renaissance*, Paris, Gallimard, 1990.

Fumaroli, Marc, *Jean de La Fontaine en son siècle*, Paris, De Fallois, 1997.

Gilmont, Jean-François (dir.), *La Réforme et le Livre. L'Europe de l'imprimé (1517-1570)*, Paris, Éd. du Cerf, 1990.

Giraud, Yves, et Jung, Marc-René, *La Renaissance (c. 1480-1548)*, Paris, Arthaud, 1948.

Gouhier, Henri, *L'Anti-humanisme au XVIIᵉ siècle*, Paris, Vrin, 1987.

Grenet, Micheline, *La Passion des astres au XVIIᵉ siècle. De l'astrologie à l'astronomie*, Paris, Hachette, 1994.

Hazard, Paul, *La Crise de la conscience européenne (1680-1715)*, Paris, Boivin, 1935 [rééd., Paris, Fayard, 1961].

Jehasse, Jean, *La Renaissance de la critique. L'essor de l'humanisme érudit de 1560 à 1614*, Publications de l'Université de Saint-Étienne, 1976.

Jolly, Claude (dir.), *Histoire des bibliothèques françaises*, t. II, *Les Bibliothèques sous l'Ancien Régime (1530-1789)*, Paris, Promodis, 1988.

Koyré, Alexandre, *Du monde clos à l'univers infini*, Paris, Gallimard, 1962.

Labarre, Albert, *Le Livre dans la vie amiénoise du XVIᵉ siècle*, Paris-Louvain, 1971.

La Boétie, Étienne de, *Discours de la servitude volontaire*, présenté par F. Bayard, Paris, Imprimerie nationale, 1992.

Lafay, Henri, *La Poésie du premier XVIIᵉ siècle*, Paris, Nizet, 1975.

Landry, Jean-Pierre, et Morlin, Isabelle, *La Littérature française du XVIIᵉ siècle*, Paris, Armand Colin, 1993.

Lathuillière, Roger, *La Préciosité. Étude littéraire et linguistique*, Genève, Droz, 1966.

Lenoble, Robert, *Mersenne ou la Naissance du mécanisme*, Paris, Vrin, 1943.

Lestringant, Franck, *André Thévet, cosmographe des derniers Valois*, Genève, Droz, 1991.

Lever, Maurice, *Le Roman français au XVIIᵉ siècle*, Paris, PUF, 1981.

—, *Romanciers du XVIIᵉ siècle*, Paris, Fayard, 1996.

Licoppe, Christian, *La Formation de la pratique scientifique. Le discours de l'expérience en France et en Angleterre (1630-1820)*, Paris, La Découverte, 1996.

Littérature et Histoire, dossier dans *Annales. Histoire, Sciences sociales*, 1994, nᵒ 2.

Mac Lean, Ian, *Women Triomphant. Feminism in French Literature (1610-1652)*, Oxford, Clarendon Press, 1977.

Martin, Henri-Jean, *Livre, Pouvoirs et Société à Paris au XVIIᵉ siècle (1598-1701)*, 2 vol., Paris, Droz, 1968.

—, *Histoire et Pouvoir de l'écrit*, Paris, Albin Michel, 1996.

Martin, Henri-Jean, et Chartier, Roger (dir.), *Histoire de l'édition française*, t. I, *Le Livre conquérant : du Moyen Âge au milieu du XVIIᵉ siècle*, t. II, *Le Livre triomphant (1660-1830)*, Paris, Promodis, 1982 [2ᵉ éd. avec bibliographie mise à jour, Paris, Fayard, 1990].

Merlin, Hélène, *Public et Littérature en France au XVIIᵉ siècle*, Paris, Les Belles Lettres, 1995.

Mesnard, Jean, *Précis de littérature française du XVIIᵉ siècle*, Paris, PUF, 1990.

Mesnard, Pierre, *L'Essor de la philosophie politique au XVIe siècle*, Paris, Vrin, 1977.

Milliot, Vincent, *Paris en bleu. Images de la ville dans la littérature de colportage (XVIe-XVIIIe siècle)*, Paris, Parigramme, 1996.

Minois, Georges, *Censure et Culture sous l'Ancien Régime*, Paris, Fayard, 1995.

Morel, Jacques, *La Renaissance (c. 1570-1624)*, Paris, Arthaud, 1973.

Namer, Émile, *L'Affaire Galilée*, Paris, Gallimard-Julliard, 1975.

—, *Le Beau Roman de la physique cartésienne et la Science exacte de Galilée*, Paris, Vrin, 1979.

Parent, Michel, *Vauban, encyclopédiste avant la lettre*, Paris, Berger-Levrault, 1982.

Perrot, Jean-Claude, *Une histoire intellectuelle de l'économie politique (XVIIe-XVIIIe siècle)*, Paris, EHESS, 1992.

Picard, Raymond, *La Poésie française de 1640 à 1680*, 2 vol., Paris, SEDES, 1964-1969.

Pintard, René, *Le Libertinage érudit dans la première moitié du XVIIe siècle*, 2 vol., Paris, Boivin, 1943 [rééd., Genève, Slatkine, 1983].

Revel, Jean-François, *Descartes, inutile et incertain*, Paris, Stock, 1976.

Rodis-Lewis, Geneviève, *L'Anthropologie cartésienne*, Paris, PUF, 1990.

—, *Descartes*, Paris, Calmann-Lévy, 1995.

Rohou, Jean, *Histoire de la littérature française du XVIIe siècle*, Paris, Nathan, 1989.

—, *Jean Racine*, Paris, Fayard, 1992.

Rousset, Jean, *La Littérature de l'âge baroque en France*, Paris, Corti, 1953.

—, *Anthologie de la poésie baroque française*, 2 vol., Paris, Armand Colin, 1968.

—, *La Littérature de l'âge baroque en France. Circé et la paon* [sic], Paris, Corti, 1989.

Seguin, Jean-Pierre, *L'Information en France avant le périodique*, Paris, Maisonneuve, 1964.

Shea, William, *La Révolution galiléenne*, Paris, Éd. du Seuil, 1991.

Soriano, Marc, *Les Contes de Perrault. Culture savante et tradition populaire*, Paris, Gallimard, 1968.

Soutet, Olivier, *La Littérature française de la Renaissance*, Paris, PUF, 1980.

Taton, René, *Les Origines de l'Académie royale des sciences*, Paris, 1965.

— (dir.), *Histoire générale des sciences*, t. II, *La Science moderne (de 1450 à 1800)*, Paris, PUF, 1969.

Tocanne, Bernard, *L'Idée de nature en France dans la seconde moitié du XVIIe siècle*, Paris, Klincksieck, 1978.

Vérin, Hélène, *La Gloire des ingénieurs. L'intelligence technique du XVIe au XVIIIe siècle*, Paris, Albin Michel, 1993.

Vernet, André (dir.), *Histoire des bibliothèques françaises*, t. I, *Les Bibliothèques médiévales du VIe siècle à 1530*, Paris, Promodis, 1989.

ART, CULTURE MATÉRIELLE, MODES DE VIE

Anthony, James R., *La Musique en France à l'époque baroque*, Paris, Flammarion, 1981.

Ariès, Philippe, *L'Enfant et la Vie familiale sous l'Ancien Régime*, Paris, Plon, 1960 [nouvelle éd., Paris, Éd. du Seuil, 1973].

—, *L'Homme devant la mort*, Paris, Éd. du Seuil, 1977.

Ariès, Philippe, et Duby, Georges (dir.), *Histoire de la vie privée*, t. III, *De la Renaissance aux Lumières*, Paris, Éd. du Seuil, 1986.

Arminjon, Catherine, et Blondel, Nicole, *Objets civils et domestiques*, Paris, Inventaire général des monuments et richesses artistiques de la France, 1984.

Art (l') en Lorraine au temps de Jacques Callot, Paris, RMN, 1992.

Babelon, Jean-Pierre, *Demeures parisiennes sous Henri IV et Louis XIII*, Paris, Le Temps, 1965.

—, *Châteaux de France au siècle de la Renaissance*, Paris, Flammarion et Picard, 1989.

— (dir.), *Le Château en France*, Paris, Berger-Levrault, 1986.

Bardon, Françoise, *Le Portrait mythologique à la cour de France sous Henri IV et Louis XIII*, Paris, Picard, 1974.

Beaussant, Philippe, *Versailles, opéra*, Paris, Gallimard, 1981.

—, *Lully ou le Musicien du soleil*, Paris, Gallimard, 1992.

Benoit, Marcelle, *Versailles et les Musiciens du Roi (1661-1733)*, Paris, Picard, 1971.

Bercé, Yves-Marie, *Fête et Révolte. Des mentalités populaires du XVIe au XVIIIe siècle*, Paris, Hachette, 1976 [nouvelle éd. augmentée d'une postface originale, 1994].

Blunt, Anthony, *Nicolas Poussin*, catalogue de l'exposition, Paris, RMN, 1960.

—, *Art et Architecture en France, 1500-1700*, Paris, Macula, 1983 [éd. anglaise, 1953].

Bousquet, Jacques, *Recherches sur le séjour des peintres français à Rome au XVIIe siècle*, Montpellier, Alpha [Association languedocienne pour la promotion de l'histoire de l'art], 1980.

Céard, Jean, et Margolin, Jean-Claude (dir.), *Voyager à la Renaissance*, Paris, Maisonneuve et Larose, 1987.

Charpentrat, Pierre, *L'Art baroque*, Paris, PUF, 1967.

Chastel, André, *Culture et Demeures en France au XVIe siècle*, Paris, Julliard, 1990.

—, *L'Art français. Les Temps modernes, 1430-1620*, Paris, Flammarion, 1994.

—, *L'Art français. Ancien Régime, 1620-1775*, Paris, Flammarion, 1995.

Chatelet, Albert, et Thuillier, Jacques, *La Peinture française*, t. I, *De Fouquet à Poussin*, t. II, *De Le Nain à Fragonard*, Genève, Skira, 1963-1964.

Chevalley, Sylvie, *Album Théâtre classique, la vie théâtrale sous Louis XIII et Louis XIV*, Paris, Gallimard, 1970.

Christout, Marie-Françoise, *Le Ballet de cour de Louis XIV (1643-1672)*, Paris, Picard, 1967.

Coope, Rosalys, *Salomon de Brosse and the Development of the Classical Style in French Architecture from 1565 to 1630*, Londres, A. Zwemmer, 1972.

Corps, le Geste et la Parole (Le), numéro spécial de la *Revue d'histoire moderne et contemporaine*, janvier-mars 1983.

Courtine, Jean-Jacques, et Haroche, Claudine, *Histoire du visage. Exprimer et taire ses émotions (XVIe-début XIXe siècle)*, Marseille, Rivages, 1988.

Crozet, René, *La Vie artistique en France au XVIIe siècle (1596-1661)*, Paris, PUF, 1954.

Cuisenier, Jean, *L'Art populaire en France*, Paris, Office du Livre, 1975.

Delsalle, Paul, *Le Cadre de vie en France aux XVIe, XVIIe, XVIIIe siècles*, Gap-Paris, Ophrys, 1995.

Dorival, Bernard, *Philippe de Champaigne (1602-1674) : vie, œuvre et catalogue raisonné des œuvres*, 2 vol., Paris, L. Laget, 1976.

Dottin, Georges, *La Chanson française de la Renaissance*, Paris, PUF, 1984.

Duhamel, Jean-Marie, *La Musique dans la ville de Lully à Rameau*, Lille, Presses Universitaires de Lille, 1994.

Durand, Robert (dir.), *L'Homme, l'Animal domestique et l'Environnement du Moyen Âge au XVIIIe siècle*, Nantes, Ouest-Éditions, 1993.

École de Fontainebleau (L'), catalogue de l'exposition, Paris, RMN, 1972.

Fajon, Robert, *L'Opéra à Paris du Roi-Soleil à Louis le Bien-Aimé*, Genève, Droz, 1984.

Flandrin, Jean-Louis, *Les Amours paysannes (XVIe-XIXe siècles)*, Paris, Gallimard-Julliard, 1975.

—, *Familles. Parenté, maison, sexualité dans l'ancienne société*, Paris, Hachette, 1976.

Français (les) et la Table, catalogue de l'exposition, Paris, RMN, 1985.

Fumaroli, Marc, *L'École du silence. Le sentiment des images au XVIIe siècle*, Paris, Flammarion, 1994.

Garnier, Nicole, *Antoine Coypel (1661-1722)*, Paris, Arthena, 1989.

Gélis, Jacques, Laget, Mireille, et Morel, Marie-France, *Entrer dans la vie. Naissances et enfances dans la France traditionnelle*, Paris, Gallimard, 1978.

Grand Siècle. Peintures françaises du XVIIe siècle dans les collections publiques françaises, catalogue de l'exposition, Montréal, Rennes, Montpellier, 1993.

Gravure (la) française à la Renaissance, Paris, Bibliothèque nationale, 1995.

Grivel, Marianne, *Le Commerce de l'estampe à Paris au XVIIe siècle*, Genève, Droz, 1986.

Hautecœur, Louis, *Histoire de l'architecture classique en France*, 3 vol., Paris, Picard, 1963-1967.

Haymann, Emmanuel, *Lully*, Paris, Flammarion, 1993.

Heinisch, Nathalie, *Du peintre à l'artiste. Artisans et académiciens à l'âge classique*, Paris, Éd. de Minuit, 1993.

Hier pour demain. Arts, tradition et patrimoine, catalogue de l'exposition, Paris, RMN, 1980.

Homme et son Corps dans la société traditionnelle (L'), catalogue de l'exposition, Paris, RMN, 1978.

Imagerie française (Cinq siècles d'), catalogue de l'exposition, Paris, RMN, 1973.

Jomaron, Jacqueline de (dir.), *Le Théâtre en France, du Moyen Âge à 1789*, Paris, Armand Colin, 1988.

Landes, David S., *L'Heure qu'il est. Les horloges, la mesure du temps et la formation du monde moderne*, Paris, Gallimard, 1987.

Lavedan, Pierre, *Histoire de l'urbanisme*, t. II, Paris, Laurens, 1959.

—, *Histoire de l'urbanisme à Paris*, 2e éd. avec un supplément et un complément bibliographique (1974-1993), Paris, Association pour la publication d'une histoire de Paris (diff. Hachette), 1993.

Lavedan, Pierre, Hugueney, Jeanne, et Henrat, Philippe, *L'Urbanisme à l'époque moderne (XVIe-XVIIIe siècle)*, Paris, Arts et Métiers graphiques, 1982.

Laveissière, Sylvain, *Le Classicisme français. Chefs-d'œuvre de la peinture du XVIIe siècle*, catalogue de l'exposition, Paris, RMN, 1985.

Lazard, Madeleine, *Le Théâtre en France au XVIe siècle*, Paris, PUF, 1980.

Le Moel, Michel, *L'Architecture privée à Paris au Grand Siècle*, Paris, Commission historique des travaux de la ville de Paris, 1990.

Le Nain (Les frères), catalogue de l'exposition, Paris, RMN, 1978.

Lévêque, Jean-Jacques, *L'École de Fontainebleau*, Neuchâtel-Paris, Ides et Calendes, 1984.

Lough, John, *Paris Theatre Audiences in the 17th and 18th Centuries*, Londres, Durham University, 1957.

Mac Gowan, Margaret M., *L'Art du ballet de cour en France (1581-1643)*, Paris, CNRS, 1963.

Margolin, Jean-Claude, et Sauzet, Robert, *Pratiques et Discours alimentaires à la Renaissance*, Paris, Maisonneuve et Larose, 1972.

Massip, Catherine, *La Vie des musiciens de Paris au temps de Mazarin*, Paris, A. et J. Picard, 1976.

Mehl, Jean-Michel, *Les Jeux au royaume de France du XIIIe au début du XVIe siècle*, Paris, Fayard, 1990.

Mélèse, Pierre, *Le Théâtre et le Public à Paris sous Louis XIV (1659-1715)*, Genève, Droz, 1934.

Mérot, Alain, *Poussin*, Paris, Hazan, 1990.

—, *La Peinture française au XVIIe siècle*, Paris, Gallimard/Electa, 1994.

—, *Les Conférences de l'Académie royale de peinture et de sculpture au XVIIe siècle*, Paris, ENSBA, 1997.

Milliot, Vincent, *Les Cris de Paris ou le peuple travesti. Les représentations des petits métiers parisiens (XVIe-XVIIIe siècles)*, Paris, Publications de la Sorbonne, 1995.

Mousnier, Roland, et Mesnard, Jean (dir.), *L'Âge d'or du mécénat*, Paris, CNRS, 1985.

Musique et Humanisme à la Renaissance, Paris, Presses de l'ENS, 1993.

Mussat, André, *Arts et Culture de Bretagne. Un millénaire*, Paris, Berger-Levrault, 1979.

Pardailhé-Galabrun, Annick, *La Naissance de l'intime. 3 000 foyers parisiens (XVIIe-XVIIIe siècles)*, Paris, PUF, 1988.

Peinture française du XVIIe siècle dans les collections américaines (La), catalogue de l'exposition, Paris, RMN, 1982.

Pellegrin, Nicole, *Les Bachelleries. Organisation et fêtes de la jeunesse dans le Centre-Ouest (XVe -XVIIIe siècle)*, Poitiers, Société des antiquaires de l'Ouest, 1982.

Pérouse de Montclos, Jean-Marie, *Histoire de l'architecture française, de la Renaissance à la Révolution*, Paris, Caisse nationale des monuments historiques, 1989.

Pitte, Jean-Robert, *Histoire du paysage français*, Paris, Tallandier, 1983.

Pomian, Krzysztof, *Collectionneurs, Amateurs et Curieux ; Paris, Venise (XVIe -XVIIIe siècles)*, Paris, Gallimard, 1967.

Qualité de la vie au XVIIe siècle (La), numéro de la revue *Marseille*, 1977.

Quilliet, Bernard, *Le Paysage retrouvé*, Paris, Fayard, 1991.

Renaissance à Rouen (La), catalogue de l'exposition, Rouen, Musée des Beaux-Arts, 1980.

Roche, Daniel, *La Culture des apparences. Une histoire du vêtement, XVIIe -XVIIIe siècle*, Paris, Fayard, 1989.

Roland-Manuel (dir.), *Histoire de la musique*, t. I, *Des origines à Jean-Sébastien Bach*, Paris, Gallimard, 1960.

Rosenberg, Pierre, et Prat, Louis-Antoine (dir.), *Nicolas Poussin (1594-1665)*, Paris, RMN, 1994.

Sadoul, Georges, *Jacques Callot miroir de son temps*, Paris, Gallimard, 1969.

Scherer, Colette, et Scherer, Jacques, *Le Théâtre classique*, Paris, PUF, 1987.

Scherer, Jacques, *La Dramaturgie classique en France*, Paris, Nizet, 1986.

Scherer, Jacques, Truchet, Jacques, et Blanc, André, *Théâtre du XVIIe siècle*, 3 vol., Paris, Gallimard, coll. « Bibliothèque de la Pléiade », 1975-1992.

Schnapper, Antoine, *Jean Jouvenet (1644-1717) et la Peinture d'histoire à Paris*, Paris, Laget, 1974.

Tapié, Alain (dir.), *Les Vanités dans la peinture au XVIIe siècle. Méditations sur la richesse, le dénuement et la rédemption*, catalogue de l'exposition, Paris, Albin Michel, 1990.

Tapié, Victor-Lucien, *Baroque et Classicisme*, Paris, Flammarion, 1967.

Teyssèdre, Bernard, *L'Histoire de l'art vue du Grand Siècle. Recherches sur l'« Abrégé de la vie des peintres » par Roger de Piles (1699) et ses sources*, Paris, Julliard, 1964.

Thuillier, Jacques, Bréjon de Lavergnée, Barbara, et Lavalle, Denis, *Simon Vouet*, catalogue de l'exposition, Paris, RMN, 1990.

Trudeau, Danielle, *Les Inventeurs du bon usage (1529-1647)*, Paris, Éd. de Minuit, 1991.

Vaccaro, Jean-Michel, *La Chanson à la Renaissance*, Tours, Van de Velde, 1981.

Verlet, Pierre, *Le Château de Versailles*, Paris, Fayard, 1985.

Versailles au siècle de Louis XIV (collectif), Paris, RMN, 1994.

Vigarello, Georges, *Le Propre et le Sale. L'hygiène du corps depuis le Moyen Âge*, Paris, Éd. du Seuil, 1985.

Vovelle, Gaby, et Vovelle, Michel, *Vision de la mort et de l'au-delà en Provence, du XVe au XXe siècle, d'après les autels des âmes du purgatoire*, Paris, Cahier des Annales, 1970.

Weber, Édith, *Histoire de la musique française (1500-1650)*, Paris, SEDES, 1996.

图书在版编目（CIP）数据

法国文化史 II, 从文艺复兴到启蒙前夜 /（法）里乌,（法）西里内利主编;
傅绍梅，钱林森译. -- 3 版. -- 上海：华东师范大学出版社, 2012.10
ISBN 978-7-5617-9914-7
Ⅰ. ①法… Ⅱ. ①里… ②西… ③傅… ④钱… Ⅲ. ①文化史—
法国—中世纪 Ⅳ. ①K565.03
中国版本图书馆 CIP 数据核字(2012)第 218702 号

华东师范大学出版社六点分社

企划人　倪为国

HISTOIRE CULTURELLE DE LA FRANCE TOME 2
by ALAIN CROIX, JEAN QUÉNIART
Sous la direction de Jean-Pierre Rioux et Jean- François Sirinelli
Ouvrage publié avec le concours du Ministère Français des Affaires étrangères
Copyright © Editions du Seuil,1997 et 2005
Published by arrangement with EDITIONS DU SEUIL
Simplified Chinese Translation Copyright © 2012 by East China Normal University Press Ltd.
ALL RIGHTS RESERVED.
上海市版权局著作权合同登记号　图字：09-2006-248 号

法国文化史（卷二）
从文艺复兴到启蒙前夜

主　　编　（法）里乌　（法）西里内利
译　　者　傅绍梅　钱林森
责任编辑　高建红
封面设计　储　平

出版发行　华东师范大学出版社
社　　址　上海市中山北路 3663 号　邮编 200062
网　　址　www.ecnupress.com.cn
电　　话　021-60821666　行政传真　021-62572105
客服电话　021-62865537
门市（邮购）电话　021-62869887
地　　址　上海市中山北路 3663 号华东师范大学校内先锋路口
网　　店　http://hdsdcbs.tmall.com

印 刷 者　上海景条印刷有限公司
开　　本　787 x 1092　1/16
插　　页　4
印　　张　24.5
字　　数　500 千字
版　　次　2012 年 10 月第 3 版
印　　次　2012 年 10 月第 1 次
书　　号　ISBN 978-7-5617-9914-7/G·5881
定　　价　98.00 元

出 版 人　朱杰人